# La otra historia de México
## Díaz y Madero
*La espada y el espíritu*

1



Clásica
Biblioteca Catón

## Biografía

Armando Fuentes Aguirre, Catón, nació en Saltillo, Coahuila. Hizo sus primeros estudios en la Escuela Normal de ese estado y en el Ateneo Fuente, prestigiosa institución de la que posteriormente sería director. Luego cursó la carrera de abogacía en la Escuela de Leyes de su ciudad natal, y en la UNAM. Tiene maestrías en Lengua y Literatura Españolas y en Ciencias de la Educación, y recibió el grado de Doctor Honoris Causa por la Universidad Autónoma de Nuevo León. En 1978 se le nombró Cronista de Saltillo. Creó Radio Concierto, una emisora cultural de la que sus paisanos se sienten orgullosos. Es igualmente fundador de la Facultad de Ciencias de la Comunicación de la Universidad Autónoma de Coahuila. Junto con su esposa María de la Luz sostiene desde hace más de 30 años un comedor para niños campesinos. Autor de numerosos libros, todos ellos éxitos editoriales, escribe diariamente, para más de un centenar de publicaciones, sus artículos periodísticos "De política y cosas peores" y "Mirador". Se le considera el columnista más leído de México.

ARMANDO FUENTES AGUIRRE

# CATÓN

# LA OTRA HISTORIA DE MÉXICO

## DÍAZ Y MADERO

LA ESPADA Y EL ESPÍRITU

1

AUSTRAL

DIANA

Bajo el sello editorial AUSTRAL M.R.
Avenida Presidente Masarik núm. 111,
Piso 2, Polanco V Sección, Miguel Hidalgo
C.P. 11560, Ciudad de México
www.planetadelibros.com.mx

Diseño de portada: Marvin Rodríguez

Primera edición: agosto de 2010

Primera edición impresa en México en Austral: abril de 2023
ISBN Obra completa: 978-607-07-9980-8
ISBN Volumen I: 978-607-07-9981-5



Impreso en los talleres de Impregráfica Digital, S.A. de C.V.
Av. Coyoacán 100-D, Valle Norte, Benito Juárez
Ciudad De Mexico, C.P. 03103
Impreso y hecho en México –*Printed and made in Mexico*

*A mi esposa, María de la Luz,*
*que me ha apartado siempre de las sombras.*

## *La Revolución que fue (y la que no fue)*

No vi la Revolución, pero la viví. Crecí oyendo hablar de ella. La familia de mi padre, familia porfirista, y la de mi madre, familia revolucionaria, la padecieron por igual. Mi abuelo paterno, don Mariano, recordaba los perdidos bienes, y mi tío Rubén, papá del Profesor Jirafales, nos mostraba la cicatriz dejada por la bala que le atravesó una pierna cuando, niño él, se detuvo a recoger las canicas que sus amiguitos dejaron abandonadas en la plaza del pueblo para salvarse de un tiroteo entre las fuerzas del orden y los revolucionarios que entraron a la pequeña villa de General Cepeda.

Durante siete décadas la palabra "Revolución" fue el estribillo de la vida nacional. Aparecía en todos los discursos oficiales. El presidente de la República era revolucionario; revolucionarios eran igualmente los gobernadores de los estados, y revolucionarios también los senadores y los diputados, los alcaldes, y así bajando por el escalafón hasta el último policía municipal. Todos eran revolucionarios. En aquel país de poder único, de partido único, de historia única, el que no era revolucionario simplemente no era.

Ahora no se habla ya de la Revolución. Aun los que vivieron de ella la mencionan con la cautela usada en las conversaciones familiares para hablar de aquella prima que se descarrió. A querer y no, se admite que los supuestos logros de la lucha revolucionaria se malograron al final, y que muchos de los frutos de esa larga serie de asonadas y levantamientos no pueden ser motivo de jactancia. La creciente pobreza que hay en México; la emigración de millones de mexicanos; el fracaso del ejido; la corrupción sindical; todo es evidencia de que la propaganda revolucionaria fue eso: propaganda.

Ahora nos toca revisar con ecuanimidad y buen sentido lo que fue la Revolución, y lo que no fue. Para eso debemos emprender nuevamente la tarea de suprimir las etiquetas de héroes y villanos que se han colgado a los protagonistas del relato histórico, y hablar de ellos como lo que fueron: seres humanos sujetos a las grandezas y miserias de su propia naturaleza. Aunque tenemos relativamente cerca el drama de la Revolución, hemos de superar rencores obsoletos. Es absurdo, por ejemplo –y sería risible si no fuera tan triste–, que los restos de don Porfirio Díaz, que tuvo el supremo patriotismo de la renunciación, sigan siendo objeto de destierro, y que el gran oaxaqueño no pueda descansar en su país natal.

Pongo en tus manos este libro mío. Escritor yo, lector tú, generoso, nos une el común amor a México, y el ansia de conocerlo en la verdad. Estas páginas mías son amorosas, y tuve como mayor anhelo hacerlas verdaderas. Tú me dirás si se cumplió el propósito.

Saltillo, Coahuila,
Año del Centenario de la Revolución
ARMANDO FUENTES AGUIRRE "CATÓN"

*Primera parte*

# *Anochece Juárez y amanece Díaz*

## *Las mujeres de don Porfirio*

Don Porfirio Díaz no fue solamente un gran estadista. Fue también —virtud que algunos habrán de admirar más— un gran amante de mujeres. Dos le conocemos por fuera, a más de las otras dos que tuvo oficialmente. La mención de aquellas dos señoras es muy interesante y sirve para dar dimensión de humanidad a una de las más grandes figuras de la historia mexicana, a don Porfirio, tan injustamente tratado por el relato histórico oficialista.

Las dos eran oaxaqueñas. Vale decir, las dos eran mujeres fuertes, señoras de gran prestancia y señorío. Yo digo que en Oaxaca hasta las mujeres que podrían considerarse feas son hermosas. Yo digo que en Oaxaca hasta las mujeres bajitas son muy altas.

Una se llamó Juana Catalina Romero, y fue amiga de don Porfirio —muy amiga— cuando éste daba sus primeros pasos en la carrera de las armas. A esa linda muchacha todos le decían Juana Cata. Yo he visto fotografías de ella. En el sepia de sus retratos aparece bien plantada, serena, en una cierta belleza reposada, la frente amplia, los labios finos, firme el mentón, las cejas bien arqueadas. "Era una india zapoteca —escribe un viajero que la conoció—, con la piel bronceada, joven esbelta, elegante, y tan bella que encantaba los corazones de los blancos como en otro tiempo la amante de Cortés".

El porte de Juana Cata era de estudiada altivez, tanto que las otras mujeres la tachaban de soberbia. No lo era. Con Porfirio tenía arrullos y timideces de paloma. Su gente, los zapotecas, la respetaban como descendiente de los antiguos señores de la raza. Le atribuían virtudes de maga buena, la creían capaz de obrar prodigios taumaturgos. Y en efecto, los obró más de una vez. Cuando el conde Brasseur, viajero venido de la Francia, enfermó de una terrible fiebre en Juchitán, Juana Cata lo hizo beber una poción hecha de atole con mezcla de hierbas salutíferas, y Brasseur recuperó la salud mientras otros paisanos suyos morían víctimas de aquella misma calentura. El conde juraba que había visto cómo Juana hacía que se abriera instantáneamente un botón de rosal diciendo unas palabras sobre él.

Por aquellos años Juana Cata tenía 22 y estaba en el apogeo de su belleza de india zapoteca. Hablaba con rara perfección el español: lo pronunciaba con el suavísimo acento cantadito que ponen al hablarlo las hijas de la tierra. Sabía leer y escribir, cosa rara por entonces en una mujer de su condición. Tenía tan recia personalidad y un carácter tan firme que se trataba de igual a igual con los hombres, no sólo indios, sino también blancos. Se ganaba la vida torciendo tabaco y vendiendo cosas en los cuarteles. Jugaba al billar, juego muy popular entre los militares, y a casi todos podía vencerlos en el juego. Vestía con tan singular elegancia que todos pensaban que el dinero se le iba en vestidos y alhajas. Solía bordar por sí misma sus huipiles con hilos de oro y plata. Su orgullo mayor era lucir los domingos y días de fiesta varios collares formados con monedas de oro. Usaba con noble prestancia el traje típico de las tehuanas.

Porfirio Díaz se enamoró de Juana Cata —¿quién no?— y ella le correspondió con ardiente amor de mujer mexicana.

Juana Catalina Romero era una india grande y bella. Algunos la llamaban *Didjazá*, que quiere decir "la Zapoteca". Gustaba de llevar trenzas adornadas con grandes listones azules, y caminaba con aire de majestuosa dignidad. Se decía que tenía comunicación con los nahuales, que de ellos recibía información sobre el futuro. El conde Brasseur tenía mucho interés en saber si la Compañía Luisianesa suspendería sus operaciones. Preguntó acerca de eso a Juana Cata. Ella cerró los ojos un minuto y luego le dijo que la empresa se retiraría. Pocos días después la compañía cerró sus puertas. Seducido por la hermosura y misteriosas artes de la india, a quien comparó con Isis y Cleopatra, Brasseur le dedicó muchas páginas en su libro *Viaje por el Istmo de Tehuantepec*, que publicó en 1861.

Porfirio y Juana Cata se amaron intensamente. Jamás él la olvidó: cuando la guerra y la política lo encumbraron, una de sus primeras providencias fue hacerle a la amada de su juventud una preciosa casa estilo europeo. Para halagarla hizo que el ferrocarril transístmico, cuya construcción él había autorizado, se desviara de la ruta originalmente trazada, a fin de que las vías pasaran a dos metros escasos de la puerta de Juana Cata. Ahora eso sería una molestia insoportable; entonces tal distinción convirtió a Juana Cata en la admiración de todo Oaxaca.

El interés tiene pies, dice el refrán. En este caso el interés tuvo ruedas de ferrocarril. Don Porfirio viajaba en el tren a fin de visitar secretamente a Juana. En esas ocasiones el maquinista hacía sonar una clave con el silbato de la máquina. Al oírla corría Juana Cata hacia la puerta. El maquinista disminuía la velocidad, y cuando el vagón pasaba frente a la puerta, don Porfirio daba un ágil salto y se encontraba en la casa de Juana… y en sus brazos.

Caballero bien servido, don Porfirio labró la fortuna de su amada. Por él llegó a ser Juana Cata la mujer más rica de Tehuantepec. Tuvo tierras de cultivo, trapiches, una tienda. Se convirtió —quizá para hacerse perdonar sus amores— en gran protectora de la Iglesia. Sus limosnas eran munificas; fundó una escuela para niñas. Cerca ya de su vejez, le vino el gran deseo de conocer Tierra Santa. Decía que no podía morir sin ver los sitios por donde había andado Nuestro Señor. Causó admiración en los Estados Unidos, Europa y los Santos Lugares aquella altiva mujer con aspecto de reina que vestía con exquisita elegancia su atuendo de india bella: enagua y huipil, y que se adornaba con preciosísimos collares de oro que esplendían como un pequeño sol bajo del sol.

## *Petrona*

Otra mujer llenó con sus amores la juventud de don Porfirio. Se llamaba Petrona Esteva. El mismo nombre, Petrona, llevó la madre del oaxaqueño: Petrona Mori. Nativa de Juchitán, que tiene fama por la belleza de sus mujeres, Petrona Esteva dio al joven Díaz algo más que amor y placer: le brindó lealtad a toda prueba y entrega incondicional.

*Tona Ta'ti Vitu Lima*. Así llamaban a Petrona Esteva los indios zapotecas. "La del capullo de lima". Aludían a la costumbre que tuvo desde niña, y que conservó hasta el día final de su existencia, de adornarse la bruna cabellera con una pequeña flor de lima.

Petrona era india pura zapoteca. No hablaba el español, se expresaba sólo en el dulce gorjeo de su lengua. No sabía leer ni escribir; andaba descalza; vestía el humilde atuendo de las mujeres pobres de su tierra: nada más que una enagua de enredo, es decir, un simple lienzo que se enredaba a la parte inferior del cuerpo y se ceñía por la cintura, y un huipil de manta blanca para cubrir el pecho.

Porfirio Díaz cayó en el embrujo de aquella india morena que se cimbreaba al caminar y que parecía guardar en la honda negrura de sus ojos todos los antiguos misterios de su raza. Si Juana Cata era como una pantera, Petrona Esteva era como una gacela. De las dos estuvo enamorado Díaz con amor juvenil.

En cuerpo y alma se entregó Petrona a aquel fuerte muchacho que era Díaz. En cuerpo ya se sabe por qué. En alma porque adoptó el mismo pensamiento del hombre a quien amaba. Sin saber qué era el liberalismo, se convirtió en la más encendida liberal. Dejó de usar cualquier otro color en el listón de sus trenzas que no fuera el rojo, símbolo del partido liberal en todo México. Ninguna mujer, madre, esposa, hija, hermana, novia o amante de un buen liberal, dejaba de usar nunca una prenda de color rojo en su atavío: la blusa, la saya, el moño. El color verde, en cambio, era el de las mujeres cuyos hombres pertenecían al partido conservador. Tan hondamente estaban divididos en ese tiempo los mexicanos —y las mexicanas— que no era raro ver "deschongarse" a dos mujeres, aun de buena posición social, que se encontraran en la calle luciendo los colores de aquellos dos partidos enemigos.

Petrona Esteva es una de las pocas soldaderas cuyo nombre recogió la historia, a diferencia de cientos de miles más que quedaron en el olvido. Acompañó a don Porfirio en sus primeras campañas, donde los dos sufrieron hambre y durmieron siempre a campo raso, haciendo el amor en silencio junto a la vacilante llama del vivac. Después de acabada la campaña, ella se iba a Juchitán y él a Tehuantepec. Para verse se citaban a medio camino entre las dos poblaciones.

Luengos años vivió Petrona Esteva, cerca de 100. Allá por 1920, ya muy ancianita, gustaba de contarle a todo mundo sus recuerdos. Daba pormenores de la batalla del 5 de mayo, en la que estuvo presente. Bebía a pequeños sorbos la copa de mezcal que sus oyentes le ofrecían para avivarle la recordación, y evocaba emocionada al hombre a quien amó, muerto tan lejos de su patria, injustamente tratada su memoria. Después, Petrona Esteva seguía su camino hacia el pequeño puesto que tenía en el mercado. Con ella iba un pedazo de historia nacional.

## *Viva la paz*

Todo era favorable a fines de 1867 para que se cumpliera un anhelo que los mexicanos alentaban desde 1810: que hubiera paz en México. Sin embargo, la ambición política de Juárez hizo que se frustrara esa aspiración. Con tal de seguir en el poder, violó gravemente la Constitución de 1857, y con eso suscitó otra vez la discordia entre los mexicanos.

No hubo paz en México al triunfo de la República. De los 40 000 soldados que fueron despedidos por Juárez sin siquiera decirles muchas gracias, un elevado número se convirtió en bandolero. Tal fue el origen de los famosos asaltantes de camino real como los que don Manuel Payno describió en *Los bandidos de Río Frío*. Fue necesaria la mano dura de don Porfirio Díaz, que hizo de cada árbol una posible horca, para acabar con esa terrible plaga surgida en el último período de gobierno de don Benito Juárez.

En varios estados del país hubo sublevaciones. Faltan a la verdad los historiadores oficialistas que afirman que después de la derrota del Imperio, el señor Juárez fue un héroe universal aclamado con unanimidad por todos los mexicanos. Nada más falso. En Mérida se decretó el restablecimiento del Imperio con tal fuerza que hubo necesidad de reprimir sangrientamente esa "revolución reaccionaria". Hubo levantamientos en Sinaloa, Puebla, Durango, Guerrero y Veracruz. Ante esas manifestaciones de oposición a su gobierno, don Benito no se mostraba benemérito: "Los revoltosos —decía—, sea cual fuere el pretexto que tomen para alterar el orden, deben ser considerados como bandidos y castigados como tales".

Cuando Juárez fue reelecto —otra vez— presidente de México, hubo consternación entre muchos liberales de la vieja guardia, pues sintieron traicionados los ideales de la Constitución. Pensaban que Juárez se convertiría en dictador, que nada ya lo sacaría de la presidencia. Para evitar sus desmanes, consideraron, sería necesario buscar el control de la Cámara de Diputados.

—No tiene caso buscarlo —comentó don Porfirio con un gran sentido de la realidad—. Juárez tendrá el control de los diputados por la sencilla razón de que tiene el control de la caja.

El partido de don Porfirio se convirtió, pues, en la oposición. Tenía que ser una oposición vigilante, pues ya se conocían los humos de dictador de don Benito. Al comenzar 1868 se dirigió nuevamente al Congreso —que controlaba— en petición de facultades extraordinarias. Demandó que se diera vigencia otra vez a la ley del 25 de enero de 1862, por la que se condenaba a muerte, sin juicio previo, a quien fuera tomado con las armas en la mano luchando contra el gobierno. En nombre de Juárez, el general Sóstenes Rocha cometió violencias incalificables para aplastar toda agitación. Don Mariano Escobedo, alarmado, escribió a Juárez una carta en que le aconsejaba mantenerse alerta, pues los enemigos no perdonarían. "Yo por mi parte —le decía— me cuidaré mucho, y antes de que me cuelguen colgaré a todos los que caigan en mis manos, seguro como estoy de que el día que ellos me agarren no me perdonarán".

## *Juárez, el extraordinario*

El 8 de mayo de 1868, el Congreso Nacional, controlado por los juaristas, otorgó al presidente de la República nuevas facultades extraordinarias conforme a las cuales podría gobernar al margen de la Constitución hasta el 31 de diciembre de aquel año. Juárez, que se había proclamado adalid de la Constitución de 1857, ahora pedía atribuciones para gobernar sin la Constitución.

La verdad es que el presidente tenía muchos enemigos. Don Jesús González Ortega había sido burdamente apartado del camino de la presidencia por Juárez, con ayuda de sus grandes amigos los norteamericanos. Conservaba muchos partidarios don Jesús. Uno de ellos, Aureliano Rivera, se levantó en armas en las goteras mismas de la ciudad de México y proclamó la ilegalidad del gobierno de Juárez. A ese levantamiento siguió una sangrienta represión que costó la vida a varios enemigos de don Benito.

Don Miguel Negrete, héroe de la República, preso por su oposición a Juárez, para recobrar su libertad se vio obligado a firmar un manifiesto de apoyo a su gobierno. Al conocer la abdicación de su más importante partidario, don Jesús González Ortega expidió en Saltillo una desolada proclama llena de tristeza: "He quedado absolutamente solo, sin más círculo que el que forma una conciencia tranquila".

Tenía títulos González Ortega para proclamarse presidente de la República. Lo era, conforme a la Constitución de 1857, pero Juárez le arrebató ese derecho. Dos caminos tenía frente a sí: lanzarse a una inútil guerra civil o renunciar a los títulos que le correspondían. Optó por el segundo.

En Oaxaca, don Porfirio Díaz escuchaba insistentes llamamientos para levantarse contra el tirano. Así, con ese calificativo, era llamado Juárez por incontables mexicanos, a quienes dolían las violencias que hacía a la Constitución que dijo defender. Don Benito se llenó de alarma cuando su amigo, el gobernador de Chiapas, le envió un comunicado secreto según el cual personas muy prominentes de Oaxaca, Veracruz, Tabasco, Guerrero, Yucatán y el mismo Chiapas estaban conspirando para separar a esos estados de la nación y proclamar una República de Oriente, cuyo primer presidente sería don Porfirio Díaz. La especie se fincaba en simples rumores, pero Juárez hizo poner vigilancia especial a su gran adversario Díaz. Sus agentes le informaron que Porfirio se mantenía alejado de las cuestiones públicas, hasta el punto en que había fijado su residencia en su hacienda, fuera de la ciudad de Oaxaca.

## *El ataque*

La palabra *hubiera* está desterrada del vocabulario historiográfico. En rigor de historia no es lícito preguntar qué habría pasado si "hubiera" sucedido esto o aquello. En un relato como éste, quizá es dable especular que si Juárez no hubiera muerto seguramente habría sido lo que don Porfirio Díaz fue después: un hombre que se perpetuaría en el poder.

El 17 de octubre de 1870, don Benito Juárez sufrió lo que sus médicos llamaron un ataque cerebral. Se repuso rápidamente, y el accidente pareció no dejar efecto alguno. Poco tiempo después, sin embargo, Juárez empezó a notar síntomas que lo hicieron llamar de nuevo a los doctores. Ellos, después de examinarlo concienzudamente, dictaminaron que el paciente sufría un padecimiento cardíaco.

En su interior deben de haberse alegrado muchos de los que conocieron la noticia del estado de salud del presidente. La verdad es que Juárez tenía innumerables enemigos. Pero tres personajes en particular vieron un acontecimiento bonancible en la enfermedad de don Benito. Ellos fueron Porfirio Díaz, Sebastián Lerdo de Tejada y don José María Iglesias.

Los tres, en efecto, aspiraban a suceder a Juárez en la presidencia de la República. Díaz, desde su voluntario retiro de Oaxaca, se preparaba calladamente para hacerle una vigorosa oposición a don Benito. Don José María Iglesias, quien figuró como ministro de Hacienda al triunfo de la República, tenía la sincera confianza de que su amigo Juárez lo escogería para sucederlo. Por su parte, Lerdo de Tejada a duras penas ocultaba sus deseos de subir a la presidencia. Mientras en público profesaba una absoluta fidelidad a Juárez, por abajo de la mesa daba pasos firmes para su elección como presidente. Formó un sólido grupo de partidarios que incluyó a destacados miembros del Congreso.

Lerdo poseía una supereminente inteligencia. De seguro era más inteligente, y desde luego más culto, que don Benito. Le faltaba, sin embargo, eso que llaman carisma. Era frío, calculador, introvertido. Rara vez sonreía, y cuando esbozaba una sonrisa su gesto parecía más bien una mueca irónica o burlona. Se le calificaba de intrigante; tenía fama de ser el cerebro gris de Juárez. Era muy mal visto por los clérigos, que no olvidaban los agravios que en el curso de la Reforma recibieron de este hombre, a quien achacaban una escandalosa vida personal.

Los tres —Díaz, Iglesias, Lerdo— pensaron que Juárez no se presentaría como candidato en la próxima elección presidencial. Se le veía cansado, con trazas de enfermo, afectado por la marcha de los asuntos públicos. Seguramente les dejaría el campo libre para participar en una contienda limpia por la silla presidencial. ¡Qué grave error sufrían los tres! Juárez, aferrado al poder, no estaba dispuesto a abandonarlo. Se sentía indispensable para México; creía que sin él naufragaría la nación.

## *Los lacayos*

El año de 1870 empezó en México bajo los más negros auspicios. Juárez, acosado por rebeliones contra su gobierno en muchas partes del territorio nacional, había declarado al país prácticamente en estado de sitio. Las garantías constitucionales estaban suspendidas con el pretexto de que el presidente necesitaba todo su poder para imponer el orden y dar a la nación el beneficio de la paz. En esas circunstancias, Porfirio Díaz aguardaba su hora.

En sangre trataba de ahogar Juárez la inquietud política que su ambición de poder había suscitado. Allá por agosto de 1869, el gobierno dio a conocer a través de sus periódicos que había descubierto una conspiración en cuyos planes se incluía el asalto de un convoy que llevaba 3 millones de pesos, dinero que se gastaría en emprender una lucha feroz contra el gobierno. Los supuestos conspiradores fueron apresados y fusilados *ipso facto* el 3 de septiembre.

En Morelia y Toluca, ciudades de importancia, se produjeron movimientos de rebelión contra Juárez, ambos llevando como bandera la restauración de la Constitución de 1857, cuya vigencia había sido suspendida por Juárez. En Puebla, el viejo general Negrete, en quien muchos veían la encarnación más pura del republicanismo, declaró al presidente traidor a la patria, y anunció que si lograba apresarlo lo fusilaría, igual que a todos aquellos que apoyaran su ilegal gobierno.

El punto culminante de esa difícil situación llegó cuando el 15 de diciembre la guarnición militar de San Luis Potosí se levantó en armas y quitó al gobernador juarista para poner en su lugar a don Antonio Aguirre, que simpatizaba con Porfirio Díaz. Como Juárez declaró fuera de la ley a Aguirre, éste a su vez desconoció al gobierno federal, al que tachó de ilegítimo por haber suspendido la vigencia de la Constitución General de la República.

El caos se había generalizado ya. En su retiro de La Noria, en Oaxaca, don Porfirio recibía todos los días emisarios de distintas partes del país que lo exhortaban a ponerse al frente de los opositores del gobierno. Díaz, con suprema habilidad política, se las arreglaba para no decir ni sí ni no. Sabía que en esos momentos la oposición no podía derrocar a don Benito, quien contaba con el ejército —fuerza real— y con los diputados —fuerza simbólica—.

Para Juárez, sin embargo, la situación se iba complicando cada día. En Zacatecas también fue desconocido su gobierno, y en forma tácita el Congreso local declaró presidente de la República a don Jesús González Ortega. En respuesta, Juárez pidió al Congreso, y obtuvo de él, nuevas facultades extraordinarias, en cuyo ejercicio era especialista. La suspensión de las garantías individuales significó la declaración de que el país estaba nuevamente en guerra, exactamente igual que en los tiempos de la Intervención francesa. Una ola de sangre cubrió otra vez el territorio nacional. Juárez, que había luchado con vigor contra el enemigo de la patria, ahora peleaba con mayor encono contra sus enemigos personales. La lucha contra el francés fue para reconquistar el poder. Ahora la lucha era para defenderlo de sus enemigos mexicanos.

## *Juárez y Díaz*

Algunos pequeños hechos provocan a veces muy grandes consecuencias. Juárez, celoso de la popularidad de Porfirio Díaz, lo humilló en forma pública en el acto de su entrada a la ciudad de México. Don Porfirio, herido en su dignidad y en su orgullo, se alejó de la capital. Cuando la desorbitada ambición de poder de don Benito levantó contra él una ruda oposición, Juárez buscó el apoyo del general Díaz. Éste, que no podía olvidar el agravio que el presidente le había hecho, se mantuvo en su postura y siguió con sus propios planes.

¡Cómo aduló Benito Juárez a don Porfirio Díaz! ¡Cómo lo aduló! No sé si lo hizo por cuenta propia o por insinuación de míster Nelson, flamante embajador de los Estados Unidos en México, quien se preocupaba por el mal camino que iban tomando los asuntos mexicanos.

En efecto, el gobierno de Washington había supuesto que con el triunfo de la República la paz volvería a México, y que don Benito Juárez, adorado por todos sus compatriotas, podría gobernar en medio de una paz octaviana. Se equivocaron nuestros vecinos. La paz siguió sin reinar y don Benito gobernaba en medio de protestas, no sólo verbales sino también armadas, pues los levantamientos contra su administración cundían por todas partes.

A los norteamericanos les convenía que nuestro país volviera a la tranquilidad: en medio de aquella confusión no podrían llevar adelante los planes que con ayuda de Juárez pensaron realizar en México. Nelson, con gran perspicacia, se dio cuenta de que solamente un hombre podría conseguir la paz en el país. Tal hombre, estaba demostrado, no era Juárez. Era don Porfirio.

Así, el embajador Nelson escribió informes reservados a su gobierno, según los cuales don Porfirio podría hacer "en veinte días" que la paz quedara establecida en el país. Hay indicios para suponer que los puntos de vista del representante norteamericano influyeron para mover a Juárez a una acción que a todos sorprendió: le ofreció a Díaz el Ministerio de Guerra. Después de agraviarlo enfrente de todos, tras haber maniobrado fraudulentamente para vencerlo en la elección presidencial, ahora lo llamaba a su gabinete. O intervinieron los yanquis para esto o la voluntad de don Benito no era tan férrea, broncínea o marmórea como sus propagandistas nos han hecho suponer.

Al ofrecimiento de Juárez, don Porfirio respondió con un tajante no.

—He colgado mi espada —dijo al presidente—. Me he jurado a mí mismo que jamás volveré a tomar parte en una guerra que no sea contra un invasor extranjero.

La posición del hacendado oaxaqueño fue aplaudida en forma unánime. Su decisión de no derramar más sangre de mexicanos contrastaba violentamente con la actitud de Juárez, por cuya causa se estaban produciendo incontables fusilamientos en diversas regiones del país. Los comentarios que hubo al respecto hicieron que los ministros de don Benito le recordaran que don Porfirio no se había dado de baja del ejército: si él lo llamaba a combatir contra los enemigos del gobierno, su deber de militar era atender ese llamado.

## *Odio quiero más que indiferencia*

Entre Juárez y don Porfirio Díaz se había abierto ya un abismo infranqueable. Don Benito estaba convertido en una especie de dictador que suspendía a su antojo la vigencia de la Constitución de 1857 y que dedicaba todos sus empeños a fortalecerse y a debilitar a sus adversarios. Don Porfirio, por su parte, se negaba sistemáticamente a relacionarse de cualquier manera con la administración juarista.

Juárez —junto con Álvaro Obregón— es uno de los políticos si no más inteligentes, sí más astutos que ha habido en este país. Al triunfo de la República maniobró con tortuosa habilidad para hacerse reelegir como presidente, y luego trabajó activamente hasta lograr el control de la mayoría de la Cámara de Diputados.

En otra lucha se enfrentaron los dos oaxaqueños, Díaz y Juárez. Se acababa de constituir un nuevo estado de la República, que recibió el nombre de Morelos. El territorio con que se formó había pertenecido durante la mal llamada Colonia a la Intendencia de México; luego quedó agregado al Estado de México. En 1862, los habitantes del actual Morelos consiguieron que se les considerara Distrito Militar independiente. Maximiliano, quien sintió por esa parte de México una especial predilección —en Cuernavaca pasó el desdichado emperador algunas de las más bellas horas de su vida—, le dio categoría de Departamento.

El 16 de abril de 1869, Juárez obsequió el anhelo de los pobladores de aquellas tierras, y el Congreso autorizó la creación de un nuevo estado que se integró con los distritos de Cuernavaca, Cuautla, Jonacatepec, Tetecala y Yautepec. Hubo protestas por parte del estado de Guerrero, pues se tomaron para Morelos extensiones que le pertenecían. El conflicto entre los dos estados duró más de 20 años.

Se trató entonces de dar gobernador a la nueva entidad. Dos candidatos se presentaron: el general Francisco Leyva, ameritado combatiente republicano, y Porfirio Díaz. Leyva era el candidato de Juárez; Díaz tenía el apoyo de la población. La designación del primer gobernador correspondía al Congreso, y los diputados, en su mayoría sumisos a Juárez, votaron aplastantemente en favor de Leyva. Don Porfirio perdió la elección en forma que no dejó de ser humillante: 166 votos para su contrincante, 57 para él.

Díaz culpó de su derrota a Juárez. Ciertamente, el Benemérito había hablado con numerosos diputados a quienes pidió que votaran por su candidato. Así presionados —dependían para su sostenimiento de los fondos que el presidente autorizaba—, los representantes votaron por el general Leyva. Bien se vio en esa ocasión que Juárez tenía en sus manos al Congreso. Don Benito se había salido con la suya en su propósito de anular la representación popular. Felipe Buenrostro, en carta a don Porfirio, le dijo a propósito del Congreso: "Está compuesto en su mayoría por hombres que no hacen sino lo que se les manda".

Como se ve, en cuestión de diputados todo tiempo pasado fue igual.

## *Escuela de corrupción*

Había descontento en 1870 contra Benito Juárez. Su aureola de paladín de la nación frente a la intervención extranjera se había apagado con mucha rapidez. Don Benito habría sido realmente un benemérito de la patria si después de consumado el triunfo de la República hubiera cedido el poder a otro ciudadano. Su ambición política le cerró a México el camino de la paz.

En noviembre de 1870, don Porfirio Díaz recibió en su hacienda de La Noria, cerca de Oaxaca, una carta crucial proveniente de Monterrey. Esa misiva la firmaba nada menos que don Jerónimo Treviño, gobernador de Nuevo León. En ella le ofrecía a don Porfirio todo su apoyo para que lanzara su candidatura en la ya cercana elección presidencial.

Muchas muestras semejantes estaba recibiendo Díaz. Pocas, sin embargo, le movieron tanto el ánimo como aquélla del general norteño. Comandante del importante regimiento La Legión del Norte, Treviño se había distinguido personalmente en la lucha contra los franceses. Con ellos se batió en 35 acciones en las que puso en riesgo su vida y dio ejemplo de bravura a sus soldados.

Como gobernador, el general Treviño también estaba haciendo un magnífico papel. Un decreto suyo dio nacimiento al Colegio Civil, institución de cultura superior cuya tradición encarna ahora en la prestigiosa Universidad Autónoma de Nuevo León. Fundó igualmente el Hospital Civil de Monterrey, sustentado en el ejemplo de aquel apóstol de la medicina, de aquel santo laico que fue don José Eleuterio González, *Gonzalitos*. Gozaba don Jerónimo del respetuoso afecto de todos sus paisanos.

El general Treviño no estaba de acuerdo con la forma en que Juárez gobernaba. Le molestaba sobre todo que don Benito quisiera imponer a los estados, al suyo en particular, los dictados del gobierno federal. Ahora es buen momento para decir que Nuevo León ha resistido en muchas ocasiones las embestidas del centralismo. Pues bien: se puede afirmar que don Jerónimo Treviño es uno de los precursores de esa actitud de los neoleoneses, de defensa de sus valores y del interés de su comunidad frente a las pretensiones y exigencias del gobierno central.

A la carta de don Jerónimo respondió Díaz de inmediato. Aceptaba la invitación que el general le hacía para presentarse como candidato en la siguiente elección presidencial. Estaba de acuerdo con él en que la situación del país era difícil. El presidente y su gobierno habían creado "una escuela de corrupción que mina todo sentimiento patriótico y honorable y hace depender el éxito [en política] de los medios más vergonzosos y humillantes".

Las cartas se estaban poniendo sobre la mesa. Juárez buscaría la reelección, sí, pero encontraría una decidida oposición en muchos mexicanos que no estaban dispuestos a que la dictadura extranjera fuera sustituida por una dictadura nacional.

## *Bayonetas y sotanas*

Próximas ya las elecciones de 1871, los tres posibles candidatos —Juárez, Lerdo y Díaz— empezaron a tomar posiciones para la batalla electoral. Todas las ventajas, desde luego, estaban del lado de don Benito. Desde la presidencia podía maniobrar para conseguir votos. Disponía de los recursos del gobierno y los usaba discrecionalmente —tal como se hace hoy— para mantenerse en el poder. Sin embargo, tanto Lerdo como Díaz pensaban que el gobierno juarista había caído en el descrédito, y que a pesar de la corrupción política reinante y de los medios poco ortodoxos que Juárez usaba para inclinar la balanza a su favor, podrían ganarle la elección.

Para un político astuto, otro. Cuando Porfirio Díaz decidió por fin presentarse como candidato en la elección presidencial de 1871, instruyó a sus partidarios de la ciudad de México para que anunciaran formalmente su candidatura exactamente el día 5 de febrero.

La acción tenía cola: ese día se celebraba el aniversario de la promulgación de la Constitución de 1857, ley máxima cuya vigencia estaba prácticamente suspendida por Juárez, que una y otra vez la había violado para mantenerse en el poder. La sugerencia que se hacía a los ciudadanos era clara: no vayan a votar por quien, diciéndose protector de la Constitución, se ha apartado de ella.

Don Porfirio había dicho a sus amigos unas palabras que éstos se encargaron de difundir por todos los medios a su alcance.

—El señor Juárez es el candidato de las bayonetas. Lerdo, el de las sotanas. Yo me considero el candidato del pueblo.

No estaba equivocado Díaz. En efecto, Juárez era el candidato de los militares que habían permanecido en los mandos del ejército debido precisamente a la protección que les había extendido el presidente. Juárez se valió de ellos con fría eficacia de político: en los estados en que su persona no era bien vista, el presidente hacía provocar incidentes locales que perturbaban el orden público, y luego enviaba a las tropas federales a restituir la tranquilidad perdida. Sólo que las tropas ya no se movían de ahí, y su presencia —amenaza nada recatada— influía en la cuestión política. Lerdo, por su parte, contaba con el apoyo del clero.

A principios de marzo, Juárez sufrió dos graves reveses. Deseoso de congraciarse con los liberales puros, que se le estaban alejando para sumarse ya a Lerdo, ya a Díaz, el presidente presentó una tendenciosa iniciativa por la cual pedía que las Leyes de Reforma se elevaran al rango de leyes constitucionales. Los diputados, por medio del presidente del Congreso, respondieron a Juárez que en vísperas de un proceso tan importante como el de la elección presidencial, no podían ocupar su atención en un asunto tan delicado.

Otro golpe recibió Juárez del Congreso: las tropas deberían permanecer en sus cuarteles el día de la elección. De esa manera se evitaría que la presencia de los soldados en las calles intimidara a los votantes. La opinión pública, que sabía que el ejército era adicto al presidente, entendió esa medida de los diputados como una derrota a Juárez.

## *Jaque al rey*

Juárez había trabajado activamente para que el general Porfirio Díaz no se presentara como candidato en la elección presidencial de 1871. Trató incluso de sobornarlo: le ofreció una secretaría de Estado. Cuando fracasó ese intento, buscó alejar a Díaz de México, haciendo que nuestro embajador en los Estados Unidos, don Matías Romero, le propusiera la legación en Washington. Díaz rechazó todos los acercamientos del presidente y, llegado el momento, anunció su decisión de lanzarse como candidato a la máxima magistratura.

Con motivo de las elecciones de 1871, México se vio en una encrucijada que aún no se ha aquilatado en toda su magnitud. He aquí que el país tenía frente a él dos caminos: el de la democracia y el de la dictadura. Por causa de Juárez ya había dado un paso hacia la dictadura: ésta se habría evitado definitivamente, en efecto, si don Benito no se hubiese empecinado en buscar otra vez la reelección.

En ese trance no es exagerado decir —lo creo sinceramente— que en aquel año, 1871, se decidió el rumbo de México, un rumbo que siguió casi sin alteración hasta nuestro tiempo. Juárez decidió presentarse otra vez como candidato, a pesar de todas las opiniones en contrario. Con cerca de 15 años en el poder eso era ya de por sí malo. Pero lo peor es que don Benito recurrió a todas las artes, buenas y malas —más malas que buenas—, para lograr el triunfo. Lo diré en pocas pero precisas palabras: Benito Juárez recurrió a toda suerte de maquinaciones, y también a la corrupción y al fraude electoral, para imponerse sobre sus rivales en la crucial elección de 1871. De esa manera puso a nuestro país en la ruta por la que transitamos durante muchos años: la antidemocracia. No estoy desvirtuando los hechos ni exagerándolos. Esa es una verdad que no se debe encubrir ni menos aún callar.

El presidente Juárez jamás reparó en los medios; los usó todos, aun los que comprometían la integridad nacional, con tal de ver asegurado el cumplimiento de su afán de poder.

También recurrió a todo el presidente para ganar la elección de 1871. Una nube de agentes suyos andaba por los estados y trabajaba en el Distrito Federal a fin de asegurarle el triunfo. No eran propagandistas, no; eran agentes a sueldo con instrucciones de comprar al que se dejara y presionar al que no.

Juárez estaba preocupado por la popularidad de Díaz. Al parecer tenía una gran fuerza en Chihuahua, Nuevo León, Sinaloa, el norte de Coahuila, y aun en el Distrito Federal. El Distrito Federal... Ahí era, pensaba Juárez, donde se debía decidir la cuestión. Había un problema: el ayuntamiento de la capital se mostraba celoso de su encargo y vigilaba los actos del gobierno. Deseaban los ediles que las elecciones fueran limpias. Si lo eran, Juárez vería peligrar su triunfo.

## *El que pega primero...*

El ayuntamiento de la ciudad de México le hacía a Juárez una molesta oposición. Los ediles estaban convencidos de que el presidente recurriría a todos los medios a su alcance para ganar la elección presidencial de junio, y empezaron a tomar medidas precautorias que irritaron a la administración. Juárez, entonces, actuó como lo había hecho siempre que su poder estuvo en riesgo: sin detenerse en los medios maniobró para quitarse de encima aquel estorbo.

El 10 de junio de 1871, el gobernador del Distrito Federal, Gabino Bustamante, un incondicional del presidente Juárez, suspendió en sus funciones al ayuntamiento y ordenó a los ediles que se disolvieran. Cosa de mucha entidad era ordenar la disolución de un cuerpo de ésos. Por clausurar el Congreso entró Agustín de Iturbide, autor de la independencia mexicana, en el camino que lo llevó al derrocamiento, al destierro y, finalmente, a la muerte. En la década de 1870 se recordaba aún lo que allá por los cincuenta había sucedido. Por entonces era gobernador del Distrito Federal el coronel de caballería don Miguel María Azcárate, a quien todos llamaban *Cuellotes* por los grandísimos cuellos que usaba en la camisa, tan enormes que entre ellos se le perdía la cara. Un buen día recibió el señor Azcárate, que era un buenazo, la orden de presentarse ante el ministro de Relaciones, don José Fernando Ramírez. Este campanudo señor le informó que el ayuntamiento del Distrito se había indispuesto con el señor presidente de la República, motivo por el cual don Miguel debía proceder a disolverlo.

El señor Azcárate se puso pálido, cosa que en la guerra jamás le sucedió. ¿Cómo echar a la calle a los ediles si había entre ellos personajes de mucho timbre y nota que de seguro se negarían a obedecer la orden de irse a sus casas? Estaban en sesión permanente, so pretexto de un agravio que les había inferido el presidente, y se negaban a salir de su recinto hasta que el mandatario les ofreciera una disculpa.

No quiso oír razones el ministro. Volvió a repetir la orden al señor Azcárate: debía ir al ayuntamiento y hacer que los ediles lo dejaran. La orden, además, debía cumplirse en el acto.

Preocupado y mohíno salió el señor Azcárate. Iba por la calle rascándose la cabeza. ¿Cómo le haría para sacar a los señores del ayuntamiento del sitio en que se habían encerrado? Antes de lo que hubieran sido sus deseos, llegó al local donde se hallaban los ediles. Cuando se vio ante ellos, les dijo:

—Señores, con mucha pena vengo a comunicarles que traigo una orden del presidente: me manda que no deje salir de aquí a ninguno de ustedes.

—¿Que no nos deje salir? —bufó uno de los representantes—. ¿Nosotros prisioneros del presidente? ¡Ah, no! ¡Primero muertos! ¡Voy a salir, a ver quién intenta detenerme!

Así diciendo procedió a atravesar la puerta mirando con ojos desafiantes al señor Azcárate, que lo veía impertérrito.

—¡Nosotros también nos vamos! —dijeron los demás con valerosa dignidad—. ¡Nuestra libertad es sagrada! ¡Nadie ose detenernos!

En menos que canta un gallo la sede del ayuntamiento quedó vacía. Muy ufano se sentó en un sillón aquel buen señor Azcárate. Mientras se abanicaba satisfecho, pensaba que después de todo no era tan difícil eso de ser gobernador.

## *A la guerra llaman*

La contienda por la presidencia de la República, en 1871, fue una verdadera guerra. Don Benito Juárez quería conservar el poder a toda costa, y para eso no vaciló en echar mano de todos los expedientes, aun de algunos definitivamente inmorales.

Como una bomba cayó la decisión del gobernador del Distrito Federal de disolver el ayuntamiento de la ciudad de México aquel 10 de junio de 1871. En los días siguientes no se habló de otra cosa. Los cafés, las tertulias, las esquinas estaban llenos de ciudadanos que comentaban que, ahora sí, Juárez se ostentaba como un verdadero dictador.

En efecto, bien se sabía que el gobernador no había actuado *motu proprio*. Era un instrumento del presidente, quien se valía de él para hacer a un lado el obstáculo que le representaban los ediles. Éstos habían declarado que trabajarían activamente para evitar toda forma de corrupción o fraude en la elección presidencial.

El gobernador justificó su acción: declaró a los periódicos que los miembros del ayuntamiento se proponían falsear el voto del pueblo en las próximas elecciones. Aplicaba el agente de Juárez la táctica del ladrón que para escapar de quienes lo persiguen empieza a gritar él también: "¡Al ladrón, al ladrón!".

Los miembros del ayuntamiento desafiaron la orden del gobernador, que era desde luego orden del presidente Juárez. Como en tiempos de Azcárate, ellos también se declararon en sesión permanente, y se juntaron en una habitación del Hotel Iturbide. Ahí dieron forma a un manifiesto en el que ponían al gobernador del Distrito como lazo de cochino, como trepadero de mapache, como jaula de perico, como palo de gallinero, como no digan dueñas. No le dejaron al pobre hombre cara en que persignarse. Le dijeron el huevo y quién lo puso. No estaban dispuestos, dijeron, a degradarse hasta el punto de convertirse en cómplices de la corrupción que reinaba en el gobierno.

Todo indica que el autor intelectual del atentado contra el ayuntamiento fue Juárez. Con su gente había tratado hacía varias semanas la conveniencia de eliminar al ayuntamiento del Distrito por considerarlo favorable a las pretensiones electorales de Lerdo de Tejada. Existe un recado enviado a Juárez por un Eduardo Arteaga, desconocido para nosotros pero no para don Benito. Inexplicablemente el Benemérito, tan hábil casi siempre, cometió el error de no destruir ese papel que mucho lo comprometía. En la misiva aquel Arteaga se felicitaba, y felicitaba a don Benito, por el éxito de la disolución del Congreso. "Día de júbilo para los juaristas", decía Arteaga que sería el 10 de junio. Y añadía: "He tenido un gran gusto dentro de mí [sic] porque ese día de pura satisfacción para mí se me debía a mí solo. Con el ayuntamiento lerdista, aunque usted hubiera ganado en todas partes, aquí habríamos estado de luto". Dicho de otra manera: si no hubiéramos disuelto el ayuntamiento usted habría perdido la elección en el Distrito Federal. En otra carta, Arteaga le daba gracias a Juárez "por el bondadoso auxilio de usted". Los favores siempre hay que pagarlos.

## *Juárez, el arrogante*

Todo indica que en los años finales de su vida Juárez llegó a padecer lo que muy bien podría llamarse el Síndrome de Santa Anna. Consiste ese mal en sentirse salvador de la patria y en querer cobrarle el favor mediante el ejercicio indefinido del poder.

Don Julio Zárate, muy destacado liberal y vehemente redactor del periódico *El Siglo XIX*, el más importante de la capital, escribía casi todos los días a propósito de la elección presidencial que debería celebrarse en el mes de junio de aquel 1871.

Criticaba duramente a Juárez don Julio. Decía que "casi con arrogancia" le estaba pidiendo al pueblo que lo reeligiera. ¿Con qué títulos?, preguntaba el escritor. Ciertamente Juárez había sido el gran patricio de México en la guerra contra el invasor extranjero, pero eso no le daba derecho a prolongar aún más los ya largos 14 años que se había mantenido en la presidencia. "Al terminar el próximo cuatrienio —sostenía Zárate— las mismas razones que hoy se difunden [para justificar la reelección] se harán valer, y la democracia será una mentira, y las instituciones republicanas una cruel ironía".

Zárate llamaba al pueblo a votar, y aun llegaba a sugerir que debía hacerlo en contra de Juárez a fin de no propiciar lo que se anunciaba ya como el gobierno de un solo hombre, equivalente a una dictadura disfrazada.

Las maquinaciones de Juárez para disolver el ayuntamiento de la capital, que le era adverso, le concitaron una gran antipatía.

La diputación permanente dio un campanazo al protestar con energía por el atentado cometido contra el ayuntamiento. Exigió al gobierno un informe completo de los acontecimientos, demandó que Bustamante fuera sometido a juicio político y pidió que el ayuntamiento quedara restablecido inmediatamente en sus funciones.

En vano el *Diario Oficial*, periódico a disposición de Juárez, intentó una desmañada defensa del presidente. Los diputados reclamaron que sus determinaciones contra la administración fueran hechas del conocimiento de los lectores. El *Diario Oficial*, recordaron a su director, era órgano del gobierno, no de Benito Juárez.

En medio de tantos movimientos políticos, los ciudadanos se mostraban cautelosos al opinar, y más aún al actuar. Los diputados podían hablar fuerte porque tenían fuero, pero la población no ignoraba que los agentes de la policía secreta andaban por todas partes, y que una opinión expresada en el lugar equivocado podía ser causa de ir a dar con los huesos a La Guardia, una especie de cárcel a la que todos temían. En vísperas de las elecciones había agitación entre los políticos. Entre la gente común había temor.

La celebración del proceso electoral se había fijado para el día 26 de junio. Los tres candidatos —Juárez, Lerdo y Díaz— se aprestaron a la lucha.

## La lección de la elección

El 26 de junio de 1871 se efectuó la elección de presidente de la República para el período 1871-1875. Se sabía que el presidente haría hasta lo imposible, y se valdría de todos los medios a su alcance, para asegurarse la elección. Y se sabía también que Lerdo y Díaz podrían llegar después del proceso a una alianza para oponerse a don Benito si la opinión pública consideraba que su triunfo no había sido legítimo.

Las elecciones fueron tranquilas. No se consumaron los pronósticos de los juaristas que vaticinaron que al verse perdidos Lerdo y Díaz se lanzarían a la contienda armada.

Según los datos oficiales —poco creíbles—, se recogieron más de 12 000 votos electorales. En los términos de la legislación vigente sería declarado presidente de la República el candidato en cuyo favor hubiese sufragado la mitad más uno de los ciudadanos, no el que obtuviese simple mayoría. En caso de que ninguno de los aspirantes obtuviese el número de votos requerido, la elección sería decidida por el Congreso.

No pongamos mucho suspenso en el relato. Digamos de una buena vez el resultado de la elección, aunque la gente no lo supo sino hasta casi tres meses después de hecha la votación, y eso que aún no había sistemas que se cayeran. De los 12 266 votos electorales emitidos, Juárez obtuvo 5837; don Porfirio Díaz 3555 y Lerdo de Tejada 2874.

Juárez, pues, había ganado la elección, pero no la presidencia. Por escaso margen no alcanzó la mitad más uno de los sufragios. Ahora correspondía al Congreso decidir entre los dos candidatos que hubiesen obtenido el mayor número de votos. Lerdo quedaba eliminado.

¿Eliminado? No tanto. Podía juntarse a Díaz, hacer una especie de suma simbólica de sus votos a los del oaxaqueño, y juntos presionar al Congreso para obtener la victoria sobre Juárez.

Temeroso de que eso sucediera, Juárez se puso de inmediato a trabajar. El solo anuncio de que Díaz y Lerdo tendrían una entrevista, "puso a temblar a los parásitos del señor Juárez", escribió un periódico.

Al principio hubo entendimiento entre la gente de Lerdo y la de Díaz. Bien pronto, sin embargo, la habilidad —y el dinero— de Juárez empezó a cobrar terreno. Un amigo de don

Porfirio, el señor Zamacona, le avisó que agentes del gobierno estaban corrompiendo a los diputados. Los que pertenecían al partido de Lerdo, le dijo, eran blanco fácil de esa corrupción, pues habían estado en el presupuesto durante todo el tiempo que Lerdo fue ministro de Juárez. Ahora, "destetados de la ubre ministerial" por la decisión de Lerdo de postular su candidatura frente a la de Juárez, se sentían desamparados y ansiaban volver al presupuesto.

A los generales adictos a don Porfirio les parecía cosa de imbéciles tratar de ganarle a Juárez por el camino electoral, ya que el presidente contaba con todos los medios para corromper a los politicastros. Empezaron a sugerirle a Díaz la idea de la revolución.

## *El fraude electoral*

El día en que se haga un análisis desapasionado de la herencia juarista, aparecerán en su justa dimensión sus enormes yerros, todos derivados de su excesiva voluntad de poder. En el gobierno de Juárez empezaron a germinar algunas de las peores semillas de la antidemocracia mexicana, esas que dieron luego la mala hierba que cubrió por muchas décadas el territorio de esta nación.

No creo caer en injusticia si afirmo que don Benito Juárez es precursor del fraude electoral en México. En efecto, nunca antes había recurrido "el sistema", es decir el gobierno y quienes de él viven, a maniobras de clara corrupción para inclinar en su favor una votación. No cabe ninguna duda de que don Benito Juárez utilizó fondos del gobierno para allegarse votos y hacerse reelegir como presidente en 1871. De esa manera Juárez inauguró la viciosa práctica por la cual en México el partido oficial echa mano de los fondos públicos, que le son generosamente suministrados por el gobierno, para vencer a los partidos de la oposición.

Desde que triunfó la República, don Benito Juárez recurrió a todos los medios, decentes e indecentes, para asegurarse su permanencia en el poder. De ese año data una carta dirigida al presidente por uno de sus más incondicionales paniaguados, José María Lobato: "Una semana de trabajos nos ha costado triunfar en la capital. A tiempo conveniente pondré a usted la cuenta de los auxilios y los gastos de nuestros agentes [...] Estamos confeccionando el gran proyecto de que los diputados sean todos gente útil, y que comprendan sus deberes, para no ir a poner trabas al Ejecutivo de la Nación".

Como se ve, con la interesada ayuda de "agentes" a sueldo, el presidente no sólo maniobraba a fin de lograr su reelección, sino también para hacer nugatorio en la práctica el principio de la división de poderes, esencia de la organización política de México. Buscaba tener solamente "diputados útiles" que no estorbaran sus designios.

Por cierto, don Benito le quedó a deber un dinerillo a Lobato por los gastos que hizo para conseguirle votos. De 1500 pesos que Juárez le pagó a su "agente", éste empleó 1400 en mandar comisionados a los 14 distritos electorales. Le quedaron 100, y todavía tuvo que poner otros 300 de su bolsa para pagar correos con mensajes secretos a aquellos "comisionados".

En Guanajuato, un tal Bocardo trabajó en favor de Juárez. Con ayuda del gobernador, incondicional de don Benito, logró —también mediante el gasto de generosas sumas— que los diputados fueran fieles servidores del presidente.

Puebla era una plaza dificilísima para Juárez: ahí se le odiaba con religioso fervor. Tuvo pues que gastar más dinero que en otras partes, a efecto de mejorar su imagen en ese levítico reducto. Entregó 2000 pesos a un tal Julio González, y le dio además una lista de sus amigos por los que habría que trabajar a fin de hacerlos diputados. He aquí el texto de un recado que ese González envió a Juárez: "La listita para la legislatura que usted me dio la entregué al señor García, quien ofrece a usted por mi conducto que será obsequiada. Serán entregados los 2000 pesos, y destinados a su objeto".

Los 2000 pesos dieron un inmediato resultado. "Don Ignacio Ramón Vargas —escribió González a don Benito— que antes de hoy era de oposición, está [ahora] altamente comprometido con nosotros [...] De veinte días a esta parte se ha operado una verdadera metamorfosis en la cosa pública".

Es cierto. Poderoso caballero es don Dinero.

## *Diputados en venta*

Leamos esta línea de una carta que en diciembre de 1870 envió Mariano Escobedo a Juárez: "Le suplico me indique quiénes son las personas que usted desea que salgan por este Estado". Se trataba de elegir magistrados de la Suprema Corte, y el señor gobernador (a la sazón Escobedo lo era de San Luis Potosí) pedía instrucciones al presidente para que le dijera a quiénes debía elegir democráticamente el pueblo.

Los testimonios de la gran corrupción impuesta por Juárez son irrecusables. Sólo podría negar su validez el necio o el falsario. Casi con delectación el chihuahuense Fuentes Mares recogió una abundante colección de evidencias que prueban, sin lugar a dudas, las mezquinas corruptelas en que incurrió don Benito a fin de mantenerse en el poder. Ahí está, en el archivo de Juárez, el recado de un anónimo corresponsal conocido por don Benito pero desconocido por nosotros porque ocultaba su identidad con una firma ilegible. El hombre le reclama a Juárez la falta del envío de 4000 pesos que hacían falta "para asegurar 4 diputados y 300 votos".

El 13 de julio de 1871, el ameritado general republicano don Miguel Negrete, enemigo declaradísimo de Juárez, hizo una importante revelación a Porfirio Díaz: "Juárez está dispuesto a sobreponerse a todo, pues está preparado a hacer una gran compra de diputados. A mí mismo, antes de ayer, ha venido Pepe Vélez a hablarme de parte de Juárez ofreciéndome el dinero que quisiera por hacer defeccionar a algunos diputados nuestros".

He ahí la tan cantada austeridad republicana; he ahí la acrisolada honradez juarista. En vez de seguir dando crédito a las paparruchas de la historia oficial leamos un auténtico testimonio de la época. Está contenido en el párrafo de un artículo aparecido el 1° de mayo de 1871 en *El Siglo* XIX, el mejor diario político de la época: "Hay una nueva clase de corretaje, y es el de los que compran diputados. Sabemos de dos o tres personas que se emplean en este oficio, y que obtienen 500 pesos por cada diputado que compran. Esto parece increíble, pero respondemos de su exactitud, como pueden hacerlo varios diputados a quienes se han dirigido esos corredores".

Juárez, que advertía los peligros de una posible alianza entre Lerdo y Díaz en el caso de que el Congreso tuviera que decidir la elección presidencial, se les adelantaba y aseguraba su reelección mediante un procedimiento típico de su política: la corrupción.

## *"Cuando el presidente es indio..."*

Ningún político mexicano, ni don Porfirio Díaz, mostró el apego al poder que caracterizó a Juárez. Don Porfirio renunció a la presidencia no por obra de la revolución de Madero, que bien habría podido resistir, sino porque supo que la guerra civil, seguramente fomentada por los norteamericanos, anegaría a México en una ola de sangre. A Juárez ninguna consideración lo hizo despegarse del poder. Se aferró a él desde el día en que lo consiguió, y sólo la muerte se lo pudo quitar. Este capítulo entrega una evidencia más, anecdótica, pero no por eso menos valiosa y reveladora, de ese empecinamiento de Juárez en mantener el poder a toda costa.

El licenciado Querido Moheno fue un notable tribuno, vehemente polemista y escritor apasionado. Nacido en Chiapas, formó con el neoleonés Nemesio García Naranjo, el capitalino Francisco M. de Olaguíbel y el jalisciense José María Lozano el famoso *Cuadrilátero*, pilar del gobierno de Victoriano Huerta.

En una cierta época de su vida, al licenciado Moheno le dio por coleccionar anécdotas de personajes de la historia mexicana. Se reunía con hombres del antepasado siglo que conocieron y trataron a esas figuras, y de ellos escuchaba interesantes sucedidos que pintaban, a veces con un solo trazo, la personalidad de aquellos próceres.

Muchos de esos relatos los aprovechó Moheno para ilustrar sus reflexiones acerca de la vida nacional o acerca de su propia vida. He aquí una de esas anécdotas.

"Cuéntase que uno de los ministros, compadre e íntimo de Juárez, separado del gobierno por haber tenido ciertas pretensiones a la presidencia, permaneció durante el resto de su vida distanciado de don Benito.

"En artículo de muerte el ministro de referencia, los amigos de ambos intentaron y lograron una reconciliación, que se tradujo, desde luego, en una visita de Juárez al enfermo.

"Éste reprochó a Juárez lo mal que le había tratado. Y entonces el presidente, que también fue un dictador, le contestó:

"—Compadre, en este país la presidencia no se deja sino por dos motivos: por un gran ideal o por un gran temor. Pero cuando el presidente es indio no la deja ni por eso".

Hasta ahí la anécdota de Querido Moheno.

"Ni por alguna de estas siete cosas". Así rezaba un dicho mexicano que cayó en desuso. Hacía alusión a una respuesta del viejo catecismo del padre Ripalda, que decía que el pecado venial puede perdonarse "por alguna de estas siete cosas". Cuando algo era imposible de conseguir, se decía: "Ni por alguna de estas siete cosas".

Pues bien, Juárez jamás estuvo dispuesto a dejar la presidencia "ni por alguna de estas siete cosas", es decir, por nada.

Se aferró a ella de manera singular, hasta el punto en que ningún político mexicano lo ha sobrepujado en ese apego extremo al poder. Tan terrible ambición lo puso en el borde de la traición a México, si no es que de plano en ella, cuando lo del nefando tratado de MacLane-Ocampo, y lo llevó a recurrir a toda suerte de bajas artimañas y corrupciones para mantenerse en la presidencia. Esa es la verdad, y no hay mito que la pueda desvirtuar.

## *Las cosas de don Benito*

Al término de la lucha contra el Imperio, don Porfirio Díaz se mostró leal con el presidente Juárez. Tan pronto ocupó la ciudad de México, le preparó una entusiasta bienvenida. Deliberadamente, don Benito retrasó su llegada a la capital, y luego trató a Díaz con una extrema frialdad que nadie dejó de advertir.

El presidente no veía con buenos ojos a don Porfirio. Cuando éste triunfó en la batalla del 2 de abril, Juárez ni siquiera lo felicitó, aunque ese triunfo preparaba la victoria definitiva sobre el ejército conservador. El general Díaz pasó por alto esa grave falta de consideración del presidente, y le solicitó en forma respetuosa que se sirviera acordar una serie de condecoraciones para quienes se distinguieron en el combate. En vez de dar respuesta a esa solicitud, Juárez envió un ríspido telegrama a don Porfirio, en el que lo reprendía ásperamente por no haber ordenado el fusilamiento de 300 prisioneros que quedaron en poder de la fuerza republicana.

Tan pronto se encontró en la capital, Juárez parece que se propuso molestar o poner en aprietos al joven militar. Le ordenó que hiciera prisionero a *monsieur* Dano, ministro de Francia ante el Imperio, y que cateara la sede de la embajada para apoderarse de sus archivos, pues de ellos seguramente se podrían obtener valiosos datos contra Maximiliano.

La petición de Juárez era no sólo absurda, sino temeraria. Implicaba una grave violación al derecho internacional. Díaz se las arregló para no obedecerla. Juárez se irritó sobremanera, e hizo que el ministro de Guerra amonestara a Díaz. Éste presentó su renuncia, que Juárez ni siquiera se molestó en contestar personalmente.

Juárez y Díaz estaban actuando en forma por completo diferente. Mientras don Porfirio procuraba la paz, la concordia, la reconciliación, don Benito —lo muestran todas las evidencias— se mostró vengativo y rencoroso al triunfo de la República. Lejos estuvo de la magnanimidad que han de mostrar los vencedores. Con extrema crueldad ordenó fusilamientos a diestra y siniestra. Y es que no conocía Juárez la virtud de la compasión. Don Porfirio le pidió la vida del general O'Horan, un pundonoroso militar que después de combatir a los franceses terminó —como muchos otros valiosos militares y civiles— por reconocer a Maximiliano a causa del peligroso acercamiento que Juárez estaba teniendo con los americanos. Pues bien: Juárez se negó a escuchar la petición de don Porfirio y el general O'Horan fue fusilado, tras haber sido humillado públicamente.

La tensión creciente entre Juárez y Díaz culminó en la elección presidencial de 1871, cuando Juárez usó fondos del gobierno y se valió de toda suerte de artimañas para conseguir la reelección.

## *Díaz, el político*

Don Porfirio Díaz fue siempre, antes que todo, un militar. Jamás dejó de usar su grado ni de vestir el uniforme de general. En el fondo despreciaba a los políticos, a quienes llamaba con desdén "abogadetes". Su lema, muy conocido, fue: "Poca política, mucha administración". Sin embargo, su enfrentamiento con Juárez lo obligó a aprender todas las malas artes de ese sucio fregado que desde entonces ya era la política.

Don Porfirio Díaz era militar. Eso todo mundo lo sabe. Pero era también —cosa que no muchos conocen— abogado. Supo, sin embargo, que a Juárez no lo podía vencer por el camino legal, pues como dueño del poder, como hombre en el gobierno, don Benito podía realizar todo tipo de manejos para seguir en la presidencia. Así, don Porfirio empezó a prestar oídos á las voces que lo incitaban a levantarse en armas como único medio de poner fin a la dictadura personal de Juárez.

Don Justo Sierra solía relatar una anécdota que pinta de cuerpo entero la recia personalidad de don Porfirio. Cuenta que una vez le preguntó al general Díaz por qué se mostraba dispuesto a encabezar una revolución contra el gobierno de Juárez, si antes había asegurado que nunca jamás volvería a sacar la espada de su vaina más que para combatir a un invasor extranjero.

Don Porfirio se quedó pensando un largo rato. La pregunta de Sierra tenía profundidad, y merecía respuesta adecuada. Luego de pensar mucho, respondió el general Díaz:

—Sé que no hago bien al lanzar a mi país a una revolución. Si inicio una guerra civil es para estar en condiciones de hacer que sea definitivamente imposible que vuelva a haber otra guerra civil.

Dicen que el poder corrompe, y que el poder absoluto corrompe absolutamente. Ciertamente don Porfirio llegó a tener un poder incontrastable: quizá ningún mandatario en México ha tenido la dosis de poder que ejerció él. Se olvidó, por lo mismo, de aquella frase que dijo a Justo Sierra. Don Porfirio se mostró dispuesto a lanzarse a la guerra para terminar con el gobierno dictatorial de Juárez, pero él mismo fundó otro poder dictatorial que dio origen a una serie de largas guerras civiles que hundieron en la ruina y la desolación a México.

Activamente se preparaban los porfiristas para el movimiento armado. Activos agentes del partido andaban por los Estados Unidos comprando armas. En su hacienda, don Porfirio hacía fundir balas de rifle y de cañón, y probaba, tirando al blanco en el huerto de su casa, los fusiles comprados "al otro lado" por sus representantes.

La verdad es que reinaba un ambiente bélico en todo el país. Pocos estaban conformes con el gobierno de Juárez, quien seguía siendo acusado, ahora por sus propios compañeros de partido, de pretender fundar una dictadura personal semejante a la que estableció don Antonio López de Santa Anna. Actualmente, a los que creen en el mito de Juárez les parecerá insólita la comparación entre don Benito y Su Alteza Serenísima. Deben saber, empero, que en los años que siguieron a la restauración de la República, esa comparación se hacía con mucha frecuencia, y se podía leer aun en los periódicos liberales. Don Porfirio mostraba a sus partidarios la carta de un simpatizante que le pedía marchar al campo de batalla "para que nos quite a ese emperador".

El general Díaz, con ayuda de un secretario, redactó un plan de revolución contra el gobierno de Juárez. Ireneo Paz —abuelo de Octavio— conoció ese plan en sus principios, y supo que Díaz lo envió a la ciudad de México para que lo revisara Ignacio Ramírez, *el Nigromante* y le diera su redacción definitiva. Don Porfirio se preparaba para derrocar a Juárez por medio de las armas.

## *Voces de guerra sonaron...*

Todo mundo lo decía: el triunfo de Juárez en la elección presidencial había sido fraudulento. El general Porfirio Díaz, vencido en aquella elección de 1871, supo que no le quedaba más camino que el de las armas para derrocar a un gobierno que, a su entender, atentaba contra la Constitución y violaba todos los ideales por los que el partido liberal había luchado.

Juárez veía aparentemente consolidado su poder. El Poder Legislativo se mostraba casi tan sumiso como se muestran ahora con su partido los diputados y senadores. Igual que éstos, aquellos señores aprobaban y desaprobaban iniciativas por voluntad ajena. Su gestión de "representantes populares" no se manchaba ni con la mínima sombra de una convicción personal; ninguno de ellos podía ser acusado de tener dignidad.

Juárez se preocupó al leer el mensaje que le envió uno de sus agentes en Oaxaca, espía al servicio del gobierno: "Plan de los porfiristas. Entre el 15 y el 20 [de septiembre, 1871] estallará la revolución. Empezará en el norte, en Nuevo León. A su debido tiempo el general Díaz se levantará en Oaxaca. Cuenta con muchos elementos".

Hizo llamar Juárez a su más empecinado defensor, el general Sóstenes Rocha, le mostró el papel y le pidió que se mantuviera en estado de alerta con sus tropas, pues el general Porfirio Díaz no tardaría en sublevarse contra el gobierno. Rocha era el hombre al que con más gusto empleaba Juárez para reprimir a sus enemigos. Sabía bien que con cinco o seis mezcales entre pecho y espalda, don Sóstenes era capaz de los mayores actos de valentía... y de los más sanguinarios extremos de crueldad. Jamás se ponía la mano en el corazón cuando se trataba de mandar al otro mundo a un "enemigo de la patria", como llamaba don Sóstenes a cualquiera que no militara en el mismo bando que él.

Los informes del espía juarista no andaban tan descaminados. El 1° de octubre estalló la rebelión. No en el norte, como había asegurado el agente, sino en la propia cara de don Benito: en la ciudad de México. El general Negrete —¿quién más?— ocupó el cuartel de La Ciudadela al grito de "¡Viva Porfirio Díaz! ¡Muera Juárez!".

## *Don Sóstenes el sostenedor*

El gobierno de Juárez, aun impugnado de continuo y en muchas partes del país, pudo sostenerse en gran parte merced a la violenta represión que don Benito lanzó contra sus enemigos. Brazo armado del gobierno fue el general Sóstenes Rocha, uno de los hombres más sanguinarios que ha habido en este país.

Este señor don Sóstenes era guanajuatense, de Marfil, pueblo minero. Cuando tenía 20 años ingresó al Colegio Militar de la ciudad de México y ahí cursó la carrera de las armas. No tenía muy hondas convicciones este señor don Sóstenes: muchas veces navegó con los vientos de la ocasión. Por ejemplo, luchó primero contra la revolución de Ayutla y luego se unió a ella con celo de converso. Cuando las guerras de Reforma, peleó tanto al lado de los conservadores como de los liberales. Era bastante imparcial este señor don Sóstenes.

En las guerras que libraron el partido liberal y el conservador anduvo el general Rocha como pelota de ping pong. Tan pronto lo encontramos peleando al lado de Santos Degollado como lo vemos combatiendo junto a Miramón. Pero el 21 de octubre de 1860, don Sóstenes se decidió por fin a tomar un solo partido, y entonces defeccionó de las filas de los mochos, o sea los conservadores. Esa noche escapó del cuartel de Tacubaya y fue a unirse, ahora sí con la promesa de ser formal, a los rojos, o sea a los liberales.

Estuvo a las órdenes de Comonfort en la guerra contra los franceses. Estos lo hicieron prisionero y lo mandaron a Veracruz a fin de ponerlo en un barco que lo llevara a Francia. Don Sóstenes se les escapó y fue a reunirse con Juárez, que andaba ya en San Luis. El presidente lo ascendió a coronel y le encargó formar un batallón de zapadores, con el cual acompañó a don Benito a Saltillo, Monterrey y Chihuahua. Después se integró Rocha con sus fuerzas al ejército de Escobedo que puso sitio a Querétaro, y participó en la nada gloriosa ocupación de esa ciudad. Por eso, por entrar en una ciudad vendida por un traidor, el general Rocha fue ascendido a general de brigada. Después el mismo Juárez le daría la banda de general de división, pues fue su mejor instrumento para aplastar todos los movimientos en su contra.

Cuando el levantamiento de La Ciudadela, el 1° de octubre de 1871, el presidente envió a Rocha a batir a los rebeldes. Lo hizo sin dificultad, pues sus fuerzas eran muy superiores en número. Cayeron en manos de Sóstenes Rocha varias decenas de jefes y oficiales partidarios de don Porfirio Díaz. Toda la noche estuvo el general firmando las sentencias de muerte que llevaron al paredón a todos esos infelices. Afirman algunos contemporáneos que al firmar esas sentencias estaba Sóstenes Rocha perfectamente ebrio, pero dicen que tal era su estado habitual.

El historiador Valadés llama a ese general "uno de los magnos fusiladores mexicanos" y dice que a su paso dejó siempre "grandes huellas de sangre".

El general Sóstenes Rocha murió en 1897. Está sepultado en La Rotonda de los Hombres Ilustres.

## *Por los caminos del sur...*

Por el camino que conducía a México iba un hombre a caballo. Era una noche del mes de agosto de 1871. Si no al galope, sí marchaba el jinete a trote rápido, pues debía cumplir un encargo importante: llevaba una carta de don Porfirio Díaz a Miguel Negrete. "Debemos tener prudencia. Hay que esperar a que el gobierno complete su comenzada carrera de arbitrariedades, haciendo crecer hasta lo infinito la palanca que servirá para arrancarlo y mostrarlo al pueblo".

Con esas palabras respondía don Porfirio a la invitación de don Miguel Negrete, que lo incitaba a levantarse en armas contra el gobierno del presidente Juárez, y a levantarse ya.

El general Díaz no se sentía preparado aún para el gran golpe. Ciertamente estaba haciendo preparativos febriles para una revolución. En su hacienda de La Noria se fundían balas de fusil y de cañón, y agentes suyos andaban en los Estados Unidos comprando armas.

Juárez no ignoraba esos preparativos, pues había enviado espías a Oaxaca a vigilar los movimientos de don Porfirio. Bien sabía el presidente que en cualquier momento estallaría la revolución. Envió apresuradas cartas a los gobernadores que le eran más adictos y les pidió que le mandaran soldados a fin de defender su gobierno contra la sublevación, que parecía inminente ya.

Iba, pues, el jinete rumbo a la capital, cuando a la incierta luz del amanecer, ya cercana la ciudad de México, advirtió que numerosas tropas hacían movimientos en el campo. Era la división del general Sóstenes Rocha. Aquellas maniobras no podían tener otra explicación: el gobierno se preparaba para hacer frente a la sublevación. ¡Y don Porfirio recomendaba a sus seguidores esperar!

Desde Tecamachalco, el mensajero de don Porfirio le envió un mensaje: "Mi general: si nos tardamos más estamos perdidos".

Ese mensaje actuó en el ánimo de don Porfirio. Debemos suponer que dio prisa a la conspiración contra el gobierno, pues a finales de septiembre se rebeló en Monterrey el general Jerónimo Treviño, quien emitió una proclama en la que nombraba a don Porfirio "general en jefe del Ejército Republicano, sostenedor de la Constitución y de las leyes". Con muy pesados adjetivos motejaba el general Treviño a don Benito Juárez. Lo incluía entre los que él llamaba "mexicanos perversos" y decía que era "enemigo de las libertades públicas".

La verdad es que a don Benito no le preocupó mucho lo acontecido en Nuevo León. Sólo le preocupaba lo que hiciera el general Díaz en Oaxaca. Se refirió con desdén a Jerónimo Treviño:

—Gozamos de paz en toda la República —dijo a unos diputados—. Parece que en Monterrey anda levantado el señor Treviño, pero su movimiento se reduce a un escandalito que no durará mucho.

¡Vaya si duraría el escandalito!

## *Ni amores ni odios*

"En política no tengo ni amores ni odios". Así escribió una vez Porfirio Díaz. Quizá al decir eso no dijo toda la verdad. Tenía en relación con Juárez un sentimiento que iba más allá de la simple animadversión. Estaba convencido de que el presidente abrigaba la ambición de convertirse en dictador. Eso lo movió a rebelarse contra el gobierno: de defensor de las instituciones don Porfirio pasó a ser un amotinado. No le faltaron razones para convertirse en eso: se levantaba contra Juárez, sí, pero su rebelión era contra el corrupto sistema que Juárez había inaugurado.

"No seremos gobernados por un déspota, llámese Miramón, Maximiliano o Juárez."

¿Qué tal esa frase para empezar este capítulo? Algunos se admirarán al leerla y preguntarán cómo pudo ser que alguien midiera con la misma vara a los dos más grandes hombres del partido conservador y al dios principal del Olimpo liberal. ¿Pudo alguien comparar a Juárez con Maximiliano y —peor aún— con Miramón? Pues sí. La comparación era frecuente, y más que nadie la hacían los liberales puros, los ortodoxos, aquellos que sentían que Juárez estaba traicionando la Constitución de 1857, cuya vigencia, suspendida casi en forma total por el patricio, había sido la principal causa de la lucha entre los dos principales partidos en que estaba dividida la nación.

"No seremos gobernados por un déspota, llámese Miramón, Maximiliano o Juárez". La expresión pertenece nada menos que a don Donato Guerra, que hasta tiene nombre de calle —y principal— en la ciudad de México. Este señor, militar de carrera, había combatido bajo las órdenes del general Ramón Corona. Era decidido juarista, por más que participó junto con don Porfirio Díaz en la toma y ocupación de la capital. Juárez le encomendó reprimir con inusitado rigor a sus opositores, y quizá eso le abrió los ojos a don Donato Guerra. El caso es que le dio la espalda a Juárez. Lo acusó de lo mismo que todos lo acusaban: de trabajar para establecer una dictadura personal y perpetuarse en el poder.

Los historiadores oficialistas han ocultado siempre el hecho, pero lo cierto es que algunos de los más destacados liberales, de los más encendidos luchadores de la Reforma y de la Intervención, repudiaron a Juárez y se levantaron contra él.

A más de Donato Guerra en Zacatecas y de Jerónimo Treviño en Nuevo León, se habían levantado contra Juárez otros militares y políticos. Don Porfirio no pudo resistirse más a acompañar a sus partidarios en la sublevación. El 13 de noviembre (de 1871) le llegó a Juárez una noticia que el astuto presidente ya esperaba: el general Díaz había promulgado en su hacienda un plan en el cual convocaba al pueblo a luchar contra el gobierno. El tal plan, que se llamó de La Noria, ponía a Juárez como palo de gallinero. El presidente era motejado con muy duros calificativos. Se le llamaba abajado, envilecido y otras lindezas semejantes. El Congreso, decía el Plan, estaba convertido en "una cámara cortesana".

## *De plano no es bueno el plan*

El Plan de La Noria no fue bien recibido. Desde luego el *Diario Oficial*, periódico del gobierno, puso de oro y azul a don Porfirio: lo comparó con Paredes y Zavaleta, a quienes se tenía por modelo de aventureros de la reacción, y llamó al pueblo a defender la Constitución contra los amotinados que la vulneraban. Hasta *El Siglo* XIX, periódico que casi todos los días criticaba acerbamente al gobierno juarista, opinó en contra de Díaz por considerar que la guerra era un mal peor que la dictadura.

La proclama de don Porfirio tenía inspiración democrática. Sus términos serían aplicables aún hoy. "'Constitución y Libertad Electoral' será nuestra bandera. Menos gobierno y más libertad".

He de citar, de paso, un curioso hecho. En su libro *La suce-*

*sión presidencial* don Francisco I. Madero, a modo de irónica crítica contra don Porfirio, transcribió el texto del Plan de La Noria para dar a ver que el general Díaz negaba al pueblo lo mismo que de Juárez había exigido. Con letras grandes puso don Panchito lo que don Porfirio escribió al levantarse en armas contra el gobierno establecido: "Que ningún ciudadano se imponga y perpetúe en el ejercicio del poder, y ésta será la última revolución".

Otra vez, como hacía siempre, Juárez solicitó del Congreso facultades extraordinarias para combatir los levantamientos contra su gobierno. El Congreso, quizá por obra de los diputados porfiristas y lerdistas, tardó casi dos meses en autorizarle al presidente aquellas facultades. Juárez acudió ante los diputados y denunció la revolución: "De nuevo, reuniendo todas las fuerzas del desorden y el crimen que fermentan en nuestra sociedad, alza el militarismo de otros tiempos su odioso pendón frente a la bandera de la legalidad".

Juárez oponía *militarismo* a *civilismo*, se daba a sí mismo el carácter de representante de la legalidad y acusaba a Díaz y a sus seguidores de propiciar el desorden y el crimen. Lo cierto es que una y otra vez había atentado Juárez contra la legalidad y se había valido de las peores formas del militarismo para mantenerse en el poder. Quizá la revolución de Díaz era de ésas de "quítate tú *pa* ponerme yo", pero en todo caso recogía la inquietud que en muchos causaba la ambición de poder del presidente Juárez, sus sucesivas reelecciones y sus atentados contra la Constitución.

El país tembló. He aquí que el suelo mexicano se teñiría de sangre otra vez.

## *Cinco semanas sin globo*

Al levantarse en armas contra Juárez se lanzó don Porfirio Díaz a una peligrosa aventura. Había mucho descontento contra el presidente, sí, pero todos temían una nueva era de violencia, todos anhelaban la paz, así que la rebelión del general oaxaqueño fue mal vista por tirios y troyanos.

Error tras error cometió don Porfirio en su movimiento armado. En la lucha contra los conservadores y los franceses había mostrado supereminentes cualidades de buen militar, pero al combatir *pro domo sua*, es decir, por una causa propia, se condujo con torpeza de oficial bisoño.

La primera equivocación que cometió fue salir de su estado, Oaxaca, donde bien habría podido hacerse fuerte y usar en su provecho la simpatía de la gente. No lo hizo. Después de emitir una pobre proclama, se internó en la sierra de Puebla. Lo seguían unos cuantos hombres que ni siquiera iban bien armados, pues en la prisa de la salida dejó atrás el armamento que había fabricado en La Noria y el que sus amigos le habían conseguido en los Estados Unidos.

Juárez no se anduvo con medias tazas. Aunque sabía bien que don Porfirio andaba prácticamente solo, envió en su contra al general Sóstenes Rocha: no ignoraba el Benemérito que más tardaría don Porfirio en caer en manos de Sóstenes que en ser fusilado por éste.

Un lugarteniente de Rocha alcanzó a don Porfirio cerca de Huajuapan. El general Díaz decidió no comprometer a sus escasas tropas en una lucha desigual contra las fuerzas del gobierno, y dispersó a sus soldados. Luego se encaminó a Morelos; después se presentó sin más acompañamiento que el de una escolta en las cercanías de la ciudad de México. Daba lástima la revolución de don Porfirio Díaz. Un tal Tuñón Cañedo, hombre de don Benito Juárez, escribió una burlona carta al señor Riva Palacio. En ella le decía cosas muy chocarreras acerca de la rebelión de Díaz: "En Chalco sólo se le incorporó un médico de Ameca sin clientela. Estoy seguro de que le habrá de causar bastantes bajas".

Añadía el tal Tuñón: "El resto es pura chinaca incapaz, compuesta de bandidos armados de mosquetes, fusiles recortados y hasta escopetas. La caballada toda va flaca, espiada y en pésimo estado. Llevan tres mulas, dos cargadas con parque y una con equipaje [...] Todos van tristes y en la condición más desgraciada. Dicen que don Porfirio sufre horriblemente, que está muy flaco y meditabundo".

Juárez cantó victoria. En cinco semanas a lo mucho, aseguró a sus ministros, acabaría con el motín. Y acabó, en efecto. En San Mateo chocaron por fin las fuerzas de Díaz con las del gobierno. Los rebeldes fueron aplastados, no sin causar también grandes bajas a las tropas juaristas. La noticia llegó a Oaxaca, que se entregó casi sin combatir a Ignacio Alatorre, general de Juárez. El vencedor, también como por burla, envió el parte de su triunfo no desde Oaxaca, sino fechándolo en La Noria, la hacienda de don Porfirio.

Éste, vencido y desmoralizado, tomó el camino de Veracruz. Oculto en las sombras de la noche llegó a esa ciudad y se embarcó en un paquebote inglés que por casualidad estaba en el puerto.

## *El gallo desplumado*

Don Benito Juárez afrontó con zapoteca tranquilidad la rebelión de Porfirio Díaz. Las torpezas que cometió don Porfirio lo obligaron a salir del país. Sin embargo, en el norte la sublevación había cundido. Fugitivo Díaz, el presidente Juárez pudo concentrar su atención en los rebeldes norteños.

Cuando los franceses asestaron el primer golpe a las tropas juaristas, los republicanos se desalentaron.

—No es nada —los tranquilizó don Benito—. Solamente le han quitado una pluma a nuestro gallo.

Con la misma cachaza —Juárez *el Impasible*— afrontaba ahora don Benito la sublevación de La Noria. Ningún problema tuvo para acabar con el movimiento de los porfiristas en Oaxaca. Pero ahora eran los hombres del norte quienes se levantaban contra él y obtenían triunfos importantes.

El general Jerónimo Treviño tomó la importante plaza de Saltillo el 5 de diciembre de aquel 1871. Juárez se preocupó, pues en el curso de su peregrinación por el país, Saltillo había sido uno de sus bastiones. Todavía peor: generales que antes habían sido sus partidarios, ahora se volvían en su contra. Por lo menos seis estados del norte podían considerarse ya en poder de los antijuaristas: Nuevo León, Coahuila, Zacatecas, Durango, Aguascalientes y San Luis Potosí. A Juárez no le preocupaba que fueran tantos estados, lo que le mortificaba era que sus amigos de los Estados Unidos, al ver algunos estados fronterizos en poder de la revolución, pudieran pensar que ya había perdido el control del país.

Donato Guerra era un enemigo importante. Contra él mandó Juárez fuerzas muy considerables. Pero el hábil don Donato venció a las tropas del gobierno en un sitio de nombre pintoresco: Matapulgas. La victoria fue tan decisiva que el gobernador juarista del estado tuvo que huir apresuradamente. Pero ni por esas se amilanó el estoico don Benito:

—En la guerra se gana y se pierde —dijo a sus ministros al conocer la noticia de la tremenda derrota—. Hemos de estar preparados lo mismo para la victoria que para la derrota. Sin embargo, al final el triunfo será nuestro.

Don Matías Romero, preocupado, enviaba premiosas cartas al presidente. ¿Realmente la situación era tan mala como aseguraban los periódicos norteamericanos? Don Benito tranquilizaba a su ministro, y le pedía dar seguridades al gobierno de Washington. "Contamos con todos los elementos para hacer que la paz vuelva a la República".

Era cierto lo que decía Juárez. Sin el general Díaz al frente la revolución iba al fracaso. No se sabía nada de Porfirio Díaz. Quizá hasta estaba muerto. Los periódicos trataban de adivinar el paradero del rebelde. ¿Estaría en Nueva York? Alguien decía haberlo visto ahí. ¿Se hallaba escondido en una casa de la ciudad de México, donde tramaba otra vez la sublevación de los elementos de La Ciudadela? ¿Se había extraviado en las intrincadas serranías de Puebla o en las selvas de Veracruz? ¿Se embarcó quizá con rumbo a Europa? Nadie sabía nada de don Porfirio Díaz.

Al iniciar marzo de 1872, Juárez se dispuso a asestar el golpe final a sus enemigos. Envió a Sóstenes Rocha a enfrentar a los rebeldes. Con 5000 hombres don Sóstenes les presentó batalla en Zacatecas. Los revolucionarios contaban con 9000, casi el doble. Y sin embargo Rocha los aplastó. Más de 2000 bajas tuvieron los revolucionarios entre muertos, heridos y desaparecidos. Los vencidos se dispersaron en fuga desordenada. Del ejército porfirista no quedó absolutamente nada.

## *El infeliz don Félix*

Una tragedia familiar ensombreció la lucha política —y la vida— de don Porfirio Díaz. Su campaña contra Juárez no dio resultado alguno, y además lo hizo perder uno de sus más caros afectos.

Félix Díaz era hermano de don Porfirio. Éste le llevaba tres años: Porfirio nació en 1830, Félix en 1833. Se guardaban los dos un entrañable afecto. Fueron en la niñez inseparables compañeros; ya jóvenes tuvieron aficiones comunes. Ambos sentían pasión por los ejercicios gimnásticos. Pusieron el primer gimnasio que hubo en Oaxaca. En él se entregaban durante varias horas a ejercicios de argollas, trapecio y paralelas. Fueron ellos quienes mandaron comprar en México los primeros libros sobre calistenia y gimnasia sueca que se leyeron en aquella señorial ciudad.

Los hermanos Díaz fueron muy conocidos y estimados por sus demostraciones de fortaleza física. Una de ellas fue espectacular. Descalzo, sin ayuda de cuerdas, a mano limpia, Félix escaló el frontispicio de la hermosa catedral de Oaxaca y llegó hasta lo más alto de uno de sus campanarios. Fue —hasta donde sé— el primer "hombre mosca", de cuyas proezas quedó testimonio escrito en la Antequera.

Félix fue siempre ferviente admirador de su hermano mayor. Siempre vio en él cualidades sobresalientes. Aunque estudió Humanidades en el seminario y en el Instituto de Ciencias y Artes de Oaxaca, atendió de inmediato la sugerencia de Porfirio cuando éste le aconsejó que cursara la carrera de las armas en el Colegio Militar de la ciudad de México. Terminados sus estudios, hizo campañas contra los indios del norte, especialmente en el estado de Zacatecas. Miembro del ejército nacional, combatió en las filas del gobierno. Fue conservador, como muchos de los militares de su época, pero la invasión de los franceses lo llevó definitivamente al lado de los republicanos. Estuvo en Puebla el 5 de mayo; fue uno de los defensores en el sitio de Puebla de 1863; participó en la batalla de La Carbonera al lado de don Porfirio.

Alcanzó Félix el grado de general de brigada por méritos en campaña, no por su parentesco con el vencedor del 2 de abril. Se distinguió en el sitio de Querétaro y luego en la toma de la capital, a la que entró junto con su hermano. Retirado éste de la actividad militar y política a causa de su distanciamiento de Juárez, don Félix fue nombrado gobernador de Oaxaca. Cuando estalló la revolución de La Noria, entregó Oaxaca a los rebeldes partidarios de su hermano y se puso al frente de tropas que combatieron a los juaristas.

Alcanzó algunos efímeros éxitos, pero se le acabó la vida por circunstancias que nada tenían que ver con la guerra. En Juchitán, sus soldados, rabiosos jacobinos muchos de ellos, sacaron de la iglesia parroquial la imagen del santo patrono y la arrastraron por las calles a cabeza de silla. Los indios juchitecos se tomaron venganza por aquel agravio que sin causa hicieron los soldados a su fe. Su venganza fue muy cruenta y muy feroz. Apresaron a don Félix, y tras desollarle las plantas de los pies, lo hicieron caminar hasta la plaza. Ahí lo apedrearon. Cuando quedó tirado, cayeron sobre él y a palos le quitaron el último aliento.

## *Otra vez el hilo negro*

Llamo *hilo negro* en la historia de México a la constante intervención de los Estados Unidos en nuestra vida nacional, a su participación en algunos importantes acontecimientos que han decidido el rumbo del país. Descubrir ese hilo negro no es cosa de poca entidad: es reconocer la vecindad de los Estados Unidos como un factor geopolítico que se vuelve primordial factor histórico. Juárez propició aún más esa intervención al prestarse obsequiosamente a servir el interés norteamericano a cambio de recibir ayuda para vencer a sus enemigos y mantenerse en el poder.

En Monterrey muchos no querían a don Benito Juárez. Celosos siempre de sus fueros, los regiomontanos rechazaron las pretensiones centralistas del presidente y vieron en don Santiago Vidaurri, figura fuerte del panorama político local, a un defensor de la autodeterminación del estado frente al poder absoluto del ejecutivo federal.

Cerca de Monterrey, las tropas del gobierno juarista fueron vencidas por los rebeldes que apoyaban a don Porfirio Díaz.

El triunfo, lo sabían los mismos vencedores, era efímero: el general Sóstenes Rocha se acercaba con fuerzas numerosas que los porfiristas no podrían enfrentar. Pero su triunfo en Monterrey dio a los levantados base para negociar la paz. Mediante el embajador de los Estados Unidos en México, hicieron a Juárez un ofrecimiento de capitulación: ellos se rendirían y volverían a la vida privada a cambio de que el gobierno los amnistiara, es decir, les garantizara la vida, la libertad y el tranquilo disfrute de sus bienes.

El embajador yanqui accedió a servir de intermediario, pero dijo a los representantes de los levantados en armas que sinceramente dudaba del éxito de su gestión. Juárez, que había sido inflexible con Maximiliano, Miramón y Mejía, no conocía el arte superior de perdonar. Temía el embajador que la postura del presidente fuera ordenar al sanguinario Rocha que persiguiera a los pronunciados y los aniquilara, bien en el campo de batalla, bien en el paredón.

¡Qué sorpresa se llevó el míster cuando Juárez accedió a las condiciones que ponían los sublevados para capitular! El 16 de julio de 1872, por la mañana, el embajador se entrevistó con Juárez y recibió de él plenas seguridades sobre la vida y la libertad de sus adversarios. No podía creer el diplomático lo que estaba oyendo. El broncíneo indio de Guelatao daba muestras de humana compasión. Habló con respeto, si no con mucha consideración, de Porfirio Díaz, del general Naranjo, de Jerónimo Treviño, de Donato Guerra, sus mayores enemigos. Dijo que la República seguía reconociendo sus antiguos servicios. Una vez rendidas las armas y vueltos a la vida privada, no debían temer ninguna venganza del gobierno.

Salió muy satisfecho el embajador por el buen éxito de su gestión y envió un telegrama al cónsul Nelson, de Monterrey, en que lo autorizaba a comunicar a los levantados la amnistía que les ofrecía el presidente. Cumplido ese trámite, el norteamericano se quedó pensando que había notado signos de fatiga en don Benito. No sabía el diplomático —nadie podía saberlo— que a Juárez sólo le quedaban dos días de vida.

## *La víspera de la muerte*

Un par de días antes de la muerte de don Benito Juárez, la marcha de las cosas en el país seguía su desarrollo normal. Nada hacía presentir el inesperado fallecimiento del patricio. ¿Cuál era la situación nacional en esos días?

El 17 de julio de 1872, don Benito Juárez despachó como de costumbre los asuntos de su cargo. Dictó una carta a su secretario. No podía imaginar mientras dictaba que la firma que pondría en esa carta sería la última que estamparía en su correspondencia: "Esperamos de un momento a otro saber la ocupación de Monterrey por las fuerzas unidas de los generales Rocha, Ceballos y Revueltas".

La noticia llegó, en efecto, esa misma noche. Monterrey, abandonada por los rebeldes, había sido tomada por las tropas juaristas sin disparar un solo tiro. Por esa única vez, y sin que el caso sentara precedente, una victoria del general Sóstenes Rocha, el brazo armado del presidente Juárez, se había conseguido sin efusión de sangre.

Tuvo acuerdo el señor Juárez con sus ministros. La entrevista no fue distinta a las acostumbradas, y ninguno de quienes en ella estuvieron presentes advirtieron señales de cansancio en el presidente. Por el contrario, lo vieron tranquilo y aun contento. Abandonó su acostumbrada adustez para felicitarse y felicitar al gobierno por aquella victoria de Rocha en Monterrey, que aseguraba todo el norte para la causa que él llamaba "nacional" y que no era sino la causa juarista.

Ya nadie pensó que los sublevados de La Noria podrían triunfar sobre el gobierno. Don Porfirio Díaz andaba fugitivo, y los rebeldes norteños, los más aguerridos de todos, habían sido vencidos y ahora lo único que deseaban era acogerse a la misericordia del gobierno. Seguramente todos los que dieron consideración al asunto pensaron aquel día 17 de julio que don Benito Juárez gobernaría a la nación indefinidamente. El hombre más fuerte que pudo hacerle sombra, el general Díaz, estaba ausente, en el destierro, o muerto. Juárez había conseguido poner fin a la oposición que tuvo en el Congreso: con dinero o con presiones se allegó la voluntad de todos los diputados, y la representación nacional era ahora un dócil instrumento en sus manos. Los gobernadores de los estados casi en su totalidad eran sumisos. No sólo se podía esperar que

Juárez completara sin problemas su nuevo período de cuatro años, sino que estuviera en aptitud de reelegirse nuevamente para extender su permanencia en el poder hasta que le viniera en gana.

La prensa, que reprobó con acritud el levantamiento de don Porfirio en La Noria, acabó por reconocer que si se interpretaba el estado de las cosas, Juárez era el nuevo "hombre necesario", lo que antes fue para México don Antonio López de Santa Anna. Ahora hasta sus adversarios daban por seguro que don Benito seguiría en el poder *per saecula saeculorum*.

A don Benito Juárez le quedaban solamente 24 horas de vida.

## *La muerte, gran demócrata*

A las 11.30 de la noche del 18 de julio de 1872 murió Benito Juárez. Nadie esperaba su muerte, ni siquiera él mismo. El 17 estuvo todavía despachando los asuntos de su cargo, "impasible como una esfinge", dice un escritor. Sin embargo, a las siete de la mañana de ese día, el 17, había sentido los síntomas iniciales del mal que posiblemente lo llevó a la tumba, que posteriormente sería descrito por los médicos como "una neurosis crónica del gran simpático".

Lo primero que solía hacer el Benemérito al empezar su jornada de trabajo era enterarse de las noticias que publicaban los periódicos. Se los llevaba don Darío Balandrano, director del *Diario Oficial*, el órgano informativo del gobierno. Cuenta don Darío que estaba leyendo en voz alta la nota de un periódico cuando de pronto don Benito se levantó de su asiento y se llevó las manos al cerebro haciendo un gesto de dolor. Luego dio algunos pasos por la habitación sin dejar de frotarse la nuca con la mano derecha.

—¿Se siente usted indispuesto, señor presidente? —le preguntó Balandrano con preocupación.

—Estoy bien —respondió con laconismo Juárez—. Puede usted continuar.

Siguió la lectura Balandrano, pero instantes después Juárez le ordenó con un movimiento de la mano que se detuviera. Otra vez se levantó del sillón el presidente.

—Espere usted, por favor —pidió a don Darío.

Volvió a caminar Juárez de un lado a otro de la habitación, frotándose otra vez la parte posterior de la cabeza. Su rostro tenía una expresión de inquietud y desconcierto. Después de algunos minutos interrumpió su caminar, y luego dijo a Balandrano que lo disculpara. La lectura no continuaría ya.

Después de ver algunos papeles, don Benito pidió que se le llevara el desayuno. Dijo al encargado que ese día almorzaría de dieta. Le presentaron un plato de sopa casera que casi no probó. Lo acompañaban en el desayuno algunos políticos, entre ellos don José María Lafragua.

—Señor Juárez —le dijo—. ¿Le sucede a usted algo?

Después diría Lafragua que había sorprendido en Juárez un súbito gesto de dolor.

—No —respondió el presidente tratando de esbozar una sonrisa.

Siguió hablando Juárez con sus invitados. El tema de la conversación fue el ferrocarril de Veracruz y las nuevas reformas a la Constitución que don Benito quería promover.

El resto de la jornada transcurrió normalmente. Por la tarde, Juárez estuvo acordando algunos asuntos. Después, como era su costumbre, hizo un breve paseo en carroza por el centro de la ciudad acompañado por miembros de su familia. Su yerno lo invitó a ir al teatro aquella noche, pero el presidente se disculpó. Se sentía nervioso, aunque no compartió con nadie esa inquietud. Después diría a los médicos que había pasado "una noche muy agitada".

## *La reuma de la muerte*

Al despertar a las 6.30 de la mañana del 18 de julio de 1872, último día de su vida, el presidente Juárez se sintió muy mal, tanto que por primera vez en muchos años no pudo levantarse para ir a su trabajo. Sus hijas —doña Margarita había muerto un año y medio antes, el 2 de enero de 1871— le preguntaron si estaba enfermo, si debían llamar al doctor de la familia. Don Benito les contestó que no, que simplemente se sentía muy cansado por no haber dormido casi nada la noche anterior. Les dio una orden terminante: a nadie debían decir que estaba en cama. Si alguien preguntaba por qué no había ido a su oficina, responderían que tenía un dolor en una pierna a causa de una reuma.

A media mañana sintió Juárez un intenso dolor en la región cordial. Sus hijas, alarmadas, le pidieron permiso para llamar al médico, pero el presidente negó la autorización. Se pasó toda la mañana; transcurrieron las primeras horas de la tarde. Juárez estaba solo en su habitación. Alguna de sus hijas entraba de cuando en cuando: el presidente dormitaba, o bien, de espaldas en su cama, tenía fija la vista en el techo.

Por la tarde llegaron don José María Lafragua y el general Ignacio Alatorre. Las hijas del enfermo consideraron afortunada su visita, pues ya tenían con quién compartir su inquietud por el estado de su padre, a quien veían muy enfermo. Juárez recibió en su cuarto a los recién llegados y estuvo conversando con ellos. En el curso de la plática, sin embargo, se quejó varias veces. Dijo a sus visitantes que sentía una fuerte opresión en el pecho que le impedía respirar bien.

Cuando Lafragua y Alatorre se retiraron, dijeron a los familiares de don Benito que veían muy indispuesto al presidente, que sería bueno llamar al doctor Alvarado, su médico de cabecera. Respondieron ellos que el enfermo había dado orden en contrario. Pedro Santacilia, yerno de don Benito, empezó a preocuparse. A las seis de la tarde entró en la habitación de Juárez y lo vio aun más postrado. Le informó que había llegado un telegrama en que el administrador de la aduana de Veracruz avisaba que el correo americano no saldría sino hasta el día siguiente.

—Me alegro —dijo Juárez—. Así podrá llevar la noticia de la toma de Monterrey.

Una hora después, a las siete, los malestares que sentía don Benito se hicieron más intensos, hasta el punto en que él mismo pidió la presencia del doctor. Antes de que éste llegara, el presidente se desvaneció y quedó privado del sentido por algunos minutos. Había llegado el ministro de Guerra, don Ignacio Mejía, amigo muy cercano del presidente. Acudió al lecho del enfermo, de modo que cuando Juárez volvió en sí al primero que vio fue a su amigo.

—¿Cómo estás? ¿Has recibido algún telegrama?

En vez de que el general Ignacio Mejía le preguntara a don Benito cómo se sentía, fue Juárez quien le hizo la pregunta. Salía apenas del desvanecimiento que sufrió y ya quería saber si había alguna novedad acerca de los rebeldes que le hacían la guerra en el norte.

—No he recibido telegrama —respondió Mejía—. No hay novedad. ¿Cómo te sientes?

—Mejor, gracias —respondió con voz débil don Benito—. Será cualquier cosa. Anda, vete a tu despacho.

Lleno de preocupación salió el general Mejía. En ese momento llegaba el doctor Alvarado, médico de la familia. Entró en el cuarto y examinó al paciente durante 15 minutos. Salió y dijo a la familia:

—El señor presidente está muy grave.

Llevó aparte a Santacilia y le dijo en voz baja:

—Temo un funesto desenlace. No creo que el señor Juárez tenga remedio. Pienso que si acaso le quedarán tres horas de vida.

Por disposición del propio médico fueron llamados con urgencia los doctores Rafael Lucio y Gabino Barreda. Uno de ellos sugirió un tratamiento de emergencia que consistía en derramar agua hirviendo sobre el pecho del enfermo a fin de reanimarle el corazón. Se procedió a realizar esa tremenda cura, que causó intensísimo dolor a Juárez.

—Doctor —dijo con voz entre dolorida e irritada—, me está usted quemando.

A las 10 el presidente se agravó. A los dolores internos se añadieron los de las quemaduras, de modo que los médicos decidieron aplicarle inyecciones de morfina en el lado izquierdo del pecho. A las 10.30 se vio que el enfermo ya no podría salvarse. Una y otra vez se desvanecía. La familia envió criados a avisar a Lafragua y Mejía, lo mismo que al ministro don Blas Balcárcel. Este no se enteró de lo que estaba sucediendo: dormía ya, y el portero de su casa se negó a despertarlo para darle el aviso.

Unos minutos antes de las 11, el presidente volvió en sí. Llamó a Camilo, su criado de mayor confianza, a quien había tenido con él desde sus tiempos de gobernador de Oaxaca, y le pidió que le oprimiera con ambas manos la parte posterior de la cabeza, pues sentía ahí un gran dolor. Lo hizo Camilo sin poder contener las lágrimas, pues conocía ya la gravedad de su señor.

Una versión afirma que don Benito no tuvo nunca conciencia de la gravedad de su estado, que hasta pidió que le llevaran de cenar. En todo caso, a las 11.25 de la noche de aquel 18 de julio de 1872, se recostó sobre el lado izquierdo y puso la cabeza en su mano sobre la almohada. Cerró los ojos. A las 11.30 se agitó un momento y un estertor salió de su garganta. Luego su cuerpo pareció aflojarse. El doctor Alvarado se acercó y le tomó una mano. Luego, sin levantar el rostro, pronunció una sola palabra:

—Acabó.

Cuando el doctor Alvarado pronunció la palabra *acabó*, los familiares de don Benito rompieron a llorar al pie del lecho. El yerno de Juárez, más sereno, no podía creer que así, tan pronto, su señor suegro hubiese pasado de la vida a la muerte. Se volvió hacia el doctor Gabino Barreda y le preguntó:

—Doctor, ¿cree usted que ha muerto?

Barreda era el gran corifeo del positivismo en México, de modo que el verbo *creer* no estaba en su vocabulario. Sólo aceptaba lo que podía ver y tocar, lo que podía comprobar con sus sentidos. Actuó, pues, don Gabino, en forma muy positivista. Encendió un cerillo y lo acercó a unos cuantos milímetros de los abiertos ojos del difunto. Quería advertir en sus pupilas algún movimiento reflejo. No lo vio. Dijo a Santacilia:

—Sí, señor. El presidente ha muerto.

Quienes no pertenecían a la familia de Juárez salieron discretamente de la habitación. El ministro de Guerra, don Ignacio Mejía, tuvo la necesaria serenidad para darse cuenta de que había que avisar de inmediato a don Sebastián Lerdo de Tejada, pues la muerte de Juárez lo convertía *ipso facto* en presidente de la República: don Sebastián era titular de la Suprema Corte de Justicia, y estaba encargado por la Constitución de sustituir al encargado del Poder Ejecutivo en caso de falta definitiva. En un carruaje se dirigió Mejía a la casa de Lerdo de Tejada. Éste dormía ya, de modo que un criado debió despertarlo. Mejía no quiso darle la noticia de sopetón, por más que sabía bien que Lerdo no era hombre dado a extremas sensibilidades.

—Señor Lerdo —le dijo—. El presidente enfermó súbitamente y está muy grave. El doctor Alvarado opina que no podrá salvarse.

—¿Cómo es posible? —se sorprendió Tejada—. Vamos ahora mismo a su casa.

—Vamos —le contestó Mejía—, pero no espere usted encontrarlo con vida. De allá vengo, y lo dejé casi agonizando.

—Ha de ser una crisis —deseó don Sebastián.

—Señor Lerdo —dijo entonces el general Mejía tomándolo por el brazo—. Tengo que decírselo: el presidente ha fallecido ya.

Lerdo pareció conmoverse mucho. Días después corrió el rumor de que don Sebastián había hecho envenenar a Juárez. Aún en nuestro tiempo se ha considerado la versión de que don Benito pudo ser asesinado, y hasta un escritor ha mencionado el nombre de alguna hierba con la que el presidente, en los términos de su afirmación, pudo haber sido envenenado. Dice el padre Cuevas que días antes de la muerte del Benemérito, cuando éste ni siquiera estaba enfermo, anduvo preguntando Lerdo de Tejada cuál era el ceremonial que se debía observar en caso del fallecimiento de un presidente. Todas son especulaciones, ciertamente. Nada prueba que Juárez haya sido asesinado. El dictamen oficial fue que murió de angina de pecho. A eso debemos atenernos.

## *El alma de Juárez*

Don José María de Jesús Díez de Sollano y Dávalos, obispo de León, hacía una visita pastoral a su extensa diócesis, y estaba en Irapuato. Era este señor un sabio varón que corría con fama de ser santo. Nacido en San Miguel el Grande, ahora de Allende, hizo en Morelia y la ciudad de México los estudios que lo llevaron a su ordenación sacerdotal. Dueño de grandes prendas espirituales y de cultura humana, doctor en Teología, dirigió el Seminario Conciliar y fue último rector de la Universidad Mexicana. Sus obras las publicó Oswaldo Robles en la Biblioteca del Estudiante Universitario. En 1864, el señor Díez de Sollano se hizo cargo del obispado de León, que ocupó hasta su muerte en 1881, acaecida a los 61 años de su edad. Una calle importante de San Miguel lleva su nombre.

La mañana del 19 de julio de 1872 estaba diciendo misa don José María de Jesús en la iglesia parroquial de Irapuato. Todos los fieles advirtieron que pareció alterarse al elevar la sagrada forma, y vieron su semblante demudado mientras oficiaba el resto de la misa. Tan pronto la terminó, ya en la sacristía, el obispo dijo con grave tono a su familiar, el padre Ginori:

—Juárez acaba de morir y su alma bajó a los infiernos.

Este singular episodio no pertenece, claro, a la historia de los hechos, pero atañe, sí, a eso que los franceses llaman *Historia de las Mentalidades*. Quiero decir que el relato sirve para apreciar la idea que de Juárez tenía un vasto sector de la población de México, los católicos —y el clero, desde luego—, representados a ultranza por el obispo Díez. Dijo éste que al elevar la hostia miró en ella una escena representada con toda claridad: Juárez estaba muerto en su lecho, y su alma era llevada a los infiernos.

Quienes supieron de la visión de Díez mencionaron el hecho de que hacía apenas unas cuantas horas que Juárez había muerto en la capital, a muchas leguas de Irapuato, de modo que el obispo no podía estar enterado del fallecimiento de don Benito. Lo consideraron no sólo un acontecimiento milagroso —don de la profecía—, sino un aviso celestial.

Cualquiera podría descartar esta página como una paparrucha, y haría bien. Sin embargo nos aporta un testimonio de la malquerencia que don Benito había suscitado entre el alto clero mexicano, sentimiento que era compartido por la inmensa mayoría de los católicos. Hasta bien entrado el siglo XX, Juárez era visto por ellos como una especie de Anticristo, como un feroz enemigo de la fe.

En justicia hay que decir que Juárez no fue enemigo de la religión, sino del clero. Hubo liberales ateos, pero muy pocos. En todo caso, el relato de este curioso episodio nos ilustra sobre la imagen que muchos tenían de Juárez a su muerte. Supongo que los obispos de hoy no tienen ya visiones como la que miró el obispo de León y que tanto impresionó a muchos de sus contemporáneos.

## *El velorio de Juárez*

Vivía don Benito Juárez con su familia en una pequeña casa que formaba parte del edificio del Palacio Nacional, en el ala norte del recinto, con puerta a la calle de la Moneda. Frente a esa casa estaba el palacio del arzobispo de México, de manera que el jerarca de la Iglesia y el del Estado, formidables enemigos, se veían precisados a saludarse cada día.

Lerdo de Tejada, el nuevo presidente de la República, llegó al domicilio de don Benito cuando éste había pasado ya a la otra vida. Las habitaciones de don Benito estaban llenas de dolientes.

Ahí se encontraban, con los familiares del finado, algunos ministros, el gobernador del Distrito Federal y destacados miembros de la masonería y el partido liberal. Se reunieron esos señores con Santacilia y acordaron llevar el cadáver del presidente a un salón del Palacio Nacional, a fin de que ahí recibiera las honras fúnebres.

Antes, los doctores Alvarado, Barreda y Lucio redactaron y firmaron el acta de defunción del presidente. Luego, en un catre que cargaron cuatro criados, el cuerpo de don Benito fue llevado a una habitación donde los mismos médicos procedieron a embalsamar el cadáver. Terminaron su trabajo a las siete de la noche, y entonces el cuerpo del fallecido presidente fue expuesto en un ataúd. Vestía de frac, llevaba guantes negros. Reflejaba su rostro, según dijo un cronista, "la expresión de un plácido sueño".

Tres días estuvo expuesto el cadáver en el Salón de Embajadores del Palacio Nacional. A las cinco de la mañana del 19 de julio —don Benito murió a las 11.30 de la noche del día anterior—, los cañones del palacio dieron a los habitantes de la ciudad de México la noticia de la muerte del patricio. Tan pronto el cuerpo del difunto fue puesto en el catafalco, una gran muchedumbre acudió a rendirle el homenaje postrimero. Corrió el rumor de que Juárez había recibido los últimos sacramentos de la Iglesia católica poco antes de su muerte, pero la versión fue prontamente desmentida por Santacilia y los representantes masónicos. En efecto, en el túmulo mortuorio del difunto no aparecieron los símbolos de la religión, sino los de la orden de la masonería.

El día 23 se efectuó el solemne funeral. El cortejo salió del Palacio Nacional y fue por los Portales de las Flores, Diputación y Mercaderes; calles de Plateros, San Francisco, Santa Isabel, la Mariscala y San Fernando, hasta llegar al templo y panteón del mismo nombre. A los dignatarios de la Iglesia seguramente les habría gustado impedir el entierro del presidente en sagrado, pues Juárez fue enconado enemigo del clero, y además murió impenitente. Ya no podían los clérigos, sin embargo, hacer tal cosa, pues las Leyes de Reforma habían convertido en civiles los cementerios religiosos.

## *Yo, siempre yo...*

El defecto mayor de don Benito Juárez fue su desmedido apego al poder. La anécdota que narro a continuación es evidencia de ello.

Ya estaba en el lecho de enfermo don Benito Juárez. Se habían manifestado con toda claridad los síntomas del mal que lo llevó a la tumba: un continuo dolor en la pierna derecha que algunos atribuyen a posible deficiencia circulatoria; una opresión en el pecho que le hacía fatigosa la respiración, indicio quizá de un problema cardíaco severo; repentinas jaquecas muy intensas, súbitos desvanecimientos causados probablemente por deficiencias en la circulación sanguínea. Los dictámenes sobre la causa de la muerte de Juárez han sido muy variados, y van desde una angina de pecho hasta una neurosis cerebral crónica.

Recluido en sus habitaciones, el presidente no recibía ya sino a sus familiares, a sus amigos más íntimos y a los más cercanos colaboradores de su administración. En la antevíspera del fallecimiento de Juárez llegó a visitarlo don Darío Balandrano, director del *Diario Oficial*, que tenía el encargo de don Benito de llevarle todos los días, a prima hora, un resumen de las noticias publicadas por los diarios de la época.

Luego de hojear los periódicos, el presidente le preguntó a Balandrano acerca de los rumores de la calle, de lo que se decía de los pronunciados del norte, de Porfirio Díaz. Brevemente el funcionario le dio cuenta de todo lo que a don Benito interesaba. En eso entró en la habitación el ministro de Guerra, general Ignacio Mejía.

Juárez sentía una gran estimación por este hombre, uno de sus más leales partidarios. Solía llamarlo con afecto *el tío Nacho*. Don Ignacio estaba sumamente preocupado por la pérdida de la salud de su amigo y por los claros signos de decaimiento físico que en él se manifestaban. La inquietud de Mejía era causada, naturalmente, por la mala salud de Juárez, pero también por el pensamiento de lo que sucedería si el presidente llegaba a morir. No se abstuvo, pues, de manifestar sus afanes a don Benito. Le preguntó en quién había pensado para que lo sucediera en el "remoto y desgraciado caso" de que se le acabara la vida. Había el riesgo, le dijo, de que llegara a la presidencia alguien de una corriente política contraria a la suya. Bueno sería ir pensando en un posible sucesor.

Juárez no contestó nada. Pareció perdido en sus propios pensamientos. Así, Mejía no insistió ya. Después de desearle a Juárez un pronto restablecimiento, se despidió y se levantó para marcharse. Iba ya en la puerta cuando don Benito lo llamó:

—Nacho —le dijo con voz queda pero firme—. Yo. Siempre yo…

Y al decir eso don Benito se señalaba a sí mismo dándose pequeños golpes en el pecho con los dedos de su mano derecha.

## *Discursos*

El primer efecto grave de la muerte de don Benito Juárez fue el caudaloso torrente de discursos que los asistentes a su sepelio tuvieron que aguantar. Todo mundo habló en el entierro, menos —naturalmente— don Benito. Se inauguró así la interminable oratoria sobre el Benemérito que dura, grandílocua y sonora, hasta los días de hoy.

El martes 23 de julio de 1872 se efectuó el sepelio de don Benito Juárez. Casi cinco días mediaron entre la fecha de su muerte y la de su funeral. El cadáver había sido embalsamado por el doctor Gabino Barreda y otros dos médicos a fin de poder exponerlo durante todo ese tiempo a la veneración del pueblo.

Más de dos horas tardó el cortejo fúnebre en llegar desde el Palacio Nacional hasta el Panteón de San Fernando, y eso que la distancia no es muy grande. En un ángulo de la placita que hay ahí, se había levantado un túmulo funerario en cuya cima se depositó el ataúd. Al lado del catafalco estaba dispuesto un podio desde el cual hablarían los oradores fúnebres. He aquí el orden en que pronunciaron sus discursos:

1-. Don José María Iglesias, orador oficial nombrado por el gobierno.
2-. Diputado Gerardo Silva, en nombre de la representación nacional.
3-. Don Alfredo Chavero, en nombre del ayuntamiento.
4-. Señor Gordillo, representante de la masonería.
5-. Don José María Vigil, por los periodistas.
6-. José María Baranda, por los músicos.
7-. Doctor Roque Jacinto Morón, por la profesión médica.
8-. Victoriano Mireles, por los obreros.
9-. José Rosas Moreno, poeta y fabulista, en representación de sí mismo.
10-. Gumersindo Mendoza, en nombre de la Sociedad Mexicana de Geografía y Estadística.

11-. Niño Antonio Álvarez, alumno del Colegio Tecpan.
12-. Niño Salvador Zurita, escolar de Santiago.

Los discursos habrían podido seguir hasta la eternidad si no es porque dieron las 2.30 de la tarde y el hambre les empezó a calar a los dolientes. Así pues, el maestro de ceremonias puso fin al caudaloso torrente de oratoria. El ataúd fue bajado del túmulo en que se le había puesto y se depositó en la fosa que la familia Juárez tenía en el Panteón de San Fernando. A unos cuantos pasos —burlona ironía de la historia— estaban inhumados los restos del general Miguel Miramón, fusilado cinco años antes por órdenes de don Benito. Tiempo después, su esposa Conchita se los llevó de ahí: aquella recia dama no quiso que su marido estuviera cerca de aquel que le había quitado la vida. Llevó a la catedral de Puebla los despojos mortales de *el Joven Macabeo*.

Sonó el estrépito de 21 cañonazos; se inclinó sobre el féretro la bandera nacional y bajó a la tumba aquel hombre indomable cuyo mayor acierto fue mantenerse en la presidencia durante la invasión de los franceses, cuyo más grande error fue mantenerse en la presidencia después de que se fueron. Despidieron el duelo don Sebastián Lerdo de Tejada, ahora presidente de la República, y los familiares de don Benito. Cuando el último doliente salió del cementerio eran ya las 3.30 de la tarde. El sepelio había comenzado a las nueve de la mañana.

*Segunda parte*

# ***El fin del principio***

## *Tiene razón don Sebastián*

No hubo ninguna ceremonia religiosa en el funeral de Juárez. Eso es muy explicable: de seguro Juárez no habría querido esa liturgia, y tampoco la Iglesia se la habría querido dar. En la carroza fúnebre que llevó por las calles el ataúd de Juárez, lucieron muy ostensibles las insignias masónicas.

En la casa donde murió Juárez no entraría un sacerdote hasta ocho años después, cuando en abril de 1880 falleció ahí la señora Delfina Ortega Reyes, esposa de don Porfirio Díaz. La señora pidió que se le administraran los santos sacramentos; un sacerdote fue llamado y entró en aquella dependencia donde había muerto Juárez. Por cierto —lo digo de pasada—, acompañaron al Sagrado Viático, de rodillas y con un cirio en la mano, todos los miembros del gabinete presidencial que antes habían sido muy grandes anticlericales, entre ellos don Ignacio Ramírez *el Nigromante*, don Ignacio Vallarta y el general Vicente Riva Palacio. Con la muerte de Juárez, y terminada su influencia, muchas cosas cambiaron en el país.

No se piense que México desapareció cuando murió Benito Juárez. Inexplicablemente el país pudo seguir viviendo sin el Benemérito. Tampoco se crea que todos estuvieron de acuerdo en glorificar al desaparecido. *El Siglo* XIX, periódico muy liberal, se mostró más bien parco en los elogios. "La personalidad política del señor Juárez —decía un editorial— pertenece a la Historia, cuyo buril severo le asignará el lugar que de derecho le corresponda".

Pronto empezaron a oírse críticas para el desaparecido y elogios muy grandes para el nuevo presidente, don Sebastián

Lerdo de Tejada. Se cumplía aquello de "el rey ha muerto; viva el rey". Como don Benito ya no podía defenderse por sí mismo, muchos le dijeron cosas. Cuando alguien sacó a colación aquello de Benemérito de las Américas, título que obligatoriamente le damos ahora, no faltó quien aclarara que el decreto del Congreso de Colombia, de donde partió aquel calificativo, decía nada más que "dicho ciudadano [Juárez] ha merecido el bien de la América". Con esa base alguien lo llamó Benemérito de la América, y luego se hizo plural el nombramiento y pasó Juárez a ser Benemérito de las Américas, como si hubiera varias.

No paró ahí la cosa. Había dicho Juárez aquello de "El respeto al derecho ajeno es la paz", y alguien salió con la gran novedad de que tal frase, así, palabra por palabra, la había escrito el francés Benjamín Constant, autor de la famosa novela *Adolfo*. Quién sabe quién leyó la frasecita, le gustó y se la endilgó a Juárez, que pasa ahora por su autor. Yo creo que Constant jamás pensó que su frase sería tan reproducida.

## *Nada lerdo era Lerdo*

Don Sebastián Lerdo de Tejada fue presidente de México de 1872 a 1876, primero como interino, luego como constitucional. Subió al poder con motivo de la muerte de don Benito Juárez y siguió después en la presidencia en virtud de una elección. Las opiniones sobre don Sebastián son contradictorias. No es raro eso: con excepción de Cuauhtémoc y de los Niños Héroes, todos los personajes de la historia mexicana son objeto de polémica. La presidencia de Lerdo fue una especie de preludio a la larguísima etapa que se conoce con el nombre de porfiriato.

Don Artemio de Valle Arizpe es el otro gran cronista que ha dado al mundo de habla castellana la hermosa ciudad de Saltillo. El primero, naturalmente, es Fuentes. Digo, el bachiller don Pedro Fuentes, décimo cura párroco de Saltillo, gran pendolista y acucioso historiador. Don Artemio escribió que Sebastián Lerdo de Tejada era "muy fino, gentil hombre de letras, todo exquisitez, suavidad y mesura".

¡Cómo lamento disentir de mi ilustre paisano! Ni era fino don Sebastián, ni era gentil ni exquisito, ni mesurado ni suave. Por el contrario, estaba hecho de hierro, era un político frío y astuto, un hombre que —como Juárez— jamás se tocó el corazón para sacar adelante otra cosa que no fuera su interés.

Recordemos algo que nos ilustrará sobre el carácter de Lerdo. En una carta que escribió a cierta dama a la que cortejaba, le contó don Sebastián que varias señoras de San Luis Potosí le fueron a rogar que intercediera ante Juárez para que no hiciera fusilar a Maximiliano, Mejía y Miramón. A ese propósito, Lerdo ponía en la carta la historietilla del cura que les preguntó a las gallinas cómo querían que las hiciera, si en mole verde o rojo.

"—No queremos que nos mates —le respondieron las gallinas.

—No les estoy preguntando eso —replicó el cura—. Les pregunto si quieren que las haga en mole verde o rojo. Lo otro ya es cosa decidida."

Alguien que a propósito de la muerte de tres seres humanos cuenta una historia tal, no puede ser llamado fino, gentil, exquisito, suave ni mesurado.

Lerdo, lo dije más arriba, era antes que nada un político. Consumado masón, llegó a sentir por la Iglesia católica una malquerencia muy particular. Lo raro es que en su juventud había sido don Sebastián un hombre sumamente religioso. Estuvo en el seminario, y hasta llegó a recibir la primera tonsura. La tesis que para eso presentó la dedicó no a su papá ni a su mamá, como era el uso, sino a san Luis Gonzaga. Gran devoto de san Ildefonso, durante mucho tiempo pidió el privilegio de ayudar en el arreglo del altar de su iglesia.

Luego cambió el curso de la vida de Sebastián Lerdo de Tejada. Se hizo fuerte liberal y miembro entre los más conspicuos de la masonería. Gran orador, sus hermanos de logia decían que don Sebastián tenía "por cerebro el sol". Empedernido solterón, profesó sin embargo a las mujeres más devoción que a san Ildefonso y —jalapeño al fin, veracruzano— dio mucho que decir por su afición desmedida a las faldas. Siendo presidente causó escándalo por andar en el carruaje de la presidencia con mujeres de las que se decía que eran tan livianas de su cuerpo que cuando subían a la carroza ésta ni se movía.

## *¿A dónde va don Sebastián?*

La llegada de Lerdo a la presidencia preocupó a muchos. A los juaristas, porque en los últimos meses de la vida de Juárez surgió un gran distanciamiento entre el presidente y Lerdo, su consejero principal. Temían los amigos del difunto que don Sebastián no los invitara ya al banquete del poder. La llegada de Lerdo también alarmó a los porfiristas, pues, como hizo Juárez, don Sebastián dio muestras inequívocas de querer reelegirse. Así las cosas, el país estaba condenado a seguir en continua agitación.

Desde sus primeros días en la presidencia don Sebastián Lerdo de Tejada no dejó lugar a dudas sobre su amor al poder. Se hizo rodear de una guardia especial que se conoció con el nombre de los Supremos Poderes. Cortejó a las familias de la más alta sociedad capitalina, que lo aceptaron como antes habían rechazado a Juárez. Era don Sebastián un hombre de esmerada educación, gran conversador que encantaba a las damas con graciosas ocurrencias o con el relato de anécdotas picantes que sabía contar muy bien.

Lo que a muchos no les gustaba es que al parecer Lerdo gobernaba para dar gusto a la masonería y a los más extremados liberales. Mostró una clerofobia mayor todavía que la de Juárez. Los mexicanos, aun los que no eran particularmente religiosos, estaban ya cansados de los ataques contra la Iglesia, sobre todo cuando no vieron que de esos ataques derivara algún bien para el país. Las hermosas fincas que le fueron quitadas al clero no pasaron a ser de utilidad pública; quedaron en manos de extranjeros, y algunas de ellas las adquirieron las iglesias protestantes que llegaron a establecerse en México no sólo con el beneplácito, sino merced a las activas gestiones de Juárez y de su ministro en los Estados Unidos, el señor Matías Romero.

Lerdo siguió atacando a la Iglesia. Desterró a los jesuitas acusándolos de estar conspirando para derrocar a su gobierno, y eso que un tío suyo, el padre Ignacio Lerdo, era el provincial general de la Compañía de Jesús. Luego expulsó del país a muchos sacerdotes. Por último —el colmo— ordenó la exclaustración de las Hermanas de la Caridad, que formaban la comunidad de religiosas más querida en México. Cuando una monjita conoció la orden de Lerdo, dijo estas palabras:

—Este señor tiene el corazón más duro que Juárez.

Tenía razón la hermana: ni en sus más duros excesos anticlericales se atrevió don Benito a disolver aquella orden tan respetada y querida por el pueblo.

Lerdo no estaba dispuesto a ser simplemente un presidente sustituto. Quería serlo constitucional. Empezó a maniobrar para que quedara en sus manos el férreo control político que Juárez tuvo en las suyas. No halló ningún problema para conseguirlo: don Benito había inventado la "disciplina" política. Así, todos los gobernadores y la gran mayoría de los diputados se pusieron a las órdenes del nuevo presidente a cambio de seguir recibiendo su pitanza, y algunas migajas de poder.

## *Una aventura de don Sebastián*

El episodio que ahora narro, poco conocido, nos habla de aquel siglo XIX mexicano que dijera Enrique Fernández Ledesma, "con sus gracias, su carácter, su buena crianza y sus hombres apasionados y orgullosos".

Vayamos tiempo atrás en el relato.

Don Sebastián Lerdo de Tejada vivía en una bonita casa de la actual calle de Madero —entonces de San Francisco—, muy cerca del famoso Palacio de Iturbide. Gustaba mucho de ir al teatro don Sebastián, y casi todas las noches disfrutaba ya de una representación dramática, ya de una comedia, ya de una función de ópera.

Corrían los aciagos tiempos de las guerras de Reforma. Daba muchos problemas al gobierno don Miguel Miramón, *el Joven Macabeo*, y por eso el gobierno de la República había desatado una fuerte persecución contra él. Don Sebastián era de los más altos funcionarios oficiales, y por tanto adversario fortísimo del Joven Macabeo. Si en alguna parte lo hubiera visto, aunque fuera de lejos, lo habría hecho aprehender para que lo fusilaran.

Cierta noche llegó don Sebastián a su casa después de la cotidiana función de teatro. Sacó de la bolsa interior de la levita la llave para abrir la puerta. En ese momento advirtió, sentado en el suelo junto al quicio, a un pobre indígena que fumaba su cigarrito de hoja.

—Buenas noches —lo saludó Lerdo con aquella cortesía que a nadie le negaba.

—Buenas noches, *siñor* —le respondió el indito quitándose a medias el sombrero.

Entró Lerdo en su casa y se olvidó del hombre, a quien tomó por vagabundo o limosnero. Sólo unos meses después se enteró con asombro y disgusto de que el indito no era tal indito, sino nada menos que su mayor enemigo, el general Miramón. Perseguido por las fuerzas del gobierno, tuvo necesidad don Miguel de entrar en la ciudad de México a fin de ver a su esposa Conchita, que acababa de dar a luz un niño. Para burlar a sus perseguidores se disfrazó de indígena. Una traición puso sobre aviso a la policía, y muchos agentes fueron enviados a la calle a buscar a Miramón. En todas partes lo buscaron, pero ¿quién podía imaginar que para escapar de aquel acoso el perseguido fue a sentarse en la puerta de la casa de Lerdo?

Ahí pasó toda la noche fumando sus cigarritos de hoja mientras los jenízaros iban calle por calle tratando de encontrarlo. Al amanecer pasó una recua de arrieros por la calle de San Francisco. Muy disimuladamente se les unió Miramón y salió de la ciudad en su compañía. Cerca lo esperaba uno de sus hombres, que le tenía listo su caballo. Al galope se perdió en la distancia el joven militar, que fue a unirse a los suyos muy contento de haber burlado la vigilancia del gobierno.

Pasaron los años; Miramón fue fusilado en Querétaro con Maximiliano y Mejía; la muerte sacó de la silla presidencial a don Benito Juárez y ahora Lerdo era lo que Miramón había sido: presidente de la República. La nación seguía tan agitada como en los tiempos de la Reforma y el Imperio. Tal parecía que México estaba condenado a no disfrutar nunca los bienes de la paz.

Porfirio Díaz era lo que antes fue Miramón: un perseguido del gobierno. También él, a su turno, se sentaría en la silla de la presidencia.

## *¿Y dónde estaba don Porfirio?*

Con poca fortuna don Sebastián Lerdo de Tejada desempeñaba el cargo de la presidencia. Se le veían aires de monarca más que de presidente de una austera república constitucional. La gente no ocultaba su disgusto —o sus burlas, según el carácter de cada quien— al verlo pasear por la calle de San Francisco acompañado por el batallón de Supremos Poderes, siempre con música de banda y lanceros a caballo. Era motivo de murmuración la costumbre que adoptó el nuevo presidente de tener siempre una guardia de Corps que cuidaba de su persona hasta por la noche, pues dos centinelas se ponían en la puerta de su recámara, como si Lerdo fuera uno de los antiguos reyes de Inglaterra.

Mientras tanto, ¿dónde se hallaba Porfirio Díaz? Más adelante descubrirán la respuesta; antes, debemos hablar de otro hombre: Manuel Lozada. Hay quienes dicen que era un bandido; otros aseguran que era un guerrillero. Quienes quieren mediar afirman que era un cacique como los muchos que México tenía en aquel entonces.

Nació este Manuel Lozada en Tepic, que entonces pertenecía a Jalisco. Vio la primera luz en 1828. Sus padres eran pobres, paupérrimos, y ni siquiera pudieron tenerlo con ellos por falta de pan para darle de comer. Lo adoptó entonces un tío suyo, don José María Lozada, quien dio al chiquillo no sólo pan, sino su apellido.

Tenía Manuel despejada inteligencia, y cuando llegó a la adolescencia sirvió muy bien a su tío en los trabajos de éste como arriero. No confundir: ser arriero en aquel tiempo era tener muy buen oficio, productivo y que confería estatus social. Manuel hizo además algo que su tío no había hecho nunca: alternó el trabajo de arriero con los ires y venires del contrabandista. En playas escondidas recibía el cargamento de barcos venidos de los Estados Unidos, y lo entregaba a las casas de comercio de extranjeros establecidos en la región de Tepic. Con eso ganaba muy buenos pesos.

Cuando estallaron las guerras de Reforma se puso Lozada —así tenía que ser— del lado de los conservadores. Armó a sus contrabandistas y se convirtió en temible guerrillero que atacaba por sorpresa a las fuerzas liberales y les causaba grandes daños. Se aprovechaba muy bien del gran conocimiento que tenía de la región.

Pronto llegó a ser reconocido el joven Lozada como un jefe de gran importancia en la zona. Los ricos lo consideraban su protector; se le veía como defensor de la causa religiosa. Alcanzó un gran prestigio que lo puso por encima de todos los de su clase. Aquel chiquillo humilde, tan pobre que sus padres tuvieron que regalarlo, se volvió un personaje de importancia casi nacional.

## *Dos actos y un intermedio*

Don Sebastián Lerdo de Tejada fue un hombre más bien gris. Le tocó quedar entre dos personajes de brillo muy intenso: don Benito Juárez y don Porfirio Díaz. ¿Quién hubiese podido lucir en medio de esas figuras monumentales? Los historiadores pasan por el gobierno de Lerdo a paso veloz, pues no encuentran parajes interesantes que los hagan detener la marcha para contemplarlos.

"Si desnudamos a la actual administración de sus deslumbrantes vestiduras, ¿qué encontramos? Vemos un Congreso formado en su mayoría bajo la influencia presidencial. Vemos a un presidente que mantiene bajo su tutela a los gobernadores y al Congreso, el cual da fuerza legal a sus actos y le otorga a cada momento facultades extraordinarias. Vemos en el pueblo la falta de fe en nuestras instituciones. Vemos una total tendencia al centralismo y una oposición constante al desarrollo democrático. Vemos, en fin, una especie de dictadura venciendo los esfuerzos de la libertad y del derecho."

Esas palabras, pertenecientes a un editorial aparecido en *El Monitor Republicano* en 1873, tienen una rara actualidad: nos muestran que en México, tratándose de cosas de política, todo tiempo pasado no fue mejor ni peor sino sencillamente igual.

El 1° de diciembre se hizo un remedo de elección presidencial de donde surgió Lerdo de Tejada como nuevo presidente constitucional de la nación, ya no como sustituto. Lo que escribió *El Monitor* acerca de esa elección también será muy aplicable a nuestros procesos electorales de hoy: "Acaba de representarse en toda la república el sainete que hemos convenido en llamar elecciones, en medio de las risas de unos y el despecho o indiferencia de otros. Como de costumbre no han faltado los falsos padrones, los nombres supuestos, las papeletas suplantadas, las violaciones, las más viles intrigas".

Al tomar posesión de su gobierno, Lerdo se mostró como siempre había sido: enemigo furioso de la Iglesia católica. Piensan algunos historiadores que actuaba según las consignas de la masonería. Quizá no eran necesarias: Lerdo, extremado anticlerical, se aplicó a poner en ejercicio su fobia favorita. Expulsó a los jesuitas después de acusarlos de conspirar para sacarlo del gobierno. Luego, en un acto que causó indignación en todo el país, ordenó que las Hermanas de la Caridad salieran del país por ser extranjeras. Cuatrocientas diez religiosas quedaron sujetas a ese decreto de expulsión. De ellas, 355 eran mexicanas. Quince mil mexicanos quedaron desamparados: pobres, huérfanos, mujeres desvalidas, enfermos, ancianos y dementes. Tal era la cantidad de personas atendidas en los asilos, casas de refugio y hospitales de las Hermanas de la Caridad.

Con mayor decisión que Juárez abrió Lerdo las puertas del país a las iglesias protestantes. Varias aceptaron la invitación, y algunas adquirieron del gobierno grandes y hermosas fincas que se habían quitado a la Iglesia católica. Entre ellas estuvo el hermoso Templo de San Francisco, el más importante de México, pues fue el primero y porque en él predicaron aquellos hombres seráficos, como Margil y Motolinia, que plantaron los iniciales cimientos de la fe.

## *El General Palomita*

Dos problemas afrontó el presidente Lerdo de Tejada. Uno fue *el Tigre de Álica*, aquel famoso guerrillero Lozada de tierras del sur. El otro fue el general Sóstenes Rocha, brazo armado de la represión juarista, quien ahora se sentía también con humos presidencialistas.

Don Sóstenes Rocha era hombre sanguinario. Su crueldad le había dado triste fama, pues parecía sentir un goce sádico en ordenar el fusilamiento de sus enemigos y en ir a contemplarlo. En el fondo Juárez lo veía con desagrado, pero lo adulaba porque contaba con él para perseguir y aniquilar a sus enemigos políticos.

Rocha había sido conservador. De hecho fue uno de los principales jefes en el ejército de "los cangrejos". De pronto cambió de bando y se convirtió en liberal. Luchó contra Tomás Mejía; combatió al lado de Santos Degollado. De repente, para sorpresa de todos, se hizo conservador otra vez. Ahora acompañó a Miramón en la campaña que hizo en Veracruz, donde el Joven Macabeo acorraló a Juárez, al que hubiera vencido ahí definitivamente si no es porque con gran oportunidad acudieron los norteamericanos en defensa de su protegido.

No duró mucho tiempo don Sóstenes con la levita del conservador. Muy pronto la cambió de nuevo por las pantaloneras del chinaco. Ahora apareció como subordinado del general Aureliano Rivera. Participó bajo su mando en la lucha contra los franceses. Cayó prisionero, pero se fugó cerca de Orizaba y logró llegar hasta San Luis Potosí. Ahí estaba Juárez. Don Sóstenes se le presentó, y el presidente lo acogió a pesar de sus sospechosos antecedentes.

Estuvo Rocha en el sitio de Querétaro, y así ascendió a general de brigada. Se convirtió en uno de los favoritos de Juárez, quien de seguro lo habría hecho ministro de Guerra si no es porque su compadre Ignacio Mejía, el tío Nacho, gozaba más de su confianza. Cuando murió Juárez, el general Rocha pensó que ya no tendría poder, y se determinó a levantarse contra Lerdo, pues en las entretelas de su corazoncito abrigaba la ambición presidencial.

Pero tenía un leve defecto este don Sóstenes: era muy platicador. A muchos comunicó su idea de levantarse en armas, y alguien le llevó el chisme al señor Lerdo. Éste llamó a don Ignacio Mejía, quien seguía siendo ministro de Guerra, y le comunicó lo que había sabido.

El tío Nacho era hombre listo. No esperó a que don Sóstenes se rebelara. Al día siguiente, cuando el general Rocha estaba dirigiendo unos ejercicios militares en los terrenos de La Ciudadela, llegó don Ignacio en una bonita carretela y con palabras de mucha cortesía invitó a Rocha a acompañarlo a dar un paseíto. El general subió al carruaje y Mejía, sonriendo siempre, lo llevó derechito a la cárcel. De ahí don Sóstenes Rocha fue enviado a Celaya en calidad de detenido y desterrado.

La gente se rió bastante cuando supo la forma tan tonta en que el feroz mílite se había dejado pescar. Era todo un general de división y, sin embargo, cayó como una palomita en manos de sus enemigos. Desde entonces, se le llamó *el General Palomita*, y aunque no fuera Día de los Inocentes, los muchachillos le cantaban en la calle la canción de esa fecha: "Inocente palomita que te dejaste engañar, sabiendo que en este día de nadie te has de confiar".

## *El león y el tigre*

Un grave problema afrontaba el gobierno de Lerdo de Tejada. Ese problema era Manuel Lozada, el Tigre de Álica. Había vuelto a reunir sus dispersadas fuerzas y levantó un ejército con el cual asolaba todo el occidente. Muchos lo consideraban ahora el nuevo adalid conservador.

Contra Lozada fue el mejor general que entonces tenía la República: don Ramón Corona. El Tigre había cobrado enorme fuerza, y ahora se presentaba como un reivindicador social: sacó a la luz el 17 de enero de 1873 un Plan Libertador de los Pueblos de la Sierra de Álica, en el que hablaba de la explotación que sufrían los indígenas surianos y les prometía la liberación.

Lozada tomó poblaciones muy importantes y se acercó amenazador a Guadalajara. Los habitantes de la gran ciudad temblaron, pues eran bien conocidos los excesos de la insubordinada tropa de más de 15 000 desarrapados que iban con el guerrillero. Pero salió don Ramón Corona a hacerle frente y lo venció. En la batalla quedó gravemente herido el Tigre. El 28 de enero de aquel 1873 tuvo lugar la derrota del temible bandolero.

Se lanzó el general José Ceballos a perseguirlo. Lozada, herido y con sus hombres desmoralizados, cometió el error de hacerle frente y otra vez quedó vencido. Pero ahora cayó en manos de su perseguidor y fue fusilado por él en un lugar llamado Loma de los Metates, cerca de Tepic. Eso sucedió el 19 de julio de 1873. Del famoso Tigre de Álica lo único que quedó fue un mal retrato de litografía que publicó *La Orquesta*, un periódico de la capital.

La victoria que obtuvo sobre Manuel Lozada puso a don Ramón Corona en los cuernos de la luna. Se convirtió en ídolo de los jaliscienses. Ya gozaba de fama desde antes, pues fue quien recibió la espada de Maximiliano cuando éste se rindió en Querétaro, pero ahora la gente lo veía como su salvador. Había retratos suyos en los escaparates de todos los comercios, y aun en las salas de las casas de ricos y pobres.

Don Sebastián temió que la popularidad de Corona lo llevara a aspirar a la presidencia y maniobró para sacarlo del país. En efecto, poco después de su resonante victoria en La Mojonera, fue designado Corona ministro plenipotenciario de México en España y Portugal. En Europa permaneció 12 años. Cuando volvió a su patria fue elegido gobernador de Jalisco. Hizo una labor ejemplar, con lo que otra vez se ganó el afecto de sus conciudadanos. Desgraciadamente, cuando se hablaba de él como próximo presidente de la República, un hombre desquiciado lo mató a puñaladas el 10 de noviembre de 1889. Iba don Ramón caminando por la calle con su familia en dirección al teatro cuando lo atacó aquel orate, de nombre Primitivo Ron. Con el mismo puñal con que mató a Corona, el asesino se atravesó el corazón, y cayó muerto a unos cuantos pasos de su víctima.

Al presidente Lerdo no lo quería nadie. Llegó a la presidencia por obra y gracia de la muerte de Juárez, y si luego se convirtió en presidente constitucional fue sólo porque puso en ejercicio las mismas tácticas de corrupción de que se valió don Benito para hacerse reelegir.

Tres errores muy grandes cometió don Sebastián. El primero fue la expulsión de las Hermanas de la Caridad. El segundo fue elevar a rango constitucional las Leyes de Reforma, repudiadas por la inmensa mayoría de los mexicanos. El tercero fue permitir que el ferrocarril de México a Veracruz, inaugurado bajo su gobierno en 1873, cobrara tarifas extremadamente altas. Los mexicanos de aquel tiempo tenían cifradas en el ferrocarril esperanzas muy desmesuradas. La prédica liberal fincaba en el progreso la salvación del género humano, e hizo pensar a la población que con el funcionamiento del ferrocarril se solucionarían como por milagro todos los problemas del país: sería más intenso el tráfico comercial, se acabaría el bandolerismo, la paz se establecería en todo el territorio abarcado por el benéfico invento.

Nada de eso sucedió. Los viajeros y comerciantes descubrieron consternados que les salía más barato viajar en diligencia y enviar sus mercancías a lomo de mula o en carretas que usar los servicios del flamantísimo medio de transporte. Culparon a Lerdo de las altas tarifas, y eso aumentó la impopularidad del presidente.

En todo le iba mal a don Sebastián. Era solterón empedernido, sin embargo su nueva posición lo obligaba a tener esposa. Había cortejado años antes a una muchacha de nombre Manuela Revilla, pero ella no le correspondió. Desde entonces desconfió Lerdo de las mujeres, y cuando se decidió a buscar una se encontró con que ya ni tenía humor ni tiempo para cortejarlas. Siguió, pues, en su eterna soltería, lo que dio base para que el pueblo, que gusta siempre de colgarles milagros a los presidentes, murmurara que don Sebastián tenía en sus habitaciones del Palacio Nacional varias mujeres con las que llevaba a cabo orgías a cuyo lado las de Sardanápalo eran un día de campo del Movimiento Familiar Cristiano.

Del 18 de julio de 1872 —día de la muerte de Juárez— al 31 de diciembre de ese año, fecha en que debía terminar su mandato don Benito, fue el señor Lerdo presidente interino de la República. Electo constitucionalmente, debía concluir su período al terminar el año de 1876. No se conformó con eso don Sebastián, y se dispuso a seguir el ejemplo dejado por Juárez, es decir, empezó a maniobrar para reelegirse. A nadie le gustó esa actitud de Lerdo. Y menos que a nadie les gustó a dos señores que querían también ser presidentes. Uno se llamaba José María Iglesias. El otro era Porfirio Díaz.

## *Con Iglesias hemos topado*

Afirma una conseja popular que el afortunado en el juego es desdichado en amores. Pues bien: don Sebastián Lerdo de Tejada, presidente de México de 1872 a 1876, fue infortunado en cosas de amor y menos feliz aún en ese juego que se llama la política. Manuela Revilla, a quien cortejó con asiduidad epistolar digna de mejor causa, le dio calabazas y se casó con un hombrecillo insignificante. Cuando enviudó Manuelita —el hombrecillo insignificante decidió morirse—, don Sebastián la cortejó otra vez, y de nueva cuenta lo desdeñó la tal Manuela para casarse con otro sujeto más insignificante aún. Ya ni en bicicleta pudo Lerdo perseguir a Manuela. Y en política no tuvo mejor fortuna este don Sebastián.

Lerdo de Tejada quiso seguir las huellas dejadas por don Benito. También él se quiso reelegir. Don Sebastián era más inteligente y más culto que don Benito, pero Juárez era más astuto que él. En política, al parecer, cuenta más la astucia que la inteligencia y la cultura. Y así, lo que Juárez consiguió con la mano en la cintura, don Sebastián no lo pudo lograr ni siquiera empeñando todas sus capacidades.

El propósito de reelección de Lerdo causó una fortísima ola de oposición. Hubo levantamientos en Jalisco, Oaxaca, Nuevo León, Puebla, Veracruz. El 1° de enero de 1876, don Porfirio Díaz sacó otro plan: el de Tuxtepec. Esa proclama rechazaba la reelección y postulaba que el voto del pueblo, y no la voluntad de una camarilla en el poder, debería decidir el destino de la nación. Ironías de la historia: don Porfirio se lanzaba de nuevo a la lucha con la misma bandera que luego levantaría contra él don Francisco I. Madero: el Sufragio Efectivo y la No Reelección.

No era don Porfirio el único aspirante a suceder a Lerdo. Se presentó también en la palestra don José María Iglesias, uno de los más acendrados juaristas. Este señor Iglesias era un cincuentón. Había nacido en 1823 en la ciudad de México. Abogado, maestro, periodista, historiador, tenía otros defectillos. Desempeñó más puestos públicos que los que puede abarcar un currículo normal: fue desde ministro de Hacienda hasta recaudador de rentas. Acompañó a Juárez en su peregrinación cuando la guerra contra el francés, y escribió un libro de tomo y lomo acerca de la Intervención. Restaurada la República, y muerto el señor Juárez, don José María se sintió con derechos para ocupar la presidencia.

## *Los líos de Lerdo*

Don José María Iglesias era presidente de la Suprema Corte, cargo que equivalía a una especie de vicepresidencia de la República. Cuando Lerdo se hizo reelegir con el apoyo del ejército, don Chema salió de la capital en son de rebeldía. Declaró su convencimiento de que la reelección del presidente significaba un golpe a la Constitución y manifestó que él era el nuevo presidente de la República, pues Lerdo estaba ocupando la presidencia de hecho, pero no de derecho.

La reelección de don Sebastián no fue cosa sencilla. Tuvo que enfrentar primero la terca demanda de los porfiristas, que deseaban ver al general Díaz como presidente de la Suprema Corte, antesala de la presidencia. Lerdo resistió a los partidarios del hombre de Oaxaca y puso en la Corte a don José María creyendo que el carácter tranquilo del señor Iglesias era garantía para su permanencia en el poder. Ya vimos que la criada le salió respondona.

Las elecciones fueron un escándalo. En varios estados los lerdistas obtuvieron por la fuerza una apariencia de voto en favor de la reelección. Don Mariano Escobedo en Zacatecas, Carlos Fuero en Nuevo León, otros generales en distintos estados amenazaron con sus soldados a los electores y manipularon el proceso de tal modo que Lerdo apareció como elegido por la voluntad de todos los mexicanos.

En la misma forma fueron "elegidos" los candidatos lerdistas a otros puestos públicos. Por medio de la fuerza, recurriendo a la corrupción —lo mismo había hecho Juárez—, Sebastián Lerdo de Tejada se apoderó otra vez de la suprema magistratura del país.

Los porfiristas ardieron en cólera. Dos oscuros señores, un Sarmiento y un Zafra, firmaron con sus nombres el Plan de Tuxtepec. Por estrategia política los partidarios de don Porfirio propusieron que hubiera un presidente interino, y ofrecieron el cargo al general Ignacio Mejía, aquel tío Nacho tan amigo de Juárez. Don Ignacio declinó la invitación. Entonces, ya sin tapujos, los porfiristas proclamaron candidato presidencial al general Díaz. Los norteños le ofrecieron un banquete en la ciudad de Matamoros, y ahí el oaxaqueño aceptó la designación que se había hecho en su persona.

Había un problema, sin embargo. Don Porfirio estaba viviendo en Brownsville, prácticamente en calidad de perseguido y desterrado. Si se internaba en el país se enfrentaría a las iras de Lerdo y sus secuaces. ¿Cómo regresar a México a encabezar a sus partidarios en la lucha que se avecinaba? El relato de la manera en que el general Díaz hizo aquel regreso forma un novelesco capítulo.

## *Allá van leyes do quieren reyes*

Entre Lerdo, José María Iglesias y Porfirio Díaz, la historia no vaciló. Escogió al recio general oaxaqueño. Lerdo era un político astuto, pero frío. Iglesias era un leguleyo que nada tenía que hacer en cosas relacionadas con la lucha por el poder. Porfirio Díaz era un hombre dispuesto a llegar a la presidencia y a mantenerse en ella. Para conseguirlo puso todo su empeño, y lo logró.

Don Sebastián Lerdo de Tejada, que había sido el cerebro gris de Juárez, no tuvo cerebro para aplicarlo en beneficio de sí mismo. Igual que don Benito, hizo violencia a la Constitución de 1857 y se declaró reelecto para ejercer la presidencia de la República. Igual que su antecesor, recurrió a toda suerte de fraudes y presiones para seguir en el poder.

Contra él se levantó don José María Iglesias, quien por entonces ocupaba el cargo de presidente de la Suprema Corte de Justicia. Merced a sus dotes de abogado —las tenía muy grandes y en grado de excelencia—, dictaminó que la reelección de Lerdo era ilegal, y que la presidencia de la República se hallaba acéfala. Por tanto él era el presidente, según lo prescribía la Constitución de 1857.

Un problema afrontó don Chema: los liberales, que hicieron la Constitución, eran los que menos caso le hacían. Don Benito Juárez, proclamado una y otra vez defensor de la Constitución, una y otra vez la pasó por alto, si no es que se la pasó por bajo, lo cual es todavía peor. Juárez, ahora es un buen momento para decirlo, es uno de los creadores de la singular creencia que tienen los gobernantes mexicanos: piensan que las leyes se hicieron para los gobernados, no para ellos. Así, nadie hizo caso de los alegatos jurídicos de Iglesias, y más porque los hacía *pro domo sua*, en su propio interés y beneficio.

Buscó Iglesias el apoyo de algunos generales, y lo consiguió. Entonces había generales para apoyar cualquier causa y cualquier cosa. Pero esos generales presentaban un pequeño defectillo: ninguno tenía un solo soldado a quien mandar. El que sí tenía generales con soldados era don Sebastián Lerdo de Tejada. Amenazó con ellos a Iglesias, y lo hizo de tal modo que don José María, presa del pánico, escapó de la capital dejando a sus partidarios, como suele decirse, colgados de la brocha. Cuando uno de ellos le reclamó después la escapatoria, le dijo don José María que su salida de la ciudad de México obedeció a un súbito ataque de erisipela que le causaba una comezón inaguantable.

¡Pobre don José María! Anduvo errante por Toluca y tierras de Guanajuato, luego fue a Guadalajara y al último se dirigió a Manzanillo, de donde tomó un barco a San Francisco, California. Cuando años después regresó a México, venía convertido en un fantasma de sí mismo. El destierro y la amargura lo acabaron. Murió el año de 1891. Después de haber sido liberal extremado, comecuras y gran adversario de la Iglesia, volvió al seno de la religión. Se confesó devotamente con el padre Michelena, y recitando las preces de los agonizantes entregó el alma a quien se la dio.

## *Mi querido compadre*

La definición de la lucha entre porfiristas y lerdistas tenía que darse en el campo de batalla. Llegó el enfrentamiento, y en él salió vencedor el hombre que habría de regir al país durante más de 30 años: don Porfirio Díaz.

Largo había sido el peregrinar de don Porfirio Díaz. Después de errar por las sierras de Puebla y de Oaxaca, se refugió con el Tigre de Álica, Manuel Lozada, en tierras de Colima y Nayarit; pasó a los Estados Unidos; combatió infructuosamente en el norte. Por fin, en Nueva Orleans, se embarcó con rumbo a Veracruz. Ahí llegó a tierra metido en un baúl como mercancía de contrabando. Ocultado por el gobernador Dehesa, su partidario, pudo entrar otra vez en su solar, Oaxaca, donde se dispuso a dar la acometida final contra el gobierno de don Sebastián Lerdo de Tejada.

Nunca había dejado don Porfirio de tener partidarios en Oaxaca. Tan pronto manifestó su decisión de enfrentar al gobierno con las armas, se le acercaron miles de indios juchitecos. Ni siquiera tuvo necesidad de recurrir al odioso procedimiento de la leva. Era muy estimado por los indios, y éstos respondieron a su invitación de ir al campo de batalla. Los de Juchitán tenían fama de ser los indios más aguerridos del sur. Antes de lo que esperaba, don Porfirio vio reunidos en torno de sí a 5000 bravos juchitecos. Con ellos se dirigió hacia la capital de la República.

Lerdo envió contra él al general Ignacio Alatorre con 3000 soldados. La fuerza parecía muy inferior en número a la de Díaz, y lo era ciertamente, pero los soldados de Alatorre eran de línea, adiestrados en el manejo de las armas y en las tácticas de guerra. Así, en verdad, los dos ejércitos estaban muy equilibrados.

El encuentro se produjo en los llanos de Tecoac, una famosa hacienda cercana a Huamantla, en el estado de Puebla. La lucha fue muy pareja: si el general Díaz era un hábil comandante, no le cedía terreno don Ignacio. Muy pronto la lucha pareció inclinarse en favor de las tropas gobiernistas: los soldados de Alatorre, más disciplinados y con mejor armamento que los juchitecos, los obligaron a retroceder. Desde un pequeño otero, el general Díaz vio aquella retirada de los suyos y se juzgó perdido. Sus generales le aconsejaron dar el toque de retirada. Sería mejor salvar su ejército y buscar una mejor ocasión de combatir que perderlo todo en aquella acción que se veía perdida.

En eso sucedió lo extraordinario. Súbitamente, sin que lo esperaran ni Díaz ni Alatorre, apareció el general Manuel González, partidario de don Porfirio. Llevaba mil hombres de a caballo. Irrumpió con violencia en el campo de batalla y dispersó a los soldados del gobierno. Con esa embestida por sorpresa, se desconcertaron las fuerzas de Alatorre. Recuperaron fuerzas los juchitecos y cargaron sobre las tropas gobiernistas. Cogidos a dos fuegos, los soldados de Alatorre ya no pudieron resistir y se pusieron en desordenada fuga. El general Díaz quedó dueño del campo de batalla. Y quedó también dueño de México.

## *Tenemos Porfirio para rato*

La victoria de don Porfirio Díaz sobre Sebastián Lerdo de Tejada fue recibida con agrado por la mayoría de los mexicanos. A Lerdo se le veía como un simple continuador de la política juarista, política de hostilidad hacia la Iglesia católica y de predominio de la masonería con influencia norteamericana. De don Porfirio, en cambio, la gente tenía buena impresión: se recordaba todavía su actitud caballerosa ante la población y ante los vencidos cuando tomó la ciudad de México para la causa de la República. Triunfante don Porfirio, fugitivo Lerdo, los mexicanos se prepararon para una nueva etapa en que quizá conocerían —ahora sí— las bendiciones de la paz.

La nación estaba fatigada después de tantos y tantos años de luchas intestinas y guerras por invasiones extranjeras. Por fin había llegado el momento en que todo estaba dispuesto para que pudiera conseguirse la tan ansiada paz. En el mundo entero sucedía otro tanto: hubo un período belicista en el curso del cual los grandes ejércitos de Europa y Asia habían librado guerras feroces. Ahora tal parecía que las naciones deseaban un reposo. Se estaba llegando a ese fin de siglo venturoso que luego se conocería como la Bella Época y que terminaría simbólicamente con el hundimiento del *Titanic* en 1912 y luego, con terrible y dura realidad, en el gran conflicto de la Primera Guerra Mundial.

Don Porfirio Díaz deseaba dar la paz a México. Su vida toda se había desenvuelto entre la guerra y los azares de la política, azares que para él incluyeron el destierro. Pensó que lo que él anhelaba —paz, sosiego y condiciones para trabajar—, era lo mismo que deseaba el país.

Debe entonces de haber prefigurado lo que sería su política. México necesitaba un gobierno duro, de mano firme, central y absolutista, pero un gobierno que respetara al pueblo, sobre todo en lo relativo a su religión. México, en opinión de don Porfirio, era dueño de un potencial enorme que si se aprovechaba con el auxilio del capital extranjero podía elevar al país y llevarlo a formar parte de "el concierto de las naciones civilizadas".

No se le escapaba al general Díaz el hecho de que la tarea sería ardua. México había sido desprestigiado por los gobiernos liberales. La deuda externa era altísima; el crédito mexicano no existía. Juárez asestó un golpe mortal a la imagen de México en el exterior cuando ordenó el fusilamiento de Maximiliano. Derrotado el emperador, querido en todas las cortes europeas, y apreciado en todas partes por su apostura, romanticismo y credo liberal, no podía ser ya un peligro para México. Sin embargo, Juárez lo hizo fusilar, y esa acción, calificada por todos como una inútil crueldad, proyectó la imagen de un México bárbaro habitado por salvajes que derramaban sangre por venganza.

Tal era el país que el general Porfirio Díaz iba a gobernar: dividido en el interior por pugnas irreconciliables de poder; desprestigiado en el exterior por varias décadas de incesantes guerras civiles e invasiones.

## *El recio don Porfirio*

Pocas personalidades tan intensas como la de don Porfirio Díaz podrán hallarse en la historia mexicana. Bajo su apariencia fría y reservada, latía el corazón de un hombre apasionado: apasionado por México y apasionado también por el poder.

Hay en Culiacán, Sinaloa, un espléndido museo de arte. El visitante se sorprende al ver en un pequeño espacio obras importantísimas de Cordero, Goitia, Rivera, Tamayo, el *Doctor Atl* y otros pintores entre los principales del siglo XIX y el XX.

Pues bien: en esa colección figura un retrato al óleo de Porfirio Díaz, salido del pincel de un artista muy poco conocido. El cuadro es magnífico. Muestra a un general Díaz joven, quizá el de la primera presidencia. Su rostro es moreno: después dirían sus críticos que conforme fue creciendo en edad y en poder, don Porfirio iba saliendo en sus retratos cada vez más blanco, cada vez más europeo. Un detalle llama la atención: en uno de sus dedos muestra el general un anillo con los tres colores de la bandera nacional. Igual que los presidentes del priato, don Porfirio llevaba a México en un dedo.

No sería una paradoja ni una simple ingeniosidad decir que Porfirio Díaz ha sido el político menos político de México. Parece absurdo afirmar eso, pues el general se sostuvo más de 30 años en la presidencia de la República. Cierto, pero lo hizo utilizando una muy escasa dosis de política. Lo decía él mismo en uno de los más famosos lemas de su gobierno: "Poca política, mucha administración".

Don Porfirio no era político. Le faltaban todas las cualidades y todos los defectos que se necesitan para serlo. Era un pésimo orador. Sus enemigos políticos se divertían mucho con él: cuando en sus tiempos de diputado le tocaba subir a la tribuna, temblaba como azogado, él, que nunca sintió miedo al enfrentarse en el campo de batalla a los franceses o los conservadores. Jamás pudo terminar un discurso: apenas empezaba a hablar se aturrullaba todo, tartamudeaba sin remedio, y más de una ocasión hubo en que, incapaz de seguir adelante, se echó a llorar delante de la gente.

Si alguien quiere encontrar grandes tipos de políticos en México deberá buscarlos entre hombres del jaez de don Benito Juárez, Álvaro Obregón, Plutarco Elías Calles. Los tres fueron políticos consumados. Ninguno vaciló ni siquiera en comprometer gravemente al país con tal de conseguir el poder o mantenerse en él. Don Porfirio Díaz tuvo el supremo heroísmo de la renunciación: dejó la presidencia cuando se convenció sin lugar a dudas de que su permanencia en ella le haría grave daño a la nación. No es posible pensar en un abandono semejante tratándose de Juárez, Calles u Obregón. Al primero y al último sólo la muerte pudo apartarlos del poder. A Calles lo expulsó el mismo sistema que él creó.

Don Porfirio fue ante todo un militar, luego un excelentísimo administrador. Tuvo la mano dura, ciertamente, pero la moda entonces eran los gobiernos absolutos. En un mundo de monarcas constitucionales fue don Porfirio un presidente monárquico. Dio a México y a los mexicanos un bien que habían olvidado ya: la paz. Cuando supo que debía irse, se fue: no hubo necesidad de que el país se ensangrentara para inducirlo a renunciar. Cuando se escriba la verdadera historia de este país, don Porfirio Díaz aparecerá como un gran mexicano y no será ya el dictador despótico y tiránico que nos pinta la historia oficial de hoy.

## *La mano firme*

Andaba don Porfirio fugitivo. Lo perseguía la gente de Sebastián Lerdo de Tejada, a la sazón presidente de México.

—Señor Lerdo —le dijo un día el general Pedro Baranda, hombre del gobierno y encarnizado perseguidor de don Porfirio—. Autoríceme usted a traerle la cabeza de Díaz.

—No se moleste, general —le respondió con fría sonrisa el presidente—. Tráigame nada más las orejas.

Cuando triunfaron en Tecoac las tropas de don Porfirio, auxiliadas oportunísimamente por las fuerzas de su querido compadre don Manuel González, el presidente Lerdo supo muy bien lo que debía hacer: poner pies en polvorosa para salvar la vida. Aplicó don Sebastián el sapiente proverbio mexicano que dice: "Más vale que digan 'aquí corrió' que 'aquí murió'".

En los términos de la Constitución debía hacerse cargo de la presidencia el señor licenciado José María Iglesias. Tal prescribía la ley máxima. Pero dijo don Porfirio:

—Eso de las leyes son cosas de pastelería.

Y se alzó con el poder por la pura fuerza de las armas. Durante muchos años no se necesitaría ninguna otra para gobernar en México.

El 23 de noviembre de 1876, don Porfirio Díaz hizo su entrada en la capital de la República. La gran ciudad de México lo recibió como recibía siempre al hombre fuerte en turno, ya se llamara Agustín de Iturbide, Antonio López de Santa Anna, Maximiliano de Habsburgo o Benito Juárez. Unos meses después, el 25 de enero de 1877, don Sebastián Lerdo de Tejada se embarcaba en Acapulco para dirigirse a los Estados Unidos en calidad de asilado político. Se estableció en Nueva York, donde residió hasta su muerte, acaecida en 1889. Se cuenta que, poco antes de morir, pidió la presencia de un sacerdote a fin de hacer confesión general de sus pecados.

"Esa versión —dice el historiador católico Mariano Cuevas— no tiene fundamento. Posible es que haya muerto impenitente, con una de las más largas cuentas que del rumbo de México se hayan presentado en el Tribunal Divino." El padre Cuevas era un niño cuando el cadáver de Lerdo, convenientemente embalsamado, fue traído a México. Se le expuso en el Congreso Nacional durante dos días en ataúd descubierto. Decía don Mariano que haber visto los despojos de Lerdo, alumbrados apenas por los siniestros resplandores de los cirios, era uno de los recuerdos más penosos de su niñez.

Empezaba una nueva era para México. Durante más de tres décadas el escenario de la vida nacional estaría dominado por la figura de Porfirio Díaz, que era —así lo describió el novelista Federico Gamboa cuando lo vio por primera vez— "un tipo acabado de masculinidad".

## *¡Abajo los políticos!*

Porfirio Díaz odiaba la política, y a los políticos los odiaba más. Los llamaba —ya lo he dicho— "abogadetes". En su opinión, la política era oficio de intrigantes, de hombres que en la hipocresía y el doblez fincaban su medro personal.

También él era abogado: cursó completos los estudios de Jurisprudencia en su natal Oaxaca, y si no obtuvo el título profesional fue sólo porque le faltó presentar uno de los dos exámenes que se necesitaban para recibirlo. Incluso llegó a ser maestro del instituto donde hizo su carrera.

Sin embargo, a don Porfirio se le quitó pronto lo abogado y dominó finalmente en él su vocación principalísima: la de militar. Aun como presidente siguió siendo sobre todo eso, un general. Sus dotes de excelente organizador de ejércitos las trasladó a la administración de un país que rigió *manu militari*, es decir, con mano militar.

Don Porfirio no se avino nunca a andar entre políticos. Cuantas veces Juárez le ofreció un cargo de gobierno, Díaz lo rechazó. Fue diputado, sí, por fuerza de las circunstancias, pero sufrió en ese cargo como un soldado que de pronto fuese obligado a vestir traje de catrín para alternar con los lagartijos de Plateros. En cierta ocasión hubo de subir a la tribuna a defender a sus compañeros de armas retirados, cuya pensión iba a ser reducida a la mitad. Habló tan desmañadamente, con tal dificultad y angustia, que los diputados que lo oían se afligieron más por él que por los ancianos militares cuya pensión se amenazaba. "No supo cómo concluir la oración —relata don José López Portillo y Rojas— y rompió a llorar como un niño [...] Los circunstantes, sorprendidos, no sabían lo que debían hacer: si llorar también o prorrumpir en carcajadas".

Como se ve, no era político don Porfirio Díaz. Era, sí, un administrador extraordinario. Hombre de trabajo, cuando Lerdo llegó a la presidencia se fue a Veracruz y ahí se dedicó a tareas que un político hubiera considerado humildes. Era un consumado carpintero, e hizo los anaqueles para los libros de la biblioteca municipal de Tlacotalpan. Inventó una singular mecedora que tenía encima un abanico cuyas aspas giraban al mecerse la persona. Cultivó azúcar en tierras que tomó en renta de una hacienda. Todas esas cualidades —trabajo, disciplina, sencillez— las pondría en ejercicio como hombre de gobierno.

## *¡Adiós, oh malandrines!*

La derrota del general lerdista Ignacio Alatorre, hasta entonces invicto, acabó con el gobierno de Lerdo. Triunfante el general Porfirio Díaz, a don Sebastián no le quedó otro remedio que poner tierra de por medio.

Al amanecer del día 21 de noviembre de 1876, don Sebastián Lerdo de Tejada, presidente de la República, escapó sigilosamente de la ciudad de México acompañado por una reducida escolta. Cuando los ministros y demás miembros del gobierno se enteraron de la fuga de su jefe, se aprestaron también a abandonar la capital, temerosos de las iras de los vencedores. Cierto periódico publicó por esos días unos versillos muy satíricos, para ser cantados con la música de la *Mamá Carlota*:

*Los pobres palaciegos*
*arreglan su equipaje,*
*y listos para el viaje*
*nos dicen que se van.*
*Que vayan a otra parte*
*en busca de tomines,*
*adiós, ¡oh, malandrines!*
*¡Adiós, don Sebastián!*

Esa palabra que para nosotros es ahora desconocida, *tomines*, era vocablo muy empleado entonces, y quería decir dinero. El tomín era en la Colonia una moneda pequeñita, de plata, muy vistosa. Como los españoles no conocían al colibrí, y la palabra náhuatl para designar a esa avecilla, *huitzilihuitl*, era de difícil pronunciación para ellos, entonces llamaron al colibrí *tominejo*, con un bidiminutivo que hacía alusión a su brillo y a su pequeñez.

Se fue sin renunciar a la presidencia don Sebastián Lerdo de Tejada. Quizá pensó que podría volver a ella. ¡Vano delirio! Don Porfirio siguió el ejemplo de Juárez: su propósito fue desde el principio sentarse en la silla presidencial y no levantarse de ella nunca más.

¡Pobre don Sebastián! Las penalidades y aflicciones que afrontó en el curso de su escapatoria no son para contarse. En primer lugar hubo de oír las cuchufletas de los léperos que al verlo pasar se cebaban sobre la majestad caída. Le gritaban mil cosas los pelados a don Sebastián, y otras dos mil las viejas desgreñadas que en la calle vendían tortillas o condumios indescriptibles. Lo llamaban "ladronazo", "tío bribón" y otras lindezas semejantes. Y es que corrió el rumor de que hasta el piso de mármol del castillo de Chapultepec había hecho quitar el presidente para llevárselo a su casa.

Quiso establecer su gobierno en Morelia el infeliz don Sebastián, y no pudo, pues hasta allá fue a amagarlo el general Ceballos, que súbitamente se había convertido en gran enemigo suyo. Se internó entonces Lerdo en las sierras de Guerrero. En hora mala lo hizo: tuvo que ir a caballo, ejercicio en el que no era nada diestro. Como no llevaba ropa adecuada para andar en aquellos breñales, ni traía un buen sombrero, bien pronto los rigores del candente sol tropical y los breñales hicieron sus estragos en la persona del señor presidente, que se volvió el fantasma de sí mismo. Ocho días anduvo por las espesuras de la serranía guerrerense, y otro más no habría podido andar. Desde el primer poblado al que llegó mandó un mensaje a don Diego Álvarez, gobernador del estado, a quien consideraba su amigo y al que pidió refugio. El gobernador le respondió que perdonara por Dios, pero que en las actuales circunstancias ya no podía ni saludarlo. Así es eso que llaman política, y ni modo.

## *La Iglesia y el señor Iglesias*

Extraño señor era don José María Iglesias. En puridad de ley a él le correspondía ocupar la presidencia de la República después de Lerdo de Tejada, pero en aquellos años la ley era letra muerta y no existía ninguna puridad.

El presidente en funciones, Lerdo de Tejada, declaró paladinamente su intención de seguir en el poder. Don José María Iglesias, abogado, juzgó con toda razón que Lerdo contravenía las normas jurídicas al hacerse reelegir, y como presidente de la Suprema Corte de Justicia reclamó el derecho que le asistía para ocupar la presidencia, siquiera fuese en calidad de interino.

Cuando supo que Lerdo se quería reelegir, el señor Iglesias se fingió enfermo y fue a recluirse en las habitaciones de su casa. Declaró que sufría un tremendo ataque de erisipela que lo obligaba a estar en una rasquiña permanente que lo inhabilitaba para toda suerte de funciones, incluso la marital, que ya es decir. Dos semanas después, al empezar en toda forma la campaña de Lerdo para reelegirse, don José María, disfrazado de cura, escapó de la capital y se dirigió a la vecina ciudad de Toluca. Estaba ya muy entrado el otoño y en las serranías hacía un frío de todos los demonios. Aterido y asustado llegó a Toluca el licenciado Iglesias el 1° de octubre de 1876. Ahí se le unieron tres de sus más fervientes partidarios: el general Felipe Berriozábal, gran héroe de la lucha contra los franceses; don Florencio Antillón, político, gobernador de Guanajuato; y el inefable don Guillermo Prieto, quien trataba de apegar sus actos a la legalidad y compartía la opinión de que la reelección de Lerdo era ilegítima. Por la misma razón se había indispuesto antes don Guillermo con Juárez.

Se hicieron elecciones, más amañadas aun que las que se hacen ahora, y Lerdo salió reelecto. De inmediato Iglesias sacó a la calle un bombástico manifiesto en que declaraba roto el orden jurídico, se proclamaba a sí mismo presidente de la República y daba a conocer el flamante gabinete que había formado para que lo ayudara a gobernar. De ese gabinete formaban parte el poeta Prieto como secretario de Gobernación y don Felipe como ministro de Guerra.

Por intermedio de emisarios, Iglesias trató con Porfirio Díaz la formación de una alianza para derrocar a Lerdo. No fue necesaria tal alianza. Con ayuda de su querido compadre don Manuel González, el general Díaz venció a las tropas lerdistas en la llanura de Tecoac y ganó así todo el botín para él solito. Ya no volvió a tratar con don Chema. ¿Para qué necesita a un abogado un general triunfante?

## *El hombre fuerte*

Tan pronto don Porfirio se hizo cargo del poder, procedió a delinear la política de su gobierno. Por principio de cuentas cesó en forma fulminante a todos los funcionarios y empleados federales por considerarlos elementos corruptos que habían contribuido, aunque fuera por simple omisión, a las violaciones que contra la Constitución de 1857 cometieron los gobiernos de Juárez y Lerdo de Tejada. No lo dijo así don Porfirio, pero lo dio a entender.

Enseguida Díaz hizo públicas sus ideas. Quedaba prohibida la reelección, tanto del presidente de la República como de los gobernadores de los estados. Resulta curioso que ese que fue el principio fundamental del Plan de Tuxtepec quedara luego en el olvido cuando don Porfirio decidió lo mismo que en su oportunidad decidió Juárez: reelegirse *ad infinitum*.

Ofreció don Porfirio "elecciones libres" de presidente, que tendrían lugar dos meses después a partir de la fecha en que ocupó la capital, 23 de noviembre de 1876. Eso de elecciones libres era un puro decir. Por virtud de su triunfo militar don Porfirio se había convertido en dueño de la nación, y mal podía disputarle nadie la presidencia del país.

Había un problema: el general Díaz no podía ocupar mientras tanto el Poder Ejecutivo, pues legalmente no estaba investido para eso. El único que tenía un justo título para desempeñar la función de presidente, según los postulados de la Constitución de 1857, era don José María Iglesias, presidente de la Suprema Corte de Justicia de la Nación, quien en ausencia del presidente debía ocupar su cargo. Era urgente su presencia, por lo tanto. Lo necesitaba la República y —más importante aún— lo necesitaba don Porfirio.

Un representante personal del general Díaz, don Justo Benítez, sostuvo una conferencia con el abogado Iglesias, que se hallaba en Guanajuato. Curiosamente la entrevista se realizó por telégrafo, en virtud de la urgencia del asunto. Rápidos telegramas se cruzaron entre el señor Benítez y el licenciado Iglesias.

BENÍTEZ: "La base de cualquier arreglo debe ser el Plan de Tuxtepec, expresión genuina de la voluntad nacional. ¿Lo acepta usted?".

IGLESIAS: "No. Todo lo que sea separarse de la Constitución será rechazado por mí, que soy el representante de la legalidad".

BENÍTEZ: "Siento el desacuerdo entre usted y el pueblo armado en defensa de la Constitución".

IGLESIAS (que sintió la amenaza contenida en la respuesta de Benítez): "Supuesta la manifestación de usted, doy por terminada la conferencia. La Nación juzgará".

Merece reconocimiento don José María Iglesias por su empecinada defensa de la legalidad. Afrontaba el destierro, y aun quizá la muerte, pero se mantuvo firme en sus principios.

## *La suerte está echada*

Don Porfirio Díaz llegó a la presidencia por un acto violento. No hay que reprochárselo demasiado: la verdad es que Juárez implantó un régimen de ilegalidad que sólo por medio de las armas se podía romper. Estaba de por medio, sin embargo, la persona de un hombre de bien, don José María Iglesias, que contra todos los vientos y todas las tempestades se empeñaba en mantener el imperio de la legalidad.

El general Díaz no creía mucho en las leyes. Alguna vez dijo que eran "cosas de pastelería". El 28 de noviembre de 1876 se declaró titular del Poder Ejecutivo de la Nación e hizo emitir una proclama en que acusaba a don José María Iglesias del irregular estado de cosas que lo obligaba a hacerse cargo del poder a fin de que la República no quedara acéfala.

Había surgido un nuevo partido llamado de los legalistas. De él formaba parte gente que antes fue de Juárez, como don Guillermo Prieto, encendido seguidor de don Benito hasta que éste rompió descaradamente con la Constitución de 1857. Los legalistas consideraban que el único que con apego a la ley constitucional podía ocupar la presidencia era don José María

Iglesias. Se agruparon en torno de él y emitieron también su proclama, respuesta a la que don Porfirio hizo publicar con la firma de Protasio Tagle, su ministro de Gobernación. He aquí un par de frases del manifiesto de los legalistas: "La lucha va a entablarse entre un dictador devorado por una ambición insana y el gobierno legítimo de la República [...] Los defensores de la legalidad llevaremos en la mano la Constitución de 1857, enseña gloriosa que se levantará sobre nuestros arcos triunfales o sobre nuestros sepulcros".

Bombástico y sonoroso fue el manifiesto de los legalistas, pero ineficaz. A ese documento siguió una proclama del general Felipe Berriozábal, de gran prestigio entre los viejos liberales republicanos, que había tomado desde antes el bando del licenciado Iglesias. Llamaba a los soldados de México a empuñar otra vez el fusil para defender a la República contra los usurpadores de la soberanía nacional. Menuda sorpresa se llevó el general Berriozábal cuando más temprano que tarde respondió a su proclama el general Díaz: él mismo se ponía al frente de sus tropas para batir a los disidentes, y mientras tanto dejaba el poder ejecutivo en manos del general Juan N. Méndez.

Otra vez el país se iba a ensangrentar. Don Porfirio aparentemente tenía toda la fuerza, pero los antiguos jefes juaristas no lo veían con buenos ojos y algunos de ellos seguramente se pondrían del lado de la legalidad. Pero don José María Iglesias tuvo un patriotismo que después tendría el mismo don Porfirio: el supremo patriotismo de la renunciación. Hizo que sus representantes le arreglaran una entrevista personalísima con don Porfirio Díaz. Personalísima digo porque solamente los dos personajes estuvieron presentes en la conversación. Esta se fijó para tener lugar en la casa de una hacienda cercana a la ciudad de México. De su resultado dependería el destino de la nación.

Un redactor del periódico *El Pájaro Verde*, que conoció de labios de don Porfirio Díaz el resultado de su entrevista con Iglesias, envió este telegrama a su periódico: "Los señores Díaz e Iglesias arreglados satisfactoriamente. El ejército iglesista abrazará de todo corazón y con entusiasmo a sus compañeros de armas, los porfiristas. ¡Loado sea Dios!".

La noticia del triunfo de don Porfirio y de su seguro acceso a la presidencia de la República no fue del agrado de muchos mexicanos. Sobre todo en la capital, el general oaxaqueño no era bien considerado. Se le apreció mucho como militar, y más cuando al ocupar la ciudad de México se comportó con caballerosidad y no hizo sufrir a la población los rigores de un ejército de ocupación, pero ahora que iba a ser presidente los señores y las damas de la buena sociedad no lo veían ya con buenos ojos. Pensaban que el general Díaz era un hombre rústico, un "soldadote", un hombre del pueblo que hasta carpintero había sido.

En tertulias y cotilleos se contaban regocijantes anécdotas para poner de manifiesto el poco roce social del nuevo jefe de la nación. Alguien comentaba con disgusto la costumbre que tenía el general Díaz de escupir constantemente, manía que no refrenaba ni siquiera cuando se hallaba en una sala con alfombra. Una señora contaba entre risas que en cierto baile al que asistió el general, al disponerse a salir del salón confundió un espejo con la puerta y se pegó contra él, con lo que causó el hilarante regocijo de los circunstantes.

Se hablaba mucho de la escasa disposición que mostraba el nuevo presidente para la función política, y todos recordaban que cuantas veces subió a la tribuna siendo diputado bajó de ella llorando como un chiquillo. Otros hablaban de sus aventuras amorosas en Oaxaca, donde había dejado hijos naturales por doquier.

Otra causa más poderosa había para fundar esa malevolencia contra don Porfirio. El clero estaba preocupado, pues todo su gabinete lo formó el nuevo mandatario con destacados masones de la capital. Puso a Ignacio Vallarta en Relaciones, a Protasio Tagle en Gobernación, a Ignacio Ramírez el Nigromante en Justicia; a Vicente Riva Palacio en Fomento; a Justo Benítez en Hacienda, y en Guerra al general Pedro Ogazón. Todos ellos eran conspicuos miembros de la masonería. El ministerio, dijo un periódico de la época, fue "poco grato a la buena sociedad".

Para colmo empezó a murmurarse que quienes en verdad gobernarían eran don Justo Benítez y don Protasio Tagle. El general Díaz, temeroso de cometer algún error político, había depositado en ellos toda su confianza, y los dos ministros formaban ya una especie de poder tras el trono. Con malos augurios empezaba el nuevo gobierno.

## *Tres desgobiernos*

Porfirio Díaz empezó a gobernar a México en las condiciones más difíciles que es dable imaginar. Don Benito Juárez había sentado el principio de que el presidente de la República es superior a la Constitución, y que la máxima ley es la voluntad presidencial. Lerdo, que heredó la ambición de poder de don Benito, fue legatario también de su fobia clerical: otra vez puso al país en estado de irritación. Había que hacer un esfuerzo conciliatorio que diera a México el don ansiado de la paz.

Hubo un momento en aquel año crucial de 1876 en que México tuvo tres presidentes. Vaya eso en abono de las muchas veces en que al parecer no ha tenido ni uno. Don Sebastián Lerdo de Tejada era presidente por virtud de una elección que supuestamente se llevó a cabo con estricto apego a las prescripciones constitucionales. Don José María Iglesias, abogado, alegó con razón graves violaciones a la máxima ley, y se proclamó presidente de la República por haber sido nulo el proceso electoral por el que Lerdo ocupaba el Poder Ejecutivo. Finalmente, don Porfirio era el jefe de una revolución triunfante que lo declaró presidente. Tres presidentes había en México, y la verdad es que cuando hay más de un presidente es que no hay ninguno.

"Nada está sobre la Constitución —proclamó en un manifiesto el licenciado Iglesias—; nadie está sobre la Constitución". Hermosa frase aquella, pero inútil. En aquellos años —como en estos— en México, todo el que tuviera en sus manos el poder estaba por encima de la Constitución. Una vez cierto periodista extranjero le preguntó a don José Vasconcelos si la Constitución de México era roja, es decir, socialista, o blanca, o sea liberal.

—No es ni roja ni blanca —contestó el gran oaxaqueño—. Es violada.

Por la pura fuerza de las armas llegó Porfirio Díaz al poder. Ningún título legal tenía para ocupar la presidencia, pero se la dejó el único que podía ocuparla con apego a la ley, don José María Iglesias. Tenía 47 años don Porfirio cuando subió al poder. José López Portillo y Rojas, abuelo del López Portillo que nosotros conocimos, dejó una vívida descripción del general Díaz, a quien conoció en una recepción que la buena sociedad de Guadalajara le ofreció con motivo de su exaltación a la silla presidencial. He aquí esa descripción:

"Atezado de cutis, parecía bronceado de color, como indígena. Llevaba casi al rape la hirsuta y negra cabellera. No era de grandes dimensiones su mostacho. Miraba con dureza, y casi con ferocidad, en su torno. Medio recostado en el sillón, con el brazo izquierdo echado atrás del respaldo, y alargadas las piernas, dejaba ver abajo del pantalón, algo corto, los tubos de las botas. En la mano derecha lucía un mondadientes que no dejó de esgrimir y revolver dentro de la boca."

Los años y la benéfica influencia de su joven esposa doña Carmelita pulirían después a don Porfirio. También lo pulió el poder: los retratos que en adelante hicieron de él los pintores oficiales nos lo muestran de tez blanca, como si don Porfirio fuera francés y no mexicano de Oaxaca.

Maximiliano, emperador de México, vivió en el Castillo de Chapultepec. Don Benito Juárez, presidente de la República, se hizo arreglar habitaciones en el Palacio Nacional. Cuando el general Porfirio Díaz llegó a la presidencia no escogió para residir ninguno de los dos lugares.

Tan pronto ocupó la presidencia se fue a vivir a una pequeña casa de la calle de Santa Inés. Dijo a modo de explicación que el Palacio Nacional era eso, un palacio, y que él no estaba acostumbrado a vivir en palacios. Además, aquel recinto era propiedad del pueblo y debía dedicarse a la atención de los asuntos públicos y no a residencia de un hombre, así fuera el presidente de la República.

Esa actitud fue recibida con beneplácito por la gente. Con mayor agrado se recibió una declaración que hizo a los periódicos el presidente: "El principio de la no reelección fue la promesa más solemne de la revolución [de Tuxtepec], y por tanto el proponerlo como reforma constitucional es el cumplimiento de una de las más sagradas obligaciones del Gobierno".

En ese tiempo los mexicanos ya no querían la reelección de los presidentes. Esa posición no derivaba, como dicen algunos historiadores, del mal recuerdo que dejó Santa Anna, sino de la penosa impresión que dejó Juárez, aun entre sus mismos partidarios, cuando pretendió perpetuarse en el poder. En efecto, incluso juaristas tan acendrados como don Guillermo Prieto, don Ignacio Ramírez el Nigromante y don Ignacio Manuel Altamirano terminaron por ser antijuaristas, o al menos por separarse de don Benito.

La rebelión de Porfirio Díaz contra Juárez, y luego la guerra que hizo a Lerdo, no eran sino la expresión de la opinión pública, que deseaba que ningún individuo se eternizara ya en la función política. Ahora bien: ¿por qué el general Díaz desmintió después con sucesivas reelecciones el principio que había esgrimido como "la promesa más solemne de la revolución" y como "una de las más sagradas obligaciones del Gobierno"?

Creo que las condiciones psicológicas del país se transformaron. Después de muchas décadas de guerras intestinas e invasiones extranjeras, los mexicanos estaban conociendo al fin los dones de la paz. Desde luego esa gran bendición se atribuyó del todo a don Porfirio. La población ya no quería más luchas por el poder, y todos consideraron que la permanencia del general Díaz en la silla presidencial aseguraba la continuación de esa paz que muy pronto empezó a manifestarse en señas de prosperidad para algunos, y de tranquilidad para todos. Tal es, considero, el germen inicial del porfirismo: los mexicanos anhelaban vivir en orden, y prefirieron los bienes que derivan de la seguridad a los que provienen del ejercicio sin restricciones de la libertad.

## *¿Ser libres? ¿Para qué?*

Don Francisco I. Madero, héroe purísimo entre los contados héroes verdaderos que ha tenido este país, hacía su campaña presidencial contra Porfirio Díaz. Un provocador a sueldo del gobierno interrumpió el discurso que don Francisco estaba pronunciando, en el que hablaba de la grandeza del pueblo mexicano.

—Si tanto quiere usted al pueblo —lo retó el torpe sujeto—, ¿por qué no reparte su dinero para que todos puedan comprar pan?

Le contestó Madero con una frase, a más de bella, verdadera:

—Los mexicanos, señor, no tienen hambre de pan, sino de libertad.

Acertaba el coahuilense. Sucedió que al término del régimen juarista, y acabado el efímero gobierno de Lerdo de Tejada, los mexicanos tuvieron a su alcance, por primera vez desde hacía más de seis décadas, el don precioso de la paz. Por instinto sintieron que era necesario un gobierno fuerte que, aun estableciendo un régimen de mano dura, evitara que siguiera aquella inacabable sucesión de motines, revoluciones y asonadas que habían asolado a México durante largos años.

La verdad es que los mexicanos no querían libertad ni democracia. Ni siquiera justicia. Anhelaban con vehemencia vivir en paz y disfrutar de los beneficios que con la paz suelen venir. Libertad, democracia y justicia eran para ellos valores abstractos que jamás habían visto concretados en la realidad. Ni siquiera nosotros los vemos todavía hoy en la vida mexicana. Nuestros antepasados de 1876 no querían libertad. Querían el ferrocarril.

Ferrocarril... Nada simbolizaba tanto el progreso y los beneficios de la paz como el gran invento de George Stephenson. ¡Con cuánta ingenuidad los mexicanos de mediados del siglo XIX exageraron las virtudes de la locomotora! Escribió don Francisco Zarco, tan inteligente él: "Sin el ferrocarril de Veracruz no haremos nada [...] con él tendremos todo".

En esa actitud psicológica —ansia de paz y de progreso material— debemos encontrar la base para el gran lema del porfiriato: "Poca política; mucha administración". El general Díaz despreciaba a los políticos. Pensaba que los "abogadetes" —principal de ellos don Benito Juárez— habían hecho muy grandes daños al país, sobre todo al comprometer su integridad ante los norteamericanos. Era necesario ahora poner a México por encima de las intrigas de los politicastros y de su ambición de poder. Tal fue la tarea que se trazó don Porfirio. En aquel año de 1876 se dispuso a llevarla a cabo.

## *Las razones de la razón*

¿Cuáles fueron las causas de que don Porfirio ganara el poder y se mantuviera en él durante tantos años? Primero, desde luego, la fuerza de las armas. Pero obró también la inteligencia natural del general Díaz, no astucia baja de mal político, sino sólido sentido común de hombre que sabía que era necesario un cambio en el país.

Don Benito Juárez dio un notable impulso al oscuro plan que desde tiempos de Poinsett habían trazado los Estados Unidos en relación con México. Se ha tachado de traidores a don Juan Nepomuceno Almonte —hijo de Morelos—, a Gutiérrez Estrada y a don José María Hidalgo porque trajeron soldados franceses a México. Sin embargo Juárez, por medio de su agente en los Estados Unidos, don Matías Romero, buscó ansiosamente la intervención de un ejército norteamericano en nuestro país a fin de que le ayudara a acabar con el imperio de Maximiliano.

En efecto, en la *Correspondencia* de don Matías Romero (tomo V: 297, 6 de mayo de 1865) están los términos del convenio que el representante de Juárez firmó con el general Schonfield, acuerdo por el cual se reclutarían 40 000 soldados norteamericanos para venir a México. Eran relativamente pocos: don Matías había pedido 100 000 al general Sherman. Éste se negó a enviar cantidad tan grande de soldados. Cuando Romero repitió su demanda ante Seward, secretario de Estado, éste le contestó medio en broma, medio en serio:

—Míster Romero: estoy seguro de que si un ejército de los Estados Unidos va ahora a México ya no se regresará.

Los compromisos de Juárez con los Estados Unidos lo llevaron a adoptar una política que Poinsett habría aplaudido con gran entusiasmo. En la constante hostilidad de Juárez hacia la Iglesia católica hemos de ver menos la desinteresada aplicación de los principios liberales y más la necesidad de Juárez de dar satisfacción al interés de Washington. En efecto, el régimen juarista no sólo permitió, sino además propició y aun dio impulso a la llegada de las iglesias protestantes a México. Esas agrupaciones religiosas recibieron del gobierno de Juárez toda suerte de ayuda y protección.

Uno de los aciertos de don Porfirio fue apartarse de la fobia anticlerical de Juárez, Lerdo y sus paniaguados, los liberales "rojos" extremistas. Adoptó una política de conciliación que restañó heridas y dio al presidente una base de apoyo por parte del sector eclesial. Don Porfirio creó así el famoso *modus vivendi* entre la Iglesia y el Estado, situación que duró hasta la ruptura de 1926 que tuvo en la llamada guerra de cristeros su más violenta manifestación.

A diferencia de Juárez, que era un indio puro, Porfirio Díaz era mestizo. Quizá eso le dio una comprensión mayor de los problemas de México, país mestizo como él.

## *"Esos pollos quieren* máis"

La política de conciliación de don Porfirio se basó en la entrega de puestos públicos, prebendas y otros gajes a quienes podían estorbarle su gobierno. Los opositores del régimen conocieron su fuerza y aceptaron sin dudar los regalos que les hacía el nuevo presidente. Muy pronto éste tuvo en sus manos todo el poder.

Cuando un político intrigaba en contra del gobierno o cuando algún periodista lo criticaba con rudeza, decía don Porfirio:

—Ese pollo quiere *máis*.

Lo hacía llamar, le ofrecía un cargo o alguna concesión y así acababa con la malquerencia de su adversario o los ataques de su crítico.

Al formar su gobierno llamó don Porfirio a sus antiguos adversarios, conservadores, partidarios de Juárez o lerdistas, y con ellos integró su administración. Como no alcanzó puestos para todos, restableció el Senado de la República, obra de Lerdo. Muchas críticas se alzaron entre los políticos, pues don Porfirio volvía a levantar lo que antes había derribado, pero las voces en contrario se apagaron pronto cuando algunos de los más acres comentadores recibieron un escaño senatorial.

Había un problema grande: los estados. Ocupado el poder central en continuas luchas, ya contra el extranjero, ya contra las fuerzas que lo amenazaban, en los estados de la República habían surgido caciques que consideraban las entidades como de su propiedad. Don Porfirio no estaba dispuesto a permitir que el país fuera una amorfa agrupación de cacicazgos y se dispuso a arreglar la situación.

Tan complicado era el estado de cosas que el embajador norteamericano John W. Foster escribió una carta al secretario de Estado en la que auguraba la segura caída de don Porfirio como consecuencia de su lucha contra los caciques. Sin embargo, el general Díaz procedió con extraordinaria habilidad política. Puso una espada de Damocles sobre la cabeza de los gobernadores: hizo que el Congreso, formado por incondicionales suyos, aprobara una ley por la cual el ejército federal podía intervenir en los estados ante cualquier problema que en ellos se presentara. Así amenazados, los caciques locales supieron que eso de la soberanía de los estados era letra muerta ante el poderío del gobierno central, y se sometieron de inmediato a los dictados de don Porfirio.

¡Qué hábil político estaba resultando el presidente Díaz! Amigos y enemigos se hacían lenguas de su habilidad para el manejo de la cosa pública. Muy pronto tuvo en sus manos todos los hilos del gobierno. Se había murmurado que don Justo Benítez era el cerebro gris de don Porfirio, que en verdad era él quien decidía las altas cuestiones del gobierno. Hasta se le llegó a decir "el presidente del presidente". Todos supieron que el general Díaz era el que mandaba cuando un buen día el señor Benítez publicó una carta en la que anunciaba que "encontrándome en desacuerdo con el Gobierno por algunas de sus decisiones, y antes que contrariarle en el Senado, he preferido ausentarme de la República".

## *Nosotros el cuerno, ellos la abundancia*

El período de paz conseguido con la primera presidencia de don Porfirio Díaz fue causa de un optimismo social que cubrió todos los rincones del país. Pensaron los mexicanos que —ahora sí— México sería otra vez lo que habían dicho los criollos de la Colonia: la nación más hermosa del mundo, y la más rica.

Paz y ferrocarril... Los dos llegaron casi al mismo tiempo a México. En el período del presidente Lerdo se inauguró el ferrocarril que unía a la capital de la República con Veracruz. Ese acontecimiento maravilloso hizo concebir esperanzas que iban considerablemente más allá de Veracruz. El liberalismo europeo y el positivismo comtiano fincaban la felicidad en el progreso, y el progreso en el ferrocarril. Ergo, ahora que teníamos ferrocarril seríamos felices. En los términos de esa argumentación, dicho sea de pasada, podría suponerse que si los mexicanos de hoy no somos felices es porque ahora casi no tenemos ferrocarril.

En aquellos años —1876 y los siguientes— surgió el romántico concepto que aprendimos en nuestra clase de Geografía, allá en el tercer año de primaria. México, se nos decía, "adopta la forma de un cuerno de la abundancia". No se nos hacía notar el pequeño detalle de que la boca de ese cuerno apunta hacia los Estados Unidos; sólo se nos mostraba la forma ideal de nuestro país.

Habitantes de un reino de Jauja, de un "jardín de delicias", como describió a su suelo natal don José María Morelos, seguramente alcanzaríamos la prosperidad y el sumo bienestar ahora que estábamos en paz. No sólo seríamos felices: podríamos ofrecer felicidad a los demás en nuestro paraíso. Así, con esa idea, don Porfirio quiso impulsar la inmigración desde su primera gestión. Se hicieron generosísimos ofrecimientos oficiales para que vinieran colonos de Europa, sobre todo agricultores. La invitación no encontró eco. Y la explicación es muy sencilla: mientras los inmigrantes europeos ansiaban vehementemente llegar a los Estados Unidos y a algunas naciones de América Latina como Cuba, Colombia, Chile y —sobre todo— Argentina, eran muy pocos los que consideraban la idea de venir a México. Y todo ello a raíz del fusilamiento de Maximiliano, que proyectó en Europa la imagen de nuestro país como un territorio salvaje. Ese concepto de México en el extranjero fue uno de los legados que nos dejó el Benemérito.

Tuvieron que pasar varios años, años de paz y de incansable trabajo de relaciones públicas de don Porfirio, para que se animaran a venir los primeros colonizadores extranjeros. Sin embargo, ni siquiera esa inmigración fue regular, pues llegaron grupos extraños que no estaban constituidos por colonos que llamaríamos "normales". Llegaron, por ejemplo, grupos religiosos, menonitas especialmente. Llegaron socialistas utópicos, que establecieron comunas como la que fundó Roberto Owen en Sonora. Llegaron chinos paupérrimos que de inmediato fueron objeto de la hostilidad de la población local. Hasta finales del siglo, y después de ímprobos esfuerzos por parte de don Porfirio, México sería aceptado otra vez en eso que se llama "el concierto de las naciones civilizadas".

## *La bella y la bestia*

El general Díaz tuvo como ministro de Relaciones a don Ignacio L. Vallarta. Muy buen señor era él. Nacido en Guadalajara, fue abogado. Entró en la política cuando su primo, Pedro Ogazón, gobernador de Jalisco, lo hizo su secretario particular. En cierta ocasión participó en una elección de diputado federal, y aunque la autoridad lo declaró triunfante él se negó a asumir el cargo: su rival, dijo, fue quien verdaderamente había tenido mayoría de votos. Todos dijeron que Nacho estaba loco.

Al llegar los franceses, Vallarta formó un batallón de voluntarios jóvenes para combatirlos. Errante Juárez, se unió a él en Zacatecas y lo acompañó en su peregrinación. Triunfante la República, fue designado gobernador de Jalisco en 1871. Luego pasó a la capital de la República. Cuando Porfirio Díaz llegó a la presidencia, uno de sus primeros actos fue nombrar a Vallarta ministro de Relaciones.

Washington tardaba en reconocer a don Porfirio. El gobierno americano hacía reclamaciones por supuestos daños a ciudadanos norteamericanos en el curso de la revolución que llevó a Díaz al poder. Don Porfirio no tomó en cuenta esas reclamaciones. Los Estados Unidos recurrieron entonces a la amenaza que siempre habían utilizado en relación con México, y que siempre les dio magníficos resultados: una considerable fuerza militar tomó posiciones en la frontera mexicana, a orillas mismas del río Bravo.

Pensaron los americanos que ese simple gesto bastaría para que el nuevo presidente se allanara a las reclamaciones. No sucedió así. De inmediato don Porfirio ordenó que un contingente de soldados mexicanos se colocara frente a los yanquis. El general Jerónimo Treviño estaba al mando de esa tropa.

Hubo suspenso en México y en los Estados Unidos. ¿Iba a estallar otra guerra entre las dos naciones? Pero los habitantes de ambos países anhelaban la paz; ni el pueblo mexicano quería guerra ni la deseaba el norteamericano. Así, hubo pláticas de avenimiento. Los Estados Unidos moderaron sus demandas; México pagó las reclamaciones que se consideraron justas y aquí no ha pasado nada.

Digo mal. Pasaron dos cosas. Washington reconoció al gobierno del general Díaz porque ¿cómo podía recibir indemnizaciones de un gobierno de facto? Y sucedió también que el general Ord, quien en el curso de las negociaciones conoció y tuvo trato amistoso con el general Treviño y su familia, se enamoró de una hija de don Jerónimo y se casó con ella.

## *La orden: que haya orden*

Don Porfirio fue fiel al lema del liberalismo, "Dejar hacer, dejar pasar", pero sólo en el campo de lo económico. En lo político él tomó las riendas y no permitió que nadie compartiera ni aun la mínima dosis de su poder. Los mexicanos, la verdad sea dicha, no resintieron esa falta de libertad sino hasta principios del siglo XX. Al llegar el general Díaz a la presidencia en 1876, la población deseaba orden y paz. Don Porfirio dio ambas cosas al país. Eso le permitió perpetuarse en el poder con la aquiescencia en general del pueblo mexicano.

Alguien hizo una vez esta distinción: "Un político se ocupa de la próxima elección. Un estadista se ocupa de la próxima generación". Don Porfirio jamás tuvo que preocuparse de la próxima elección. Ni siquiera se inquietó cuando Madero se presentó como candidato frente a él. Su ocupación fue el ejercicio del poder de tal modo que beneficiara al país. Porfirio Díaz es el inventor en México de la "dictadura benévola".

¿Que no era político don Porfirio? Lo era, y muy acabalado. Una prueba de su habilidad está en la política de conciliación que el general Díaz inauguró en relación con el clero tan pronto se hizo cargo de la presidencia por primera vez.

Don Porfirio no atacó al clero como lo hicieron Juárez y Lerdo de Tejada. Tampoco, sin embargo, echó abajo la legislación anticlerical que los liberales puros plasmaron en la Constitución de 1857. Asumió una actitud permisiva frente a la jerarquía católica, pero mantuvo como espada de Damocles aquellas leyes, como queriendo significar que las aplicaría con rigor si la Iglesia entraba en manejos políticos contra su gobierno.

Así surgió el tácito arreglo. La Iglesia respetaba las leyes pero no las cumplía, y por su parte las autoridades civiles se hacían de la vista gorda ante los desacatos de los eclesiásticos. En un villorrio del sur del país los miembros del cabildo negaron al cura el permiso que solicitaba para hacer una procesión pública, y en seguida dieron una cooperación que sacaron ahí mismo de sus bolsillos, como liquidación de la multa que el padrecito tendría que pagar por hacer de cualquier modo aquella procesión.

De nuevo floreció la Iglesia bajo el gobierno de Díaz. Regresaron los jesuitas expulsados; se reabrieron los conventos que Lerdo y Juárez clausuraron; surgieron nuevas diócesis con sus respectivos obispos, todos los cuales iban a saludar a don Porfirio antes de ceñir la mitra episcopal. Don Porfirio, grato a los ricos y a los prohombres de la Iglesia, hizo su obra de gobierno con las bendiciones del Cielo y de la Tierra.

## *Aquí no ha pasado nada*

Don Porfirio se convirtió muy pronto en el patriarca de la vida mexicana. Joven aún, ya era el patriarca. Hizo de México su casa, y de los mexicanos sus hijos a los que impuso un régimen severo, pero en el fondo benevolente. Bajo su égida volvió a ser México un poco igual a como fue en la Colonia: país en que reinaban el orden y la paz, en que la religión gozaba de sus fueros... y en el que no había ni el menor asomo de eso que llaman *libertad*.

La Iglesia y el Estado vivieron en amistoso concordato durante el régimen de don Porfirio. Bien conocía él la gran influencia que los curas tenían sobre las conciencias. Esa influencia no sufrió mengua alguna ni siquiera durante las más terribles épocas de la hostilidad liberal. Murieron Gómez Farías y Juárez, se fue Lerdo, los tres grandes jacobinos comecuras, pero el clero siguió indemne, con todo su poder aunque el gobierno le hubiera quitado sus mejores fincas.

Don Porfirio no derogó ninguna de las Leyes de Reforma, y dejó intactas todas las disposiciones anticatólicas de la Constitución de 1857. Sin embargo, su gobierno mostró amistad a la Iglesia, y de ella recibió amistad también. Otra vez volvieron a sonar en las ciudades y aldeas mexicanas las campanas, acalladas durante largos años por la prohibición juarista. Otra vez se permitió que los fieles salieran a la calle llevando al santo patrono en procesión. Las festividades religiosas alcanzaron de nuevo más lucimiento que las celebraciones oficiales. En tiempos de Juárez y de Lerdo la fiesta del 5 de mayo sustituyó a la de Corpus. Bajo don Porfirio otra vez la procesión de Corpus Christi volvió a ser el espectáculo más lucido para el pueblo.

En justa correspondencia, el clero dio su aprobación y su apoyo al porfirismo. Los sacerdotes se hacían de la vista gorda y no fulminaban ya excomuniones contra los funcionarios públicos que hacían profesión de agnosticismo o de ser miembros de la masonería. Se puso de moda una costumbre que duró hasta nuestros días: en lo privado los funcionarios y empleados del gobierno practicaban el catolicismo; en la vida oficial cuidaban de no mostrar su religión.

Otra vez la Iglesia gozó de privilegios, y aun de ayuda oficial en su función. Los jesuitas volvieron a tener poder, como en los tiempos de la Colonia. Hubo escuelas confesionales que actuaban sin estorbos a pesar de la prohibición constitucional. Empezaron a publicarse periódicos católicos, en tanto que algunos periodistas liberales fueron objeto de represión por sus ideas: don Filomeno Mata visitó la cárcel innumerables veces. El propio gobierno empezó a publicar su periódico, *El Imparcial*, y lo vendía a centavo.

México entraba en una era de paz. Paz romana si se quiere era aquélla, es decir, impuesta por la fuerza del temor, pero paz al fin y al cabo. La llegada de don Porfirio al poder coincidió con el surgimiento de una época universal de paz y prosperidad. Bajo el férreo puño del vencedor del 2 de abril, México se disponía a ingresar en "el concierto de las naciones civilizadas".

## *"Los* mesmos, *pero* revolvidos"

Don Porfirio se fue ganando poco a poco la voluntad de sus antiguos enemigos los conservadores. A algunos de los más conspicuos miembros del partido católico los invitó a formar parte de su gobierno, y aun les dio puestos de mucha responsabilidad. Los viejos liberales "puros" hablaban mal por lo bajo de don Porfirio —nada más por lo bajo se podía hablar de él—, pero el férreo general hizo caso omiso de esas críticas y siguió actuando con el sólido sentido común que aplicó siempre en sus actos de gobierno.

Don Manuel Payno añadía a sus cualidades de magnífico literato las dotes de un buen administrador. Combinación muy rara es la que permite que alguien pueda manejar con igual tino las letras y los números. En Payno se daba esa combinación.

Triunfante la República, Juárez le encomendó a Payno la tarea de hacer una relación de los gastos en que había incurrido su gobierno a lo largo de la lucha contra Maximiliano. Dicen algunos que don Benito traía metida entre ceja y ceja la peregrina idea de pedir una indemnización al gobierno de Francia, o si no al de Austria, por las erogaciones que hizo para combatir al Imperio, incluido el desgaste de su famosísima carroza y todo lo demás.

Don Manuel, supereminente contador, sacó la relación hasta el último centavo y, muy contento por el buen fin de su ímproba tarea, presentó el formidable libro a don Benito Juárez. El presidente, después de hojear el mamotreto, felicitó cumplidamente a Payno por aquella obra, mayor y de más mérito que cualquiera de los trabajos de Hércules.

Payno agradeció con modestia la felicitación, y dijo luego a don Benito que de sus investigaciones podía derivar otra relación muy interesante: la de los liberales que fallaron en sus convicciones y que de una u otra manera sirvieron al Imperio o le mostraron simpatía.

Aquella proposición le resultó muy grata a don Benito, tan dado a la vindicta. ¡Qué útil sería esa lista de traidores! De inmediato le contestó a Payno que sí, que se pusiera a trabajar *in continente,* y que lo antes posible le llevara esa lista de liberales chaqueteros.

Estaba presente en la entrevista don Sebastián Lerdo de Tejada.

—Señor presidente —dijo a Juárez hablándole al oído—, por ningún motivo permita usted que Payno haga esa lista. Tantos aparecerán en ella que nos quedaremos sin Partido Liberal.

Tenía razón el astuto señor Lerdo.

Situación parecida se dio con don Porfirio Díaz. Tan pronto se vio sentado en la silla presidencial, llamó a destacados conservadores y los invitó a formar parte de su administración. Así llegaron al gobierno antiguos adversarios de don Porfirio, entre ellos algunos generales "cangrejos" tan famosos como Francisco Vélez y Agustín Pradillo. Cuando el general Díaz invitó a colaborar con él al general Pedro González, quien fue comandante del Regimiento de la Emperatriz, un veterano jefe liberal se enojó con el presidente y le espetó:

—¿Por qué tiene usted en su gobierno a gentes que sirvieron al Imperio?

—Señor —le contestó calmoso don Porfirio—, nada más los que no servían para nada no sirvieron al Imperio.

## *Un hombre inferior bastante superior*

Los mexicanos ansiaban un caudillo. Siempre dependieron de un hombre fuerte, llamárase Iturbide, Santa Anna o Juárez, pero esos hombres habían sido antes que todo políticos que tuvieron como objetivo principal ganar el poder y mantenerse en él. Ahora el país necesitaba un hombre igualmente firme, pero que procurara conseguir los bienes que la población anhelaba con vehemencia: orden, progreso, bienestar y —por encima de todo— paz.

Don José María Vigil, periodista liberal, externaba aquel deseo en una frase: "Es una desgracia que no aparezca entre nosotros un hombre superior que vaya por caminos no ensayados en nuestras tradiciones políticas".

Don Porfirio fue ese hombre, y caminó por sendas nuevas. Ciertamente imitó a Iturbide, Santa Anna y Juárez en la ambición de perpetuarse en el poder, pero lo ejercitó en forma muy distinta. No fue aristocratizante como Iturbide, ni frívolo y corrupto como Santa Anna, ni ávido de gloria personal como Juárez, a quien superó considerablemente en lo que hace al respeto que el gobernante debe tener por la integridad nacional. Su proyecto ya no fue político, sino fundamentalmente de recta administración en bien de México. Bajo su mando el país se mantuvo tranquilo merced a una habilísima conducción fincada en frenos y contrapesos.

Don Porfirio, militar vencedor, puso en práctica una política ya de conciliación, ya de temor ("pan y palo"), que en ocasiones vulneró un orden jurídico por el cual el presidente no sentía mucho apego. "Muelles, no leyes", dijo una vez don Porfirio que requería México. A veces esos muelles fueron los que están en el mecanismo de los rifles.

Sin saberlo, don Porfirio aplicó durante todo el tiempo que estuvo en el poder el principio —jesuítico principio, dicen unos— de "el mal menor": es bueno hacer un poco de mal si con eso se evita que se haga un mal muy grande. Si alguien amenazaba la paz, don Porfirio dictaba expeditas órdenes como aquella famosísima de "mátalos en caliente". Sostenía un principio muy personal: la sangre que se derramaba para conservar el orden era sangre mala que corría para que luego no corriera buena sangre de mexicanos buenos.

Era muy práctico don Porfirio. En cierta ocasión un grupo de vecinos de un pueblo del Estado de México libró un combate con una gavilla de bandoleros que asolaba la región. Los bandidos derrotaron a los vecinos, que se retiraron heridos y lacerados. El alcalde del pueblo los presentó a don Porfirio y le pidió que como premio a la defensa —aunque inútil, heroica— que hicieron del poblado aquellos hombres, los hiciera miembros del cuerpo de Rurales, que estaba en formación. Le respondió don Porfirio:

—Mejor tráigame a los que les dieron en la madre a éstos. Nos van a servir más.

## *Bien parado y mal sentado*

En 1891, con motivo del 85 aniversario del nacimiento de don Benito Juárez, el presidente Díaz inauguró en el patio de la Secretaría de Hacienda una estatua del Benemérito de las Américas.

La estatua la hizo con Miguel Noreña, celebrado artista que había ganado fama como autor de la preciosa estatua de Cuauhtémoc. Muchas críticas recibió don Miguel por la estatua que hizo de Juárez, pues lo sentó encima de los faldones de su levita, siendo que era costumbre de los señores de la época apartarlos antes de tomar asiento.

He aquí las palabras que don Porfirio pronunció al inaugurar la estatua: "Con orgullo como mexicano y con satisfacción como funcionario público, vengo a inaugurar este edificio construido para establecer en él con la decencia que corresponde a la civilización y cultura actual de la República y contando con nuestro celo y genial laboriosidad, una de las oficinas fundamentales de su administración. En realidad estamos en el caso de abundar todos en esos nobles y generosos sentimientos, porque cada una de estas mejoras que inauguramos como frutos directos de la paz y del progreso en que vivimos, viene a desmentir, con irresistible elocuencia los cargos de inciviles e ingobernables con que se nos ha calumniado".

"El nuevo Congreso se compondrá casi exclusivamente de amigos y sostenedores de la presente administración [...] Aunque el sufragio es universal de acuerdo con la Constitución, muy contados son los ciudadanos que participan en las elecciones [...] Los candidatos son designados generalmente en juntas privadas o en cónclaves de unos cuantos individuos [...] La oposición invariablemente acusa que los padrones están hechos por empleados y favoritos del gobierno". Esas palabras pertenecen a una carta que el embajador de los Estados Unidos en México, míster Foster, escribió a su gobierno en Washington en 1878.

Todos los manejos que describe el míster obedecían a un oculto deseo del presidente Díaz: reelegirse. Sin embargo, le pesaban enormemente sus antecedentes revolucionarios: tanto la rebelión de La Noria contra Juárez como la de Tuxtepec contra Lerdo fueron hechas en nombre del principio de la no reelección. ¿Cómo podía reelegirse quien se había ostentado como adalid antirreeleccionista?

Don Porfirio empezó a considerar una solución alterna. La encontró sin dificultad: pondría a un incondicional suyo en la presidencia; terminado el período de éste se presentaría nuevamente como candidato, y luego podría maniobrar de tal manera que su reelección fuera aceptada.

Un obstáculo tenía en su camino don Porfirio. Ese obstáculo se llamaba don Justo Benítez, otro oaxaqueño cuya historia es muy interesante. Sus padres lo abandonaron casi al nacer, de modo que nunca supo quiénes eran. Lo recogió un bondadoso sacerdote que le dio su apellido. Ingresó en el seminario, y estuvo a punto de ordenarse, pero colgó los hábitos antes de ponérselos y entró a cursar la carrera de abogado. Un día pronunció un discurso que llamó mucho la atención del gobernador, al final de la ceremonia le pidió que fuera a hablar con él al día siguiente. Fue Justo y el gobernador lo designó su secretario particular. El gobernador se llamaba don Benito Juárez.

Con eso cambió mucho el licenciado Benítez. Se hizo más liberal que el *laissez faire*. Cuando a Juárez se le metió entre ceja y ceja meterse con la Iglesia, el abogado Benítez fue uno de sus más decididos seguidores. Cuando llegó Maximiliano, don Justo se alistó en el ejército republicano. A las primeras de cambio cayó prisionero de los franceses. Lo iban a fusilar, pero él juró y perjuró que en la soledad de su calabozo había pensado bien las cosas y había decidido hacerse imperialista. Declaró que Juárez era un protervo monstruo de maldad, y en cambio Maximiliano algo así como el arcángel san Miguel llegado del Cielo para vencer al demonio del republicanismo. Los franceses, complacidos, lo soltaron. Don Justo se rió de ellos y se fue a los Estados Unidos muy campante.

## *"Benítez, pero no te* quedates"

Don Justo Benítez era seguro candidato para suceder a don Porfirio Díaz al término de la primera presidencia de éste. Todos daban por cierto que sería el nuevo mandatario. Pero don Justo no era el hombre del presidente. Tenía demasiada inteligencia, muchos partidarios, excesiva ambición de poder. El general Díaz no quería a alguien que fuera más que él. Necesitaba un incondicional que le guardara la silla presidencial mientras volvía a sentarse en ella.

Todos los votos los tenía don Justo Benítez: los de la mayoría de los diputados (113 contra 35 que no eran sus partidarios); los de muchos gobernadores, que llevaban a orgullo llamarse benitistas; los de casi todos los ministros del gabinete. Un solo voto le faltaba: el de don Porfirio.

El 25 de enero de 1879, los lectores de periódicos se enteraron, estupefactos, de que don Justo se iba a Europa en vísperas de la sucesión presidencial. Decía Benítez para justificar su escapada: "No quiero servir de pretexto para ataques injustos y apasionados en contra del Partido Constitucionalista".

El Partido Constitucionalista era el que lo postulaba a él. Se llamaba así porque sus miembros se habían olido ya las intenciones reeleccionistas de don Porfirio, y con el nombre de su partido querían recordar a todos que la Constitución prohibía que el presidente se reeligiera. La verdad es que don Porfirio, molesto por las maquinaciones políticas de don Justo y porque éste aceptaba con una sonrisa su apodo de "presidente del presidente", lo quitó de su cargo y le dijo que se fuera mucho a la... Europa.

Obedeció don Justo, pues ya sabía cómo se las gastaba don Porfirio, y juró no volverse a meter jamás en cosas de política. El embajador de México en Italia escribió un informe al ministro de Relaciones: "Estuvo aquí [en Roma], de paso, don Justo Benítez, y después de algunos días siguió para el norte de Italia. De ahí, me dijo, irá a París. Por lo que hablé con él creo que no se engaña sobre la situación ni sobre sus dificultades".

Los partidarios y simpatizantes de don Justo se dispersaron como pollos cuando la gallina ha sido atacada y puesta en fuga por el gavilán. Tampoco ellos querían nada con don Porfirio Díaz, cuya mano dura conocían igual que su caído capitán. Se apresuraron todos a decir que a don Justo apenas lo conocían; que no era cierto que habían estado con él, que sólo al señor presidente debían adhesión, constancia y lealtad. Unos días después ya nadie se acordaba de don Justo. El pobre andaba en Europa solo, sin dinero, sufriendo soledad y chinches en hoteluchos, si no de última categoría sí de penúltima, en Alemania y Francia. *Sic transit gloria justi.*

Quedó muy claro que nadie era "presidente del presidente". El general Díaz, lo supieron todos ya sin lugar a dudas, era el amo del país. Y todos entonces se pusieron a esperar a que don Porfirio les dijera quién iba a ser su sucesor. Ahí tuvo una de sus primeras manifestaciones esa nefasta tradición mexicana del dedazo que, como se ve, es costumbre tan vieja que ya no se cuece al primer hervor. Ni al segundo. Ni al tercero...

## *Deudas de guerra*

Don Porfirio estimaba mucho a su compadre el general Manuel González. A él le debía no sólo haber llegado a la presidencia, sino también quizá la vida, la libertad y el honor. Fue el general González quien en Tecoac inclinó las acciones de la guerra en favor del porfirismo. Díaz pagó su deuda, pero al hacerlo no se quedó sin capital.

El 18 de junio de 1815, mientras en la llanura de Waterloo combatía el ejército de Napoleón contra la fuerza que levantaron sus enemigos aliados, dos hombres oteaban el horizonte desde sendas colinas. Uno era el mismo Napoleón. Esperaba con ansiedad la llegada de Grouchy, cuya caballería podría salvarlo de la derrota. El otro era Wellington. Éste aguardaba al general Bluecher, que con sus tropas lo ayudaría a aniquilar definitivamente al corso. Se tejieron los hilos del destino. Por una combinación de azares llegó primero Bluecher y con eso cayó abatida el águila napoleónica.

Salvas todas las proporciones —la del destino, el águila y todo lo demás—, en Tecoac sucedió algo parecido. Combatían las fuerzas de Lerdo contra las de Porfirio Díaz. La lucha era pareja: cualquiera de los dos combatientes podría vencer. También ambos ejércitos esperaban refuerzos: Alatorre, el jefe lerdista, confiaba en que llegaría el general Alonso a auxiliarlo con tropas del gobierno. Don Porfirio Díaz sabía que el general Manuel González acudiría en su ayuda. Llegó primero don Manuel, triunfaron los porfiristas y el oaxaqueño se encaminó hacia el poder ya sin estorbos.

Eso creó entre los dos hombres —González y Díaz— un vínculo indestructible, y puso en el ánimo de don Porfirio una deuda que quería pagar. Cuando don Justo Benítez se alzó frente a la pretensión de Díaz de eternizarse en el poder, don Porfirio vio en la ocasión una oportunidad de cumplir el compromiso que tenía con su compadre y al mismo tiempo de sacar adelante sus ideas de reelección.

Don Manuel González era un hombre bueno, a más de un militar pundonoroso. Desde pequeño se inclinó por la carrera de las armas, que le apasionaban. Mientras los otros niños leían cuentos de hadas, él hojeaba antiguos textos de milicia con planos de batallas que se esforzaba en descifrar. Llamaba la atención de todos por la seriedad de su carácter.

Militó primero don Manuel en las filas del partido conservador. La invasión francesa, sin embargo, lo hizo arder en fuego de patriotismo y se afilió al bando liberal. Aunque ya era coronel pidió ingresar al ejército de la República en calidad de soldado raso. Hizo amistad con don Porfirio Díaz, contra quien antes había combatido. El general Díaz le entregó toda su confianza, y en adelante procuró tenerlo siempre cerca.

No estaba exento de defectos don Manuel, pero tenía defectos que cualquiera puede tener. Era mujeriego —¿acaso es un defecto ése?—, sus modales pecaban de rudeza y tenía expresión muy franca, como de buen norteño que era: nació nada menos que en El Moquete, rancho de Tamaulipas. Quizá por eso los ranchos no dejaron de gustarle nunca: cuando murió era dueño de la hacienda de Chapingo.

## *Si el río suena...*

"Miente, que algo queda", dice un maquiavélico aforismo. No siempre que el río suena agua lleva. La verdad es que la calumnia puede cebarse aun en el inocente. El general Manuel González, cuyo nombre se mencionaba para suceder a don Porfirio Díaz en aquel año de 1879, fue objeto de las más tremendas calumnias por parte de sus enemigos. Muchos y muy elevados malquerientes tenía don Manuel, pues además de ser político gustaba de andar en líos de faldas, y eso le había granjeado muchas enemistades.

Un contemporáneo de don Manuel González nos dejó esta descripción de su persona, a la cual yo añado de mis pistolas algunas apostillas que pongo entre paréntesis: "Era morigerado de costumbres (en realidad no tanto), ducho en el conocimiento de las debilidades humanas (eso sí); político sagaz (tampoco lo era), sin pretensiones excesivas (cierto); leal hasta la abnegación (bien se lo demostró a don Porfirio), esclavo de su palabra hasta el quijotismo (así eran en general nuestros antepasados) [...] Tenía el color moreno claro (más moreno que claro), la estatura mediana, la musculatura fuerte, el pecho amplio, las facciones pronunciadas, la barba espesa; el ojo vivo, los movimientos desembarazados".

Se decían muchas cosas de don Manuel González. Un periódico benitista (es decir, partidario de don Justo Benítez), lo acusó de haber formado parte del pelotón de fusilamiento que ejecutó a don Melchor Ocampo. Don Manuel se defendió con notable buen éxito de la acusación: sus detractores se vieron obligados a desdecirse, pues el general amenazaba con llevarlos al campo del honor para lavar la calumnia en duelo con sable o con espada. La acusación no era cierta, eso es lo cierto.

Los enemigos del gobierno decían —y aquí sí tenían toda la razón— que el general González se lanzaba como candidato a la presidencia únicamente como hombre de paja de don Porfirio. Aseguraban que lo único que haría como primer magistrado de la nación sería calentarle la silla al oaxaqueño para que éste no la encontrara fría al sentarse en ella otra vez.

A don Manuel le dolían esos señalamientos, pero nada podía hacer contra ellos por la sencilla razón de que eran ciertos. Juárez había fundado un partido del gobierno, antecesor del que luego tendríamos, y don Porfirio se disponía a emplear todos los recursos públicos para dejar a su compadre en el poder. Con desenfadado cinismo un diputado gobiernista de apellido Obregón retó a los miembros de la oposición: "Odiáis a la administración del general Díaz porque no os conviene. ¿Queréis un cambio? Entonces haced lo que nosotros hicimos: tomad las armas y lanzaos al campo de batalla. Ahí os estaremos esperando, dispuestos a sostener con las armas la honra de esta administración, que es la honra de nosotros mismos".

Los adversarios de don Porfirio, sin embargo, no se resignaban a verlo convertido en dictador por interpósita persona. Trataron entonces de acarrear el mayor desprestigio político a don Manuel González. Para eso lo acusaron de haber participado en los terribles fusilamientos de Veracruz de junio de aquel año, 1879.

## *Los hombres del siglo XIX*

Venimos de buena cepa los mexicanos. Por el lado de los españoles somos hombres de honor; por el de los indios hombres de amor. El siglo XIX fue siglo de honda pasión de patria, desde el nacimiento de México en 1821, con la emancipación que hizo Iturbide, hasta el tiempo finisecular, con los primeros fermentos de eso que llaman *la revolución*, una nada más, la del señor Madero, y todos los otros movimientos de "quítate tú *pa* ponerme yo".

Enrique Fernández Ledesma habló de "el siglo XIX mexicano, con sus gracias, su carácter, su buena crianza y sus hombres apasionados y orgullosos".

Gracias en abundancia tuvo nuestro antepasado siglo. Aun en las agrias rudezas de la guerra se veían cosas llenas de donosura y elegancia. Leandro Valle y Miguel Miramón, amiguísimos convertidos en adversarios por la guerra, jamás rompieron su amistad. Después de combatir se dejaban mutuos recados que prendían en las espinas de un maguey. En ellos se enviaban saludos, se deseaban suerte y expresaban su anhelo por la pronta terminación de las hostilidades.

Carácter tenían los hombres de aquel tiempo. El obispo Labastida fue llamado por la emperatriz Carlota, tan enérgica y voluntariosa. Estaba la soberana transida de dolor, pues acababa de recibir la noticia del fallecimiento de su padre, el rey Leopoldo, a quien adoraba. Le ordenó Carlota al obispo que oficiara una misa en la catedral por el alma de su padre. Con términos llenos de bondad y cortesía, pero firmes, el obispo le respondió que no podía atender su petición. Leopoldo, conspicuo masón, estaba fuera de la Iglesia. No podían hacérsele los oficios fúnebres.

Carlota se puso fuera de sí. Golpeó la mesa de su despacho, dio patadas en el suelo, amenazó a Labastida con hacer caer sobre él todo el peso de su autoridad imperial.

—Me debe usted obediencia —le gritó furiosa.

—Y no se la niego, señora —replicó el obispo—. Pero en este caso hay alguien más alto que usted a quien debo obedecer primero.

Y así diciendo se retiró de la habitación después de hacer una leve reverencia.

Buena crianza también tenían los mexicanos del siglo XIX. Carlota quizá lo habría negado, pues se divertía o se enojaba con las salidas de tono de nuestros antepasados.

No se daba cuenta la emperatriz de que ellos ejercitaban una cortesía que no era la de las estiradas cortes europeas, sino la de una franca llaneza que consideraban signo de buena educación.

En una de las primeras recepciones que ofreció Carlota, se quedó estupefacta al advertir que casi todas las damas mexicanas, lo mismo señoras ya grandes que muchachas doncellas, acostumbraban fumar como chacuacos. Una de ellas le alargó su cigarrera y le ofreció:

—¿Fuma usted, Carlotita?

La esposa de Maximiliano casi sufrió un soponcio al oír aquello.

En otra ocasión Carlota también por poco se desmaya cuando al salir de una función de teatro, cierta noche que llovía, sus damas se echaron con toda naturalidad a la cabeza la parte posterior de sus vestidos para cubrirse de la lluvia, con lo que dejaron al descubierto la profusa abundancia de fustanes, refajos, fondos y crinolinas que traían abajo.

## *Hasta Juárez...*

Hasta don Benito Juárez, a quien nadie podrá acusar nunca de haber sido hombre sentimental, se vio obligado en más de una ocasión a respetar los sentimientos de gratitud, amistad o pundonor de quienes lo rodeaban. La anécdota que relato a continuación es muestra de ello.

El año de 1870, el general Miguel Negrete, uno de los más grandes héroes de la República, se levantó contra el gobierno de Benito Juárez. El ameritado general tenía razón al rebelarse: Juárez estaba vulnerando la Constitución de 1857, que decía defender.

En La Ciudadela, centro continuo de revoluciones, se hizo fuerte don Miguel. Juárez envió contra el sublevado al general Sóstenes Rocha. Con más hombres y mejor equipado el jefe gobiernista pudo vencer a Negrete sin dificultad, pero el vencido logró escapar en medio de la confusión. No ignoraba, sin embargo, que si caía prisionero seguramente sería condenado a muerte. Si algo no sabía Juárez era perdonar.

Para salvar la vida, el general Negrete hizo entonces algo que se antoja increíble: se fue a refugiar en la casa de Rocha, el hombre que lo acababa de vencer. Rocha era su compadre. En otras ocasiones habían militado juntos, y una vez Negrete le salvó la vida en cierto trance de gran riesgo. Negrete, pues, buscado y perseguido de cerca por los juaristas, se refugió en donde menos lo podían buscar: en casa de su amigo. Rocha lo acogió con los brazos abiertos, le ofreció hospitalidad sin límites y le dijo que antes lo matarían a él que entregarlo en manos del gobierno.

Diciendo eso fue el general Rocha al Palacio Nacional, donde se hallaba el presidente Juárez. Lo encontró caminando por el patio, cosa que el metódico don Benito acostumbraba hacer siempre después de cenar, aunque cenaba con republicana frugalidad.

—Señor presidente —le informó—, la sublevación de La Ciudadela ha terminado. Los rebeldes están vencidos y dispersos, y hemos ocupado ya su posición.

Juárez ni siquiera se detuvo. Siguió caminando al ritmo en que lo estaba haciendo.

—¿Y el general Negrete? —preguntó antes que otra cosa.

—El general Negrete se ha salvado —contestó Rocha sin vacilación.

—¿Cómo? —frunció Juárez el ceño y todo lo demás—. ¿Huyó?

—No, señor presidente —respondió el general Rocha—. Se ha salvado porque pudo escapar y fue a refugiarse en mi casa. Ahí está ahora.

—Y es su amigo, ¿verdad? —dijo Juárez.

—Usted sabe muy bien, señor presidente —manifestó el jefe vencedor—, que Miguel Negrete no sólo es mi amigo. Es también mi compadre.

Juárez continuó su paseo en silencio. Pareció estar pensando bien lo que iba a decir. Después de pensar un rato ordenó a Rocha.

—Cumpla usted su deber.

—¿Cómo? —dijo el general—. ¿Me pide usted que lo entregue?

—No, general —precisó Juárez—. Le pido que cumpla su deber de amigo. Lo felicito. Puede retirarse.

Y diciendo eso continuó su higiénico paseo.

La anécdota habla del carácter de aquellos mexicanos del siglo XIX. Sabían ellos respetar los fueros del honor, la hidalguía y la caballerosidad.

## *Don Porfirio y don Manuel*

Los dos eran compadres, y además hombres de palabra. Aunque don Justo Benítez tenía asegurada la candidatura para suceder al general Díaz en la presidencia de la República, don Porfirio quería la silla presidencial nomás para él. Por tanto empezó a maniobrar —ya que no podía reelegirse— para dejar a su querido y fiel compadre don Manuel González. A él le encargaría que le cuidara el lugar hasta su regreso.

El general Manuel González era dueño de carácter sosegado, sabía juzgar bien las cosas del mundo y de la vida. Paradójicamente, aunque militar era gente de paz. Sabía que lo mejor de la guerra es que no haya. Le gustaban mucho las mujeres —¿y a qué hombre no?—, pero le encantaba estar en su casa disfrutando el calor de la familia. Se le consideraba muy bondadoso: nadie jamás recurrió a él en ocasión de apuro sin recibir su ayuda.

La política, sin embargo, no respeta esas cualidades. Cuando se supo que el presidente Díaz estaba impulsando la candidatura de su compadre, una furiosa jauría se le echó encima al pobre don Manuel.

Esos mastines eran azuzados por los partidarios de don Justo Benítez. Desterrado él en Europa, sus seguidores seguían soñando con verlo en la presidencia. ¡Quimérica ilusión, vana esperanza!

Los benitistas dejaron caer sobre el general González todo el peso de su encono. Lo pusieron en los periódicos como no digan dueñas. ¡Qué no dijeron de él sus enemigos! Le sacaron en hojas volantes aquello de su afición a las mujeres, como si eso fuera pecado mortal. (Cuando mucho a venial llega. Y a lo mejor ni a eso, digo yo.) Le publicaron que tenía hijos regados por todas partes, lo cual era enorme calumnia, tremendo falso testimonio, pues solamente por algunas partes los tenía regados.

Lo llamaron incivil, mal educado, rústico, palurdo y más lindezas de la misma laya. Ciertamente no era don Manuel un pulido cortesano versallesco. ¿Cómo podía serlo, si ni siquiera nació en ciudad grande? El rancho El Moquete, en Tamaulipas, no era precisamente el Real Sitio de Aranjuez. Manuel González apenas terminó los estudios de primaria antes de los que hizo para llegar a militar. Pero era dueño de la sapiencia que da la vida, y la usaba con recio sentido común de hombre de campo.

Por encima de todo era el general González hombre bueno. Por eso le dolió mucho que lo acusaran de las ejecuciones que en 1879 tuvieron lugar en Veracruz.

## *"Mátalos en caliente"*

Uno de los mayores crímenes de que se acusó a don Porfirio Díaz fue el que se relaciona con la famosa frase que encabeza este capítulo. Varias versiones hay sobre el suceso. Aquí se contará la más conocida y de mayor veracidad.

A principios de 1879, el presidente Díaz empezó a recibir informes de que en Veracruz se preparaba una conspiración de grandes proporciones para derrocarlo. Los conjurados, le informaron sus agentes, eran todos lerdistas. Entre ellos estaban personajes tan conspicuos como los generales Mariano Escobedo, Carlos Fuero y otros prominentes militares y civiles.

De inmediato don Porfirio envió espías al puerto. Contaba ya con una eficaz policía secreta de la cual recibía informes diarios. A Veracruz fueron algunos de los mejores agentes de esa corporación. Sus investigaciones confirmaron los primeros reportes. En efecto, un numeroso grupo de lerdistas se preparaba a dar un golpe definitivo al porfirismo.

Era gobernador de Veracruz don Luis Mier y Terán. Originario de Guanajuato, este señor tuvo como primer oficio el del arriero. Sus andanzas lo llevaron hasta Oaxaca, donde se estableció. Hizo ahí amistad con Porfirio Díaz, y al paso del tiempo se convirtió en fidelísimo partidario suyo. Cuantas veces el general Díaz se levantó contra el gobierno, don Luis lo siguió en la aventura revolucionaria. El general Díaz le dio un grado militar modesto, pero Terán fue subiendo en el escalafón hasta que se vio convertido en general.

Don Luis era hombre violento. Tenía un carácter irascible que con frecuencia lo llevaba a trances de furor. En ellos perdía todo freno de razón. Muchos decían que el gobernador estaba loco, y quizá no andaban tan descaminados, pues el general Mier y Terán murió demente. Pero era hombre de lealtad a toda prueba, y por eso gozó siempre de la confianza ilimitada de don Porfirio.

En junio de 1879 empezaron a cobrar forma los prenuncios de asonada contra Díaz. El día 23, el presidente envió al gobernador de Veracruz una lista completa de los conjurados. Se la mandó con un mensajero personal, don Apolinar Castillo, pues no quiso confiar a nadie más aquella relación. Cuando don Luis la leyó se quedó estupefacto: en la lista estaban algunos de los más importantes vecinos de Veracruz: ricos hacendados, comerciantes de nota, banqueros, periodistas, en fin, la mayor parte de las llamadas fuerzas vivas.

Don Luis se aturrulló todo. No supo de pronto cómo actuar. ¿Serían verdaderas aquellas imputaciones? Para colmo, su compadre Porfirio le pedía que agarrara a todos los conspiradores y se los mandara a la capital. ¿Qué hacer? En vez de actuar *manu militari*, es decir, con la fulminante energía que le solicitaba el presidente, se puso don Luis a hacer averiguaciones acerca de lo que estaba ya bien averiguado. Los de la lista, ya sobre aviso, se pusieron a buen recaudo. Eso molestó mucho a don Porfirio, que por vía telegráfica, en un mensaje cifrado, le pidió a su compadre más determinación. Había que cortar la cabeza de la conspiración, pues de otra manera el gobierno de la República estaría en peligro.

## *El telegrama fatal*

Don Porfirio Díaz era hombre de mano dura. Eso nadie lo podrá negar. Pero ¿se ha preguntado alguno cómo era el corazón de aquel personaje cuyo exterior parecía de hierro? Si partimos del hecho de que don Porfirio amó —ya con pasión, ya con ternura— a varias mujeres; si consideramos que como militar (antes de ser presidente) actuó siempre con caballerosa benevolencia y aun con bondad; si tomamos en cuenta que quiso profundamente a México, posiblemente llegaremos a una conclusión con la que de seguro no estarán de acuerdo muchos historiadores: Porfirio Díaz fue un hombre de esos "buenos en el fondo", a quien las circunstancias obligaron a actuar con un rigor que en ocasiones se volvió ferocidad.

La frase "mátalos en caliente" es quizá el más famoso lema del porfirismo, el que ha tenido mayor difusión. Forma parte de la cultura popular del mexicano y se repite mucho aunque no nos detengamos a averiguar cuál es el origen de la expresión. Vamos a considerarlo.

El 24 de junio estalló el movimiento de rebeldía. La tripulación del vapor *Libertad*, se pronunció en el puerto. Asustado, don Luis tuvo entonces sí la resolución que le había faltado antes. Once vecinos fueron detenidos bajo la sospecha de ser directores de la asonada. Entre ellos estaban hombres muy destacados y que gozaban de gran aprecio en la ciudad. Nervioso, sin saber qué hacer, el gobernador se dirigió al presidente Díaz por medio de un telegrama en que le informaba de las detenciones y le pedía instrucciones sobre la forma en que debía actuar con los prisioneros.

La versión más conocida acerca de los acontecimientos afirma que don Porfirio respondió con un mensaje de tres palabras que ni siquiera iban en clave. La frase, de draconiano laconismo, decía así: "mátalos en caliente".

Tenemos otra versión, la de Ezequiel Chávez, a quien don Porfirio le aseguró que el texto de su mensaje decía en realidad: "Si [fueron] cogidos *in flagranti* [*delicto*] mátalos *incontinenti*". Es decir, si los acusados estaban convictos y confesos el gobernador debía proceder inmediatamente a pasarlos por las armas. En última instancia era lo mismo.

El licenciado Rafael de Zayas Enríquez era a la sazón juez de Distrito en Veracruz, y le correspondía amparar a los detenidos. Muchos años después de los sucesos, publicó un folleto en que da otra versión.

## *Toloache para el gobernador*

A don Porfirio le gustaba usar frases en latín. Sabía algunos latinajos que aprendió al cursar los estudios de Jurisprudencia en su natal Oaxaca, y pensaba quizá que su empleo le ayudaría a sacudirse un poco la fama de rústico que le habían dado los empingorotados notables de la capital.

Por eso no es de dudarse que sea cierto lo que el propio general Díaz dijo a don Ezequiel Chávez, que el texto de su telegrama no había sido "mátalos en caliente", sino "mátalos *incontinenti*". Quizá el telegrafista copió mal, pero en última instancia, latinajos o no latinajos, la cosa viene a ser lo mismo.

En la madrugada de aquel día fatal los detenidos fueron fusilados. Nada pudo hacer para salvarlos el licenciado Zayas, juez de Distrito. El país ardió en indignación cuando se conoció la noticia de los bárbaros fusilamientos, en realidad un asesinato político por no haber mediado juicio previo que condenara a muerte a los acusados, y por no habérseles dado posibilidad alguna de defensa.

Los periódicos opositores de don Porfirio lo atacaron con rudísimos epítetos. La Suprema Corte, acosada por las peticiones de los disidentes, manifestó que abriría una investigación, pero tras recibir un leve tirón de orejas proveniente de don Porfirio, los magistrados ya no dijeron esta boca es mía.

La opinión pública arreció sus demandas, y entonces los diputados de oposición llevaron el caso al Congreso. Había un Gran Jurado. A ese cuerpo se le encargó el asunto, pero otra vez intervino el presidente y los miembros del tal jurado se batieron igualmente en retirada y terminaron por decir que carecían de competencia para tratar el caso, el cual correspondía —dijeron— a la jurisdicción local de Veracruz. Ésta se excusó también, y todos los papeles fueron a dar a la Secretaría de Guerra, pues se señalaba como culpable del crimen al gobernador Mier y Terán, que tenía el grado de general.

Sucedió en este punto que don Luis, el gobernador, se volvió loco. Así, como lo digo. Un buen día amaneció con la razón perdida. No hacía más que ir y venir por las habitaciones de su casa diciendo incoherencias que nadie podía entender. Se quedaba viendo su propia imagen ante un espejo y le dirigía airadas reclamaciones y dicterios. Luego seguía su incesante caminar.

Se desataron las murmuraciones. Quien decía que el gobernador se estaba fingiendo loco para escapar del castigo que le aguardaba; quien aseguraba que los familiares de los fusilados habían sobornado a una criada para que le pusiera toloache en el café; otros dijeron que traía la locura de Macbeth, cuyos remordimientos le oscurecieron la conciencia. El caso es que don Luis Mier y Terán ya no fue bueno. Hasta su muerte tuvo perdida la razón.

## *No tiene la culpa el indio...*

Se acercaba la fecha en que don Porfirio Díaz debía entregar la presidencia. Era imposible su reelección, no sólo porque la prohibía la ley sino porque él mismo se había manifestado una y otra vez contra el reeleccionismo. Se dispuso entonces el general Díaz a dejar en la presidencia al general Manuel González.

Hay quienes aseguran que don Manuel González era español. Un nieto suyo que llevaba el patriótico nombre de Morelos González decía que su abuelo había nacido en un lugar de Cantabria que tenía también nombre singular: Cabezón de la Sal. Contaba que por razones de escalafón militar, don Manuel tuvo necesidad de demostrar su nacionalidad mexicana, para lo cual se consiguió un acta de nacimiento hecha en un rancho de Tamaulipas, que ostentaba igualmente nombre raro: El Moquete. Pagó por el acta una cierta cantidad, y aquí no ha pasado nada: don Manuel ya era mexicano.

El general González negaba siempre su nacimiento en España, circunstancia que a cada rato le echaban en cara los muchos enemigos que tenía. Su aspecto, sin embargo, era de español. A los 20 años se dio a conocer como valeroso militar combatiendo del lado de los conservadores. Don Marcelino Cobos, jefe suyo en las milicias "mochas", aseguraba que no había conocido un oficial tan arrojado y hábil como él. Cuando este don Marcelino se disgustó con la corona, Manuel pasó a luchar contra la Intervención al lado de un hermano de su antiguo jefe, don José María, quien andaba haciéndoles la guerra a los franceses.

En Oaxaca, ya lo dije, Manuel González conoció a Porfirio Díaz y se le unió. Con el oaxaqueño vivió las diversas fortunas de la guerra y la política; se volvió su más leal partidario. Fue don Manuel González quien inclinó la balanza del destino en favor de su compadre cuando con aquella violenta carga de caballería aniquiló a las fuerzas lerdistas que mandaba Alatorre. Con esa carga cargó a don Porfirio y lo sentó en la silla presidencial.

El general Díaz, agradecido y al mismo tiempo astuto, pensó en su compadre como nuevo presidente. De inmediato se puso a trabajar para conseguir su elección. Llamó uno por uno a los gobernadores de los estados y les dijo que había democracia, que la libertad era absoluta, que él respetaba las preferencias políticas de cada quien, pero que le parecía que don

Manuel González era quien mejor garantizaba los intereses de la nación. ¡Qué nación ni qué nación! Don Manuel González era quien mejor garantizaba los intereses de don Porfirio Díaz.

Un periódico de la época, *El Combate*, se percató de esos manejos y publicó la información: "El general Díaz aprovecha cualquier oportunidad para recomendar la candidatura de González. En Tehuacán dijo a los señores Meijueiro y Bonilla, gobernadores de Oaxaca y Puebla, que está resuelto a sostener esa candidatura". Tan pronto se supo la noticia, el general González recibió un verdadero alud de adhesiones. Eso de "la cargada" no es de ninguna manera una invención reciente. Ya se practicaba en tiempos de don Porfirio.

## *No Reelección. Sí Reelección*

Los mexicanos de 1879 pensaron muy ingenuamente que podrían elegir con plena libertad al nuevo mandatario de México, y que el sufragio, respetado por el gobierno, abriría el cauce a una vida nacional fincada en la democracia y en la supresión de los vicios acarreados por el militarismo, los caudillos y la imposición presidencial.

Con esa esperanza se empezaron a manifestar las simpatías por los diversos personajes que podían con razonables posibilidades aspirar a la presidencia. Don Porfirio se había descartado a sí mismo como candidato. "Jamás admitiría ser reelecto —declaró— pues siempre acataré el principio de donde emanó la revolución iniciada en Tuxtepec". Aquel principio, ya se sabe, fue el de la no reelección. Y ya se sabe también que don Porfirio solamente esa vez lo acató.

Algunos nombres se mencionaron en relación con la sucesión presidencial. Se habló, desde luego, de don Justo Benítez, cuyo forzado viaje a Europa no había desanimado a sus numerosos partidarios. Tuvo simpatías la eventual candidatura del general Trinidad García de la Cadena, que dominaba una gran región en el norte y centro del país, principalmente Zacatecas. Don Juan N. Méndez, gran soldado de la República, halló partidarios entre los militares. Al general Ignacio Mejía —compadre de don Benito Juárez— se sumaron los amigos del Benemérito y los lerdistas en desgracia. Muchos se inclinaban por don Ignacio Vallarta, presidente de la Suprema Corte.

Sonaba poco, en cambio, el nombre del general Manuel González. Pero este señor tenía el único voto que se necesitaría para llegar a la presidencia: el de don Porfirio. Por abajo del agua primero, y después muy por arriba, el presidente en funciones trabajó para dejar en la silla a don Manuel. De todos los medios se valió para imponerlo. Hizo lo mismo que antes hicieron Lerdo y Juárez: compró votos; repartió prebendas; amenazó; recurrió a presiones de todo orden. Pronto salieron a la luz los manejos del presidente para asegurarle la sucesión a su compadre. Los periódicos de la oposición se encargaron de darles difusión. Fue creciendo el número de partidarios de don Manuel González y disminuyendo la fuerza de los otros candidatos.

Ni por ésas se desanimaron ellos. Cuando a mediados de 1880 se abrió el registro de candidatos, seis se inscribieron en la contienda. El primero en apuntarse fue don Justo Benítez, que regresó de Europa desafiando al presidente Díaz, y a quien se concedían las mayores probabilidades de obtener el triunfo. Luego se inscribieron el general García de la Cadena, considerado el más peligroso rival de don Justo; don Manuel Zamacona, hombre culto a quien apoyaban "las gentes de razón"; el general Ignacio Mejía, juarista de viejo cuño; el licenciado Ignacio Vallarta, notable jurisconsulto defensor de la legalidad, y —al último— el general Manuel González, candidato oficial. Si digo *candidato oficial* no tengo ya que aclarar quién ganó aquella elección.

### *Once mil contra mil*

En septiembre de 1880 se llevó a cabo la elección presidencial. Cuando se hizo el recuento de los votos resultó, para sorpresa de casi todos, que don Manuel no sólo era el triunfador, sino que había ganado la elección en forma aplastante.

He aquí el resultado de los cómputos:

| | |
|---|---|
| Don Manuel Zamacona | 76 votos |
| Don Ignacio Vallarta | 165 votos |
| Gral. Ignacio Mejía | 565 votos |
| Gral. Trinidad García | 1075 votos |
| Don Justo Benítez | 1368 votos |
| Gral. Manuel González | 11 528 votos |

¡El candidato menos favorecido superaba por 10 000 sufragios a su más próximo rival! Aquello les pareció increíble a los ciudadanos. No debieron de asombrarse tanto. Un solo voto necesitó don Manuel para ganar, el de don Porfirio Díaz, y ese único voto valió por 10 000 de los otros.

Sin pena ni gloria —la verdad sea dicha— concluyó el primer período de gobierno de don Porfirio. Incluso hubo burletas para su gobierno. Una de ellas la motivó el general Vicente Riva Palacio, ministro de Fomento. A más de ser militar, don Vicente era gran escritor. Se decía de él que cuando debía sacar la espada sacaba la pluma, y cuando debía sacar la pluma sacaba la espada. Al general Riva Palacio, por lo demás uno de los mejores mexicanos que ha tenido este país, se le ocurrió —quizá movido por su gran amor a México— la peregrina idea de hacer aquí una Exposición Universal igualita a las que se hacían en las grandes capitales europeas. Decía con mucho entusiasmo don Vicente que de seguro vendría a México gente de todo el mundo, y así nos daríamos a conocer. De ese modo llegarían *ipso facto* cuantiosísimas inversiones que pondrían al país en "el concierto de las naciones civilizadas".

Aquel utópico proyecto dio mucho que decir. Don Porfirio le pidió a Riva Palacio que se quitara de la cabeza tan quiméricos planes y procurara la realización de otros más modestos, pero más factibles, como el establecimiento de los ferrocarriles. No movió más el agua don Vicente, pero de cualquier modo, cuando el general Díaz salió de la presidencia, muchos le reclamaron en tono chocarrero que no hubiera llevado a cabo aquella gran exposición. El mundo se había quedado sin ver nuestros barriles de pulque.

*Tercera parte*

# *Los tiempos de don Porfirio*

## *Voces de ayer*

El 1° de diciembre de 1880, don Porfirio Díaz entregó la presidencia a don Manuel González. Todos supieron de inmediato quién era el verdadero presidente de la República. Terminada la ceremonia de transmisión de poderes, don Porfirio se fue a su casa, situada en la calle de Santa Inés, y don Manuel se dirigió al Palacio Nacional. A don Porfirio lo acompañó una comitiva nutridísima que llenó la calle; con don Manuel fueron apenas sus colaboradores más cercanos.

Esa misma noche, los hombres de don Porfirio acordaron, al decir de testigos de la época, la realización de una intensa campaña de desprestigio contra el general González. Dos cosas querían conseguir con eso. La primera, evitar hasta la más remota posibilidad de que don Manuel cayera en tentaciones de poder y quisiera perpetuarse en la presidencia. La segunda, hacer necesario el regreso de don Porfirio para un nuevo período presidencial.

Así, desde los primeros días empezaron a aparecer en la prensa ataques contra don Manuel González. El pobre se asombraba mucho: aquellos ataques se publicaban más en los periódicos gobiernistas que en los de la oposición. Se hacía cruces don Manuel: ¿cómo esos periódicos, que tan adictos habían sido a su compadre Porfirio, se volvían ahora contra él? No estaba muy ducho el general en los sucios tejemanejes de la política.

El ataque más doloroso para el presidente González era la acusación que lo relacionaba con los asesinatos del 25 de junio del año anterior en Veracruz. A la ciudad de México llegó la noticia de la locura del gobernador Luis Mier y Terán, quien recibió el telegrama famoso "mátalos en caliente", e hizo fusilar a los enemigos políticos de don Porfirio. Se conoció una espeluznante anécdota. Iba llegando al teatro el gobernador Mier y Terán cuando le salió al paso una mujer vestida de luto y desgreñada. Llevaba en los brazos a un niño. La mujer levantó a la criatura a la altura del rostro del gobernador y le gritó con espantoso acento:

—¡Aquí lo tienes, hijo! ¡Conoce al asesino de tu padre!

Huyó a su casa Mier, aterrorizado, y unos días después circuló la noticia de que había perdido la razón atormentado por los remordimientos. Al narrar esa historia, los periódicos dejaban traslucir la velada insinuación de que el nuevo presidente había tenido también mucho que ver con los fusilamientos. Tal cosa atormentaba a don Manuel González.

## *Se busca un pendejo*

Don Porfirio puso en la presidencia de la República a su compadre don Manuel González para estar en aptitud de ponerse él otra vez. A nadie engañó con esa maniobra de elemental política, ni siquiera a don Manuel, quien sabía muy bien qué papel estaba desempeñando.

Don Manuel González, lo dije antes, era un buen hombre. No sabía mentir, no sabía intrigar, era franco, leal y generoso. Eso sí, tenía la "caidita" de ser muy mujeriego. "Estaba lleno de concupiscencias", lo describe con elegante recato la historia hecha por El Colegio de México.

Era un apuesto señor el general González. Alto, de erguido porte, lucía una frente despejada y un rostro claro en cuya tez blanca hacían contraste un profuso bigote y una pequeña barba bien cuidada. Se le llamaba *el Mutilado de Tecoac*, pues le faltaba el brazo derecho. Trataba a todos, especialmente a las damas, con afable cortesanía de hombre bien educado. A quien lo buscaba atendía con mucha atención y cuidado: a veces se desesperaba don Porfirio porque el general González tardaba una hora en resolver un asunto que él habría despachado entre una maldición y una escupitina en la alfombra.

La gente depositó sus esperanzas en don Manuel González. En sus primeros cuatro años como presidente, don Porfirio no dio a ver sus dotes de gobernante. Sus mayores logros fueron obtener el reconocimiento de los Estados Unidos y conciliar los odios que aún vivían después de la prolongada contienda entre liberales y conservadores. El resto del tiempo se le fue en reprimir a sus adversarios políticos, los viejos juaristas y los resentidos partidarios de Lerdo de Tejada, a quienes tuvo que hacer frente tanto en el Congreso como en brotes semejantes al que con relampagueante saña aplastó en Veracruz.

Don Porfirio tenía una clara idea de lo que México debía ser: un país que para llegar a ser fuerte debía ser gobernado por un hombre fuerte. Los obstáculos principales que su proyecto enfrentaba eran la Constitución y la opinión pública. El mismo general Díaz había hecho reformar la Constitución de 1857, y ésta contenía ahora una disposición por la cual se prohibía la reelección. La opinión pública, que se irritó con las ilícitas reelecciones de Juárez y con la intentona que hizo Lerdo, estaba en contra de todo lo que pudiese propiciar la perpetuación de un hombre en el poder.

Así, don Porfirio tuvo que esconder sus intenciones de volver a la presidencia. A su propio compadre don Manuel González le ocultó sus miras. A ese propósito se cuenta una deliciosa anécdota. Poco antes de que don Manuel terminara su cuatrienio, lo visitó don Porfirio en su hacienda de Chapingo. Conversaban los dos en el despacho de don Manuel, y éste sacó el tema de la sucesión presidencial.

—Yo no ambiciono volver al cargo —dijo el general Díaz.

Al oír eso, se levantó don Manuel del sillón, se dirigió a su escritorio y empezó a abrir y cerrar cajones.

—¿Qué busca usted, compadre? —le preguntó don Porfirio.

—Compadre —le contestó muy serio el general González—, busco a un pendejo que se lo crea.

## *Leyes y reyes*

El viejo refrán castellano que sirve de encabezado a este capítulo expresa que los poderosos hacen con las leyes lo que quieren. La narración que sigue es un ejemplo de la forma en que el derecho era tratado allá por el año de 1872.

Cuenta don José García Rodríguez, amenísimo escritor paisano mío, que en junio de 1872 llegó a Saltillo un regimiento mandado por el coronel Miguel Palacios. Entró por el rumbo del Ojo de Agua, la parte sur de la ciudad. Desde esa altura se contemplaba el espléndido valle que guardaba como en el hueco de una mano el gris caserío.

El coronel Palacios vio a un carretero que descansaba su fatiga recostado al pie de su carreta. Lo llamó y le preguntó dónde podía hallar un sitio para hospedar a su gente, amén de forraje para los caballos.

—Vaya su mercé por esa calle abajo —le respondió el hombre—. Ahí nomás adelantito está el Mesón del Huizache. En él encontrará lo que busca.

Allá se dirigió el militar seguido de su tropa. Llegó al famoso mesón, hizo comparecer ante él al mesonero y sin más ni más le dijo que el establecimiento quedaba requisado por necesidades del servicio militar. Todos los huéspedes debían salir de las habitaciones en el acto, pues serían ocupadas por sus hombres. Debía también disponer forraje en las caballerizas para sus animales.

El mesonero quiso protestar, pero lo detuvo una mirada de amenaza del rudo coronel. Así, fue a cumplir la orden. Pidió a quienes estaban en los cuartos que los desocuparan, pues acababa de llegar un regimiento y se le había ordenado *manu militari* alojar en el mesón a los soldados. Entre protestas y maldiciones, pero intimidados por la vista de los hombres de armas, los ocupantes del mesón salieron de él y se fueron con su disgusto a otra parte.

Apenas se acomodó la tropa y los caballos recibieron su pienso, el mesonero se escurrió procurando que no lo viera nadie y fue derechito a dar cuenta de lo sucedido a don Esteban Múzquiz, el dueño del mesón. Este don Esteban no era licenciado, pero sí algo tinterillo. Sabía de leyes; se le consideraba un leguleyo. *Ipso facto* fue a su despacho don Esteban, sacó del cajón de su escritorio un ejemplar de la Constitución, que era su Biblia, y con ella bajo el brazo, igual que si llevara un formidable ariete, se dirigió con paso firme a su mesón para hablar con el atrabiliario coronel Palacios.

En la puerta del mesón le marcaron el alto unos centinelas. Les dijo don Esteban que deseaba hablar con el señor Palacios. Sin dejarlo pasar, uno de los soldados avisó al oficial de guardia que un hombre buscaba al coronel. Fue el oficial a avisar a su jefe, y vino éste a la puerta.

—¿Qué se le ofrece? —preguntó con áspera voz a don Esteban.

—Señor coronel —habló éste con tono de abogado sabidor—. Soy el dueño de este mesón. Usted lo ocupó violando la Constitución, cuyo artículo 27 dice que la propiedad de un particular no puede ser ocupada sino por causa de utilidad pública y previa indemnización.

—Mire —lo interrumpió el coronel—. ¿Sabe usted para qué están esos guardias en la puerta?

—Supongo que porque así lo manda la ordenanza —balbuceó don Esteban.

—No, señor —bufó Palacios—. ¡Están ahí para que no entre la Constitución!

## *Vamos a brindar, señor obispo*

Algunos hechos aparentemente pequeños alcanzan a veces gran importancia histórica, como éste, acaecido en 1879, año en que se inauguró una línea ferroviaria en Puebla. Con tal motivo viajó a esa hermosa ciudad el presidente de la República, don Porfirio Díaz. Fue recibido con grandes fiestas, pues los poblanos estaban muy agradecidos con él por los beneficios que con el ferrocarril les llegarían.

Entre los actos que la junta directiva de la Exposición de Puebla organizó, estaba una visita de don Porfirio al Hospicio de Niños, institución de beneficencia administrada por la Iglesia, y por lo tanto se consideró que el señor obispo Gillow debía recibir al general Díaz y acompañarlo durante el recorrido que haría al orfanato.

Un príncipe de la Iglesia era don Eulogio Gillow, elegantísimo y muy culto. Poseía una gran riqueza personal, pues su padre, Thomas Gillow, de origen irlandés, había sido joyero de los principales en la capital y amasó en ese comercio gran fortuna que heredó monseñor Gillow.

Don Eulogio, que era hombre muy hecho a cortesías, se mostró muy dispuesto a atender al presidente, aunque muy bien sabía que tanto los jacobinos comecuras como los católicos ultramontanos no habrían de ver bien aquel encuentro de la Iglesia con el Estado.

A la hora precisa llegó don Porfirio a la puerta del hospicio. Ahí lo esperaba ya el obispo Gillow. Y sucedió entonces un hecho inesperado: una comisión de masones que también estaba esperando al presidente fue hacia él cuando iba subiendo la escalerilla que llevaba a donde estaba monseñor Gillow, y uno de ellos puso en la mano derecha del presidente una bandera mexicana. Con eso querían los masones recordarle a don Porfirio sus deberes de funcionario civil y, al mismo tiempo, ponerle algo en la mano para evitar que estrechara la del obispo, que ya se adelantaba a recibirlo.

Don Porfirio fijó una mirada, que pareció de reproche, en sus hermanos de la masonería. Luego, sin dejar de caminar hacia monseñor Gillow, se pasó la bandera de la mano derecha a la izquierda, y con la diestra estrechó fuertemente, y con evidente cordialidad, la mano que le tendía el obispo. Se hizo un profundo silencio entre la multitud congregada ante el hospicio. Luego todos los presentes —menos los hermanos masones— rompieron a aplaudir. La gente se dio cuenta de que aquél era un momento histórico: con el apretón de manos que se dieron el presidente y el obispo terminaba una larga era de hostilidades y resquemor entre la Iglesia y el Estado.

Uno al lado del otro, don Porfirio y don Eulogio recorrieron las instalaciones del hospicio. El presidente escuchó con profunda atención las explicaciones que le dio el dignatario acerca del funcionamiento de la institución. Al final de la visita le dijo que el gobierno de la República se ofrecía con gusto a ayudar al sostenimiento del hospicio. Don Eulogio agradeció con expresivas palabras, y otra vez los dos se estrecharon la mano al despedirse.

## *Vamos a brindar, señor obispo (II)*

Al terminar la visita don Porfirio hace algo inusitado: invita al dignatario al banquete que se servirá en su honor a las dos de la tarde de ese día. Monseñor Eulogio Gillow, buen político, no deja traslucir la satisfacción que le produce la invitación presidencial. Acepta, y le agradece su cortesía al presidente.

No ocupa monseñor Gillow la misma mesa del presidente, pero queda muy cerca. Empieza el banquete. Después de servida la sopa pasan los meseros sirviendo copas de jerez. En un momento en que se cruzan las miradas del presidente y el obispo, el general Díaz levanta su copa y, sin dejar de ver a

Gillow, hace ademán de brindar con él. Levanta también la suya el dignatario y los dos beben en un gesto de amistad que muy pocos dejaron de advertir.

El encargado de pronunciar el discurso oficial era el diputado Alfredo Chavero. Gozaba este señor de toda la confianza de don Porfirio. Era, como quien dice, el coordinador de la mayoría porfirista en la Cámara de Diputados. Se sabía que era amigo personal de don Porfirio, y que todos los días lo visitaba no sólo para hablar de las cosas del gobierno sino para jugar con él enconadas partidas de billar. Todo lo que decía Chavero, pues, era considerado palabra del presidente.

Se levantó a hablar don Alfredo. Era reconocido masón del grado 33, uno de los liberales más conspicuos. Nadie podía dar crédito a lo que oía cuando Chavero empezó su peroración.

Alabó a los primeros misioneros franciscanos, que trajeron a México —afirmó— la luz de la civilización. Celebró la benéfica obra de la Iglesia en bien de los desamparados, y luego pasó a referirse concretamente al clero poblano, cuyo ministerio, dijo, hacía gran bien a la ciudad. Terminó haciendo vivos elogios de monseñor Gillow, a quien describió como ejemplo de eclesiástico ilustrado, como pastor excelente de su grey.

Todos los presentes estaban estupefactos, menos don Porfirio, que jamás estuvo estupefacto. Don Eulogio estaba sorprendido también por el insólito discurso de aquel gran liberal, pero no dio a ver su sorpresa. Tuvo, por el contrario, un gesto de político brillante. Al pasar por su sitio un mesero que llevaba una botella de champagne, le pidió que le llenara la copa. Se puso entonces de pie, y seguido por la mirada de todos dio la vuelta a la mesa y llegó a donde estaba el señor Chavero. Éste se levantó también, sorprendido por la impensada visita que le hacía en su lugar monseñor Gillow.

## *Vamos a brindar, señor obispo (III)*

No cabía ninguna duda: lo que dijo Chavero le había sido dictado por el propio presidente Díaz, pues don Alfredo era una especie de vocero presidencial. Por eso quienes oyeron el discurso del diputado supieron que don Porfirio estaba inaugurando, junto con el ferrocarril, una nueva etapa en las relaciones entre la Iglesia y el Estado.

Un día más permaneció don Porfirio en Puebla. Esa mañana iba don Eulogio a pie camino de la catedral, cuando lo alcanzó el secretario particular del gobernador.

—Señor obispo —le dijo—, lo andaba buscando para transmitirle un recado del señor gobernador. Lo hizo llamar el señor presidente y le manifestó su deseo de comer con usted. La cita es a las dos en la casa del gobernador.

Acudió a la cita don Eulogio. Después de que se sirvieron los postres y el café, el gobernador y los demás invitados se levantaron de la mesa con cualquier pretexto y dejaron solos al presidente y al obispo. Largamente hablaron los dos, y al final quedaron grandes amigos, unidos no sólo por lazos de mutua conveniencia sino por una verdadera relación de amistad que nunca se rompió.

He aquí el comentario que sobre esa entrevista hizo el historiador don Antonio Rivera: "Ya los dos solos, estuvieron comunicándose sus mutuos sentimientos y pensamientos. El general Díaz era un político sagaz cuya fuerza estribaba en conocer y utilizar a los hombres para sus fines. Monseñor Gillow, por su parte, era un cabal discípulo de los jesuitas y un hábil diplomático de la Academia Eclesiástica de Roma. Así, ambos se comprendieron, y sin decírselo celebraron un pacto de recíproca ayuda y verdadera amistad que no terminó sino con la muerte del viejo presidente".

¿Y los liberales comecuras? Se enchilaron, naturalmente, por el brusco viraje que a partir de los acontecimientos de Puebla dio don Porfirio a las relaciones del gobierno con la

Iglesia y el clero. Pero el astuto general Díaz conocía bien a su gente, y cuando los jacobinos se mostraban disgustados repetía su usual frase: "Esos pollos quieren *máis*".

## *Don Porfirio el político*

Cuando el empleado del Censo preguntó al general Díaz sus generales, éste, en el renglón correspondiente a religión puso con todas sus letras: "Católico, apostólico y romano".

Alentados por esa clara señal, los jerarcas de la Iglesia mexicana empezaron a trabajar para conseguir la realización de un sueño que desde hacía muchos años habían alentado: tener un cardenal mexicano.

En 1902, el papa León XIII hizo tanteos por medio de su representación en México y dio a entender claramente a don Porfirio Díaz, a través de canales oficiosos, que "como seña de buena voluntad para el país de la virgen de Guadalupe" había pensado otorgar el capelo cardenalicio a monseñor Eulogio Gillow, arzobispo de Oaxaca.

El señor Gillow gozaba de alta estimación tanto en México como en el Vaticano. Era amigo personal de don Porfirio, quien lo distinguió en forma extraordinaria al nombrarlo su representante personal en la Exposición Universal de Nueva Orleans, el año de 1884. Se consideraba cosa segura, pues, que México tendría en la persona de don Eulogio el primer purpurado.

Las gestiones que en ese sentido se iniciaron, sin embargo, fueron rápidamente suspendidas: el presidente de México indicó que "en virtud de las leyes que en México privaban" no era conveniente "por el momento" proceder a la designación de un cardenal. El gozo se fue al pozo. Muchos años después, digámoslo de pasada, monseñor Luis María Martínez, arzobispo primado de México, tuvo la oportunidad de convertirse en el primer cardenal mexicano, pero entonces fue el propio arzobispo quien recomendó a Roma que no hiciera la designación, pues las relaciones entre la Iglesia y el Estado en México en ese tiempo eran muy delicadas.

## *Yo soy un patriarca; tú, un dictador*

Una de las más raras curiosidades de nuestra historia es que Porfirio Díaz llegó a la presidencia en gran parte porque se declaró contrario a la reelección de los presidentes. Esa posición le permitió ganar muchos adeptos. Ciertamente no eran escasos los estados de la República gobernados por hombres fuertes, por caciques que apoyándose en la Constitución de 1857 se hacían reelegir una y otra vez.

Tal situación irritaba a los ciudadanos, oprimidos por férreas dictaduras locales. Los caciques tenían todo el poder, y lo usaban fundamentalmente para no perderlo nunca. Así, muchos eran verdaderos señores de horca y cuchillo que no se detenían ante nada con tal de mantener su predominio.

Cuando don Porfirio emitió su proclama en Tuxtepec contra la reelección, su manifiesto hizo surgir esperanzas de liberación en los mexicanos. Eso, y el hecho de que el general Díaz gozaba de buena opinión lo mismo entre los militares que entre los civiles, fue causa de que su movimiento cobrara fuerza a pesar de todos los esfuerzos de Lerdo de Tejada para combatirlo.

El destino de Lerdo quedó sellado definitivamente con la oportuna llegada de don Manuel González y sus jinetes al campo de batalla de Tecoac, circunstancia que inclinó la acción de guerra en favor del rebelde oaxaqueño.

Por desgracia, y para decepción de muchos, don Porfirio fue antirreeleccionista sólo al terminar su primer período de gobierno. Y ni siquiera entonces lo fue del todo, pues designó para sustituirlo a su amigo y compadre don Manuel. ¿Qué circunstancias obraron en él para cambiar radicalmente su primera posición? Dicho de otra manera: ¿por qué se perpetuó don Porfirio en el mando presidencial?

Varias circunstancias, creo, tuvieron influencia en el general Díaz. La primera, obviamente, fue el apetito del poder. No sintió Díaz esa ambición con la fuerza con que se manifestó en Juárez. A veces da tentación de pensar que don Benito quería el poder por el poder mismo. Lo utilizó casi siempre sólo para seguir en el poder. Ni siquiera se sirvió de él para poner en ejercicio los programas derivados de la ideología liberal. Don Porfirio, en cambio, se vio a sí mismo como un gobernante paternal que utilizaría el poder para hacer el bien al pueblo.

Tal idea es muy peligrosa. Los dictadores benévolos tienen entre otros defectos el que consiste en suponer que todos los demás serán malévolos. Piensan que sólo ellos tienen buenos sentimientos en relación con los gobernados. Por eso suspenden toda benevolencia cuando sienten que algo amenaza su perpetuación en el poder.

Don Porfirio, no cabe duda, le hizo mucho bien a México. Pero al mantenerse tanto tiempo en la presidencia también le hizo mucho mal.

## *Todo tiempo pasado fue igual*

No fue empresa fácil para don Porfirio poner en la presidencia de la República a su compadre, el general Manuel González. Ante la candidatura oficial se levantó una vigorosa fuerza de oposición. Díaz era acusado de pretender la vuelta del militarismo, odiosa institución a la cual se atribuían todas las desgracias del país.

Se formó un partido al que el presidente Díaz llamaba "de los abogadetes", aunque no todos los que de él formaban parte eran abogados. Sus miembros se presentaban como ciudadanos empeñados en proteger a la nación de una dictadura ejercida por militares que se alternarían en el desempeño del poder ejecutivo. El 5 de abril de 1880, ese partido se presentó en público y dio a conocer su candidato: don Justo Benítez, aquel a quien el general Díaz había condenado a un destierro poco honroso.

Personajes de mucho timbre y nota se declararon miembros de ese partido liberal y constitucionalista que se empezó a conocer con el nombre de *burocrático*, pues sus principales integrantes eran o habían sido funcionarios del gobierno. Entre ellos figuraban ciudadanos tan distinguidos como don Protasio Tagle, el general Trinidad García de la Cadena, don Pablo Macedo y don Emilio Pankhurst.

No andaban errados quienes denunciaban el nacimiento de un nuevo militarismo en México. Don Manuel González hacía uso de sus prerrogativas de candidato oficial. Hablando en nombre de don Porfirio se dirigía a los gobernadores para recomendarles la designación de tal o cual diputado. Para atemorizar a los opositores aconsejaba a los jefes políticos locales que solicitaran la presencia del ejército con el pretexto de que había una conspiración contra el gobierno. La llegada de la tropa intimidaría a los adversarios. Quizá la coacción que se ejercería sobre los opositores traería consigo protestas y denuncias. En ese caso, instruía el general González a los gobernadores, quizá él se vería en la necesidad de amonestarlos públicamente. Que no les preocupara eso: ya sabían que todo era valor entendido.

El resultado de tales manejos fue que de muchos estados llegó al Congreso una diputación doble. Por un lado iban los diputados que don Porfirio o don Manuel González habían recomendado al gobernador; por el otro los que fueron realmente electos por los ciudadanos. Los dos grupos traían credenciales, de modo que se hizo un tremendo lío, sobre todo porque se acordó que todo diputado que tuviera una credencial, así fuera más falsa que un billete de tres pesos, podría defender su caso en la tribuna.

En el curso de las discusiones se puso de manifiesto la escandalosa corrupción electoral. Los debates en el Congreso se volvieron cosa de vergüenza. Dijo en la tribuna el diputado opositor Macedo que la culpa de todo aquello la tenía "la mano de la autoridad, que ha usurpado el lugar que le corresponde a la mano del pueblo".

## *"Botellita de jerez..."*

El primer día de diciembre de 1880, el general Manuel González tomó posesión de la presidencia de la República. Era, en verdad, un presidente de paja. Y él lo sabía muy bien. A sus amigos les decía:

—No soy más que un hombre bueno que se vio metido en la política por obra de las circunstancias.

Una sola circunstancia había, y se llamaba don Porfirio. Fue él quien puso en la presidencia a don Manuel. Para eso se valió de toda suerte de triquiñuelas y coacciones. La elección presidencial de 1880 fue fértil en toda suerte de manipulaciones llevadas a cabo por el gobierno y su partido oficial a fin de mantenerse en el poder.

La explicación de eso la dio un historiador liberal llamado Ricardo García Granados: "Hubiera sido contrario a la naturaleza de las condiciones humanas que los políticos profesionales, y en gran parte corrompidos, hubieran cedido el poder frente al voto público. Si entre los gobernadores se hubiera hallado alguno bastante cándido y desprendido que se hubiera resuelto a cumplir la voluntad del pueblo libremente manifestada, el resultado hubiera sido que triunfaran los candidatos de los curas".

Es decir, si los políticos profesionales (es decir, que están en el poder) no corrompen el proceso electoral, entonces podrían ganar los candidatos del partido contrario al del gobierno. Así ha sido siempre. Los políticos del sistema no ceden el poder frente al voto público. En 1880 pretextaban que si respetaban el voto los curas se apoderarían del poder. Después no respetaban el voto para que no fueran a tomar el gobierno los "reaccionarios". Luego para que no gobernaran los comunistas, o los emisarios del pasado, o los que están en contra de todo y a favor de nada, o los encapuchados de Chipinque, o los demagogos de la izquierda... Fantasmones no les faltarán nunca a los "políticos profesionales", es decir, a los del partido oficial, para no ceder el poder frente al voto de los ciudadanos.

## *El 11º mandamiento*

Dicen que el undécimo mandamiento es no estorbar. Esa galana añadidura al decálogo mosaico se aplica especialmente a cosas del amor: nadie debe poner obstáculos al diálogo de los que se aman. Hay un caso en la historia de México en el cual ese utilísimo precepto —"No estorbar"— tuvo eficaz aplicación.

Don Manuel Romero Rubio fue desde su juventud un gran liberal. Figuró entre los más fervientes partidarios del Plan de Ayutla, y formó parte de la comisión encargada de convencer a don Juan Álvarez de que saliera de su áspero reducto en la sierra guerrerense y fuera a la ciudad de México a ocupar la presidencia.

Abogado, político, hombre de acción, don Manuel andaba siempre en la punta del grito. Fungía como secretario de gobierno del Distrito Federal cuando estalló la sublevación de Tacubaya dirigida por los conservadores. De inmediato, Romero Rubio renunció a su cargo y fue a combatir a los enemigos del partido liberal. Triunfaron los "mochos" y el licenciado Romero fue a dar con sus huesos a la cárcel. Ahí permaneció ocho meses.

Una amnistía decretada por Miramón lo puso en libertad. De inmediato fue a unirse a sus compañeros "puros". Éstos le dieron otra comisión: debía ir a Veracruz y exhortar a don Benito Juárez a dictar las rigurosas Leyes de Reforma, en las que se compendiaba el ideario liberal. Don Manuel cumplió muy bien su encargo y convenció a don Benito de emitir esas disposiciones. Tenía muy linda lengua este señor Romero.

Estaba de diputado cuando llegaron los franceses. Cayó en su poder y fue desterrado a Europa. Viajó extensamente por ese continente tan viejo que es siempre nuevo, pero en la primera oportunidad regresó a México y estuvo presente en el gran triunfo de la República sobre el Imperio.

En ese tiempo se distanció de Juárez. Ya no le gustó el modo de ser del Benemérito. Entonces trabó amistad con Lerdo de Tejada. Encabezó el partido lerdista, que tenía como objetivo principal poner a don Sebastián en la presidencia. A la caída de Lerdo fue otra vez al destierro, ahora en los Estados Unidos.

Romero Rubio y su esposa doña Agustina Castelló, dama de la mejor sociedad capitalina, tenían una hermosa hija: Carmelita. Nacida en 1864, era muchacha de grandes prendas. A su belleza —sin ser cosa del otro mundo— unía una clara inteligencia y un sólido sentido común que la apartó siempre de frivolidades.

Había estudiado en los Estados Unidos, donde tuvo preceptores llegados de Inglaterra. Hablaba un excelente inglés, tanto que cuando hablaba con un norteamericano éste casi no la entendía. Dueña de gran sentido práctico, al regresar a México dio aplicación a sus conocimientos y empezó a dar clases de inglés en su casa. Algunas señoras y señoritas de buena sociedad iban dos o tres veces por semana y aprendían los rudimentos de ese idioma. Aquello era considerado una extravagancia, pues la lengua de moda era el francés, pero aparte de que casi toda la gente educada sabía en gran medida la lengua de Molière, el estudio del inglés empezaba a ser visto por algunos como necesario. Y tenían razón. Quienes traían el ferrocarril no hablaban en francés.

## *La corrupción es muy vieja*

Don Benito Juárez fue todo lo que se quiera: ávido de poder; violador de la ley para ganarlo y mantenerse en él; aliado a veces incondicional de los americanos; cruel cuando debía aplicar sentimientos de bondad; creador del corrupto sistema electoral que hasta finales del siglo XX padecimos. Todo eso se puede decir del Benemérito, pero nadie podrá acusarlo de haber utilizado la política para enriquecerse. Juárez fue siempre republicanamente honrado. Lo mismo puede decirse de Porfirio Díaz: jamás ni sus peores enemigos lo tacharon de ladrón. En cambio, don Manuel González sí fue acusado de eso que ahora se llama *enriquecimiento ilícito*. En su gobierno empezaron a asomar los peores vicios de la inmoralidad.

Don Manuel González, presidente de la República del 1° de diciembre de 1880 al 30 de noviembre de 1884, era dueño de la preciosa hacienda de Chapingo, sitio donde se encuentra ahora la escuela de agricultura que lleva el mismo nombre. Famosa hacienda aquella, extensa y llena de cultivos que rendían a su dueño ganancias muy cuantiosas.

Las malas lenguas de los capitalinos —y sobre todo de las capitalinas, que las tenían aceradas y filosas— empezaron a decir que no era Chapingo la hacienda que más dinero le daba al presidente. Estaba sacando más de otra hacienda: la Hacienda Pública.

No andaban tan descaminados los murmuradores. A los pocos meses de ocupar la presidencia, la fortuna de don Manuel González empezó a crecer como por arte de birlibirloque. Así quisiera yo que se multiplicaran mis ahorros. Pronto se supo que el general estaba comprando tierras por doquier: ya era dueño de otras haciendas en Michoacán, Hidalgo, y aun en partes tan alejadas de la capital como Tamaulipas. También se hizo dueño de vastas extensiones de terrenos urbanos: casi todo lo que es ahora el barrio de Peralvillo era de su propiedad; tenía intereses en nuevas colonias que se estaban abriendo, cuyos lotes se vendían a precio alto.

No terminaba ahí la cosa. También trascendió que el presidente se había convertido de súbito en poderoso accionista de los principales bancos, en los cuales tenía cuentas que hacían de él un pequeño Rothschild.

La gente andaba escandalizada. Todos veían en don Manuel una ansia de dinero que nunca había dejado adivinar. Ninguna ambición de mando o de poder mostraba el general, pero sí un desorbitado apetito de riqueza. Tenía cerca de sí a un individuo de nombre Ramón Fernández, el cual actuaba como su alcahuete económico, zurcidor de los negocios —las más de las veces inmorales— en que andaba metido el presidente. Este se había ganado ya la antipatía de los ciudadanos y el menosprecio de la gente de bien. *Sotto voce* primero, luego en alta voz, la opinión pública empezó a hablar de los turbios tejemanejes en que se revolvía el jefe de la nación.

## *La carga de don Manuel*

Don Manuel González era hombre de carácter recio. Más de una vez aplacó motines cuarteleros con una maldición dicha con voz tonante y mirada que ardía en cólera. Pero era también hombre alegre que tenía sentido del humor. La siguiente anécdota lo muestra así.

El presidente González inventó una cosa que sus ministros y colaboradores le agradecieron mucho, pues la invención era bastante disfrutable. Se llamaba la mesa de Estado. Cada vez que al presidente de la República se le ocurría, convocaba a su gabinete a una comilitona en que se degustaban manjares suculentos y se bebía sin tasa. El pretexto para el convite era tratar en la comida algún importante asunto de gobierno.

¡Qué asunto se iba a tratar ahí! Los comensales no hacían sino narrar anécdotas picantes, referirse unos a otros los cotilleos del día, decir pestes de sus enemigos y contar cuentos colorados.

Concurrían a esas "mesas de Estado" algunos amigotes de don Manuel González cuya conversación agradaba al presidente, pues estaba salpimentada con gracejos bien sazonados y toda suerte de donaires y chocarrerrías. Entre tales conmilitones figuraba el general Jesús Lalanne, autor de un curiosísimo *Estudio comparativo entre los sitios de Puebla en México y Zaragoza en España*. Jamás faltaba don Manuel Esquino, comerciante y compañero de aventuras amorosas del general González, una especie de amable Sancho Panza que tenía siempre a flor de labio un viejo refrán castellano que acomodaba viniera o no a la ocasión.

En uno de aquellos banquetes se hallaba el presidente comiendo como hospiciano y bebiendo como fraile en bodega, cuando uno de sus edecanes le avisó que en el despacho lo esperaba una comisión de senadores.

—¿No le dije que no estoy para nadie? —exclamó con disgusto don Manuel González—. Usted sabe muy bien que cuando hay mesa de Estado no atiendo ni a Dios Padre.

—Sí, señor presidente —respondió turbado el edecán—, pero los señores insisten en hablar con usted.

—¡Dígales que vengan mañana! —rugió el general.

Don Jesús Lalanne intervino.

—Manuel —le dijo—, creo que debes recibir a los senadores. Son representantes del Poder Legislativo; se trata de las relaciones entre dos poderes. No te enemistes con ellos.

Se levantó de mala gana don Manuel, tiró al suelo la servilleta que usaba a modo de babero y bufó lleno de enojo:

—¡Ah! ¡Qué carga esta del gobierno!

—Sí —dijo con tono socarrón el español Esquino—. Qué carga. Pero también qué fletes.

Se rió a carcajadas el general González, y se acabó su mal humor. El flete era la cantidad que cobraban los arrieros por llevar la carga de una ciudad a otra. Con ingeniosa ironía Esquino hacía alusión a los jugosos ingresos que estaba obteniendo don Manuel González en la presidencia. Como se ve, en cosas de política y de manejo de los fondos públicos todo tiempo pasado fue igual.

## *Las casas de don Manuel*

Hombre muy dado a cosas de mujeres fue don Manuel González. Sus dares y tomares con señoras de todo jaez dieron mucho que decir a los murmuradores, los cuales se escandalizaron en muchas ocasiones con las demasías de *el Manco de Tecoac.* Una mano necesitaba no más el general para sus empresas amorosas.

Manuel González fue el último presidente que vivió en el Palacio Nacional. Cuando regresó a la presidencia don Porfirio, no quiso habitar ahí, quizá porque los vastos y sombríos aposentos le recordaban la muerte de su esposa, doña Delfina Ortega, quien acabó su vida en aquel recinto el 8 de abril de 1880. Ha sido ella, hasta donde sé, la única primera dama que ha muerto en el Palacio Nacional.

Tras despachar los asuntos de su cargo, cosa que hacía lo más rápidamente posible, don Manuel se esfumaba y nadie lo volvía a ver hasta el día siguiente. Jinete en su caballo, o a bordo del carruaje que conducía su fiel cochero negro Lucky, el presidente iba a deleitarse en gratísimas conversaciones con señoras que no sólo le obsequiaban su conversación, sino todo lo demás. Para esos entretenimientos tenía el general González varias casas, entre ellas una en Peralvillo y otra en su hacienda de Chapingo.

Salvador Quevedo escribió un libro de lectura sabrosa que se llama *El general González y su gobierno en México.* En esa obra el quevediano autor revela datos muy interesantes acerca de las aventuras de don Manuel. Dice que diariamente había en el Palacio Nacional un desfile de celestinas, terceras o alcahuetas que iban a ofrecerle al presidente la compañía de damiselas que luego se encontraban con él en algunos de aquellos sitios.

Aseguraban las malas lenguas que don Manuel González pagaba con rumbosa generosidad los favores mujeriles. No lo dudo, pues tenía a su disposición, a más de la de Chapingo, toda la hacienda nacional. También se decía *sotto voce* que los gajes que obtenían las damas eran tan jugosos que más de una señora o presunta señorita de buena sociedad, quizá en apuros de dinero o deseosas de tenerlo para comprarse cosas, otorgaban sus mercedes al presidente, o si no por dinero sí a cambio de algún empleo para marido, padre o hijo. Me da mucha pena contar todo esto, pero es que así andaba el mundo. Así, diría yo, ha andado siempre.

Ya entrado en confianza, don Manuel González dictó otras providencias para gozar sin retraso sus deleites. En el mismísimo jardín del Palacio Nacional hizo construir un "aposentillo" o pequeña habitación. Para que nadie viera a las señoras que a él se dirigían, dispuso un pasadizo cuya puerta —tan pequeña que casi no se veía— daba a la esquina de Correo Mayor. Ese pasadizo era de vidrios despulidos, de modo que cuando entraba alguna de aquellas damas embozadas los centinelas no veían más que una sombra etérea que se dirigía apresuradamente al pequeño cuarto. Era tremendo el señor presidente González. Yo lo envidio, pero no por haber sido presidente, sino por aquel aposentillo misterioso donde seguramente gozaba de inefables deleites y refocilaciones que no son para ser descritos en una obra como ésta, de estricta divulgación histórica.

## *Oro no es; plata no es...*

Andaban muy mal las cosas en el gobierno de don Manuel González. La corrupción de los funcionarios públicos —empezando por el propio presidente— era ya motivo de general escándalo. La situación vino a agravarse, y estalló en un tremendo motín popular, cuando el ministro de Hacienda tomó una decisión que disgustó al pueblo.

A principios de 1881 empezó a escasear la moneda fraccionaria. La gente no tenía con qué hacer los pequeños gastos de cada día. Las monedas de cobre casi habían desaparecido, pues ese metal aumentó de valor y la gente se determinó a guardarlas, con lo que dejaron de circular.

Ante esa situación, la Secretaría de Hacienda dictó una medida de emergencia. Se acuñaron 4 millones de pesos de monedas de níquel, metal que el pueblo jamás había visto amonedado. Los expertos hacendarios calcularon que con aquella emisión el gobierno obtendría una utilidad de 2 millones de pesos y evitaría todos los problemas derivados de la escasez de "morralla".

Quizá el plan estaba bien trazado, pero su aplicación fue acompañada por medidas totalmente desacertadas. En primer lugar se dio a las monedas de níquel un valor muy bajo. Luego se pusieron a circular sin previo aviso a la población, y en grandes cantidades. Finalmente la opinión pública supo que —otra vez la corrupción— algunos comerciantes estaban adquiriendo enormes cantidades de esas monedas pagando por ellas un precio inferior al valor que representaban.

Pronto empezó a generarse un gran descontento popular. Nadie quería las monedas de níquel, que de simple instrumento cambiario pasaron a representar la bancarrota financiera y moral en que se debatía el gobierno del general González. Don Vicente Riva Palacio denunciaba los abusos de la administración en vitriólicos artículos periodísticos y en sus intervenciones como diputado. Los diarios de la oposición denunciaban la forma en que algunos empresarios estaban pagando sus impuestos al gobierno, comprándole a bajo precio la moneda y luego cubriendo sus obligaciones con la misma moneda según el valor legal que tenía. La irritación por las corruptelas oficiales subía de tono cada día.

La verdad es que los señores del gobierno estaban abusando. Muchos funcionarios que llegaron al cargo con una mano atrás y otra adelante se las quitaron de ahí para coger a puños el dinero de la Hacienda Pública. Se hacían fortunas como el jocoque, es decir, de la noche a la mañana. Viejos empleados que tenían la austeridad y honestidad de la vieja República, empezaron a renunciar a sus empleos. Preferían quedar cesantes y afrontar los apuros de la falta de trabajo que ser partícipes de los latrocinios que veían hacer a sus superiores.

Todo llegó a conocimiento del pueblo. Cada día el *Monitor Republicano*, enérgico opositor del gobierno, publicaba información acerca de un nuevo despojo a las arcas públicas. Y mientras todo eso sucedía, el general González seguía entregado a sus devaneos amorosos. Nada parecía importarle la tempestad que estaba a punto de estallar.

## "*¡A un lado,* jijos *de la...!*"

El 21 de diciembre de 1883 estalló un motín popular en la ciudad de México. El pueblo protestó violentamente contra la acuñación de monedas de níquel que el gobierno del presidente Manuel González puso a circular. Una amenazante muchedumbre fue al Zócalo y apedreó el Palacio Nacional para exigir la derogación de esa medida.

Tan pronto se enteró el general González del alboroto, se dirigió en su carruaje a la Plaza Mayor. Al llegar fue recibido con maldiciones y silbidos por los manifestantes. Cuando Lucky, el cochero del presidente, intentó hacer avanzar el carruaje, la multitud lanzó piedras sobre la carroza. Sonaba un gran clamor de gritos que pedían la renuncia de González.

Quién sabe qué hubiera sucedido con otro presidente. Don Manuel González era hombre bragado, es decir, dueño de un gran valor personal. Sin hacer caso de las injurias ni de la lluvia de piedras que caía sobre su carruaje, descendió de él y se enfrentó la gente.

—¡A un lado, jijos de la gran… tiznada! —gritó para empezar.

Como por ensalmo los gritos de la chusma se aquietaron. El presidente empezó a hablar. De cada tres palabras que decía dos eran maldiciones. Relata un cronista que el presidente "dijo unas cuantas palabras rotundas, broncas, buenos adjetivos mexicanos muy atronadores". El enojo de la turba se convirtió en sorpresa, y luego en causa de grandes risas y alborozo. A ningún presidente —ni siquiera a don Antonio López de Santa Anna— se le había escuchado nunca hablar así. La verdad es que el general González estaba acostumbrado al lenguaje cuartelero, el cual no es nada versallesco, y en aquella situación de apuro usó con los ciudadanos el mismo modo de expresión que usaba con sus soldados.

La acción del presidente dio buenos resultados. Los manifestantes dejaron de tirar piedras y no gritaron más. Una vez que hubo impuesto ese orden, el presidente habló con tono más sosegado y palabras más tranquilas:

—Querido pueblo —dijo—. Algunos malos funcionarios nos impusieron el níquel que ustedes con razón detestan. He interpretado la voluntad expresada en esta manifestación, que es la sagrada voluntad del pueblo, y les prometo que retiraré la moneda de níquel de la circulación.

Una atronadora salva de aplausos saludó aquellas palabras del señor presidente. Siguió hablando don Manuel, y dijo que como mandatario estaba obligado a acatar las decisiones populares, y que por lo tanto el níquel no debía seguir sirviendo para acuñar monedas. Así, todos debían tranquilizarse, irse a sus casas y no exponerse a las acciones violentas de la policía o los soldados.

Otra ovación rubricó las palabras finales del presidente. La muchedumbre empezó a dispersarse. Con gallardo gesto don Manuel agradeció la ovación y las muestras de simpatía de quienes apenas cinco minutos antes querían comérselo con todo y carroza, caballos y cochero. Se dirigió entonces al Palacio Nacional. Todavía durante largo rato la veleidosa turba lo siguió aclamando como el mejor presidente que México había tenido, pues era prudente, bondadoso y amante de su pueblo.

## *"¡Uf, qué problemas!"*

El general Manuel González era hombre de mucha reciedumbre y fortaleza, pero decía a sus amigos más cercanos que si hubiera sabido todos los problemas que acarreaba eso de ser presidente de la República, a lo mejor no habría aceptado el cargo. No le faltaba razón a don Manuel: la mayor parte de su gestión la ocupó en resolver problemas de todo orden, algunos reales y otros que le fueron creados para perjudicarlo.

Cuando no era una cosa era otra. Para colmo no tenía el consejo de su compadre Porfirio, que poco tiempo después de haberse hecho cargo de la Secretaría de Fomento renunció a ella y se fue a Oaxaca. Después le renunció también el ministro de Guerra, don Jerónimo Treviño, "pequeño de espíritu —dice un historiador— pero leal y tenaz".

Los gobernadores de los estados habían sido impuestos todos por don Porfirio Díaz, y así ninguno se sentía obligado a guardarle fidelidad al nuevo presidente. Para colmo algunos de ellos eran los hombres fuertes de sus respectivos estados y sentían que su autoridad debía prevalecer sobre la del centro. En Coahuila, por ejemplo, estaba don Evaristo Madero, dueño de inmensas riquezas y patriarca de una gran familia; y en Chihuahua regía don Luis Terrazas, quien solía decir que él no era de Chihuahua, sino Chihuahua de él.

Al que sí nombró don Manuel fue al gobernador del Distrito Federal, y esa designación la hizo en la persona del doctor Ramón Fernández, quien gozaba de prestigio en la capital. Al principio el doctor hizo un magnífico gobierno. Tuvo como asesor a un hombre joven, rico y de altos vuelos que luego desempeñaría un papel de gran importancia en la República: se llamaba José Yves Limantour. Muy pronto, por desgracia, el doctor Fernández empezó a hacer negocios valido de su cargo. Al mismo tiempo se le subió el poder y dio mucho que decir con ciertos desórdenes de su vida privada.

A causa de graves diferencias con el secretario de Guerra renunció también el de Justicia, que era el honradísimo señor don Ezequiel Montes, "hombre de honradez catoniana" al decir de don Vicente Riva Palacio. (Muchas gracias, don Vicente.) Jurista de gran mérito, don Ezequiel leía en latín como en español, y poseía una vasta erudición filosófica. Nutrido en las ideas del kraussismo, había escrito muchas páginas sobre el respeto que se debe a todas las personas, independientemente de su condición. Si don Ezequiel viviera hoy, sería uno de los más grandes defensores de los derechos humanos. Sus pugnas con el secretario de Guerra derivaron de la enérgica posición que el señor Montes tomó en contra de la leva, bárbara costumbre que arrancaba de su hogar a muchos infelices para convertirlos en soldados por la fuerza.

Graves conflictos estallaron en varios estados. En Jalisco, la pugna entre partidos llegó a tal extremo que hubo dos legislaturas locales. Entre Durango y Coahuila surgió una violenta disensión derivada de cuestiones sobre el uso de las aguas del río Nazas. En Zacatecas, el general García de la Cadena se levantó contra la autoridad del presidente y fue aprehendido, aunque puesto en libertad días después. Con tantos problemas parecía que el presidente González no habría de terminar bien su gestión.

## *La paz de la fatiga*

Don Manuel González gobernó en paz a la nación de 1880 a 1884. Pero esa paz era sólo resultado del cansancio de la nación, que estaba, como dice un historiador, "molida a palos", y quería descansar de las continuas guerras y luchas por el poder. La paz de esos cuatro años fue preludio de la "paz porfiriana", que en gran parte se fincó en el hecho de que México no había conocido la paz prácticamente desde 1810, y quería ya gozar de ella.

Con la paz que vino después de la restauración de la República, regresó la tranquilidad que se necesita para trabajar. Las haciendas, paralizadas por las continuas guerras, volvieron a ser cultivadas, y los empresarios otra vez pusieron sus capitales en actividad.

No estuvo exento de problemas ese auge. El gobierno dio a un señor llamado Delfín Sánchez la concesión para construir un ferrocarril. Era extranjero ese señor, y de ferrocarriles sabía lo que yo sé de cálculo diferencial e infinitesimal, pero tenía un mérito: había sido yerno de don Benito Juárez. El ferrocarril de don Delfín estuvo tan mal hecho que a los pocos días de inaugurado se derrumbó un puente y murieron incontables desdichados.

Otro descarrilamiento estuvo a punto de ocurrir. Comenzaba 1884, año en que habría elección presidencial. Por abajo del agua don Porfirio Díaz trabajaba intensamente para volver a la presidencia. Existía, claro, un fuerte grupo de porfiristas, y entre ellos había algunos que sospechaban que el general Manuel González buscaría la reelección.

Para evitar eso desataron una terrible campaña de injurias y difamaciones contra el presidente. En libelos y pasquines se ofendía soezmente al jefe de la nación; se le calificaba con los más denigrantes adjetivos. El general González soportaba en silencio aquellas andanadas. Sabía bien que los insultos provenían de la gente de su compadre, don Porfirio, pero llevó la lealtad hasta el extremo de no reclamarle nunca los ataques.

En abril de aquel año don Porfirio fue a una cacería, después regresó por ferrocarril a la ciudad de México. Cuando cruzaba el tren por los llanos de Apam, el maquinista alcanzó a ver una enorme piedra puesta en los rieles. Aplicó todos los frenos y alcanzó a detener el convoy. Dijo luego que de seguro el tren habría descarrilado a causa de esa piedra.

El incidente fue magnificado. Los partidarios de don Porfirio hablaron de un atentado, y llegaron a convencer a su jefe de que había una conjura para asesinarlo como único medio de evitarle llegar a la presidencia y que don Manuel González siguiera en el poder. Don Porfirio, hombre ecuánime y sereno, llegó a creer esas mentiras fantasiosas, y temió por su vida. En una conversación que tuvo con monseñor Gillow, le dijo:

—Su Excelencia: estoy rodeado de asesinos.

Los inventores de la patraña del atentado culparon de él al gobernador del Distrito Federal, aquel doctor Ramón Fernández gran amigo y compañero de francachelas del general González. Para acallar el escándalo y dar a su compadre Porfirio una nueva muestra de lealtad, el general hizo renunciar a Fernández y le pidió que se fuera a Europa por un tiempo.

## *El juicio de la Historia*

Los historiadores, en su mayoría, han rendido un juicio desfavorable sobre don Manuel González. Su falta mayor, afirman, fue haber permitido la corrupción y practicarla él mismo. En efecto, durante su gobierno se vieron muchos de los vicios que en nuestros tiempos hemos visto: enriquecimiento súbito de funcionarios; negocios realizados al amparo de los puestos públicos y toda suerte de malos manejos de los que indignan a los ciudadanos.

Don Manuel González fue antes que todo un soldado a quien los azares de la política encumbraron de modo que seguramente él nunca llegó a soñar.

Hay un decir en política y administración: "El que viene te hará bueno". Quiere eso decir que muchas veces los que se van son extrañados, pues los que vienen resultan peores que ellos.

Con el general Manuel González no tuvo aplicación ese principio. Don Porfirio lució mucho cuando volvió al poder, porque su compadre fue considerado un truhán de marca mayor que labró su fortuna desde la presidencia. He aquí las duras palabras que escribió don Luis Lara Pardo a propósito de la administración gonzalista: "Pocos gobiernos, ni aun entre los de Turquía, la India y todos los cacicazgos latinoamericanos han ofrecido ejemplo más conspicuo de prostitución y corrupción administrativa. El saqueo del tesoro público nunca fue más completo y desvergonzado; todos los ingresos, ordinarios y extraordinarios, fueron a hinchar las arcas de González y sus favoritos; se crearon tantos impuestos que el comercio se vio obligado a cerrar sus puertas durante dos semanas, en huelga general; se suspendió el pago de sueldos a los empleados civiles. Sólo el ejército percibía haberes, pues de otro modo la revolución no habría tardado en estallar de nuevo".

Desde Oaxaca, donde gobernaba como señor indiscutido, don Porfirio veía quizá con satisfacción la ruina y el desprestigio de su compadre. Jamás intervino para aconsejarlo o llamarle la atención. Temió alguna vez que don Manuel llegara a sentir la tentación de reelegirse: su desprestigio se lo impediría. He llegado a pensar que con sibilino don de profecía supo don Porfirio desde el principio que don Manuel González incurriría en todos los males de la corrupción. Por eso quizá renunció a la Secretaría de Fomento y se fue a Oaxaca; por eso nada hizo para frenar los abusos de aquel a quien él mismo puso en el poder.

Las tropelías de la administración empezaron a ser causa de desasosiego. Aun entre los diputados, que en su inmensa mayoría habían sido impuestos por el mismo presidente, empezaron a surgir muestras de inconformidad. Era difícil, en efecto, tolerar aquella rampante corrupción. El problema estalló a propósito de la deuda que México tenía con Inglaterra.

La administración de don Manuel González andaba en graves apuros económicos. Los empleados públicos no habían cobrado su sueldo en varios meses, y si se pagaban los haberes de los militares era sólo por el temor de que se levantaran contra el gobierno. En esas circunstancias se hizo necesario el restablecimiento de relaciones con la Gran Bretaña, rica nación que podía hacer un empréstito a México.

Nuestro país tenía deudas pendientes con la Gran Bretaña. Desde los tiempos del Imperio de Iturbide se habían solicitado créditos a ese país, y nunca se hizo pago alguno. Así, los intereses habían crecido en forma desmesurada. Para colmo, las continuas guerras civiles y las de intervención causaron daño a las propiedades de súbditos de la corona inglesa, cuyas reclamaciones aumentaron el monto de aquella deuda.

Cierto día se le presentó al presidente González un súbdito británico de nombre Edward Noetzlin, quien se ostentó como apoderado de los tenedores de bonos de la deuda inglesa. Con especiosos y sutiles argumentos convenció a don Manuel de una idea peregrina: si México lograba arreglar en buenos términos su deuda con Inglaterra, ese país estaría en inmediata disposición de concederle un nuevo empréstito.

Las arcas públicas estaban exhaustas: aunque Inglaterra hubiera cobrado medio penique por la deuda no habría habido con qué pagárselo. Sin embargo, a don Manuel le interesaba arreglar aquel problema. Hizo entonces algo bastante chistoso: le pidió a míster Noetzlin que representara a México ante los tenedores de la deuda. De esa manera singular, el inglés se convirtió en representante tanto de los acreedores como del deudor.

Era súbdito británico el míster, y desde luego su interés estuvo del lado de sus paisanos. Por principio de cuentas viajó a Inglaterra por cuenta del gobierno mexicano. Luego —ahora poniéndose la capa y el sombrero de los acreedores— informó a don Manuel González que el gobierno de México le debía a Inglaterra la bonita suma de 17 millones de libras, algo así como 100 millones de pesos de los de entonces. Por otros canales averiguó don Manuel que la deuda ascendía en verdad a algo así como 15 millones. Los otros dos los estaba cobrando Noetzlin "para gastos".

A pesar de eso, don Manuel anunció su propósito de pagar aquel dinero. El problema es que en México ya nadie creía en la honradez del presidente. Todos supusieron algún negocio turbio en aquel pago. Se formó una tremenda oposición a la deuda inglesa. Cierto diputado, que además era poeta, pronunció en la Cámara un encendido discurso contra el gobierno y levantó los ánimos de todos con su furiosa elocuencia. Este poeta se llamaba Salvador Díaz Mirón.

Movidos por los incendiarios discursos del veracruzano, los estudiantes salieron a la calle a protestar. La policía los atacó por orden del gobierno y hubo muertos y heridos. Esa violenta represión acalló las muestras de repudio. Como el presidente controlaba a la mayoría de los diputados, el Congreso aprobó el pago.

Entonces el pueblo se amotinó, como ya lo había hecho a propósito de las famosas monedas de níquel. Temeroso, el presidente dio marcha atrás y se suspendió otra vez el pago de la deuda inglesa.

## *Agua de borrajas*

Yo digo que es una lástima que Dios Nuestro Señor no haya encomendado a una comisión hacer los diez mandamientos. Ahorita tendríamos cuando mucho dos. Cuando don Manuel González afrontó la indignación nacional por la forma en que estaba arreglando el problema de la deuda inglesa, hizo algo que en aquellas circunstancias era muy sabio: puso el asunto en manos de una comisión. De esa manera todos se olvidaron del asunto, incluidos los miembros de la comisión.

Está hablando el licenciado Viñas en la Cámara de Diputados. El señor diputado pone de oro y azul al gobierno. De don Manuel González, presidente de la República, dice muchas pestes. Se trata el asunto de la deuda inglesa, y está presente el ministro de Hacienda.

—Varias preguntas quiero hacer —declara enfático y enérgico el licenciado Viñas—. En primer término deseo que se me diga cómo es posible que el gobierno haya nombrado a un extranjero, inglés para más burla, y para colmo apoderado de nuestros acreedores, como representante de México ante la corona inglesa para arreglar el asunto de nuestra deuda con la Gran Bretaña.

Todos los presentes en el recinto del Congreso vuelven los ojos hacia el ministro de Hacienda, que se revuelve incómodo en su asiento.

—Me gustaría también —prosigue el licenciado Viñas— que alguien me explicara por qué es tan alta la cantidad que según el gobierno debemos pagarle a Inglaterra. Con varios especialistas en finanzas he hecho el estudio de los varios conceptos de la deuda. Afirma la administración que debemos 95 millones; la verdad es que el monto de lo debido asciende sólo a 28.

El ministro suda y se acongoja: sabe en su fuero interno que los datos que presenta el diputado son los verdaderos.

—Por último —concluye Viñas—, he aquí la pregunta más interesante que quiero hacer al señor ministro: ¿qué destino se dará a la elevada suma cuya aprobación se nos está solicitando "para gastos extraordinarios y comisiones"? ¿Qué gastos tan costosos serán esos, señor ministro, y a quién o quiénes se pagarán las comisiones?

Sube a la tribuna el ministro de Hacienda e intenta dar respuesta a las cuestiones planteadas por el diputado Viñas. Empeño inútil: los especiosos argumentos que presenta, llenos de sutilezas y ambigüedades, a nadie convencen. Sus palabras son recibidas con escepticismo. Los cronistas parlamentarios dan cuenta al día siguiente de que con todo lo que dijo el ministro no dijo absolutamente nada.

Crece el malestar en la opinión pública. En calles y plazas públicas el feroz polemista Díaz Mirón pronuncia discursos encendidos que enardecen a la gente. Los estudiantes se amotinan otra vez, protestan ya no sólo por el pago de la deuda inglesa, sino también por sus muertos, heridos y presos. El gobierno empieza a ceder: don Manuel González, que tan entero y decidido se mostró en el asunto del níquel, ahora se ve todo aturrullado. Finalmente pone fin al problema: hace que una comisión se ponga a estudiar el asunto con la promesa de que rendirá un informe a la nación en el momento oportuno. El momento jamás llegó, y el asunto quedó en agua de borrajas.

## *Dejar hacer; dejar pasar...*

En las últimas décadas del siglo XIX soplaban por todo el mundo fuertes vientos de liberalismo. La economía se sustentaba en una política de abstención por parte del Estado, que dejaba el juego económico librado a la actuación de leyes que se consideraban fatales, como las de la naturaleza. La actitud de "dejar hacer; dejar pasar" favoreció a los grandes empresarios y perjudicó enormemente a los trabajadores.

En julio de 1868, los tejedores de Tlalpan se declararon en huelga. Después de varias semanas de enfrentamientos con los dueños de las fábricas textiles, consiguieron una victoria resonante que causó asombro en todo el país: lograron que la jornada de trabajo para las mujeres y los niños fuera de "únicamente" 12 horas, incluidos los sábados.

Esa conquista puso sobre aviso a los empresarios, que de inmediato se dirigieron al gobierno para pedirle garantías. Su petición tuvo éxito: cuando los obreros de varias fábricas enviaron un pliego al gobierno federal, en el que solicitaban la supresión de los castigos físicos a los obreros, la prohibición de que se les pagara con vales de mercancías, la disminución de la jornada laboral a 12 horas y servicio médico para las víctimas de accidentes de trabajo, la Secretaría de Gobernación respondió que no correspondía a la administración imponer condiciones de trabajo ni a empresarios ni a obreros. Ellos, de mutuo acuerdo y en uso de su irrestricta libertad de contratar, debían convenir aquellas condiciones.

La situación de la clase obrera era muy difícil. En la ciudad de México, las familias de los trabajadores vivían hacinadas en infectos cuartos de vecindad donde a veces dormían hasta 20 personas. Las viviendas de los obreros estaban situadas en barrios como Mexicaltzingo, que son —dice un cronista de la época— "grandes depósitos de basuras, estiércol y sangre. Algunas cañerías de las letrinas desembocan en las calles, con grave perjuicio del vecindario. Por todas partes se hallan animales muertos, pasto de incontables perros hambrientos".

La situación de los campesinos era, si eso cabe, aún más difícil. Su alimentación consistía en maíz comido en forma de tortillas o bebido como atole; chile y frijoles, en los buenos tiempos. A veces el maíz que cosechaban no les alcanzaba para todo el año, y entonces se veían obligados a alimentarse de tunas, hierbas y pequeños animales silvestres.

Informes oficiales de gobierno hacen saber que en 1880 más del 90 por ciento de la población de México pertenecía a dos "clases": la proletaria y la indígena. No se sabía cuál de esos dos grupos sufría mayor necesidad.

Desde su retiro de Oaxaca contemplaba el panorama don Porfirio Díaz. Casi no pasaba día sin una huelga, ya en la capital, ya en las principales ciudades de provincia. En conversación con sus amigos oaxaqueños esbozó don Porfirio una idea que luego sería *leit motiv* de su gobierno:

—Señores, la situación que existe en México no podrá mejorar mientras no abramos las puertas del país a la inversión extranjera.

## *¿A dónde va Vicente?*

El otro día encontré *Los cuentos del general*, de don Vicente Riva Palacio, y compré el libro para releerlo, pues su lectura es muy sabrosa. El general Vicente Riva Palacio fue notable liberal, militar y hombre de letras, coautor de la monumental obra de historia *México a través de los siglos*. Su personalidad, pródiga en matices, presenta gran interés al conocer aquel apasionado y apasionante siglo mexicano, el XIX.

Don Vicente Riva Palacio, digamos por principio de cuentas, era muy feo. Quienes lo conocieron dicen que era estevado —es decir zambo de piernas—, medio jorobeta y de mirada torva. Pero meneaba la pluma muy bien. En colaboración con don Juan A. Mateos dio a la estampa unos dramas históricos tremendos, pertenecientes a esa especie que en argot de teatro se llama *culebrones*. Quién sabe de qué manera se hizo Riva Palacio de los archivos de la Santa Inquisición, invaluable tesoro de documentos que aprovechó muy bien, pues de ellos sacó múltiples temas para sus novelas.

A don Vicente Riva Palacio le debemos obras muy importantes de nuestra literatura nacional: *Monja, casada, virgen y mártir*; *Calvario y Tabor*; *Martín Garatuza*... Sus *Cuentos del general*, ya lo dije, son una deliciosa colección de narraciones que figuran entre los mejores relatos breves que se han escrito en México.

Fue militar también Riva Palacio. De sangre le venía, pues era nieto nada menos que de don Vicente Guerrero: su madre, doña Doloritas, era hija de aquel gran héroe de la Independencia. Participó el general Riva Palacio en las luchas contra la Intervención: fue organizador y jefe de una guerrilla que combatió activamente a los franceses. A la muerte de Arteaga fue nombrado jefe del Ejército del Centro, y como tal estuvo en la toma de Querétaro.

Escritor y militar, tenía un problema don Vicente: los escritores decían que era un magnífico general, y los generales que era un excelente escritor. Ya dije que unos y otros afirmaban que cuando Riva Palacio debía sacar la espada sacaba la pluma, y cuando debía sacar la pluma sacaba la espada. De él solía decirse que en sus campañas militares derramaba mucha tinta y nada de sangre.

En 1884, bajo el gobierno de don Manuel González, Riva Palacio fue a dar con sus huesos a la prisión de Santiago Tlatelolco, donde estuvo encerrado casi un año. No estuvo brazo sobre brazo don Vicente en esa cárcel: ahí escribió casi todo el segundo tomo de *México a través de los siglos.* Ese volumen trata del Virreinato, período histórico que el general conocía muy bien por el acceso a los archivos del Santo Oficio de la Inquisición.

En sus últimos años se volvió muy sentimental don Vicente. En cierta ocasión, siendo embajador de México en España, se sirvió un banquete en la sede de la representación. Una orquesta de cuerdas tocaba en la gran sala. Para adular al embajador, los músicos empezaron a interpretar la *Mamá Carlota*, canción de la cual el general Riva Palacio era autor, y en la que se hacía burla de la desdichada esposa de Maximiliano. El general ordenó inmediatamente que la orquesta dejara de tocar aquella pieza, y los invitados se asombraron al ver que Riva Palacio se enjugaba los ojos y decía con acento de sincera y honda compasión:

—¡Pobre mujer! ¡El destino la trató muy mal!

## *Carmelita*

Dicen que uno fue don Porfirio Díaz antes de su matrimonio con Carmelita Romero Rubio y otro después. El trato con la bella y joven mujer a la que hizo su esposa, suavizó las asperezas del rudo oaxaqueño y puso en él cortesanías de salón. Dama de incontables cualidades, doña Carmelita tuvo gran influencia en su marido. Quizá no inspiró ninguna de sus decisiones, pero no cabe duda de que transformó su carácter y su modo de ver la vida y de considerar a los hombres.

Don Sebastián Lerdo de Tejada no quería nada a don Manuel Romero Rubio. En un tiempo don Manuel fue su partidario. No sólo eso: figuró como jefe del partido lerdista que trabajó activamente para llevar a don Sebastián a la presidencia de la República.

Llegó a ella Lerdo, y quiso reelegirse recurriendo a todas las formas de corrupción electoral y a todas las presiones. Sin embargo, contra las intrigas de los "abogadetes" se levantó la espada de Porfirio Díaz, y en Tecoac acabó para siempre con las ambiciones políticas de Lerdo.

Desterrado éste por propia voluntad —"Más vale que digan aquí corrió que aquí murió"—, sus seguidores recurrieron a la antigua y mexicanísima práctica de "la cargada" y se sumaron al vencedor. Don Sebastián, que quizá abrigaba peregrinos sueños de regreso, se dio por traicionado y empezó a decir pestes de todos los que según él lo habían abandonado.

En primera puso a don Manuel Romero Rubio. Decía cosas muy pesadas del antiguo director de su partido. Afirmaba que su temperamento era femenino; que su mujer tenía más... atributos varoniles que él.

Hacía muy mal el señor Lerdo en desahogar su amargura de tal modo. Don Manuel no solamente fue su aliado político sino también su amigo. No lo sabemos de cierto, pero hay bases para suponer que don Sebastián, empedernido solterón, puso alguna vez los ojos en Carmelita, la preciosa hija de su amigo. Ella era entonces tan pequeña que de seguro no advirtió las miradas que debe de haberle dirigido Lerdo. En ese tiempo don Sebastián tenía 50 años. Ahora esa edad es flor de plenitud, una especie de juventud segunda, pero en aquel entonces el medio siglo era, como quien dice, la ancianidad. Tanto así que Carmelita, al dirigirse a don Sebastián, le decía "papá Lerdo".

Carmelita Romero Rubio y Castelló, nacida en 1864, se hallaba en la década de 1880, en su mayor belleza. Era una muchacha bien educada. Muy religiosa por parte de madre, no llegaba al fanatismo, pues el liberalismo de su padre la alejaba de toda exageración en la práctica de su fe. Hablaba el inglés tan bien como el español, ya que gran parte de su educación la había recibido en los Estados Unidos. Alguien le recomendó a don Porfirio que tomara clases de inglés con ella. Diría después esa persona que la recomendación la hizo no para que Díaz aprendiera de ella el idioma de Shakespeare, sino mejores modales, pues aun siendo presidente don Porfirio era calificado de patán por la remilgosa sociedad capitalina.

## *Un altanero amigo*

La Historia no sólo es maestra de la vida: es también su augurio o vaticinio. Solía contar don Sebastián Lerdo de Tejada que allá por 1865, en plena guerra contra los franceses, llegó Juárez a la frontera con los Estados Unidos. Iba en su famoso carruaje huyendo del Imperio. Llevaba en su propia persona la representación de la República.

Tomó casa el presidente en la villa de Paso del Norte. Todas las tardes solía pasear con Lerdo por las calles de la vieja población que desde 1888 se llama Ciudad Juárez en honor de aquel ilustre visitante. De vez en cuando salían los dos a las goteras del que entonces era sólo un humilde villorrio.

Recordaba el señor Lerdo que en una de esas tardes dijo don Benito, como hablando consigo mismo:

—Los americanos... He ahí a nuestros enemigos.

Debe de haberse sorprendido Lerdo al escucharlo, pues Juárez tenía en los Estados Unidos a su mejor aliado. Notando el asombro de su amigo, don Benito procedió a explicar lo que había dicho:

—Los franceses no podrán durar mucho tiempo más en nuestro territorio. Los acontecimientos de Europa y el fin de la guerra civil norteamericana así lo determinan.

—¿Y qué vendrá entonces, señor Juárez? —le preguntó Lerdo al Benemérito—. ¿Alguna revolución acaudillada por cualquiera de nuestros ambiciosos militares?

—A eso no le temo —contestó don Benito.

En silencio empezó a dibujar sobre el suelo, con una vara, figuras que tenían semejanza de águilas imperiales.

—¿Se ha fijado usted, señor Lerdo —preguntó después de un rato a don Sebastián—, con qué altanería nos tienden la mano los norteamericanos? Supongo que así trataban los romanos a los pueblos que conquistaban.

Lerdo escuchaba en silencio las reflexiones que en alta voz hacía Juárez mientras seguía dibujando aquellas águilas.

—Los franceses pertenecen a la raza latina —prosiguió el presidente—, tan distinta de la anglosajona. Ellos son nuestros enemigos, y son también enemigos de los americanos. Por tanto los norteamericanos son ahora nuestros amigos.

Levantó la vista Juárez y la fijó más allá del río Bravo.

—Pero al paso del tiempo, señor Lerdo, con la Doctrina Monroe amenazándonos, deberemos temer más a un norteamericano con el sombrero en una mano y la otra tendida para saludarnos que lo que tememos ahora a un batallón de zuavos amenazándonos con sus bayonetas.

Así dijo Juárez. Se levantó después y echó a caminar con rumbo a la villa en que por esos días habitaba. Se apagaban las últimas luces de la tarde; las estrellas empezaban a brillar en lo alto. Dice don Sebastián Lerdo de Tejada que en todo el camino hasta su casa don Benito ya no volvió a decir palabra.

## *El final se acerca ya*

Se acercaba ya el final del período presidencial de don Manuel González, quien debía concluir su gobierno el 30 de noviembre de 1884. No había más que un candidato viable a sucederlo: don Porfirio Díaz. Pero el general seguía albergando temores en el sentido de que su compadre quisiera seguir en la silla presidencial. Así, hizo que su partido arreciara los ataques contra don Manuel, que se vio sometido a una tremenda campaña de injurias dirigidas por su gran amigo y compadre Porfirio. Todo se vale en ese sucio juego de poder que se llama la política.

El 6 de noviembre de 1881, don Porfirio Díaz contrajo nupcias con su maestra de inglés, Carmelita Romero Rubio y Castelló. Tenía él 51 años de edad; ella 17.

La boda fue el acontecimiento social no sólo de aquel año, sino de muchos. Ofició el arzobispo de México, don Antonio Pelagio de Labastida, y a la recepción asistió todo aquel que era *alguien* en la República.

Hay quienes afirman que la boda de la joven muchacha y su maduro galán fue un matrimonio de conveniencias, una especie de alianza política. Historiador ha habido que pone a Carmelita como una especie de Julieta lerdista que casa con el mayor rival del partido al que pertenecía su padre. La verdad es que fue un matrimonio por amor. Díaz, cansado de épicas aventuras amorosas en Oaxaca, había decidido sentar cabeza y ganar respetabilidad tomando estado con una dama respetable. Carmelita, por su parte, debe de haberse sentido atraída por el hombre que al interés de sus canas añadía un interés aún más grande: el del poder.

La unión de Carmelita con don Porfirio, digámoslo desde ahora, fue un éxito. La pareja no tuvo hijos, pero entre los esposos hubo siempre un acendrado cariño que a veces resultaba conmovedor. El general miraba a Carmelita como a una hija; ella veía en su marido a un padre amantísimo, fuerte y protector.

La gente se asombró al observar el cambio que se operó en don Porfirio a raíz de su boda. Se hizo al mismo tiempo más suave y más fuerte. El rudo comportamiento del soldado dio paso al trato educado del político. Pero también sus decisiones empezaron a cobrar más madurez, y por lo tanto más firmeza. Se ha dicho que don Porfirio trataba con Carmelita los asuntos de gobierno, y que gustaba de escuchar sus puntos de vista. Ella siempre lo negó, pero hay muchas evidencias que muestran que el general atendía los puntos de vista de su joven e inteligente esposa.

Hasta antes de casarse, don Porfirio usaba ropa que parecía confeccionada por un carpintero. Se le empezaron a ver trajes bien cortados que lucía con apostura. Antes tenía pésimos modales: escupía en las alfombras, hablaba con lenguaje tosco. En unos cuantos meses estuvo convertido en un modelo de urbanidad y buenas maneras.

En 1883, don Porfirio fue a los Estados Unidos so pretexto de que no había tenido viaje de bodas. Con él iba —por supuesto— Carmelita. Con él iba también —no por supuesto— el papá de Carmelita, don Manuel Romero Rubio. El viaje, como veremos en el próximo capítulo, no solamente fue de bodas.

## *Y volver, volver, volver...*

Al terminar su cuatrienio, don Manuel González recibió rudos ataques. Su gobierno se había desprestigiado en virtud de la extrema corrupción que en él reinó y de la desordenada conducta del ex presidente. Así, la gente saludó el regreso de don Porfirio Díaz al poder, y vio en él una nueva esperanza.

El 1° de diciembre de 1884, el general Díaz volvió a ocupar la presidencia. No saldría ya de ella sino, por fuerza de las circunstancias, hasta 1911. Casi todo ese tiempo el oaxaqueño estuvo en el poder con la aprobación del país. Muchos sintieron su salida, y todavía oímos la nostálgica expresión que se refiere a "los tiempos de don Porfirio".

El general Díaz dio a México el anhelado don de la paz. Al mismo tiempo impuso en su administración una cierta austeridad y una conducta republicana que se muestra en el hecho de que nadie, ni sus peores enemigos, jamás lo acusó de haberse enriquecido.

El Porfirio Díaz que tomó posesión aquel 1° de diciembre, no era el mismo que había gobernado la primera vez. Ahora era un *mexican gentleman*, un caballero pulido y educado. En su viaje de bodas por los Estados Unidos, en el curso del cual recibió tratamiento extraoficial de jefe de Estado, se hizo acompañar por su suegro, el señor Romero Rubio. Solía decir éste que en ocasiones llegaron a cansarlo las continuas preguntas de su yerno, que quería saberlo todo, que deseaba tener información acerca de todo.

Llegó a la presidencia don Porfirio con tres proyectos. El primero, la reconstrucción de la economía nacional por medio de la inversión extranjera. El segundo, la consolidación de su régimen para no tener que dejar ya la presidencia. El tercero, el logro definitivo de la paz, que se conseguiría arreglando las diferencias entre las varias facciones políticas y —sobre todo— acabando de una vez por todas con el enfrentamiento entre la Iglesia y el Estado.

Formó su nuevo gabinete don Porfirio. En Gobernación —que empezaba a ser ya el principal ministerio, desplazando al de Relaciones en orden de importancia— puso a su señor suegro, el señor Romero Rubio. En Relaciones colocó a don Ignacio Mariscal, quien gozaba de gran prestigio como jurisconsulto y hombre recto.

La gran sorpresa fue el ministro de Guerra: don Porfirio designó a Manuel Dublán, conservador y antiguo partidario de Maximiliano.

No debieron sorprenderse tanto los que se asombraron con el nombramiento de Dublán: don Porfirio estaba iniciando su gran política de conciliación. Ya no debía haber conservadores y liberales; él quería que sólo hubiera porfiristas.

Quizá el mejor símbolo del nuevo gobierno lo podemos encontrar en don Francisco Gochicoa. Era furioso liberal, ostentaba uno de los grados superiores de la masonería, pero los viernes de Dolores y los días 12 de diciembre engalanaba su casa en honor de la Virgen y ponía en el descanso de su escalera preciosos altares que hacía bendecir por un sacerdote, abriendo luego la puerta de su casa para que la gente pudiera entrar a verlos. Don Pancho Gochicoa fue el líder de la mayoría porfirista en la Cámara de Diputados.

## *Los gobernadores*

Para gobernar bien, don Porfirio se hizo rodear de un grupo de antiguos conocidos —generalmente militares— en quienes depositó su confianza y a quienes dio el carácter de lugartenientes. Creó un poderoso aparato fincado en relaciones personales, de tal manera que bien se puede decir que Díaz es el creador del sistema de "amiguismo" bajo el cual todavía el presidente designa a sus colaboradores.

Desde que subió a la silla presidencial por segunda vez, don Porfirio empezó a maniobrar para quedarse definitivamente en ella. Dicen que el general Díaz, en la intimidad familiar, solía contar un apólogo oriental:

—Érase que se era un rey que se había mantenido en el trono a lo largo de toda su vida. Llegado a la ancianidad se dispuso a entregar la corona a su hijo mayor, el príncipe heredero. Un día el joven príncipe preguntó a su padre cuál había sido su secreto para mantenerse en el trono tanto tiempo. El monarca, sin decir palabra, lo condujo a un trigal cercano. Tomó el rey una vara, y conforme caminaban entre el trigo iba cortando con un certero golpe las espigas que sobresalían entre las demás. El príncipe entendió la silenciosa lección: cabeza que sobresaliera, cabeza que debía ser cortada.

Una cabeza que estaba sobresaliendo en forma peligrosa era la del general García de la Cadena. Se sabía de él que tenía pretensiones presidenciales, y que en ocasiones se expresaba mal de don Porfirio. De inmediato el general Díaz hizo que agentes especiales fueran destacados para vigilar al general, discretamente pero sin que pudiera hacer ningún movimiento que él no conociera.

Otro posible rival para el futuro podría ser don Manuel González. A fin de quitarle toda idea presidencialista de la cabeza, lo mandó de gobernador a Guanajuato, donde tenía menos raíces que una de esas pequeñas plantas de maceta que se llaman amor de un rato.

No se lo dijo a nadie, pero don Porfirio temía que su propio suegro, el señor Romero Rubio, pudiera llegar a sentir tentaciones presidencialistas. Alguna vez el señor dijo a su yerno que de ninguna manera albergaba esa ambición, pero por sí o por no don Porfirio decretó calladamente una especie de boicot en contra del ministro de Gobernación, que pronto lo dejó convertido en una figura puramente simbólica: el presidente arreglaba personalmente todos los asuntos que correspondían a Gobernación.

## *Así era don Porfirio*

¿Cómo era don Porfirio Díaz? A falta de estatuas tenemos de él las descripciones que nos dejaron sus contemporáneos. En especial Federico Gamboa se refirió a él, y nos dejó tanto el retrato físico como el espiritual de aquel hombre que, habiendo sido un gran patriota, sigue condenado por la historia oficial a estar en el panteón de los villanos.

Dice don Federico Gamboa que Porfirio Díaz era un hombre de arrogante presencia, continente severo y rostro adusto.

Tal parece que se sentía obligado a adoptar una pose solemne en honor a la investidura presidencial que detentaba. No ha sido el único en asumir esas maneras: se nos ha dicho que don Adolfo Ruiz Cortines usaba sombrero —lo llevaba casi siempre en la mano, junto al pecho— para evitar la familiaridad del abrazo, que consideraba impropio.

Don Porfirio fue de modales rudos. Acostumbraba —ya lo dije antes— escupir en los estrados, aunque hubiera alfombra. Incapaz de sostener una buena conversación, en las fiestas, saraos y reuniones se dedicaba a pasear la vista por las paredes o a escarbarse los dientes con un palillo.

Sentía desprecio por las profesiones llamadas liberales, ya fueran "abogadetes" o "matasanos". No es que fuera un hombre ignorante o basto, recuérdese que cursó completa la carrera de abogado.

Díaz amaba a su país. Pensaba en él como en una mujer a la que había que domeñar para aplacarle el carácter bronco y levantisco. En ese sentido don Porfirio interpretó el sentimiento de la población, que ansiaba ya vivir en paz, y decidió que debía perpetuarse en el poder, pues sólo una mano firme —y hasta dura— podía pacificar el país.

Se valió de procedimientos expeditos para lograr esa pacificación. Uno de los mayores problemas que encontró en su segundo período presidencial fue la falta de seguridad para el comercio: los caminos estaban llenos de bandoleros que dieron tema a páginas gloriosas de la literatura nacional: *Los bandidos de Río Frío; El Zarco*… Don Porfirio acabó con esos bandidos: a la mitad de ellos los colgó; a la otra, los convirtió en jefes de los famosos Rurales, una especie de Santa Hermandad de policía que hizo de México uno de los países más seguros del mundo.

No se andaba con medias tintas don Porfirio. Siempre negó la historia de "mátalos en caliente", pero lo cierto es que no se ponía la mano en el corazón cuando se trataba de reprimir a cualquiera que atentara contra los dos bienes más grandes que tenía: el interés de México y su propio interés. Para don Porfirio esos dos intereses eran uno solo.

## *¡El vencedor de esta peleaaa...!*

En 1884 hubo en México elecciones de presidente de la República. Don Porfirio Díaz —candidato oficial— obtuvo 15 776 votos. Los demás candidatos, 289.

Los ciudadanos mostraron disgusto ante tales resultados. El abstencionismo electoral había sido patente: las casillas estuvieron absolutamente vacías. La votación, evidentemente, había sido inflada en forma descarada. Sin embargo no hubo protestas, ya que don Porfirio representaba la regeneración del país, que durante la presidencia de Manuel González cayó en todos los males que derivan de la ineptitud y la corrupción de los funcionarios públicos.

Así, don Porfirio llegó al poder vestido con la túnica del redentor y llevando —otra vez— la bandera de las esperanzas. Con él, pensaba la mayoría de los mexicanos, México consolidaría su paz y entraría en una etapa de reconstrucción sin precedentes. La intuición del pueblo en este caso no estaba equivocada.

Porfirio Díaz llegó por segunda vez a la presidencia "corregido y aumentado". Ya no era el rudo soldado salido de Oaxaca: estaba convertido en un hombre educado que tenía ideas claras sobre el futuro de México y sobre su propio porvenir. Procuró así rodearse de hombres preparados y que tuvieran nociones acerca de la forma en que se conducían los asuntos de gobierno en las naciones que entonces se llamaban civilizadas y que hoy serían conocidas como del Primer Mundo.

A mediados de la década de 1880, empezaron a reunirse algunos jóvenes de la mejor sociedad capitalina. Compartían varias características comunes: todos pertenecían a familias adineradas y eran cultos, y la mayor parte había hecho estudios en el extranjero.

En sus tertulias sostenían discusiones que parecían no tener fin. Hablaban de las condiciones de México, especialmente de la economía, y formaban planes tendientes a conseguir el aprovechamiento de los vastos recursos naturales que guardaba el territorio mexicano. Nutridos en las tesis del positivismo, liberalistas hasta la raíz del hueso, postulaban la idea de que todo, incluso la política, debía manejarse en forma científica. Por la insistencia con que usaban ese término, se les empezó a conocer un tanto irónicamente con el nombre de *científicos*.

José Yves Limantour, Pablo y Miguel Macedo, Justo Sierra, Francisco Bulnes, Ramón Corral... Tales eran los nombres de algunos de los más conspicuos miembros de esa novísima cofradía. Eran vistos con sospecha por la Iglesia, que los consideraba, si no ateos, sí al menos agnósticos. El pueblo también los miraba con ojos suspicaces: para él los científicos eran oportunistas que, validos de sus conocimientos y cultura, medraban al amparo de la sombra del general Díaz.

Don Porfirio suspendió la aplicación de las Leyes de Reforma. Bajo su gobierno, el Estado y la Iglesia llegaron a una especie de concordato no escrito. Se creó un *statu quo* que duró hasta muy recientemente: el clero violaba las disposiciones constitucionales sobre cultos religiosos, y el gobierno se hacía de la vista gorda a cambio de contar con el visto bueno de la jerarquía católica. Para tranquilizar a los jacobinos —masones, liberales puros, juaristas y lerdistas—, don Porfirio exaltó la figura de Juárez y dio jugosas chambas a sus antiguos partidarios.

Quienes pensaron alguna vez que los científicos eran el poder tras el trono se equivocaron de medio a medio. Don Porfirio pensaba que todo se puede compartir, menos el poder. Dejaba que sus ministros atendieran los asuntos de mero trámite, pero nadie más que él tomaba las grandes decisiones. La idea del oaxaqueño era convertirse en árbitro supremo —y único— de la nación. Para eso dividió a sus posibles adversarios o puso sobre ellos amenazas que los hicieron desistir de su oposición. Muy pronto los mexicanos se dieron cuenta de que en el general Díaz había presidente para rato.

## *Las concertacesiones de don Porfirio*

Don Porfirio Díaz fue maestro en el arte de ceder algo para ganar mucho. Los liberales puros, herederos de la tradición radical de Juárez y Lerdo, veían con malos ojos la heterodoxia de don Porfirio en la práctica de los principios del liberalismo. Díaz, sin embargo, mantuvo su política de conciliación.

El 8 de diciembre de 1889, fiesta de la Purísima Concepción de María, don Pelagio Antonio de Labastida y Dávalos, arzobispo primado de México, cumplió las bodas de oro de su ordenación sacerdotal. Ese día recibió muchos regalos en su espléndido palacio arzobispal, una de las mansiones más bellas que se podían ver en la elegante calle de la Perpetua. Un regalo, entre todos, lució por su riqueza. Era un magnífico báculo archiepiscopal labrado en plata pura con finísimas incrustaciones de carey.

Se recibió el báculo en un precioso estuche de terciopelo negro. Cuando el señor Labastida abrió la caja un ¡ah! de admiración salió de labios de sus familiares y validos. Aquélla era una joya. Algunos de los presentes sopesaron el báculo y calcularon que con el precio de la plata que contenía podía comprarse una casa de las mejores que en la ciudad de México se podían hallar.

¿Quién envió al arzobispo Labastida regalo tan magnificente? El presidente de la República, general Porfirio Díaz. El obsequio estaba cargado de significación: era muestra de los buenos deseos que tenía don Porfirio de llevar la fiesta en paz con la Iglesia católica y de contar con la amistad de los jerarcas y su conformidad con su obra de gobierno.

No se le escapaba al presidente la consideración de que Juárez y sus paniaguados fueron demasiado lejos en su inquina contra la Iglesia. Ésta, la verdad sea dicha, merecía ser objeto de animadversión, pues con mucha frecuencia sus dignatarios convirtieron en terrenal su tarea de espíritu. Sin embargo, al reprimir a la Iglesia católica, don Benito cayó en excesos, igual que antes Gómez Farías y después Lerdo de Tejada. Suprimió, por ejemplo, las misiones que tanto bien hacían en las comunidades indígenas.

Pues bien: al llegar por segunda vez a la presidencia don Porfirio, y ya seguro de su permanencia en el poder, una de las primeras providencias que tomó fue entrar en arreglos con la Iglesia. Para eso se sirvió de la excelente amistad que había trabado con personajes muy conspicuos de la Iglesia, como el obispo Gillow. A ellos les hizo saber que su posición no sería de enfrentamiento, sino de diálogo permanente y mutua ayuda.

Merced a esa que hoy se llamaría *concertación*, pudo don Porfirio gobernar sin interferencia de la Iglesia, y gracias al propio acuerdo pudo la Iglesia recuperar su antiguo brillo, y hasta algo de la influencia en asuntos temporales que perdió en tiempos de Juárez.

## *Los ricos también lloran (pero menos)*

El período de paz que se inauguró con la llegada al poder de don Porfirio Díaz y la aplicación sin reservas de los principios del liberalismo económico permitieron la rápida formación de grandes fortunas que beneficiaron a unos cuantos y dieron origen a una "nueva clase" en la cual se apoyó el oaxaqueño para gobernar sin estorbos.

En julio de 883, el gobernador de Sonora autorizó la concesión de algo así como 2000 kilómetros cuadrados de territorio sonorense a una compañía explotadora de carbón. De esa empresa formaban parte algunos personajes sumamente conocidos, entre los cuales figuraba como accionista principal don

Ramón Corral. A cambio de los 2000 kilómetros cuadrados, la compañía adquirente se obligaba a "donar" 5000 pesos para la construcción de un edificio que se destinaría a actividades de educación superior. Igualmente se comprometía a pagar 28 000 pesos a la tesorería estatal.

La operación se consumó, y el dinero fue entregado. Tres meses después, la compañía vendió sus derechos a una empresa de los Estados Unidos en 3 millones de pesos. Desgraciadamente —para los vendedores— la operación con los norteamericanos no pudo consolidarse, pues al enterarse de la escandalosa transacción intervino el gobierno federal, y negó facultades al estado de Sonora para dar territorios en concesión cuando ello pusiera en peligro la soberanía nacional.

El caso es un ejemplo típico de la forma en que los capitalistas mexicanos querían obtener ganancias exorbitantes a cambio de inversiones mínimas. Los hombres del dinero eran más bien especuladores que empresarios. En los términos de un informe económico de la época "esta seguridad de pingües rentas con escaso capital y casi ningún riesgo, es muestra del escaso espíritu de empresa de nuestros capitalistas, y sólo puede corregirse con la competencia". Creo que esas palabras serían aplicables a muchos de nuestros adinerados de hoy.

Al nulo interés de los inversionistas mexicanos para arriesgar su dinero en la creación de empresas, se añadía el temor que tenían los extranjeros de invertir en México. El embajador de los Estados Unidos, míster Foster, respondió a la carta de uno de sus paisanos que le pedía consejo acerca de si debía comprometer su capital en la creación de una empresa en México y con socios mexicanos: "No debe usted olvidar que este país lleva ya medio siglo de desórdenes y revolución".

Lo que empezó a interesar a los inversionistas norteamericanos fue lo mismo que interesó cuatro siglos antes a los conquistadores venidos de la España: el oro y la plata que en México podían encontrar. Empezaron a venir allende el Bravo bandadas de exploradores mineros que fueron a Sonora y Sinaloa, Chihuahua, Coahuila, Zacatecas y Durango, y que llegaron por el sur hasta Guerrero y Oaxaca.

Otros buscadores llegaron también: los de petróleo. En 1882 hicieron los primeros hallazgos en Tuxpan, Veracruz. Menos de un año después, los norteamericanos ya estaban sacando petróleo, y habían instalado una refinería que les dejaba utilidades cuantiosísimas.

## *Astucias de don Porfirio*

Ser bueno es buen negocio. A veces la aplicación de los principios cristianos puede ser una magnífica inversión. Demostración de esa hipótesis es esta anécdota de don Porfirio, hábil político que era bueno cuando le convenía.

En cierta ocasión, iniciado ya su segundo período como presidente, don Porfirio Díaz hizo llamar a un coronel. El militar estaba retirado y vivía precariamente, sometido como estaba a la hostilidad del gobierno y del propio ejército. Había sido lerdista, y se sabía sin lugar a dudas que organizó una conspiración para asesinar al general Díaz cuando éste era amenaza para la permanencia en el poder de Lerdo.

Vivía oculto el coronel, de modo que cuando recibió la orden de presentarse ante el presidente sintió que había sido descubierto y que de seguro iría, en el mejor de los casos, a la cárcel, o en el peor al paredón. Para su sorpresa, el general Díaz lo recibió, si no con afabilidad, pues tal no era su estilo, sí con extremada cortesía.

—Lo hice llamar, coronel —empezó sin más preámbulos—, porque me consta que es usted un extraordinario jefe de caballería.

—Gracias —acertó a responder el coronel, que no daba crédito a lo que estaba oyendo.

—Hay un regimiento —prosiguió don Porfirio— que me tiene muy descontento. No está funcionando bien; algo ha fallado en su organización. Hace unos días le pasé revista y observé que los caballos están trasijados. El regimiento recibe cada día su dotación completa de pastura, lo que me hace pensar que alguien se la está robando. Me las arreglé para hablar con algunos soldados y se quejan de que sus pagos se les retrasan, y a veces de plano no los reciben.

El coronel escuchaba con atención al presidente.

—Al día siguiente revisé personalmente la nómina del regimiento —siguió diciendo el general Díaz— y encontré que hay plazas supuestas que el coronel encargado del mando está cobrando. Desde ayer está en la cárcel ese señor. Por eso necesito ahora un nuevo jefe. He hecho que el secretario de Guerra extienda el nombramiento a usted. Si lo acepta puede pasar por él ahora mismo y empezar de inmediato el desempeño de su comisión.

El coronel estaba boquiabierto. No sabía ni qué decir.

—Señor presidente... General... —balbuceó lleno de confusión—. Le agradezco muchísimo esa muestra de confianza en mi persona. Qué bueno que por fin supo usted que era calumnia eso de que yo pretendí asesinarlo a usted.

Se endureció el gesto del presidente.

—No fue calumnia, coronel —replicó don Porfirio—. Usted iba a matarme. De eso tengo la absoluta seguridad. Pero los tiempos han cambiado, y ya no es ésta una época para venganzas. Ahora soy el presidente de México, y para el manejo del gobierno y el mando del Ejército necesito hombres capaces. Usted es uno de ellos. Olvidemos agravios pasados y hagamos cada uno lo que nos toca hacer. ¿Le parece?

—Desde luego que sí, señor presidente —respondió el coronel—. Me pongo a su disposición, y le quedo muy agradecido.

—Perfectamente —concluyó don Porfirio—. Pase a la Secretaría de Guerra, pida su nombramiento, que le den posesión del mando y a trabajar.

## *Los duelos con pan son duelos*

El régimen porfirista fue afrancesado. Quedó atrás la herida causada por la Intervención francesa y México se dedicó a copiar las costumbres y modas de París. Entre esas costumbres llegó la de los duelos, que se estableció en nuestro país por simple imitación y que causó a las autoridades —y también a los duelistas— muchos quebraderos de cabeza.

Salvador Díaz Mirón era terrible. Su formidable aspecto —recio corpachón rematado por cabeza leonina— correspondía a su fiero modo de ser. Era de carácter colérico, atrabiliario y violento. Un día, un joven se le quedó viendo en la calle:

—¿Qué me ve? —lo increpó Díaz Mirón echando mano a la pistola que llevaba en la cintura.

Una respuesta ingeniosa, seguramente inspirada al muchacho por el instinto de conservación, lo salvó de haber sido muerto ahí mismo por el feroz poeta.

—No lo veo a usted —contestó el joven—. Veo al genio.

—Ah, vaya —dijo entonces Díaz Mirón.

Satisfecho se atusó el bigote y siguió su camino.

Desde su juventud, el bardo veracruzano anduvo metido en líos por causas de violencia. En 1876 —tenía 23 años— hubo de refugiarse en los Estados Unidos, pues la virulencia de sus artículos periodísticos provocó la ira de los poderosos. Cuando volvió a su tierra sostuvo un duelo a balazos con un fulano. Fue herido por él, y le quedó inútil el brazo izquierdo. Poco tiempo después, en Veracruz, su ciudad natal, mató a un sujeto que a su vez hirió al poeta con su pistola. En 1892, siendo secretario del ayuntamiento de aquel puerto, se hizo de palabras con un señor llamado Federico Wolter. Lo esperó pistola en mano a la salida del cabildo. Cuando Wolter salió, Díaz Mirón se puso de rodillas frente a él y le disparó, quitándole la vida. Le preguntó el juez por qué se había arrodillado ante su víctima:

—Porque disparando de abajo hacia arriba la trayectoria de la bala es mayor y causa más daño —razonó Díaz Mirón.

Por ese crimen el poeta estuvo preso cuatro años en San Juan de Ulúa.

Traigo a colación esos sucesos porque Díaz Mirón fue gran duelista. Siendo gobernador de Veracruz don Luis Mier y Terán, el poeta lo desafió acusándolo de ser culpable de los famosos sucesos de "mátalos en caliente", por los cuales perdieron la vida algunos destacados habitantes del puerto. Don Luis, prudente y cauteloso, se negó a aceptar el desafío del poeta alegando su calidad de gobernador.

—Pues entonces queda usted emplazado para cuando deje el cargo —le dijo Díaz Mirón.

Nunca llegó a efectuarse el duelo: don Luis perdió la razón, se dijo que a consecuencia de los remordimientos que le causó aquel tremendo hecho de sangre.

En 1880, el gobernador del Distrito Federal se vio obligado a emitir un bando por el cual se amenazaba con penas severísimas a los duelistas. La necia costumbre del duelo, tan de boga en Francia, se había puesto de moda en México. El 27 de abril de ese año, el escritor Irineo Paz mató en duelo al periodista Santiago Sierra. La policía aprehendió al duelista sobreviviente y a los padrinos del duelo. Entre ellos estaba nada menos que don Justo Sierra.

## *¿Todo tiempo pasado fue mejor?*

Se suele decir, usando mal la frase de Manrique, que todo tiempo pasado fue mejor. Con mucha ligereza se dice eso. La verdad es que, bien vistas las cosas, casi todo tiempo pasado fue peor. Hay quienes piensan, por ejemplo, que la época de nuestros abuelos y bisabuelos fue dechado de moralidad. No hay tal: en ese sentido el ayer es muy parecido al hoy, y seguramente muy similar al mañana.

A finales del siglo antepasado, por ejemplo, la paz porfiriana hizo que florecieran los vicios de la paz. La seguridad en los caminos fue causa de que otra vez tuviera auge el comercio. El fin de las guerras permitió que de nueva cuenta los campos fueran cultivados y que las minas volvieran a dar fruto. La consecuencia de todo eso fue el dinero. Y el dinero trajo consigo el ocio y la búsqueda del placer.

En 1877 había salido un reglamento permitiendo la existencia de casas de juego. En menos de medio año surgieron 100 de esas casas tan sólo en la ciudad de México. Las hubo para todos los gustos y —como dicen— al alcance de todos los bolsillos. Había casinos para los potentados, donde se jugaban a la ruleta fortunas muy considerables, y había cuchitriles para los pobres, donde en una carta de albur se arriesgaban los míseros jornales percibidos en toda la semana por los trabajadores.

En el precioso edificio que ahora se llama Casa de Iturbide, sede de una institución bancaria, hubo una famosa casa de juego regenteada por un tal Joaquín Alcázar. A ella iban funcionarios del gobierno que apostaban entre sí las cantidades que para el efecto distraían de los fondos públicos. Nos quejamos ahora de los comerciantes ambulantes que en la calle ponen sus estuches o sus tenderetes. Pues bien: en esa época muchas calles del centro de la capital estaban llenas de jugadores que sentados en el suelo se entregaban a los dados, a la lotería, a los juegos de naipes.

El gobierno se preocupó al ver la proliferación de toda suerte de garitos, y ante el enojo de la sociedad dio marcha atrás a esa legislación y prohibió el juego. Los jugadores no se preocuparon: trasladaron sus casas de juego a Tlalnepantla, en el Estado de México y cuyas autoridades se mostraron dispuestas a recibir a los viciosos con tal de percibir los impuestos que los garitos debían pagar por su funcionamiento.

Los moralistas estaban escandalizados por la degradación de las costumbres. Había mil pasquines en los cuales con absoluta falta de recato se injuriaba a las personas más decentes. Con desfachatado cinismo los editores de esos periodicuchos echaban lodo sobre la reputación de las señoras, cuyos maridos, padres o hermanos se veían obligados —tal era la nueva costumbre— a retar a duelo al libelista. Éste se confiaba en sus habilidades de tirador, y con frecuencia mataba a quien había salido en defensa del honor de su esposa, su hija, su hermana o su novia. "La sociedad —publicó un escritor católico— se encuentra sobrecogida de dolor, y de asombro los amigos de las leyes, al ver cómo se extienden entre nosotros esos asesinatos que con el nombre de duelos se registran todos los días en la ciudad".

¿Todo tiempo pasado fue mejor? Quién sabe, quién sabe.

## *Díaz y los Estados Unidos*

Juárez fue fidelísimo aliado de los Estados Unidos. Sólo la suerte impidió que se cumpliera el nefando tratado MacLane-Ocampo, por medio del cual Juárez sacrificaba la soberanía nacional a fin de seguir contando con el apoyo norteamericano en su lucha contra el partido conservador. Porfirio Díaz, en cambio, tuvo frecuentes problemas con los americanos, y su caída final no se debió tanto a la revolución que inició el señor Madero como a los problemas que don Porfirio tenía con el poderoso país del norte.

En verdad míster John W. Foster, embajador de los Estados Unidos en México, no tenía buen ojo ni dotes de profeta. Cuando don Porfirio Díaz derribó del poder a Lerdo de Tejada y subió a la presidencia, Foster escribió una nota a su gobierno en la que afirmaba que la llegada del nuevo presidente no debía ser motivo de preocupación, pues "seguramente Díaz no durará más de un año en la presidencia".

La primera sorpresa que míster Foster se llevó fue cuando don Porfirio convocó a elección constitucional y ganó por amplio margen. Los Estados Unidos se habían negado a reconocer al oaxaqueño cuando éste sustituyó a Lerdo. Alegó Washington que el general Díaz encabezaba un gobierno de facto. Don Benito Juárez fue presidente de facto siempre; sin embargo, los Estados Unidos no sólo le dieron su reconocimiento, sino su ayuda, hasta el punto en que sin ella Juárez no habría podido triunfar sobre los conservadores ni sobre los franceses.

¿Qué sucedía? Sucedía que Juárez siempre estuvo dispuesto a colaborar con los Estados Unidos, y aun de plegarse a sus dictados. En cambio, don Porfirio tenía otra actitud. Había recogido el malestar de los ciudadanos y su preocupación por la amenaza que el entreguismo de Juárez representaba para la soberanía nacional. Cuando el gobierno norteamericano colocó una considerable fuerza militar al otro lado del río Bravo y la prensa de ese país difundió la idea de que México no podía gobernarse a sí mismo, el presidente Díaz dispuso una tropa especial, al mando del general Treviño, para vigilar la frontera. Otra orden le dio: en caso necesario debía hacer del conocimiento del general norteamericano Ord, comandante de las tropas fronterizas, las instrucciones que tenía:

"El gobierno mexicano no está dispuesto a permitir que una fuerza extranjera ingrese en territorio de México, ni menos aún que ejerza sobre él actos de dominio. Así, usted repelerá la fuerza con la fuerza en caso de que una invasión se verifique, respondiendo así al insulto que se quiere hacer a México invadiendo su territorio."

Mucho habían cambiado las cosas desde la muerte de Juárez. En él tuvieron un amigo los Estados Unidos. Parecía que con don Porfirio las cosas iban a ser muy diferentes.

Y aquí sigue una historia interesante. Se ha dicho siempre que Pancho Villa ha sido el único hombre que ha invadido el territorio de los Estados Unidos. La afirmación es de gran impacto, pero falsa. Antes que él otros dos mexicanos invadieron el territorio norteamericano.

## *La invasión al revés*

Allá por 1876, cuando don Porfirio Díaz era presidente de México con carácter provisional, empezó a crecer otra vez la tensión entre nuestro país y los Estados Unidos.

Los americanos habían tenido en Juárez un aliado fidelísimo. Lerdo de Tejada, que lo sucedió en la presidencia, se mostró también buen amigo del país del norte. Pero al llegar al poder Porfirio Díaz hubo preocupación por la actitud que el nuevo hombre fuerte podía tener en relación con Norteamérica.

Al principio Washington no dio mucha importancia a Díaz. Pensó que su rebelión había sido una asonada más, y que la llegada a la presidencia del oaxaqueño era sólo un resto del militarismo que no tardaría en ceder ante el ímpetu del movimiento civil implantado por Juárez, o en caer por el peso del orden constitucional.

Poco tardaron los americanos en darse cuenta de que Díaz tenía eminentes cualidades de caudillo. Aun así, el gobierno de Washington no dio su reconocimiento al nuevo gobierno. Ni éste lo solicitó: don Porfirio dio instrucciones a Vallarta, ministro de Relaciones Exteriores, en el sentido de que el gobierno mexicano no debía solicitar como limosna lo que por justicia debía recibir.

Eso causó escozor en los medios políticos, diplomáticos y militares de los Estados Unidos. Ahora había alguien que se atrevía a desafiar a la gran potencia. Con el pretexto de problemas fronterizos —contrabando, abigeato, bandolerismo—, el ejército norteamericano empezó a concentrar tropas en puntos estratégicos de la frontera. Don Porfirio respondió a esa maniobra hostil enviando fuerzas a los mismos puntos.

La tensión creció rápidamente. Tanto los periódicos de los Estados Unidos como los de México hablaban de un nuevo posible enfrentamiento militar entre los dos países. Aumentó acá la tensión cuando se supo que la Casa Blanca había designado al general Ord como jefe de las fuerzas fronterizas. Ord era conocido por sus constantes prédicas anexionistas: en su opinión, México era un país de salvajes que no tenía nada bueno más que su territorio, del que deberían apropiarse los Estados Unidos.

Fue entonces cuando el influyente periódico *The Herald*, de Nueva York, publicó un mapa con un proyecto de nueva línea divisoria entre México y los Estados Unidos. En los términos de ese proyecto, toda la península de Baja California, Sonora, Chihuahua, Coahuila, Nuevo León, Tamaulipas y parte de Durango debían pasar a formar parte de la Unión Americana, aunque para eso fuera necesaria una nueva guerra que, decía el tal periódico, podía ganarse a México en cuestión de semanas.

La opinión pública en nuestro país se enardeció al conocer las noticias del nuevo ímpetu expansionista. En ese clima de tensión ocurrió la "invasión" de Estados Unidos por mexicanos.

El 10 de agosto de 1876, varios hombres atravesaron el río Bravo en sus caballos. Iban armados con rifles y pistolas. Los encabezaban Rodolfo Espronceda y Segundo Garza. Cayeron de súbito sobre Rio Grande City, entraron en la ciudad al galope y, disparando sus armas, sometieron a los guardianes de la cárcel municipal y pusieron en libertad a dos mexicanos que se encontraban presos. Luego, sin que nadie pudiera detenerlos, regresaron a México lanzando gritos de alegría, vivas a la nación y estrepitosas maldiciones a los gringos.

Hubo una violenta reacción en Washington por el incidente, y otra vez creció la tensión entre los dos países. Pero don Porfirio, que bien sabía defender la integridad nacional, no era borracho que comiera lumbre. Así, se apresuró a calmar la indignación de los norteamericanos. Para eso hizo que el general Treviño, encargado de las fuerzas fronterizas, persiguiera a los "bandoleros" e invitara al general Ord a acompañarlo —él solo— en la persecución, que por cierto no rindió fruto ninguno, pues los triunfantes invasores desaparecieron en las inmensas llanuras del norte.

### *Atrás de toda gran mujer...*

Afirma un viejo dicho que "la última educación de la mujer la da el marido". El dicho, ya lo dije, es muy antiguo, y no tiene ahora ninguna aplicación, pero igual pudo decirse que "la última educación del marido la da su mujer". Esa variante es muy aplicable a don Porfirio Díaz. Su matrimonio lo cambió de un rudo soldado que escupía en las alfombras en un elegante caballero afrancesado que podía codearse sin demérito con las figuras de la alta sociedad, y aun ponerles ejemplo de buenos modales y refinada educación.

Los contemporáneos de don Porfirio Díaz, y más quienes lo conocían de cerca, se sorprendieron al notar el rápido cambio que en todos los órdenes experimentó después de casarse con la joven Carmelita Romero. Dejó de hablar con el rudo lenguaje cuartelero; olvidó —o al menos puso entre paréntesis— sus antiguos devaneos con oaxaqueñas de tronío; empezó a presentarse bien vestido y mejor calzado. Se convirtió, para decirlo en pocas palabras, en un elegante caballero diestro en cosas de etiqueta.

Una de las mayores cualidades de don Porfirio, inadvertida para muchos que han estudiado su figura, era su enorme capacidad de adaptación. Parecía decir aquello de "al son que me toquen bailo". Entre soldados fue soldado; político entre los políticos. Ahora que le correspondía andar entre diplomáticos y señores de la más alta sociedad, se volvió diplomático y señor.

Dice de él uno de los biógrafos que mejor lo conocieron, don José López Portillo y Rojas: "Tenía un afán constante de saber, un anhelo jamás extinguido de adelantar. No perdía ni un instante en cosas frívolas, vivía con los ojos y los oídos bien abiertos y en perenne observación. Cuanto le parecía bueno y digno de ser imitado lo retenía y se lo apropiaba. Procuraba elevarse cada día, por medio de esfuerzos infatigables y de una vigilancia de sí mismo nunca adormecida, a superiores esferas".

Solía relatar monseñor Gillow, obispo de Oaxaca, que en un principio se avino a tratar con Díaz por estricta obligación de su cargo en la Iglesia, pero que poco a poco el general le fue ganando la voluntad por su discreción, su tacto, su mesura y la inteligencia que mostraba en su conversación y en sus acciones. Al final, el presidente y el dignatario acabaron siendo magníficos amigos.

Lo mismo les sucedió a los más conspicuos intelectuales de la época. Don Porfirio mereció elogios y tuvo la adhesión de hombres tales como Manuel Gutiérrez Nájera, el más irónico cronista de la época; Luis G. Urbina, *el Viejecito*, que no gustaba mucho de cosas de política; Manuel M. Flores ("Buscaba mi alma con afán tu alma..."), aquel poeta erótico galán de Rosario la de Acuña. Hasta Díaz Mirón, de carácter tan rebelde e insumiso, fue simpatizante de don Porfirio.

En su segundo período de presidente, el general Díaz se ganó del todo la voluntad del pueblo mexicano. El país estaba harto de guerras; ansiaba vehementemente gozar por fin de paz. La mano firme de don Porfirio le aseguraba ese preciado bien. Así, a cambio de vivir con tranquilidad, los mexicanos pusieron todo el poder en manos de un solo hombre.

## *¡Qué ayer ése de ayer!*

La vida en una tranquila ciudad de provincia —en este caso Saltillo, mi ciudad— nos muestra cómo se vivía en tiempos de don Porfirio.

Era don Teófilo Martínez personaje muy querido en Saltillo. Coronel del ejército republicano, combatió contra los franceses, y en esas acciones ganó medallas numerosas que lucía en las festividades cívicas sobre el severo luto de su frac.

Héroe y todo, jamás pasó don Teófilo recibo de honorarios a la patria. No ganó riquezas, ni pidió recompensa por sus servicios meritorios. Pobre se fue de Saltillo a combatir, y pobre regresó a esta ciudad.

Se aplicó a los trabajos de la tierra y a los duros afanes de la ganadería. Le dio luego por buscar minas, y en esa búsqueda agotó los caudales que había ganado antes. No desesperaba, sin embargo, el señor coronel don Teófilo Martínez. Confiaba en la Divina Providencia, y con tranquilo sosiego esperaba que el día menos pensado encontraría una rica veta de oro, de plata o ya de perdida de carbón.

Se soñaba rico y poderoso. No ponía envidia en su mirada cuando veía pasar a don Guillermo Purcell, banquero potentado, hombre de gran fortuna, el más rico entonces de Saltillo. Lo seguía con la vista conforme caminaba don Guillermo hacia su casa, la hermosísima casa estilo inglés que está por la calle de Hidalgo, cerca de la catedral. Y decía el coronel Martínez:

—Cuando halle la mina y sea rico, me voy a mandar hacer una casa al lado de la de don Guillermo Purcell. Pero la voy a hacer más alta que la suya. Así cuando por las mañanas salga don Guillermo a su balcón, yo, desde el mío, lo voy a orinar.

Hacía una pausa el coronel para gozar el embebido asombro de quienes lo escuchaban. Y luego seguía su narración:

—Don Guillermo, pobrecito, volteará hacia arriba, y me preguntará con voz compungida:

—Señor don Teófilo, ¿por qué me mea usted?

—Y yo le responderé:

—¡Por pobre!

Se regodeaba don Teófilo en la imaginación de sus riquezas venideras, y ya daba por cierta su mina, y por ciertos sus tesoros, y su fabulosa fortuna, y la altísima casa junto a la de don Guillermo Purcell, y ya veía al pobre señor recibiendo aquel diluvio inexorable que a don Teófilo le alegraba el alma como rocío bienhechor.

Llama la atención que en Saltillo había seis casas de empeño o montepíos. Duras serían las épocas, pues era tráfico cotidiano el de las prendas que se pignoraban como garantía de un préstamo urgente y muy necesitado.

## *Don Porfirio y la política*

Tanto deseaban la paz los mexicanos que a cambio de ella abdicaron de tres valores fundamentales sin los cuales una sociedad no tiene cimientos de firmeza: la libertad, la democracia y la justicia.

Estoy hablando de la época porfirista, pero lo mismo puede aplicarse a la época que siguió a la Revolución. Veámoslo con mayor detalle.

Desde que Allende, Hidalgo y sus seguidores encendieron en Guanajuato la mecha de la insurrección, hasta 1876, año en que Porfirio Díaz triunfa definitivamente sobre Lerdo en Tecoac, México no conoció la paz. Una serie no interrumpida de guerras civiles, asonadas, motines y levantamientos, más dos intervenciones extranjeras graves —la de los Estados Unidos en 1847 y la de Francia en 1862— impidieron que los mexicanos pudieran vivir en orden y tranquilidad.

Cuando don Porfirio llega al poder logra casi de inmediato imponer la paz. Lo hizo *manu militari*, sí, pero también con la fuerza de su personalidad y recurriendo a un hábil y astuto juego político de alianzas y concesiones que convirtió a sus antiguos adversarios juaristas y lerdistas en sus colaboradores.

Después del breve interregno de su compadre Manuel González, don Porfirio se hizo del poder para ya no soltarlo más. Ahora pensamos en el general Díaz como en un dictador, y la historia oficial nos lo presenta como odiado por todos los mexicanos, que lo juzgaban déspota y tirano. Nada más lejos de la verdad: casi en su totalidad la población de México no sólo aceptaba a don Porfirio, sino que le guardaba reconocimiento, y hasta gratitud.

Desde luego esa aceptación no era activa, simplemente pasiva. Los mexicanos estaban contentos con que se les dejara vivir en paz sin ser perturbados en su trabajo, sus diversiones y el disfrute de la plácida rutina de la vida cotidiana. Nos dice Alfonso Taracena: "La gente era indiferente a la imposición. Todos parecían estar contentos de tener paz y trabajo en abundancia. Ni siquiera la falsificación de su firma (se refiere a las actas de las votaciones) los molesta".

Madero inició en 1910 una revolución que se continuó después en una larga serie de luchas por el poder, de enfrentamientos de esos de "quítate tú *pa* ponerme yo". Tales luchas se prolongaron hasta 1929. También los mexicanos del siglo XX querían vivir otra vez en paz, y aceptaron por eso la imposición del partido oficial, primero PNR, luego PRM y luego PRI.

Se ha reprochado siempre a don Porfirio la falta de democracia. ¿Podía haberla cuando la tasa de analfabetismo llegaba entonces en México a más del 80 por ciento, y eso ya comenzado el siglo XX? El general Díaz, es cierto, sustituyó con su voluntad la de los mexicanos. Sin embargo, hemos de preguntarnos si eso era lo único que podía hacer para sacar a México del caos de la guerra civil y de aquella lucha sempiterna del "quítate tú *pa* ponerme yo".

El 20 de diciembre de 1898 hubo en Monterrey una lucida ceremonia. Visitaba la ciudad el presidente de la República, don Porfirio, y era gobernador de Nuevo León el general Bernardo Reyes. Don Bernardo había realizado una obra brillante al frente del estado. Después de imponer completa paz en aquella que entonces era levantisca entidad, pródiga en generales y caciques, propició con genial acierto de visionario la formación de un sólido grupo de empresarios a quienes mimó con toda clase de concesiones, permisos, franquicias y exenciones fiscales. Ellos, a cambio, crearon empresas que dieron trabajo a miles de hombres.

Tanto escuchó hablar don Porfirio de la extraordinaria obra política y económica de Reyes, que aceptó su invitación y lo visitó en Monterrey. La recepción que la ciudad del Cerro de la Silla dio al presidente fue de apoteosis. Y entonces sucedió algo que bien pudo cambiar la historia de México.

*Cuarta parte*

# ***El hombre fuerte***

## *El rey y Reyes*

La noche del 20 de diciembre de 1898, en el Teatro Juárez de Monterrey, don Porfirio Díaz "destapó" a su posible sucesor.

El presidente se hallaba en la capital de Nuevo León como invitado del gobernador Bernardo Reyes. Realmente don Porfirio se invitó él mismo: había escuchado maravillas acerca de la brillante obra de gobierno del general Reyes, y quería conocerla. Don Bernardo le preparó al presidente una recepción que impresionó al oaxaqueño, acostumbrado como estaba a las grandes recepciones.

Aquella noche hubo una velada artística en honor del presidente. En ella don Porfirio habló. Al final de sus palabras, hablando con lentitud, como si estuviera midiendo cada una de las que salían de sus labios, dijo lo siguiente:

"Después de estudiar detenidamente los grandes beneficios que bajo su inteligencia y acertado mando ha alcanzado este bravo y laborioso estado, considero justo decirle, condensando todos los elogios que me inspiran sus obras: 'General Reyes: ¡así se gobierna! ¡Así se corresponde al soberano mandato del pueblo!'"

Una atronadora ovación saludó el pronunciamiento de don Porfirio Díaz. Los presentes se pusieron de pie y aplaudieron largamente. El aplauso más parecía dirigido al general Reyes que al presidente, pero éste no se molestó: tal era el calculado efecto que había buscado al hablar como lo hizo.

Hay quienes suponen que a esas palabras de Díaz no se les debe dar otro alcance que el de un elogio oficial y consabido. Se equivocan. Don Porfirio no acostumbraba prodigar sus elogios. De hecho era sumamente parco al hablar. Un periodista norteamericano que poco antes lo entrevistó, escribió algo molesto que "había tenido que sacarle como con tirabuzón cada palabra". Su declaración de Monterrey fue tan contundente, expresiva y clara, que no hubo nadie en el país que no pensara que don Porfirio había decidido dejar la presidencia, y que tenía ya escogido, en la persona de don Bernardo Reyes, a su sucesor.

Creo que ése fue el pensamiento de don Porfirio. ¿Por qué entonces no lo llevó a la práctica? ¿Por qué no dejó la presidencia y la puso en manos de aquel hombre brillante que era don Bernardo Reyes? Pienso que lo hizo cambiar de propósito la fuerte camarilla de notables que lo rodeaba en la ciudad de México. Los científicos tenían su propio candidato: Limantour. Así, seguramente hicieron que don Porfirio se decidiera a esperar. Esa espera le costó a México más de un millón de muertos y casi dos décadas de sangrientas guerras fratricidas.

## *"Es que trataron de fugarse"*

Hombre de mano dura, durísima, fue don Porfirio Díaz. La verdad es que eso se necesitaba en el país, víctima durante muchos años de la más desatada violencia. El presidente Díaz supo que si no garantizaba una absoluta seguridad a los mexicanos, el comercio no podría florecer, y sin esa actividad serían vanos todos los esfuerzos del gobierno para poner a México en el camino de la modernidad.

Era el 20 de diciembre de 1877. Ocupaba la presidencia de la República don Porfirio Díaz. En la venta de Bata, estado de Hidalgo, una pandilla de 12 bandoleros enmascarados asaltaron la conducta que llevaba los caudales de los mineros de Zacatecas a la ciudad de México.

Una persecución en toda forma lanzó el gobierno federal contra los asaltantes. Los montes donde se refugiaron fueron rodeados por elementos del Ejército Federal, que iniciaron una cacería perfectamente organizada. En menos de una semana todos los bandidos habían caído en poder de sus perseguidores, que recuperaron el botín y lo remitieron completo a la capital.

Los bandoleros fueron enviados a Huichapan, sujetos a la justicia local, pero custodiados por elementos federales. Se comenzó el proceso. Por orden de la Secretaría de Guerra, el oficial encargado de la guardia comunicó al gobernador que no tocaba ya al ejército custodiar a los procesados; quedaron entonces bajo la vigilancia de la fuerza policíaca del estado. El gobernador dispuso que en tales circunstancias la gendarmería de Huichapan no era bastante para la debida guarda de los delincuentes, de modo que éstos fueron enviados a Pachuca.

No llegó vivo ninguno de los procesados. En el camino todos fueron muertos a balazos. "Es que trataron de fugarse". Tal fue la explicación oficial del suceso. Había nacido una de las instituciones más conocidas del porfiriato: la ley fuga, expedita forma en que el gobierno se deshacía de quienes atentaban contra la paz y la seguridad, valores supremos del nuevo régimen. La ley fuga es totalmente reprobable, es cierto, pero en aquellos tiempos casi no hubo quien la reprobara. Los ciudadanos la consideraron necesaria, y por tanto aceptable.

Lo cierto es que reinaba en todas partes la más completa inseguridad. Los criminales actuaban impunemente. No se podía transitar por los caminos: sólo por absoluta necesidad se hacía un viaje, y los viajeros iban resignados a sufrir el consabido asalto, que no faltaba nunca. A las ciudades llegaban las diligencias con las cortinillas de las ventanas bajadas, señal segura de que los viajeros habían sido asaltados y despojados hasta de su ropa, por lo que venían en paños menores.

En las puertas mismas de la ciudad de México sucedían los asaltos. Ya ni siquiera actuaban los bandoleros en sitios remotos, como antes. A veces eran los mismos soldados encargados de custodiar los caminos quienes se cubrían los uniformes con frazadas, se tapaban la cara con un paliacate y asaltaban a quienes debían proteger. Por eso la ley fuga, expediente violentísimo, fue aceptada y aun aplaudida por la población.

## *La paz porfiriana*

Positivista y todo, el porfiriato fue muy cuidadoso de la moral y las buenas costumbres. Esa actitud encuentra ejemplo en un pintoresco señor llamado don Tanchito, jefe de redacción de los diversos periódicos y revistas que tuvo en la capital el periodista Rafael Reyes Spíndola.

Este don Tanchito había sido doctor en Medicina alguna vez, pero lo llamaron más los afanes de las letras. No escribía bien, pero admiraba a los escritores y gustaba de tener trato con ellos. Por ese conocimiento, y por su carácter metódico y arreglado, Reyes Spíndola le confió el cuidado editorial de sus publicaciones.

No dejaba pasar don Tanchito nada que pudiera ofender a la castísima sociedad metropolitana. Sus ojos eran de Cerbero para localizar cualquier palabra que riñera contra su estricta moral de puritano. En cierta ocasión llegó a *El Imparcial* una reseña de la última obra del gran novelista italiano Giovanni Verga. *Ipso facto* don Tanchito tachó el nombre del escritor y puso en su lugar: "Juan Vara", traducción que le pareció la más adecuada para no ofender a sus lectores con el apellido original del escritor.

En otra ocasión un escritor romántico, pero ya con humos de naturalista, llevó a la redacción un cuento que por orden de Reyes Spíndola se debía publicar. La narración era el atroz relato de los amores de un joven con una mujer madura. Después de haber gozado el cuerpo de su amada, el muchacho descubría horrorizado lo mismo que en su tiempo supo Edipo: que la señora era su mamá. Así, con tan espeluznante declaración remataba su cuento el escritor: "Aquella mujer era mi madre".

Don Tanchito cambió la última frase y la dejó como sigue: "Aquella mujer era mi tía política". Concilió así sus escrúpulos morales con la obligación de dar a la estampa tan espantable narración.

Don Porfirio mismo puso el ejemplo en aquella moralidad del porfirismo, tan parecida a la moral victoriana. Después de los escándalos de don Manuel González, que en el mismísimo jardín del Palacio Nacional hizo construir un "leonero" en el que metía a las daifas y mozas del partido con que se refocilaba, después de aquello, digo, el ejemplo de don Porfirio se impuso a la sociedad y fue de su completo agrado. De don Porfirio Díaz jamás se dijo que hubiese incurrido en devaneos amorosos. Hay quienes aseguran que ni su matrimonio con la bella e inteligente Carmelita Romero Rubio ni la responsabilidad del cargo presidencial hicieron que don Porfirio renunciara a sus amores oaxaqueños. En todo caso los siguió cultivando con discretísimo celo de jardinero que cultiva su *hortus conclusus*, huerto cerrado a todas las miradas.

De esa actitud proviene la noción popular del porfiriato como época de gran moralidad. Quizá lo fue aparentemente: en el fondo, en esa cuestión de la moralidad todo tiempo pasado ha sido igual.

## *Los jotos y los 41*

De la rígida moral que don Porfirio Díaz impuso a la sociedad dan cuenta estos episodios.

Asistió una vez don Porfirio Díaz a una recepción ofrecida por la embajada alemana. Era presidente de la República, y gozaba ya de admiración internacional como estadista que había sacado a México de la barbarie y lo había puesto en "el concierto de las naciones civilizadas".

Al llegar el general Díaz a la sede de la embajada, fue recibido por el embajador y su esposa. Entre quienes lo saludaron se hallaba una joven de elevada estatura y bien plantada, que se acercó con una sonrisa a don Porfirio. Le besó él la mano con gran urbanidad. Al hacerlo no pudo menos que sorprenderse —y amoscarse— al ver que algunos de los alemanes presentes cambiaban entre sí sonrisitas que a don Porfirio le parecieron burlonas. Sin dar a ver su molestia, se preguntó si había cometido alguna falta a la etiqueta.

Más tarde, en el curso de la misma fiesta, se enteró por uno de los funcionarios de la embajada de lo que había causado la risa de quienes lo vieron besar la mano de la muchacha. No era tal muchacha: era un joven de la nobleza alemana que acababa de llegar a México. Notorio homosexual, se las había arreglado para colarse en la fiesta de la embajada vestido de mujer. Quienes estaban en el secreto rieron al ver que nada menos que el presidente de México había besado la mano del travesti.

Nadie lo volvió a ver vivo. Aquella misma madrugada el tipo desapareció del hotel donde se alojaba, y no dejó de sí ninguna huella. Por pura formalidad la policía hizo averiguaciones que no llevaron a ninguna parte. La embajada, temerosa de provocar un conflicto diplomático, dejó que se echara tierra al asunto, y aquí no ha pasado nada.

En otra ocasión, los agentes de la policía secreta de don Porfirio tuvieron información en el sentido de que en una casa de la colonia Roma se reunía un numeroso grupo de homosexuales que hacían bailes y se entregaban a francachelas. Un buen día —o una mala noche— la policía irrumpió en el lugar y los gendarmes arrestaron a muchos asistentes. De ellos unos conservaban su atavío varonil y otros estaban vestidos y maquillados como mujeres. Sin contemplaciones, don Porfirio los hizo enviar a un tremendo exilio en Quintana Roo. Fueron 41 los homosexuales detenidos y desterrados. A causa de ese número quedó la costumbre mexicana de llamar *41* a quien es homosexual.

Poco después de ese acontecimiento, se dispuso una crujía especial en la cárcel principal de la ciudad de México, a fin de que en ella fueran recluidos los delincuentes homosexuales de modo que no pudieran tener comercio carnal con los demás presos. Esa crujía estaba marcada con la letra J. Por eso a los homosexuales se les empezó a llamar *jotos*. El nombre pervive hasta nuestros días.

## *México a través de los siglos*

Bien se dice que los vencedores hacen la Historia. En México, la han deshecho. Sin embargo, en el antepasado siglo se hizo un intento de historia que, siendo liberal, trató de reconocer méritos y cualidades en el enemigo.

Don Santiago Ballescá era catalán. Tan catalán que se llamaba Jaumet, que tal es en la rica lengua catalana el nombre del apóstol. Nació en Barcelona. Su papá era republicano, y cuando oyó hablar de un país de América en donde los emperadores eran fusilados, se enamoró de México sin conocerlo, y decidió venir acá con su familia.

Ya en nuestro país, padre e hijo se hicieron editores. Publicaban novelones truculentos a la manera de los que en Europa hacían Eugenio Sue o Fernández y González. El joven Jaumet, que había cambiado su nombre al de Santiago, tenía una idea: debían publicar asuntos mexicanos, no copias de textos europeos. A su padre tal proyecto no le gustaba, y entonces los dos cortaron por lo sano: el señor se retiró del negocio a cambio de una pensión que en forma vitalicia debía pasarle el hijo. Otra condición puso: la empresa debía mantener el nombre que él le puso: J. Ballescá y Compañía, Sucesores.

Santiago, dueño ya de la imprenta de su padre, publicó una primera obra en acuerdo con la idea que había tenido: *Historia del culto de la Madre de Dios en México*. Para redactarla contrató a un escritor que luego adquiriría gran importancia: don Enrique de Olavarría y Fernández. La publicación del libro dio la razón al joven catalán: la obra se vendió como pan caliente. Feliz por el éxito, Santiago duplicó el monto de la pensión que mensualmente entregaba a su papá.

Además de ser buen impresor cantaba bien Santiago, tocaba la guitarra, declamaba con emoción y tenía humos de actor. Así, era invitado a todas las tertulias. Un día fue a la que ofrecía en su casa el general Vicente Riva Palacio, que además de militar y hombre político era también muy apreciable escritor.

El caso es que en una de aquellas tertulias, Santiago Ballescá comunicó al general Riva Palacio una idea que había concebido: en aquellos tiempos de paz inaugurados por don Porfirio Díaz, sería plausible escribir la historia de México desde los tiempos precortesianos hasta la llegada del caudillo al poder. La idea entusiasmó al general, y ahí mismo se ofreció a dirigirla él mismo y a escribir algunos de los volúmenes de la obra.

—¿Qué nombre tiene pensado para el libro? —preguntó a Ballescá.

—Creo que deberá llamarse algo así como *Historia General de México.*

—No —respondió Riva Palacio—. Hay que ponerle un nombre más literario, más sonoro.

Se quedó pensando un poco y luego dijo:

—¿Qué le parece *México a través de los siglos*?

La obra que con ese nombre publicó don Santiago Ballescá es un colosal monumento de historiografía. Ha resistido el embate de los tiempos, y todavía se siguen haciendo de ella cuantiosas ediciones. Quizá quien compra la obra no la lee completa, o usa de ella como material de consulta. Pero está en muchos hogares mexicanos como prueba de amor al país y a las glorias —y tragedias— de su pasado.

Corrió con poca suerte don Santiago Ballescá. El entusiasmo de don Vicente Riva Palacio, que se había ofrecido a dirigir el *México a través de los siglos* y aun a escribir de su puño y letra varios de sus tomos, sufrió mengua cuando el general volvió a meterse en cosas de política. Por ellas fue a dar a la cárcel. En su celda escribió muchos de los capítulos de su espléndida obra.

Hasta la cárcel llegaba don Santiago Ballescá por los originales que iban saliendo de la pluma del general Riva Palacio. Sacaba las cuartillas enredadas en su sombrero, por temor a que los centinelas de la prisión las requisaran pensando que serían mensajes del general preso a sus correligionarios.

El propósito que se trazó don Vicente al diseñar la obra fue escribir una historia liberal, es decir, una obra que reflejara el punto de vista de los liberales sobre las diversas etapas de la historia de México. Había que refutar, en opinión de Riva Palacio, las tesis y relatos de historiadores conservadores como don Lucas Alamán, don Niceto de Zamacois y don José María Roa Bárcena. No obstante esa parcialidad, hay que decir en honor a la verdad que en la mayor parte de sus páginas los escritores que dieron forma al *México a través de los siglos* actuaron con apego a la justicia, y nunca dudaron en reconocer los errores de su partido y los aciertos del contrario.

Cuando salió a la luz pública la primera edición, aquello fue un acontecimiento extraordinario. Algunas de las mejores plumas de México —Riva Palacio, Olavarría, Vigil— se habían conjuntado para escribir una grandiosa narración de la historia nacional. La obra apareció editada con gran lujo, y a un precio verdaderamente elevado. Sin embargo, la primera edición se vendió con rapidez. A ésta siguieron otras que rindieron a Ballescá —quien además contaba con el discreto mecenazgo de don Porfirio Díaz— pingües ganancias.

Eso le permitió a don Santiago convertirse él mismo en mecenas de escritores. Sin esperar ganancia alguna se arriesgó a publicar los trabajos de don Carlos Pereyra, no obstante que algunos puntos de vista del ilustre historiador saltillense estaban reñidos con la ortodoxia liberal. Sacó también a la estampa libros de versos que no dejaban ninguna utilidad al editor, entre ellos de doña María Enriqueta Camarillo, *la Alondra de Coatepec*, esposa de Pereyra. También fue editor de José Peón y Contreras, de Ángel del Campo, *Micrós*, y de otros escritores con pocas posibilidades que sin la ayuda de Ballescá no habrían podido dar a conocer sus obras. Editor benemérito fue este mexicano-catalán.

## *La sombra de un fantasma*

El relato que en esta entrega se contiene parece increíble. Sin embargo, don Juan de Dios Peza, cronista muy confiable, lo cuenta como rigurosamente verídico. La narración resultará particularmente digna de atención para aquellos a quienes interesan los fenómenos de la percepción extrasensorial.

Prolífico autor fue el general Vicente Riva Palacio. De su estro salieron novelas que resultaban apasionantes a los ojos de nuestros abuelos y que aun hoy se pueden leer con gusto: *Monja y casada, virgen y mártir*; *Las dos emparedadas*; *Martín Garatuza*; *Calvario y Tabor*; tales son, entre otras, algunas de las producciones de su incansable péñola.

Dije mal eso de "su incansable péñola". *Péñola* significa pluma de ave para escribir, y don Vicente no acostumbraba escribir, sino dictar. Para eso tenía un secretario de planta. En su vasta biblioteca le dictaba al mismo tiempo que recorría de un lado a otro el aposento. Cuatro horas seguidas dictaba uno y escribía el otro; descansaban ambos tres horas —el tiempo de la comida y de la siesta— y luego trabajaban otras cuatro horas. Esas jornadas y la disciplina de escritor (o de dictador) de don Vicente explican su numerosa prole literaria.

El 6 de enero de 1888 se hallaba dictando el general Riva Palacio cuando llegaron a visitarlo cinco o seis de sus amigos. Interrupciones como ésa no le molestaban, antes bien eran muy de su gusto, pues le agradaba compartir con amigos y familiares el argumento e incidentes de sus novelas. Les preguntaba su opinión sobre el curso que pensaba dar a tal o cual episodio, sobre el carácter de este o aquel personaje, sobre las reflexiones morales que acostumbraba poner como remate de la narración.

La novela que en esos momentos lo ocupaba trataba de la Inquisición. Debía terminar pronto el capítulo, ya que la novela se estaba publicando por entregas y el episodio debía aparecer en el periódico del día siguiente. Así pues, la llegada de los amigos fue grata para el general, que en esos momentos buscaba el nombre de uno de sus personajes y no lo podía hallar.

—Quiero que me ayuden a bautizar a un hombre del tiempo de la Colonia —les pidió.

Dijo uno de los amigos:

—Cosa fácil es ésa. Hoy es 6 de Reyes. Ahí no más tienes tres nombres para escoger: Melchor, Gaspar y Baltasar.

—Baltasar me parece el más sonoro. ¿Y apellido?

—Uno muy de tiempos coloniales —apuntó otro—. ¿Qué te parece Salmerón? Así se llamaba aquel gigante amigo de Guerrero que mereció por su estatura de coloso que su retrato esté en el Museo de Historia Natural.

—Me parece bien el Salmerón —aceptó Riva Palacio—. Pero con el Baltasar se oye mal: Baltasar; Salmerón; sar, sal. Pongamos en medio otro apellido.

—Aquí está con nosotros el flaco Rodríguez —apuntó un tercero—. Inmortalízalo dando su apellido al personaje.

—Baltasar Rodríguez Salmerón —repitió el general—. Me gusta.

Y dirigiéndose al secretario, le ordenó:

—Anote usted el nombre. Así se llamará nuestro personaje.

Así, de esa manera tan intrascendente, empezó a gestarse algo que figuraría sin desdoro entre los más interesantes fenómenos “paranormales” que se puedan relatar.

—Este Baltasar Rodríguez Salmerón —siguió diciendo don Vicente a sus amigos— es un hombre malvado. Fanático odiador de los herejes, asiste a la ejecución de uno en la hoguera. Nota que las llamas que devoraban al infeliz se iban apagando por estarse consumiendo la leña que ardía a sus pies. Corriendo va a su casa y trae más leña, que arroja a la hoguera donde moría aquel reo de la Inquisición.

Terminó Riva Palacio de dictar aquel sombrío capítulo de su novela; con el propio amanuense lo envió al periódico en que la obra estaba apareciendo por entregas y al día siguiente los lectores que seguían con atención el desarrollo de la trama conocieron la proterva acción de aquel imaginario Baltasar Rodríguez Salmerón.

Pasaron los años. Un día el director de la Biblioteca Nacional, don Joaquín Cardoso, le dijo al general Riva Palacio que había encontrado en las bodegas de la biblioteca dos cajones que contenían papeles viejos, al parecer pertenecientes a los archivos del Santo Oficio de la Inquisición. ¿No quería don Vicente echarles un vistazo? Quizá encontraría algún documento que le sirviera para sus trabajos de novelista o historiador.

Riva Palacio pidió a Cardoso que le mandara a su casa los cajones. En eso se presentó una de aquellas contingencias de política que tanto atraían al general, y se olvidó de los cajones, que estuvieron durante muchos meses en su casa. Por fin, pasada aquella tormenta que lo reclamó, Riva Palacio se acordó de los papeles y empezó a revisarlos. De pronto llamó su atención uno de los documentos: se refería a la ejecución en la hoguera de una de las mujeres familiares de Luis de Carbajal, condenada por la Inquisición. Empezó a leer el acta don Vicente. Y quedó demudado al leer estas palabras:

"E aconteció que llegando al Quemadero e habiéndose consomido la leña, acercóso un home llamado Baltasar Rodríguez de Salmerón, ofreciendo traer más leña de la que guardaba en su aposento."

Comunicó el general su hallazgo a los amigos que lo ayudaron a bautizar a aquel hombre que de imaginario se había convertido en real. Todos se quedaron estupefactos. Don Vicente, sin embargo, reía de buena gana ante aquella coincidencia.

—Los espiritistas —dijo— dirán que el fantasma de Salmerón anduvo entre nosotros. Pero yo tengo, ahí la ven, la silla de montar de Maximiliano. Cuando llueve y hay humedad, la madera y el cuero se contraen, y la silla hace ruido. Mis amigos espiritistas afirman que es Maximiliano que ha vuelto y acaricia esa hermosa silla mexicana que tanto le gustaba.

Cuenta Juan de Dios Peza, presente en la ocasión, que todos rieron con la ocurrencia de Riva Palacio. Su risa fue interrumpida por un extraño ruido procedente del lugar donde la silla estaba puesta sobre un caballete.

Y no estaba lloviendo.

## *Una deuda de don Porfirio*

Al siglo XIX mexicano Enrique Fernández Ledesma lo llamó "siglo de hombres apasionados y orgullosos". La expresión es acertada. Pasión y orgullo de mexicanos buenos hay en el relato que ocupará éste y el capítulo que sigue.

Al triunfo de los franceses, sobre todo después de la rendición de Puebla, muchos militares mexicanos quedaron prisioneros del ejército invasor. Bazaine les dio a escoger: quienes juraran no volver a tomar las armas contra Francia y acogerse al indulto ofrecido por el emperador, obtendrían su inmediata libertad. Quienes no hicieran ese juramento, quedarían a disposición de los vencedores en calidad de prisioneros de guerra.

No pocos oficiales se acogieron a la generosidad de Maximiliano y se retiraron a la vida privada. Otros, en cambio, se negaron a hacer el juramento y permanecieron en la dura prisión a que los sometieron los jefes invasores. Después de varias semanas de confinamiento, se les condenó a ser enviados a Francia.

El viaje a Veracruz, donde se les embarcaría, fue particularmente penoso: casi todos fueron obligados a ir a pie desde

Puebla. Hicieron la navegación a Francia en infames barcos de carga, alimentados sólo con galleta que había sobrado de la guerra de Crimea. Al comerla debían los infelices quitar los gusanos que había en las cajas donde se guardaba aquel alimento miserable.

En Francia se les sometió a toda suerte de humillaciones. Se les separó y fueron enviados a ciudades diferentes, cada una de las cuales se les dio por cárcel, de modo que no podían salir de sus límites. Para ganarse la vida debieron realizar labores humillantes: el general Manuel F. Loera, una figura distinguida de la República, fue cargador en la aduana de París.

A la caída del Imperio decretó Napoleón III la libertad de aquellos mexicanos. Un grupo de 10 o 12 de ellos acordaron salir de Francia e ir a España. Prácticamente caminando llegaron a San Sebastián, y ahí encontraron alojamiento en una casa de huéspedes humildísima, propiedad de una señora viuda. A los pocos días, sin embargo, se les acabó el dinero. Fueron, pues, a despedirse de la señora.

—¿Por qué se van? —les preguntó ella.

—Señora —le explicó don José Montesinos, el oficial de mayor graduación—. Nuestros recursos se han agotado. No tenemos ya con qué pagarle la asistencia.

—Nada importa —les contestó sin vacilar la dama—. A leguas se ve que son ustedes hombres honrados y caballeros dignos. Sufren ustedes lo mismo que sufrió mi padre a manos de franceses. Mientras pueda les seguiré dando casa, comida y ropa limpia. Ya me pagarán ustedes cuando puedan. ¡No faltaba sino que siendo ustedes, como son, descendientes de españoles, una española los echara de su casa en estas circunstancias!

Los mexicanos, conmovidos, le dieron las gracias. Aquella misma noche Montesinos reunió a sus compatriotas y deliberaron acerca de su situación.

—Es necesario hacer algo —les dijo—. Por ningún momento hemos de corresponder mal a esta hospitalidad. Que nadie en San Sebastián pueda decir que cayó aquí una plaga de aventureros sin vergüenza. Miren ustedes...

Y Montesinos procedió a comunicar su plan a los demás.

—En el castillo de La Mota —dijo don José Montesinos a los demás oficiales— se están realizando obras de reparación. Un militar, el coronel Esparza, está a cargo de los trabajos. Les propongo que nos vayamos a ofrecer como peones de albañil. Así ganaremos un jornal digno. Quizá sólo saquemos para comer pan con queso, pero será comida honrada la que comeremos.

Todos los oficiales aceptaron la proposición de don José. Al día siguiente, a prima hora, se presentaron todos ante Esparza. Iban ataviados con sus uniformes de militares.

—Señor —le dijo Montesino—, somos oficiales mexicanos.

—Os conozco —respondió el coronel—. Sois prisioneros de guerra a quienes los franceses abandonaron a su suerte. ¿En qué puedo serviros?

Contestó don José:

—Hemos recibido la generosa hospitalidad de España y de los españoles, pero deseamos ganar el pan que nos comemos, y venimos a ofrecernos como peones de albañil.

—Compañeros —dijo conmovido el coronel Esparza—. Yo soy tan pobre como vosotros, y administro un dinero que no es mío. Pero podéis trabajar aquí. Desde este momento estáis ya en la lista. Ganaréis el jornal mejor que a los peones se les paga.

Al amanecer del día siguiente, los militares se presentaron en la obra. Durante todo el día trabajaron. La noticia de aquello se conoció en todo San Sebastián. Cuando al caer la tarde acabó el turno, los mexicanos se sorprendieron al ver un gran grupo de personas que se habían reunido afuera de la obra. Cuando ellos salieron fueron saludados con un aplauso caluroso. Bellas muchachas y damas de la sociedad les entregaron ramos de flores y cestas llenas de comida.

Conmovidos, los mexicanos oyeron a un anciano que decía a su pequeño nieto al tiempo que los señalaba:

—Aprende, hijo: así se honra a la patria en el extranjero.

Algunos meses más vivieron los desterrados en San Sebastián. Reunieron algún dinero que podía servir bien para pagar su pensión a la señora de la casa, bien para costear su pasaje de regreso a México. Ella les dijo que usaran el dinero en el boleto del barco: a ella le pagarían cuando pudieran.

Pasaron nueve años. Cuando don Porfirio Díaz llegó a la presidencia se enteró del caso y ordenó a la legación de España que averiguara el paradero de aquella señora que con tanta generosidad trató a los desterrados. La señora fue localizada: vivía aún en San Sebastián y se llamaba doña Micaela Zugasti. Un funcionario de la embajada de México en España hizo viaje especial al puerto y pagó a la noble mujer la suma debida con los réditos correspondientes. Ella recibió llorando aquel dinero. Luego condujo al diplomático al castillo de La Mota, donde habían trabajado los desterrados mexicanos, y le mostró una palabra que ellos inscribieron en 1864 con piedras blancas en un muro de piedra del castillo. Esa palabra era "México".

## *El caballo y el rey*

Recios señores fueron muchos de los que vivieron durante el porfiriato. Vale la pena recordar algunos de sus hechos y sus dichos.

Don Ignacio Torres Adalid se hallaba jugando a las cartas en el Jockey Club, elegante centro de reunión que ocupaba la vieja Casa de los Azulejos, donde hoy se encuentra el Sanborns de Madero, en la ciudad de México.

Estaba perdiendo mucho dinero don Ignacio. Su rival de aquella noche era uno de sus amigos más queridos, Sebastián Camacho, a quien la fortuna le sonreía una y otra vez en la partida. Torres Adalid ya había perdido todo su dinero. De bienes no le quedaba más que una hacienda. Se decidió a apostarla para tratar de recuperar los 100 000 pesos que aquella noche había perdido.

—¿Crees que mi hacienda vale esos 100 000 pesos? —preguntó a su amigo.

—Y más que eso —le contestó Camacho—. Pero es lo único que tienes, y no voy a permitir que te arruines.

—Te agradezco tu buena intención —respondió con sinceridad Torres Adalid—. Estás equivocado, sin embargo. Además de esa hacienda tengo también una extensión grande de tierra en Ometusco. Es un páramo que no vale nada. Déjame jugar. Si gano, seguramente seguiré con este maldito vicio del juego; pero si pierdo me iré a mis tierras de Ometusco, y eso me hará bien. A ver si ahí consigo hacerme un hombre de provecho.

Movido por esos argumentos, y por la insistencia de su amigo, Camacho aceptó jugar la hacienda contra los 100 000 pesos que le había ganado ya a su amigo. Acordaron apostar a una sola carta: quien sacara la mayor ganaría. Sacó la suya Torres Adalid, y al verla se sonrió. Era una de las más altas de la baraja, un caballo. De más valor había sólo dos: el rey y el as. Tenía, pues, muchas posibilidades de ganar. Sacó su carta Camacho. Era un rey.

Al día siguiente, cuando aún no amanecía, don Ignacio salió de la capital y se recluyó en Ometusco. Durante varios años no lo volvieron a ver sus amigos. Y es que estaba entregado a un trabajo febril. Sembró magueyes; plantó árboles; en 10 años convirtió aquel desierto en una hacienda productiva. Hizo gran fortuna con la venta del pulque; se construyó un palacete con dos pequeños lagos en el frente, uno lleno de cisnes blancos; de cisnes negros el otro.

Rico ya, volvió a la capital. El trabajo lo había curado del vicio de jugar. En cierta ocasión fue a buscarlo un sobrino suyo de nombre Javier Torres. Había perdido 3000 pesos jugando a crédito en el Jockey Club. Si no los pagaba antes de las 11 de la noche, sería vergonzosamente expulsado de la agrupación.

—Ahora no tengo ese dinero —le respondió Torres Adalid—. Pero ven a las ocho de la noche, y lo recibirás.

Cuando a esa hora volvió el muchacho lleno de inquietud, el cajero de don Ignacio lo estaba esperando con el dinero. Pero la suma la tenía en puras cuartillas, pequeñas moneditas que valían como tres centavos cada una.

—Me ordenó don Nacho que no le dé el dinero sino hasta que usted lo cuente.

Irritado, impaciente, el joven Javier contó las cuartillas una por una. Terminada la ingrata labor llegó corriendo al club apenas a tiempo para entregar la suma. Al día siguiente fue a darle las gracias a su tío, y no pudo menos que preguntarle por qué le había hecho pasar aquel tremendo trabajo de contar las monedas.

—Para que aprendas, hijo —le respondió don Ignacio—, que si tanto trabajo te costó contar las cuartillitas, más trabajo aún cuesta ganarlas.

## *Un lance singular*

Personaje de mucha influencia durante el porfiriato fue Javier Torres Rivas. En su juventud le sucedió un acontecimiento muy digno de narrarse.

Era presidente de la República don Manuel González. Su compadre Porfirio Díaz, ya lo sabemos, lo había sentado en la silla presidencial para que se la cuidara mientras él podía volver a ella.

Manco y todo, el general González era un hombre muy diestro en aventuras amorosas. Por ese entonces Javier Torres era un muchacho de 19 años, y empezó a trabajar en el gobierno. El tesorero general, hombre muy amigo de hacer bromas, puso de acuerdo a sus subalternos y uno de ellos llamó a Javier Torres y le dijo:

—Mire usted, Javier. El señor tesorero ha tenido a bien designarlo a usted como encargado de llevarle su sueldo al señor presidente de la República. Deberá entregárselo en su casa el próximo sábado, exactamente a las cuatro de la tarde, ni un minuto antes ni un minuto después, ya que él estará esperando ese dinero. Debo advertir a usted que la señora esposa del presidente tiene dada orden a la servidumbre de que nadie moleste a su marido cuando está en la casa, de modo que no deberá extrañarle que el portero le diga que el señor presidente no está, o que quiera impedirle la entrada. Usted no haga caso. Entre, si es preciso por la fuerza, y entregue personalmente el dinero a don Manuel.

Javier Torres se sintió muy halagado por haber sido escogido para llevarle su sueldo al presidente. Lo que no sabía es que la dirección que le dieron era la de una "movida" que tenía el presidente, señora a la que acostumbraba visitar los sábados para refocilarse con ella durante toda la tarde en actos de carnalidad y de fornicio.

Llegó, pues, muy puntual el muchacho a casa de la daifa. El portero, como es natural, pretendió impedirle la entrada, pero Javier, robusto mocetón, lo empujó y entró en la casa. El hombre quiso echarlo: de un puñetazo el joven lo tendió por tierra. Subió luego de dos en dos los peldaños que conducían al segundo piso y se topó con el presidente, que cubierto apenas con una bata salía a ver qué era toda aquella barahúnda.

—Aquí tiene su dinero, señor presidente —le dijo Torres con una sonrisa de satisfacción.

González estaba furioso pues el escándalo lo había sacado de su diversión. Fuera de sí levantó la única mano que tenía para dar una bofetada al joven. Éste, sorprendido, apenas acertó a retroceder unos pasos. González se lanzó hacia él. Torres lo detuvo poniéndole la mano sobre el pecho.

—Señor presidente —le dijo con voz serena pero firme—. No me toque usted, porque tendré que defenderme.

El general González se calmó y Torres le explicó lo que había pasado. Al día siguiente todos los que participaron en la broma fueron despedidos. Y desde entonces Torres quedó encargado por el presidente mismo de llevarle su sueldo, pero a su casa "grande" y en horas menos inoportunas.

## *Mano dura, pero segura*

Signo del cambio de los tiempos fue uno que en aquellos días pocos mexicanos pudieron apreciar: los niños dejaron de jugar a los soldaditos y empezaron a pedir a sus papás trenecitos de juguete.

En La Lagunilla compré hace tiempo uno de esos trenes del siglo XIX. La máquina y los vagones son de hierro; están hechos toscamente y son pesadísimos. Pero representaban algo que para los hombres de aquel tiempo era muy importante: el progreso.

El ferrocarril era el símbolo de la nueva época. En el ferrocarril encarnaban todas las ideas del liberalismo: era emblema de libertad, de cambio, de comercio; abría las posibilidades infinitas de la modernización.

Se dice que don Sebastián Lerdo de Tejada se oponía firmemente a la construcción de un ferrocarril que uniera a México con los Estados Unidos. Había aquella frase sonorense: "Entre ellos [los norteamericanos] y nosotros, el desierto".

Pero ni el desierto ni las preocupaciones históricas podían detener el impulso del progreso. El progreso es bueno, aunque no sea sino porque es inevitable. El mundo gozaba de un período de paz que luego sería conocido como la Bella Época. Empezó, según algunos, al acabar la Guerra franco-prusiana, y terminó en 1914, al desatarse esa terrible pesadilla que fue la Primera Guerra Mundial.

El porfiriato fue también una bella época. Se dice que lo fue para muy pocos, para los favorecidos por la fortuna. Quizá sea cierta esa afirmación, pero tendremos que preguntarnos por qué todavía hoy se habla con nostalgia evocadora de los tiempos de don Porfirio.

El gran caudillo puso bajo su férula a todo el país y lo mantuvo sujeto a sus dictados. Llegó a decirse que en toda la extensión del territorio nacional no se movía la hoja de un árbol sin su autorización. Como él actuaban todos sus subordinados. Y va de anécdota.

En un pueblo cercano a la capital, un muchachillo hurtó unas monedas de la casa del patrón al que servía. El hombre fue a quejarse con el jefe de Rurales, y el hombre hizo que le llevaran al jovenzuelo. Se lo presentaron en medio de la calle, frente a la guardia.

—¿Robaste esas monedas?

—Yo no fui —respondió el muchacho con sonrisa descarada.

—Voltéate las bolsas del pantalón —le ordenó el jefe.

El muchacho hizo lo que se le mandaba y aparecieron las monedas. Sin decir palabra, el jefe de los Rurales sacó la pistola, puso el cañón en la cabeza del espantado ladronzuelo y disparó. El cráneo estalló hecho pedazos y los sesos mancharon la pared.

—Dejen eso ahí —ordenó el jefe a sus hombres—. Y dejen también las monedas donde cayeron.

Durante varios días quedaron las monedas en la calle. No hubo nadie que se atreviera a coger una sola. La vista de los sesos en la pared eran suficientes para disuadir cualquier intento de robo.

## *Nostalgia de la patria*

Para amar a México se necesita haber estado lejos de México. He aquí una prueba de ello.

En la ciudad de México, durante el porfiriato, se imitaban las costumbres de París. Pero en París los mexicanos suspiraban por la patria lejana. Algunos de ellos iban a los cafés de la calle de Villette tan sólo porque esa calle tenía una remotísima semejanza con la de San Juan de Letrán.

Juan de Dios Peza —autor de *Reír llorando* y otras declamatorias declamaciones para que las declamen los declamadores en los concursos de declamación— vivió algún tiempo en la capital de Francia, donde fue empleado de la legación. En cierta ocasión iba con un amigo en un coche de alquiler. Al pasar por la Rue Royal, le dijo:

—¿No te parece que esto le da cierto aire a la calle de Plateros?

Para su sorpresa, el cochero se volvió hacia ellos y les dijo:

—Si me perdonan los señores, les diré que más bien me recuerda a la calle del Hospital Real.

Se quedaron estupefactos los mexicanos al oír hablar así al cochero. Éste, divertido por el asombro de sus pasajeros, les dijo:

—Yo estuve en México cuando la Intervención. Fui de los Cazadores de Vincennes, y combatí en Puebla y en Querétaro. Todavía sufro de una dispepsia que contraje por haber bebido tanto pulque, que me gustaba mucho. Tengo en mi casa cinco cosas que me traje de México: un metate, un molcajete, un comal, un perico… y una esposa.

—¿Qué? —exclamaron otra vez Peza y su amigo.

—Sí —confirmó el cochero sin dejar de guiar ni sonreír—. Me casé en México con una mexicana, y me la traje. Ahora tenemos tres francomexicanitos. Para darles de comer trabajo en este coche 12 horas cada día.

—¿De modo que su señora esposa es mexicana?

—En efecto —respondió el auriga—. Se llama Camila Linas, y es de un pueblo del Estado de México. Si los señores no se desdeñan de visitar la casa de un cochero, yo les agradeceré la visita, pues el encuentro con unos paisanos suyos alegrará mucho a mi mujer.

—Con gusto iremos a su casa —contestó Peza—. Mañana mismo, si quiere, a la hora que nos diga.

—Termino de trabajar a las seis de la tarde —les informó el cochero—. Díganme a dónde paso por ustedes, y si gustan mi mujer nos hará de cenar. Lo de la cena será una sorpresa para ustedes.

Al día siguiente, en efecto, el parisino fue en su coche por los mexicanos a la sede de la embajada. Se dirigió a un barrio humilde, de trabajadores, y los tres subieron hasta el sexto piso de un edificio de departamentos. La mujer del cochero, que oyó los pasos por la escalera, les abrió y sin más ni más abrazó estrechamente a sus compatriotas. Había lágrimas en sus ojos. Los hizo pasar, les ofreció asiento en la modesta sala e hizo caer sobre ellos un alud de preguntas: en qué situación se hallaba México; si era cierto lo que decían los periódicos, que el país había progresado tanto; si conocían el pueblo en que ella había nacido. Peza y su amigo no sabían qué hacer, si responder las preguntas o mirar a la linda señora, que tenía todo el tipo y la belleza de la mujer de nuestro pueblo. Luego ella los invitó a pasar a la mesa para la cena. Que la sorpresa que recibieron los visitantes sea también sorpresa para el lector.

Madame Berny —antes Camila Linas, originaria del Estado de México— era una preciosa mexicana. "Cabellos y ojos muy negros —dice Juan de Dios Peza al describirla—, la tez trigueña, boca que deslumbraba por lo blanco y parejo de la dentadura; manos y pies diminutos; vestida con un traje de obrera parisiense; hablando bien el francés y mal el español, porque usaba todos los modismos y todos los disparates del pueblo bajo, que a nosotros nos sonaban allí como música celestial, y queríamos aplaudírselos".

Se había casado Camila con un soldado francés de los tiempos de la Intervención. A la caída de Maximiliano, el hombre regresó a su país, y se llevó consigo a su esposa. Ella se adaptó a la vida en la Ciudad Luz, e hizo de su casa una deliciosa fusión de costumbres mexicanas y francesas. A Peza le divirtió mucho escuchar que la señora llamaba a uno de sus pequeños hijos:

—*Venez ici* —le dijo en francés—. "Ven acá".

Y respondió el chiquillo en español de México:

—*Espégame* tantito.

Camila invitó a sus visitantes mexicanos a pasar a la mesa. Era la hora de cenar. Puso una fuente frente a ellos y les pidió que la abrieran. Obedecieron ellos y prorrumpieron en un ¡ah! de admiración: para agasajarlos la humilde mujer había hecho tamales y enchiladas. Después de casi un año de estar fuera de México, aquellos sencillos manjares fueron para Juan de Dios Peza y su amigo un banquete mejor que los más regios que se servían en las embajadas.

—¿Le gustaría volver a México, Camila? —preguntó el poeta a la joven mujer en el curso de la conversación.

—Mucho, mucho —contestó ella suspirando—. Pero sé que no volveré. Mis hijos son de aquí, y aquí moriré. Lo que he hecho es inspirar en ellos el amor a México. Miren ustedes.

Hizo venir a la niña y le preguntó:

—Hijita, ¿a quién le rezas en la noche para que te haga ser una niña buena?

—A la virgen de Guadalupe —respondió la pequeña sin vacilar.

—Y ¿qué te doy de desayunar cuando te portas bien?

—Atole de leche con tortillas.

Cuando se despidieron, el amigo de Peza reunió a los niños en torno suyo y les dijo:

—Le hemos traído un regalo a su mamá, y quiero que ustedes se lo den, pues le gustará mucho.

Y les puso en las manos una cajita de música. Los niños la entregaron a su madre, y ella abrió la tapa. De la cajita salieron las notas del Himno Nacional Mexicano. Camila rompió en llanto.

—Perdonen —dijo sacudida por los sollozos—. Hacía mucho tiempo que no escuchaba nuestro himno, y al oírlo el alma se me sacudió.

Juan de Dios Peza concluye su relato así: "Al salir de la

casa, Camila nos vio con gratitud y con dolor, pues le parecía que con nosotros se iba para siempre la personificación y la voz de una patria a la que no volvería nunca".

## *Y se confesó don Porfirio (Parra)*

Don Porfirio Parra fue el sucesor de Gabino Barreda en la difusión del positivismo en México. Aquí cuento un episodio interesante de su vida. O, mejor dicho, de su muerte.

Muy enfermo está don Porfirio Parra, muy enfermo. Se le fue la salud, y la vida también se le va yendo, con lo que se acerca a los arrabales de la muerte. Sus hijos andan pesarosos y llenos de tristeza, pues su padre es el roble en torno del cual ellos se juntan.

En su lecho de enfermo evoca don Porfirio Parra los días del ayer. Recuerda a su ciudad nativa, que es Chihuahua, donde vio la luz hace ya 66 años. Recuerda cómo por su precoz inteligencia de niño que fue calificado de prodigio, mereció que el gobierno del estado lo becara para estudiar en la ciudad de México. La Escuela Preparatoria lo vio como alumno adolescente de Gabino Barreda, quien había bebido de labios de Augusto Comte las áridas doctrinas del positivismo. Se convirtió Porfirio en el discípulo predilecto de aquel severo maestro, que le dispensó su afecto y su saber.

Escogió el joven Porfirio Parra la carrera de Medicina, y terminó con brillo los arduos estudios de esa difícil ciencia. Aun antes de titularse ya era maestro: profesó la cátedra de Higiene y Medicina de Urgencia en el Conservatorio Nacional de Música. Vaya usted a saber para qué tenían que aprender los músicos tan peregrina asignatura.

Por oposición obtuvo una plaza en el Hospital Juárez, y por el mismo medio fue nombrado maestro de Anatomía y Patología en la Escuela de Medicina. En 1878, su querido maestro don Gabino ya no pudo seguir desempeñando su cátedra de Lógica en la Nacional Preparatoria. Fue entonces cuando se cumplió uno de los más grandes anhelos de Porfirio Parra, pues el maestro Barreda lo escogió para sucederlo en la impartición de esa clase, que entonces se juzgaba la más importante en el currículum de enseñanza de los jóvenes.

Eso puso a Parra en el umbral de la dirección de la Escuela Nacional Preparatoria. Llegó al cargo y lo desempeñó con tino singular. Fue ésa la época más fértil de su vida. La segunda generación de los positivistas halló en él magnífico maestro. Se prodigaba don Porfirio: dio a la luz su gran obra didáctica *Nuevo sistema de lógica inductiva y deductiva*; publicaba decenas de artículos en periódicos y revistas para defender las tesis del positivismo; sacó en libros sus discursos y poemas.

Furioso comecuras era don Porfirio Parra. Escribió un drama en verso intitulado *Lutero* en el cual ponía por las nubes al gran reformador. Yo tengo para mí que Parra escribió ese tremendo culebrón solamente para encocorar a los católicos. Luego produjo una novela que hizo imprimir en Barcelona con el nombre de *Pacotillas*. Usando el estilo y técnicas del naturalismo hizo ahí la crítica de la sociedad de su tiempo.

Muy respetado era don Porfirio Parra. Su ilustrísimo tocayo, el general Díaz, solía llamarlo a las veces para consultarle asuntos importantes de gobierno. El problema del maestro Parra es que pretendía solucionar esas cuestiones aplicando los enredados silogismos de la Lógica, y era muy problemático resolver un lío de caciques en Michoacán, Sonora o Tamaulipas usando el *festino*, *baroco*, *celarent* o *barbara* que en su libro tenían infalible aplicación

## *Y se confesó don Porfirio (Parra) (II)*

La primera palabra que pone el señor Porrúa en su diccionario al hablar de monseñor Rafael Guízar y Valencia, obispo que fuera de la Veracruz, es ésta: *misionero*.

Buen acierto ése del señor Porrúa. Al gran obispo le habría agradado mucho ver esa palabra en el principio de su biografía, pues no otra cosa quiso ser en vida sino misionero, y si llegó a obispo fue por esas cosas del destino que los humanos no sabemos leer.

Cuando joven, el señor Guízar se dedicó a llevar misiones de evangelización a las más apartadas regiones del país, y aun del extranjero, pues fue misionero en Cuba, Guatemala y Colombia. Cuando estalló la Revolución, se disfrazó de comerciante, y fue a los campos de batalla. En ellos buscaba heridos, sobre todo agonizantes, para confesarlos y ungirlos con la extremaunción.

Cuando lo hicieron obispo de Veracruz era gobernador de ese estado el político Adalberto Tejeda, gran enemigo de la Iglesia. Desató una gran persecución contra él, y hasta se dice que dictó sentencia de muerte en su contra. Un buen día, un señor gordo, alto y de ojos azules se presentó ante el gobernador. Iba vestido con elegante traje negro, de modo que los ujieres pensaron que sería algún personaje de la ciudad de México. De inmediato lo hicieron pasar al despacho del gobernador.

—¿Es usted el señor Tejeda? —preguntó el elegante caballero.

—A sus órdenes, señor —respondió el gobernador.

—Si en verdad está a mis órdenes —le dijo entonces el visitante—, máteme.

—¿Cómo dijo usted? —se sorprendió el gobernador.

—Tal como lo oye —replicó el otro—. Soy el obispo Guízar. Me dicen que usted me ha mandado matar, y vengo para que me mate usted mismo. No quiero que nadie de mi diócesis se manche las manos al cumplir la orden de usted.

Pues bien, debido a la hostilidad de Tejeda, el señor Guízar debió pasar largas temporadas en la ciudad de México. Leamos lo que le aconteció ahí con Porfirio Parra:

"Sabiendo que estaba muy enfermo el doctor Porfirio Parra (1854-1912), acudí a visitarlo. Periodista y escritor, médico famoso, ha sido diputado y senador, director de la Escuela Nacional Preparatoria y maestro de la segunda generación de positivistas. Hablé largo rato con él y aunque en un principio se resistía a volver a la fe de su infancia por profesar el materialismo, terminó confesándose. Al darse cuenta sus hijos, le reclamaron por haber cambiado de ideas cuando durante toda su vida les había enseñado doctrinas contrarias a la religión. En la segunda visita que le hice, logré con la gracia de Dios su sincera conversión, le di la sagrada comunión y murió cristianamente."

## *Los espiritistas*

La paz porfiriana trajo consigo una gran influencia francesa en la vida y costumbres de la alta burguesía mexicana. Alan Kardec había puesto de moda en Francia las doctrinas del espiritismo. Por imitación llegó a México esa esotérica creencia.

Cosa rara es que al mismo tiempo que el positivismo hayan florecido las doctrinas espíritas o espiritistas. Más extraño aún es que mientras el positivismo ya desapareció, todavía ahora el espiritismo siga teniendo creyentes y ferventísimos adeptos. En reciente viaje a París tuve ocasión de visitar el cementerio del Père Lachaise. Ahí está la tumba de Alan Kardec, uno de los grandes apóstoles espiritistas. No sólo pude ver que el sepulcro estaba cubierto de flores, sino que enlutadas damas y misteriosos y pálidos señores lánguidos desfilaban constantemente y se sumían en profundas meditaciones frente a la tumba del maestro.

En México el espiritismo tuvo mucha boga en los últimos años del siglo XIX y primeros del XX. Hasta los hombres de ciencia participaban, aunque fuera por pura curiosidad, en los peregrinos experimentos espiritistas, pues había quienes presentaban el espiritismo como algo científico.

En casa de don Porfirio Parra, el segundo maestro del positivismo mexicano después de Gabino Barreda, tuvo lugar en cierta ocasión una sesión espírita. Se trataba de poner a prueba las "dotes de mediumnidad" de una espectral señorita cuya mamá la presentaba como dueña de portentosas dotes para entrar en contacto con los espíritus del más allá y obtener de ellos respuestas acerca de las cosas de este mundo y del otro.

En la reunión se hallaba presente don Francisco Bulnes, gran positivista y hombre de claro pensamiento. Don Pancho no creía en los espíritus, y menos aún en el espiritismo.

La muchacha se puso en trance. Su rostro, iluminado apenas por el tembloroso resplandor de una vela, cobró una palidez casi transparente. Cerró los ojos y quedó inmóvil. De pronto su cuerpo empezó a convulsionarse y la chica, antes desmayada, se irguió en su asiento, abrió los grandes ojos negros y los fijó en el infinito.

—Ya está en comunicación con los espíritus —anunció en voz muy baja la mamá—. Pueden ustedes preguntar cualquier cosa.

Los presentes quedaron en silencio. Se hizo una pausa cargada de tensión.

Volvióse la señora hacia don Pancho Bulnes y le espetó otra vez en voz baja:

—Entiendo, señor Bulnes, que usted no cree en esto. Pregunte usted a los espíritus algo, lo que quiera. Ya verá cómo ellos le responden.

—Muchas gracias, señora —respondió también con un murmullo don Francisco—. Prefiero no preguntar nada.

—Ande —insistió desafiante la mujer sin dejar de hablar en voz baja—. Haga usted una pregunta a los espíritus. Ellos le responderán cualquier cosa que usted les pregunte. Lo que sea.

—Muy bien —accedió entonces don Francisco hablando igualmente muy quedito—. A ver: que me digan el logaritmo de 8.

Los espíritus no contestaron.

En el capítulo siguiente me ocuparé de un espiritista cuyas creencias —y acciones— tuvieron gran influencia en la historia de México.

## *El rábano por los ojos*

Ahora nos parece absurda la creencia en la comunicación con los muertos, pero debemos envidiar a nuestros antepasados por su fe, pues hoy ya ni con los vivos nos podemos comunicar.

La familia de don Evaristo Madero era una inmensa tribu. Cuando se juntaba en la casa que don Evaristo tenía en la colonia Juárez de la ciudad de México aquello parecía una convención. De todas partes llegaban Maderos, Maderitos y Maderotes, muchos de ellos a bordo de gigantescos automóviles, pues casi todos eran ricos y lucidores.

Un profundo sentido de la unidad familiar tenían los Madero. De nadie más necesitaban para pasarla bien. Papás, hijos, tíos, sobrinos, primos, abuelos, nietos se reunían en los grandes aposentos de la vasta morada patriarcal, y se pasaban los días y las noches jugando los cándidos juegos de aquellos años felicísimos de don Porfirio, años de paz y sin radio ni televisión. Lejos estaban de imaginar los Madero que uno de ellos, precisamente el que se veía más dulce, tímido y desvalido, Panchito, iba a ser la causa de que acabara aquella paz edénica.

El escritor Victoriano Salado Álvarez asistía a las tertulias de los Madero, en cuya casa había sido presentado por don Enrique Creel. Cuenta que un día doña Mercedes de Madero lo llamó aparte en una de esas reuniones y le dijo:

—Le ruego, Victoriano, que hable bien de nosotros al señor Creel.

—No es necesario que lo haga, doña Mercedes —respondió desconcertado Salado Álvarez—. Don Enrique los conoce a ustedes, y los aprecia bien.

—De cualquier modo —insistió la señora Madero—, pónganos bien con él. Después de todo, él será quien sustituya a don Porfirio cuando deje la presidencia por incapacidad o muerte.

A una de esas reuniones llegó un día don Francisco Madero. "Era bajito de cuerpo —relata Salado Álvarez—, de buenos ojos, con un *barbiche* a la francesa, trajeado a la campesina, con polainas de montar y vestido blanco".

En el curso de la conversación que se entabló después de la llegada de Panchito, don Enrique Creel, que era travieso y amigo de donaires, le dijo después de guiñarle un ojo a Salado Álvarez:

—Amigo don Francisco: le he contado al señor licenciado algunas de sus experiencias en el campo del espiritismo, y él no cree en ellas. Afirma que son puras alucinaciones.

"Entonces Madero —cuenta don Victoriano— me refirió que habiendo una vez trabajado con exceso en su casa de San Pedro de las Colonias, sintió deseos de tomar una ensalada que reparara sus fuerzas. E *incontinenti* había bajado por la chimenea un plato de lechugas, pimientos, rábanos, cebollas y betabeles."

No pensemos que el relato de Salado Álvarez, gran porfirista, está urdido para ridiculizar a Madero. Cuando el *Apóstol de la Democracia* publicó su importante libro *La sucesión presidencial*, dijo a sus íntimos que los conceptos contenidos en él le habían sido dictados por espíritus. Yo puse ese dato en un libro que escribí para el Instituto Nacional de Investigaciones Históricas de la Revolución, y algún censor, celoso del buen nombre de Madero, quitó esa página del manuscrito.

## *Diputados de dedazo*

Don Victoriano Salado Álvarez fue diputado federal. Nadie es perfecto. A veces no se acordaba por cuál distrito don Porfirio

Díaz lo hizo diputado. Y es que no conocía ese distrito; nunca había estado en él ni lo visitó jamás. Sin embargo, en aras del detalle histórico y para satisfacer cierta curiosidad investigué ese dato. Lo fue por el distrito de Magdalena de Kino, estado de Sonora.

Don Porfirio tenía diputados de dulce, de chile y de manteca. Pero todos estaban unidos por el común denominador de haber sido designados por su dedo. Los validos del general Díaz aprovechaban su cercanía con él para recomendarle a sus amigos, compadres o familiares, y don Porfirio los nombraba, pues le daba igual éste que aquél. Circulaba un dicho picaresco según el cual había diputados "por cuernos o por yernos". Es decir, algunos llegaban a la Cámara no por haberse movido ellos, sino por haberse movido convenientemente sus mujeres; y otros fueron diputados porque tenían de yerno a alguien con influencia ante "el señor".

Entre esa cáfila de ganapanes de la política, sin embargo, había señores de mucha calidad. Aquí debo mencionar al propio don Victoriano, hombre honrado a carta cabal que nunca renegó de su pasado porfirista, y que hasta el último día de su vida llevó con honor el recuerdo de su amistad con el caudillo. Fueron también diputados porfiristas personajes tan insignes como Alfredo Chavero; don Francisco Bulnes; Federico Gamboa (celebrado autor de *Santa*); el formidable orador Jesús Urueta; Salvador Díaz Mirón, leonino poeta de *Lascas*, y mi ilustrísimo paisano don Carlos Pereyra, uno de los mejores historiadores de la América española, injustamente olvidado. Por cierto, Díaz Mirón fue uno de los más encendidos panegiristas de don Porfirio. Cierto periódico opositor publicó una vez, sin temor a arrostrar las temibles iras del poeta, que éste había pronunciado "uno de los discursos más viles, abyectos y bajunos en loor del general Díaz".

Venustiano Carranza, futuro revolucionario, fue también un elemento adicto a don Porfirio. Eso lo calla la historia oficial, pero el dato es incuestionable. Una vez don Francisco Bulnes pronunció un discurso de crítica al general Díaz: Carranza se escandalizó por lo que consideró un sacrilegio contra el gran patricio. Don Venustiano jamás pudo ver con buenos ojos, ni ayudado por sus famosos espejuelos, a Salado Álvarez, y eso porque en cierta ocasión Salado fue elegido en lugar de él —de don Venustiano— para ir a recibir a don Porfirio en una de sus visitas a la Cámara. Definitivamente don Venustiano Carranza fue porfirista, y de los más acabalados. Quizá por eso nunca quiso a don Francisco Madero.

## *Don Pancho Bulnes*

Hay que decir por principio de cuentas que don Francisco Bulnes no era abogado ni doctor. Ambas profesiones tuvieron mucha boga en el siglo XIX. Era ingeniero. "Ingeniero y polemista", dice uno de sus biógrafos. Más polemista que ingeniero, agregaría yo. A don Francisco le encantaba andar a dimes y diretes en encendidas polémicas con adversarios de todos los signos. Era don Francisco, él solo, un partido político; era en sí mismo un sistema particular de ideas que no admitían sociedad con ninguna otra.

Nació don Francisco Bulnes en la ciudad de México, en 1847. Fue en su juventud lector voraz, y así aprendió mil cosas que le serían después muy útiles. Podía conversar y dar puntos de vista plausibles lo mismo sobre Economía que sobre Minería y Astronomía. Escribió sobre las materias más diversas, hasta llegó a publicar un libro acerca del pulque, cuyo uso defendía a condición de que se aplicara a ese líquido un procedimiento que él proponía, muy semejante a la pasteurización.

A veces las teorías de don Pancho Bulnes eran peregrinas y arriesgadas. Sostuvo que el trigo es superior al maíz, y el maíz cosa mejor que el arroz. Con base en esa curiosa tesis enunció otra: las razas que se alimentan con trigo son superiores a las que se alimentan con maíz, y éstas son superiores a las razas asiáticas, que comen principalmente arroz.

Pero la historia y la política fueron las mayores pasiones de don Francisco Bulnes. Escribió su obra magna, *El verdadero Juárez*, y con ella provocó enormes controversias, pues revelaba algunos pecadillos —y pecadotes— de don Benito, que sus encendidos partidarios siempre quisieron mantener ocultos y acallados. Luego sacó a la luz *Las grandes mentiras de nuestra historia*, que otra vez enfurecieron al bando liberal.

Fue fundador de la Escuela Nacional Preparatoria, por más que no era positivista ortodoxo como los demás profesores del plantel. Su juventud fue tormentosa: siendo estudiante se enamoró de una caballista de circo, inglesa ella, que tenía una gran melena de color rojo, por lo cual el joven estudiante de ingeniería se pasaba los días y las noches escribiendo versos en inglés a su musa, que aparecía en los dudosos poemas con el nombre de *The British Lioness*, "la leona británica".

Era amigo de bromas el jovencito Pancho. Una noche cambió el anuncio de un dentista y puso en su lugar el de un médico partero. Llamado de urgencia a atender a una paciente en un hotel, el señor odontólogo se encontró con una parturienta que gemía y lloraba, y a la cual, por la urgencia del caso, se vio en la necesidad de sacarle algo más que una muela.

## Aquel don Pancho Bulnes

Don Francisco Bulnes era de cutis sonrosado. En su blanca tez sus mejillas aparecían como si se las hubiese pintado con *rouge*, o al menos con papel de China colorado. Por eso la gentuza del vulgo le hacía burlas chocarreras. Una vez fue don Francisco a un teatro de tandas en compañía de su gran amigo José Miguel Echevarría, *el Pistache*. Este tal Pistache era hombre de muchos dares y tomares. En pleno reinado de Maximiliano abofeteó una vez nada menos que a Saligny, gran personaje del Imperio, porque se atrevió a decir quién sabe qué bajunas cosas acerca de las hijas de don Benito Juárez. Por orden del emperador, Saligny hubo de disculparse por su villano proceder para no tener que responder al desafío en duelo que le hizo Echevarría.

Pues bien. Estaban Panchito Bulnes y el Pistache en un palco de segundo piso de aquel teatro de tandas, cuando ciertos rufianes que estaban en luneta empezaron a lanzar cuchufletas alusivas al sonrosado color de Pancho. Quien hablaba de los mariquetas que se pintaban el rostro; quien preguntaba si acaso su acompañante sería el novio.

Echevarría se picó al oír aquellas burlas y, dirigiéndose con tono señoril a los injuriosos sujetos, les pidió que se callaran.

—¿Ah, sí? —respondió engallado uno de los groseros individuos—. Pues ven a callarnos.

No alcanzó a decir más. Como impulsado por un resorte saltó el Pistache por encima del barandal del palco. Cayó desde esa altura de cuatro o cinco metros sobre el grupo, con lo que dejó despatarrados a varios de los sujetos, y luego se lanzó a puñetazos contra los otros, que quedaron tendidos echando sangre por nariz y boca con alarmante profusión. Consumada esa hazaña el Pistache volvió a subir al palco trepando por la columna, y se sentó muy orondo y satisfecho. En el teatro estaba también don Justo Sierra, quien comentó que quizá podía ponerse en duda el legendario salto de Pedro de Alvarado, pero que él serviría perpetuamente de testigo para dar fe de aquel increíble "salto del Pistache".

Al paso del tiempo don Francisco Bulnes se metió en política. Lo hizo por puerta equivocada, pues se hizo lerdista cuando ya estaba en el cenit la estrella de don Porfirio Díaz. Asistió a la batalla de Tecoac, donde fue vencido definitivamente don Sebastián Lerdo de Tejada. Gustaba mucho don Pancho de mostrar una pintura al óleo en la que aparecía vestido de uniforme y jinete en un gran caballo blanco. A lomos de esa elegante cabalgadura volvió a la ciudad de México después de la derrota, y fue él quien dio a don Sebastián la mala noticia de su vencimiento. Lerdo escapó a todo correr; puso pies en polvorosa para no caer en manos de Porfirio. Comentaba después Bulnes con gran filosofía:

—Ahora sé en qué consiste eso de la *carrera* militar.

## *El sueño de Madero*

He aquí el relato de un sueño que tuvo don Francisco I. Madero. Se verá que los sueños no siempre sueños son.

En la madrugada del 22 de enero de 1909, Madero tuvo un sueño. Fue poco antes de levantarse. Soñó que su padre, con semblante cariñoso y mirada "llena de dulzura y de confianza en el porvenir", le daba la autorización para lanzarse a su lucha y la bendición que deseaba. Unas horas después de ese sueño, Madero recibía un telegrama en el que don Francisco le manifestaba que podría actuar libremente, bendiciéndolo junto con su esposa. La premonición se había cumplido. "Abundantes lágrimas derramé —escribe Madero—, pero fueron lágrimas llenas de ternura, de dulce y grata emoción, de agradecimiento inmenso para ti y para mi adorada mamacita". Ofrece a sus padres que no les dará "ningún dolor de cabeza": antes bien, "pueden estar asegurados que obraré de tal modo, que les causaré la más legítima satisfacción, el más noble orgullo, haré de modo que ustedes se sientan orgullosos de mí, como yo me siento orgulloso de tener unos padres tan nobles, tan grandes, tan buenos". Se refiere luego a su sueño: "Ahora sí ya no tengo la menor duda de que la Providencia guía mis pasos y me protege visiblemente, pues con el hecho de haber recibido su bendición, veo visiblemente su mano; en la circunstancia de haberlo presentido tan claramente distingo su influencia, percibo su modo de guiarme, de dirigirme, y de alentarme, pues si el laconismo forzoso del telegrama sólo me trajo su resolución definitiva, la visión que tuve antes me reveló que esa resolución era sin violencia, obedeciendo a sus más nobles sentimientos, y aunque hacían un sacrificio sublime, se quedaban llenos de confianza en el porvenir, aceptaban con noble serenidad las consecuencias de la nueva vida de actividad y de lucha que se inicia".

Días después de esto, en otra carta, Madero se ocupa de desvanecer los temores maternos. Sufrimiento grande ha de haber sido para doña Mercedes el saber que su hijo ha decidido consagrarse plenamente a la actividad política. No desconoce ella el poder del gobierno de Díaz, y le angustia la determinación de su hijo de lanzarse a combatirlo.

No la tranquiliza, ciertamente, el ofrecimiento que su hijo le hace de conducirse con prudencia, tanto más cuanto que participa de los temores de su marido de que la inminente publicación de *La sucesión presidencial* habrá de traer daño a los intereses familiares, sobre todo en vista de negocios en los que la intervención de Limantour es decisiva. Madero escribe a su madre: "No se me oculta que pasaré días amargos, pero la satisfacción de cumplir con mi deber me reanimará; tendré momentos de desfallecimiento, pero la bendición de mis queridos padres, como símbolo de la voluntad, me levantará las fuerzas y me dará energías para seguir marchando hacia el fin lejano que persigo, y que veo cada vez más claro, gracias a la luz que proyectan en mi camino sus bendiciones".

## *Una hacienda porfiriana*

La historia oficial nos ha dado una sombría visión de las haciendas del porfiriato. En los términos de su relato eran lugares de opresión, y los peones verdaderos esclavos de los hacendados. No debe de haber faltado algún caso de ésos, pero en general las haciendas eran sitios donde se trabajaba bien, se vivía con tranquilidad y no faltaba nada. Los hacendados eran como patriarcas que veían a sus campesinos igual que a hijos y procuraban que nada les faltara. Tal era en verdad la regla general. Bien puede decirse que el caso del hacendado cruel y explotador era la excepción. Las visiones idílicas de *Allá en el Rancho Grande* no son tan mentirosas como las narraciones de los historiadores burocráticos que hicieron de cada hacendado un odioso Satanás.

Ometusco era una hermosa hacienda pulquera. Pertenecía a la familia Torres Adalid. Estaba en los llanos de Apan, a unos 80 kilómetros de la ciudad de México. Se llegaba a ella por tren, pues las vías del ferrocarril la atravesaban.

La mitad de la hacienda estaba plantada con maguey pulquero. Entre cada línea de magueyes, situadas a cinco metros una de la otra, se habían dejado "melgas" que rendían opimas cosechas de cebada, maíz y frijol. La otra mitad de Ometusco se dedicaba a la cría de ganado menor; en ella pastaban 5000 ovejas, centenares de reses, y todos los bueyes y mulas que servían a los trabajos de la hacienda.

Ometusco era en verdad un bello sitio. Quienes lo fundaron construyeron primero una gran presa, de modo que no faltaba el agua nunca. Para las necesidades de los animales había jagüeyes. Cerca estaban los cerros con cuevas que en tiempos pasados sirvieron de morada a los legendarios bandidos que robaban al paso de las conductas la plata salida de las minas de Real del Monte.

Ciertamente lo mejor de la hacienda era la casa grande. Enorme, bien construida en el mejor estilo mexicano, tenía un comedor para 50 personas y una veintena de recámaras. Cualquiera diría que tal grandor era despliegue de ostentación y pompa. Nada más equivocado: la casa era para la familia, numerosísima. El patriarca reunía en torno de sí a todos sus hijos con sus familias, de modo que el tamaño de la casa era apenas suficiente para las necesidades familiares.

Don Javier Torres Riva, dueño de la hacienda, viajaba con frecuencia a Europa y los Estados Unidos. De allá trajo no sólo las últimas técnicas de la agricultura y la ganadería para aplicarlas en su hacienda, sino también las mejores novedades en lo relativo a la comodidad. En cada una de las alcobas de la casa había escusado inglés. Para las diversiones se disponía de un salón de billares, y hasta de un boliche.

Tenía la casa un cocinero francés que don Javier trajo de París, a quien hacía preparar para sus invitados las delicias más exquisitas de la cocina europea. Todos las disfrutaban, pero el hacendado, por atractivo que fuera el plato del día, comía siempre guisos mexicanos y remataba la comida con un gran plato de frijoles con chiles "toreados" que él toreaba todavía más con un jarro de pulque curado. La comida mexicana era su delicia; solía decir que no la cambiaba por ninguna otra del mundo.

## *Un barco cargado de...*

Los porfirianos ricos que viajaban a Europa lo hacían llevando a toda su familia. Cargaban hasta con el perico. Esos viajes duraban meses, y se hacían a todo tren. Era intención de los jefes de familia que sus hijos conocieran lo mejor del Viejo Continente, pues el viaje era considerado ocasión para instruirse.

En 1906 la familia León de la Barra viajó a Europa. Se hizo la travesía en el *Normandie*, un barco de la Compañía Trasatlántica Francesa que por un defecto en la armadura iba siempre inclinado hacia estribor. Cuando en alta mar aparecía una ballena o una escuela de delfines todos los pasajeros corrían a la borda a ver al enorme cetáceo o a las graciosas toninas. Si la vista era por el lado de estribor los miembros de la tripulación iban apresuradamente entre los pasajeros y les suplicaban que abreviaran la observación y volvieran a sus lugares, pues si se cargaba todo el peso de aquel lado la nave podría zozobrar.

A los pasajeros norteamericanos y europeos les llamaban la atención algunos ritos de los viajeros mexicanos: las señoras iban cargadas de rosarios, uno por cada día de navegación, y a primera hora de la mañana tiraban uno al mar para implorar así la bendición de la Virgen y que tuviera buen fin la travesía.

Había dos clases de camarotes: una para los viajeros ricos y otra para su servidumbre. Al llegar el fin del viaje el capitán hacía una fiesta y todos los pasajeros de primera recibían regalitos: botellas de vino los señores; cajitas de chocolates las damas; juguetes los niños.

Puntos obligados de visita para los viajeros mexicanos eran París, San Sebastián y Madrid. Buscaban ellos ansiosamente la oportunidad de ver a los miembros de la corte. En San Sebastián la familia León de la Barra tuvo ocasión de asistir a un juego de polo en que participaría Alfonso XIII, rey de España. Al pasar frente al palco donde estaba la reina la señora León de la Barra se detuvo e hizo la reverencia que le habían enseñado en México las monjas del Sagrado Corazón. La soberana la hizo llamar y le preguntó dónde había aprendido una reverencia tan elegante y tan hermosa. La señora León iba encinta, y en España nació su hijo. La reina se enteró del nacimiento por el embajador de México en España, Luis Torres Rivas, y envió una canastilla de flores a la recién parida con una tarjetita que decía:

"Reciba usted mis parabienes. Me alegro de que no sólo los españoles vayan a México a tener hijos mexicanos, sino que también vengan los mexicanos a España a tener hijos españoles".

Los porfirianos más ricos no se contentaban con ir a París y a los dos centros de la corte de España. Viajaban también a Italia, pues estaba de moda la exploración de las hermosas ruinas romanas, y haberlas conocido era la seña máxima de distinción, mayor aún si se conseguía una audiencia privada con el Papa, cosa que en aquellos años era asunto de la mayor dificultad. Niza y Montecarlo eran también sitios muy procurados por los mexicanos que estaba en la cumbre del poder y del dinero. La servidumbre del famosísimo Hotel Negresco, en Niza, y los crupiers del casino de Montecarlo quedaban deslumbrados con las espléndidas propinas que los mexicanos sabían dar.

## *La Bella Época*

No se ha hecho cabalmente el estudio de la *Belle Époque* en México, de ese mundo extraño, artificioso y fútil, que precedió a la convulsión revolucionaria. Para desentrañar en parte su sentido hemos recurrido a una labor que resultó más que interesante: de la revista *El Mundo Ilustrado*, que se publicaba en la ciudad de México, entresacamos artículos y notas diversas que, mejor que cualquiera otra información, dan una visión cabal de la época, de sus peculiaridades distintivas, de su tono y de su estilo.

"La paz en México está hoy muy asegurada y la vida y la propiedad tan protegidas, como pueden estarlo en cualquier otra parte. Así parece entenderlo la opinión pública y demostrarlo el hecho de que el capital, y especialmente el extranjero, que es siempre tan tímido y cauteloso, se está invirtiendo ahora libremente en empresas mexicanas [...]

"El último rayo de sol que alumbre la frente venerable del general Díaz, le llevará como gloriosa ofrenda de la Historia el alba soberana de la inmortalidad [...] Esos propagandistas de paga, cuyo foco es San Luis Potosí, que ha proclamado la intolerancia más torpe y el fanatismo más negro; esos sectarios imbéciles de una revolución imposible, cubiertos del anatema social, merecen la reprobación de todos los patriotas y son acreedores al sambenito que les asigna una sociedad herida en sus más caros intereses [...] el que quebrante esa fuerza que nace de la paz, desde hoy puede ser llamado, porque lo merece, traidor a la patria".

He aquí una nota intitulada "Formidable incendio":

“La noche del día 4 se declaró un terrible incendio en el depósito de carruajes de la segunda calle de Iturbide, cercano al edificio que ocupa el Ministerio de Gobernación.

”La circunstancia de encontrarse establecido aquel depósito precisamente en una zona que comprende varias casas habitadas por familias de nuestra mejor sociedad, hizo que el siniestro causara gran alarma y que, desde un principio, se temiera que las pérdidas, caso de que el fuego llegara a propagarse más allá del lugar donde se inició, fueran crecidísimas.

”El cuerpo de bomberos acudió a Iturbide tan pronto como tuvo aviso del suceso, pero por más esfuerzos que se hicieron, no fue posible sofocar éste sino después de que la parte principal de los almacenes había quedado reducida a escombros. En los momentos cuando éstas comenzaban a invadir uno de los departamentos interiores de Gobernación, el Sr. Gral. Díaz, a quien momentos antes se daba parte de lo ocurrido, por teléfono, subió a una de las azoteas de aquel edificio y desde allí, tomando una manguera, prestó su ayuda personal, dirigiendo la ducha hacia el foco del incendio, mientras los bomberos, por el lado de Iturbide, procuraban a todo trance localizar el fuego y refrescar las paredes de las casas cercanas liberándolas de ser abrasadas. El señor Secretario de Gobernación y los señores Lic. Miguel S. Macedo, Brigadier Fernando González y Coronel D. Félix Díaz prestaron también muy buenos servicios en tan aflictivas circunstancias, debiéndose a sus atinadas disposiciones el que los estragos no hayan sido mucho mayores”.

## *La carta de Madero*

He aquí un revelador documento para la historia del porfiriato.

El día 20 del mes de enero de 1909, Madero, que sentía por su padre una veneración y un amor ilimitados, le escribió largamente para darle a conocer sus planes y explicarle los motivos de su actuación futura. Le preocupaba saber si contaría con la aprobación paterna para lanzarse al camino, lleno de azares y peligros, a que lo llamaba su inquietud. Tenía listo ya el manuscrito de *La sucesión presidencial*, pero había retardado su publicación en espera de obtener el permiso de su padre. Temía, quizá, perjudicarlo en sus negocios, sobre todo en uno hipotecario que por esos días traía pendiente con el Banco Nacional, y temía también dañar las relaciones de su padre con altos personajes de México, Limantour entre otros. No deseaba empezar sus actividades sin la conformidad y la bendición paternas.

"...México está amenazado de un peligro inmenso, pues si dejamos las cosas como van, el poder absoluto se perpetuará en nuestro país [...] Quiero que todos abran los ojos, que los hombres de corazón que aún subsisten, hagan un poderoso esfuerzo, y que todos ellos, y yo en su compañía, nos arrojemos resueltamente a la lucha para salvar a la patria, para cumplir con nuestra misión...

"El libro está ya escrito *La sucesión presidencial* todos están alertas; la lucha se inicia por todas partes, pues en Saltillo, en Oaxaca, en Morelia y en esa Capital se han iniciado movimientos de importancia.

"Y yo, que debo representar un papel de importancia en esa lucha, pues he sido el elegido por la Providencia para cumplir la noble misión de escribir ese libro; yo, que en el entusiasmo y en la fe que siento reconozco ayuda de 'más arriba', y que en este Estado soy reconocido como jefe por todos los que quieren luchar, sentirme detenido en medio de mi carrera, sentir que una fuerza poderosa, detiene mi brazo y me inutiliza para el combate, ¿podrás imaginarte cuál es mi angustia?

"Y ¿cuál es esa fuerza que me detiene? ¿Cuál es esa voluntad que quiere oponerse a que yo cumpla con la misión que me ha impuesto la Providencia?

"La única que podrá hacerlo; pues si bien es cierto que no me arredra la pobreza, ni la prisión, ni la muerte, sí me arredra desobedecer a mi padre; pues me imagino que al lanzarme a una lucha tan azarosa sin llevar la bendición del que la Providencia me dio como padre, tendré que fracasar, porque me faltará la fuerza moral necesaria para sostenerme". Añade Madero: "...Considera con toda calma tu determinación: yo, de todos modos, me lanzo a la lucha...", y termina: "Querido papacito: Espero con ansia tu contestación a la presente. A pesar de mi idea, no quiero desobedecerte; a pesar de que ya tengo tu permiso, no quiero usar de él sin tu ratificación y, sobre todo, no quiero lanzarme a la lucha sin tu bendición. Para contestarme piénsalo bien, pídele a Dios con fervor que te ilumine, a tu madre que te inspire, y tú mismo procura desprenderte del dominio de tu naturaleza interior y elevarte a las regiones en donde el espíritu siempre encuentra la serenidad y la calma".

## *La familia*

Los lazos de familia influyeron en la historia de la Revolución.

Cuando Madero se dirige a sus mayores lo hace en forma respetuosa, sumisa: pide orientaciones, acepta regaños, da explicaciones, solicita permisos. En cambio, cuando trata con sus hermanos o primos menores, aconseja, ordena, advierte acerca de riesgos o peligros que él ya tiene conocidos, traza líneas de comportamiento. Como parte de su conducta familiar, los Madero sujetan a sus hijos, desde pequeños, a la rigurosa disciplina que se necesita para mantener la solidez de esos vínculos, no sólo tendientes a mantener la cohesión familiar, sino a formar un grupo de administradores unidos tanto por la sangre como por comunes intereses materiales. Se cita con frecuencia el recuerdo del padre Spina, jesuita del Colegio de San Juan, a quien llamó especialmente la atención la subordinación de Francisco a su hermano mayor, Gustavo, cuando ambos estuvieron en ese colegio: el niño mayor dominaba a su pequeño hermano, le daba indicaciones que éste debía cumplir sin discusión.

Ya hemos dicho que muchos ataques sufrió Madero en vida por los evidentes lazos que lo sujetaban de continuo a su familia: se le consideraba instrumento dócil en manos de sus parientes, que lo aprovecharían para obtener ventajas destinadas a proteger sus cuantiosos intereses.

La lucha de Madero fue vista por muchos como una empresa familiar: los Madero, al borde de la ruina por arriesgadas empresas de especulación, perdido el favor de los poderosos de México, en especial de Díaz y del ministro Limantour, se lanzaban a una aventura política que les daría una carta que jugar en su oportunidad. Acerbas críticas escuchó Madero, aun de sus más allegados, por la excesiva intervención que, juzgaban, tenía su familia en los asuntos de la causa. Con frecuencia le recomendaban que el movimiento era algo más que un asunto que compitiese únicamente a los Madero. Y quizá esas recomendaciones eran necesarias. Véase esta carta escrita por Madero a su abuelo en 1905: "Una vez pasada la peligrosa crisis por que pasó, ya no tenemos ningún cuidado por su vida, pues estamos seguros que Dios nos lo conservará muchos años para que nos siga guiando por el escabroso camino de la vida, Ud. que tanta experiencia ha adquirido en la azarosa vida que llevó durante su juventud y su larga carrera como padre de familia, comerciante y político. En la pasada campaña política en que me dejaba embriagar por el entusiasmo, más de una vez recibí sus sabios consejos que hicieron afrontar el peligro ante el cual indudablemente, y más que sus consejos comprendía yo que me protegía su sombra, su nombre, tan respetado aun de sus propios enemigos. Hombres del temple y energía de Ud. vienen muy de cuando en cuando al mundo y necesitamos que Ud. siga viviendo muchos años para tener constantemente su severo ejemplo por norma de nuestros actos, y su grandísimo cariño como centro de atracción de su descendencia, a fin de hacer cada vez más estrechos los vínculos que nos unen a todos sus hijos: para formar, si posible es, una masa compacta que pueda tener más peso en las cuestiones en que tome parte, pues hay que prever que se aproxima otro período de agitaciones políticas y sociales en que será imposible permanecer de mudos e indiferentes espectadores".

## *El rodeo de ayer*

Las señoras ricas iban al rodeo en tiempos de don Porfirio. Pero el suyo era un rodeo bien distinto del de ahora.

Consistía en ir en carruaje de caballos por la calle de San Francisco —hoy Madero—, de la Catedral a lo que es hoy el Palacio de Bellas Artes. Sólo en las grandes festividades el recorrido se hacía hasta el bosque de Chapultepec, pues se consideraba sitio lejano, y al ir hasta allá se cansaban los caballos.

Los carruajes de más lujo eran los de la familia Escandón, conducidos por cocheros ingleses y por un negro que se llamaba Robinson. Don Ignacio de la Torre era dueño de varias carrozas que había hecho fabricar en Europa, copia exacta de las que poseía el káiser Guillermo, pintadas de azul y con las ruedas anaranjadas. Hoy nos parecerían esas carrozas anuncio del Circo Atayde, pero entonces eran vistas como ejemplo de lujo y hermosura.

El domingo era el día del paseo grande. Las señoras se iban a misa mientras los señores almorzaban en alguno de los cafés de moda. Luego se reunían todos a la salida de la catedral y empezaban el paseo. Al dar vuelta en el Teatro Nacional —hoy Bellas Artes— para tomar de nuevo la calle de San Francisco, se hacían tales embotellamientos que dejan cortos a los que se ven ahora. Bien se puede decir que también en lo que se refiere al tránsito de vehículos, al menos en ese punto de la ciudad de México, todo tiempo pasado fue igual.

Los cocheros y lacayos gustaban de lucir sus habilidades, y dejaban boquiabiertos a los payos que estaban de visita en la capital. Demostración de máxima habilidad era la que hacían los lacayos. Al cerrar la portezuela, el cochero daba un latigazo a los caballos, con lo que el coche arrancaba. En el mismo momento el lacayo ponía el pie en el centro de la rueda delantera, que al girar lo lanzaba hacia arriba, con lo que caía sentado en su sitio muy satisfecho de su hazaña.

Llegaron por entonces los primeros automóviles, importados de los Estados Unidos o de Europa por las familias más ricas de la gran ciudad. Don Hilario León de la Barra paseaba por la Alameda en un White de vapor cuya caldera se calentaba con fuego alimentado por petróleo. Don Agustín Torres Adalid iba a Chapultepec en un Oldsmobile que se conducía con una palanca en vez de volante. Don Manuel Elguero trajo un Rambler cuyo motor no se podía ver —y menos arreglar— si no se le quitaba antes al coche toda la carrocería. Se le daba *crank* por un lado, no por el frente.

Los conductores de aquellos peregrinos vehículos vestían ropa especial al manejarlos: una gran bata de dril beige que les llegaba hasta los pies; gorra, lentes y guantes. Con más frecuencia de la que ellos hubiesen deseado se veían sometidos a la humillación de que sus coches tuvieran que ser tirados por caballos o —peor aún— por una yunta de bueyes, pues siempre que se arriesgaban a salir de la ciudad los autos sufrían descomposturas imposibles de arreglar. Cuando así llegaban de vuelta aquellos riquísimos señores, recibían grandes rechiflas de los léperos y los arrapiezos de la calle. Sufrían aquella dura prueba estoicamente y con enorme dignidad. Nobleza obliga.

## *Cosas de familia*

Mientras don Porfirio gobernaba, un hombre tejía su destino: Francisco I. Madero.

Al triunfo de la Revolución, se acusó a Madero de dar excesiva injerencia en el naciente gobierno a sus parientes, especialmente a su tío Ernesto, a quien hizo formar parte de su gabinete. La figura de Gustavo, antipática para muchos, se hizo odiosa: se le atribuían funciones de consejero áulico, de eminencia gris cuyas tendenciosas insinuaciones serían órdenes para la voluntad débil de don Francisco. En coplillas callejeras, en vitriólicos artículos periodísticos, en corrosivos "a propósitos" que se representaban en los teatros de revista, se aludía al nepotismo maderista, a la sumisión de Madero a los intereses familiares, a la influencia excesiva y determinante que sobre él tendrían sus parientes.

Madero, ciertamente, concedía capital importancia a su familia. Su amor filial era muy grande, aun tomando en consideración el estilo de los sentimientos de principios del siglo XX. Por su padre y su madre sentía verdadera veneración. Por lo que hace a sus hermanos, el apego que hacia ellos sentía era entrañable. Las relaciones familiares de Madero presentan características de gran interés. Recordamos aquí el episodio de la muerte del pequeño Raulito que, narrado por el propio Francisco, adquiere matices de emoción conmovedores:

"Estábamos en el colegio cuando recibimos la noticia de que había muerto un hermano nuestro, a quien queríamos muchísimo, debido a su precoz inteligencia y a los nobles sentimientos que revelaba. Su muerte fue verdaderamente trágica, pues con un carrizo que él traía, hizo que se desprendiera la lámpara de petróleo que estaba pendiente de una pared, y al caer sobre él lo bañó el líquido combustible que inflamó con la mecha. Raulito [así se llamaba aquel querido hermano] sólo sobrevivió 17 horas y murió en medio de grandes sufrimientos, pero con una calma y una serenidad que revelaban la grandeza de su alma. En nuestra familia recordamos con ternura algunas de sus últimas palabras que pronunció antes de morir: 'Ya no vuelvo a ir a la cocina, mamacita', porque precisamente cerca de aquel lugar había encontrado la muerte. Ese hermano querido, al abandonar este mundo, no por eso nos abandonó, y desde su mansión etérea sigue nuestros pasos con solícito cariño, desempeñando con sus hermanos de la Tierra el dulce papel de espíritu protector, o sea lo que se llama en términos más poéticos 'ángel guardián'".

Los Madero eran dados a procrear familias numerosas. En los primeros tiempos de su matrimonio el mayor deseo de Madero era el hijo que no llegaba: a Alfredo Dávila, de Mina, Nuevo León le escribía apenas un año después de haberse casado: "Lo único que en este mundo deseo más, y es un hijo, aún no me lo concede la Divina Providencia, pero no pierdo las esperanzas". Era parte de la suma de ideas familiares el pensamiento de que Dios tenía una bendición especial para las familias numerosas.

## *El edén subvertido*

En un hermoso poema, *El retorno maléfico*, el poeta jerezano Ramón López Velarde escribió estos versos llenos de desolación:

*Mejor será no regresar al pueblo*
*al edén subvertido que se calla*
*en la mutilación de la metralla...*

Aquel "edén subvertido", aquel paraíso vuelto al revés, era el de la paz porfiriana, que acabó violentamente con la Revolución —con las revoluciones— que quizá sin quererlo, hizo estallar don Francisco I. Madero. El largo período de luchas que tanta muerte y destrucción trajeron, hizo que muchos recordaran con nostalgia "los tiempos de don Porfirio". El mismo López Velarde confesó en aquel poema "una íntima tristeza reaccionaria".

Al comenzar el siglo XX apenas había en la ciudad de México unos 15 o 20 automóviles. Cuando el suyo se le descompuso a don Hilario León cerca de la preciosa hacienda de Chapingo, y entró en la capital remolcado por el poderoso Panhard Levasseur de don Ernesto Pugibet, quien era dueño de la cigarrera El Buen Tono, el espectáculo causó tanta admiración que, al paso de los dos vehículos, la gente llenó las calles igual que en un desfile.

En esa época la gente todavía dejaba abiertas las puertas de sus casas. El que pasaba por la calle podía ver los floridos jardines, las macetas del zaguán y de los corredores, el surtidor de la fuente que invariablemente cantaba en el patio, y escuchar los trinos de los canoros pájaros que en sus jaulas ponían música en el pentagrama de la rutina cotidiana.

En muchas casas había un pozo o noria que surtía de agua a los moradores. La abundancia del líquido era tal que casi todos esos pozos eran artesianos: el agua afloraba sola y alcanzaba hasta metro y medio de altura, de modo que había que construir una pileta para recogerla, y dejarla fluir luego en cantarinas acequias que iban por las calles. Igual alcancé a ver yo todavía en mi ciudad, Saltillo. La calle que hoy se llama de Francisco Murguía antes era conocida como De los Baños. Por ella corría una abundante acequia que regaba las umbrosas huertas, algunas de las cuales, por fortuna, quedan todavía. Ojalá mis nietos y bisnietos alcancen a verlas.

Había animales en casi todos los hogares de la ciudad de México. En los de los pobres, un marranito; en los de los menos pobres, una vaca; en las de los ricos, varios caballos. Los llamados frisones, de gran alzada y peso, eran los más admirados, lo mismo que los ponis que tiraban de diminutas carretelas en las que paseaban, altivos y orgullosos, los niños de las familias más pudientes.

Don Porfirio Díaz presidía como un patriarca, casi como un dios, aquella vida edénica. La gente no sólo lo respetaba: lo admiraba y lo quería. También, hay que decirlo, le temía. Todos esos sentimientos inspiraban antes los papás, y don Porfirio era el gran papá de todos. Escribió cierto autor poco después de la caída del presidente Díaz: "¿Quién que no sea un loco, un mentiroso o un político de los de ahora puede lanzarle a don Porfirio la primera piedra?".

## *Un periodista Caballero*

Hombre olvidado es Manuel Caballero. Su nombre no suele aparecer en los diccionarios biográficos de México. Sin embargo, el periodismo nacional le debe mucho, y mucho de lo que son los periodistas de hoy tiene su antecedente en la vida y la obra de aquel periodista de ayer .

Personaje muy conocido en tiempos de don Porfirio fue Manuel Caballero. Creció en la Guadalajara de mediados del siglo XIX, al amparo del señor cura don Anastasio Sánchez, venerado por su bondad y sabiduría. Quiso también ser sacerdote, pero cuando cursaba los primeros años de latinidad vio una vez en misa a una preciosa jovencita y se prendó de ella.

La niña tenía un lindo y sonoroso nombre: María Rosas del Castillo. Ni siquiera tuvo tiempo de enterarse del amor que había hecho nacer en el joven seminarista, pues murió al poco tiempo. Transido de dolor escribió Manuel un poema elegíaco al que le puso también bonito nombre: *El testamento de un ángel.* Aquellos versos causaron tal conmoción en Guadalajara que su autor cambió la beca del seminarista por la rizada melena del poeta.

En busca de olvido y de trabajo se fue Manuel a la ciudad de México. Llevaba por toda fortuna una flauta. Buscó en la capital a su ilustre paisano don Ignacio Cumplido. El gran impresor conocía ya la leyenda romántica del joven seminarista a quien la muerte le arrebató la amada, y le extendió su ayuda. Por principio de cuentas le dio un consejo sabio: escribiendo poesía se iba a morir de hambre.

—¿Qué puedo hacer entonces? —le preguntó Manuel.

—Me apena tener que darte este consejo —le contestó don Nacho—, pero no te queda otro recurso que hacerte periodista.

El periodismo era entonces profesión desprestigiada. Un cierto doctor Terrés solía hablar mal de alguien diciendo: "Apenas sirve para periodista".

Sin embargo, Manuel Caballero aceptó con gusto la sugerencia de Cumplido. Se puso a leer periódicos, y de esa lectura sacó la conclusión de que el rimbombante, solemne y campanudo estilo de los periodistas de aquel tiempo —Zarco, sobre todo— no era para él. Supo, quizá por intuición, que una cosa es el libro y otra muy diferente los periódicos. Zarco y sus contemporáneos pretendían escribir para la posteridad; Caballero escribía para las siguientes 24 horas.

Por primera vez en México —eso le debe a Manuel Caballero la historia del periodismo nacional— se hicieron reportajes. Iba con su libreta a los tribunales y publicaba al día siguiente la crónica de lo que ahí había sucedido. Apasionaron a la gente sus relatos del juicio a Magdalena Bustillos, que mató a su esposo, igual que su reseña del proceso al asesino de Bolado.

Empezó a inventar una especie de teoría del periodismo. Ponía en su libreta frases a modo de aforismos:

"No hay que inventar las noticias, pero las verdaderas hay que escribirlas de tal modo que la verdad tenga más interés que la invención".

"La realidad le da al periodista un material más apasionante que aquel que la ficción le brinda al novelista".

"En un pueblo de mil habitantes se puede hacer un periódico digno de que lo lean 100 000 personas".

## *Yo soy Garrick, cambiadme de poeta*

Don Juan de Dios Peza fue uno de los poetas oficiales del porfiriato. No había banquete palaciego, no había ceremonia pública en que el autor de *Reír llorando* no pronunciara el brindis o recitara sus sonorosos versos que ahora ya solamente se escuchan en los concursos de declamación, pero que fueron encanto y emoción de nuestras bisabuelas.

Don Juan de Dios Peza era dueño de una hermosa figura. Tenía todo el porte de los poetas románticos: no faltó quien lo comparara con Zorrilla, que cuando vino a México en tiempos del Segundo Imperio fue ídolo de las multitudes, y muy especialmente de las damas.

Don Juan de Dios no escribía mal, pero hablaba espléndidamente bien. Su conversación era deliciosa: Peza figura en la estirpe de los grandes conversadores de este país, entre los cuales suelen ser mencionados don Victoriano Salado Álvarez; don Federico Gamboa; mi ilustrísimo paisano Artemio de Valle Arizpe; Alfonso Reyes, con don Alfonso Junco uno de los dos grandes Alfonsos de Monterrey; Salvador Novo y otros cultivadores de ese arte tan necesario como perdido: el de la buena conversación.

Peza, en efecto, era hombre de ingenio. Salado Álvarez dio a la estampa el tomo primero de sus vastos *Episodios históricos mexicanos*, y le puso por título *De Santa Anna a la Reforma*.

—Parece nombre de tranvía —comentó don Juan de Dios.

En los principios del siglo pasado gozaba Juan de Dios Peza de un aura de leyenda. Había conocido y fue el amigo más cercano de Manuel Acuña. A Peza le dictó el infortunado bardo saltillense su último poema. Y él cultivaba esa leyenda. No había periódico que no publicara los versos de don Juan de Dios, que además era prolífico en grado supereminente: todos los días ordeñaba a sus fértiles musas y obtenía de ellas copiosísima producción de versos: romances, décimas, sonetos, quintillas, octavas reales, tercetos, redondillas... Todas las niñas bien de la capital, y las provincianitas de visita en la gran ciudad, tenían en su álbum o en el abanico un poemita laudatorio de don Juan de Dios Peza, que elogiaba los ojos de la muchacha aunque fuera bizca, o sus cabellos aunque fuera pelona como una calabaza. Creo que Peza daba en un año más autógrafos que todos los que dará en su vida Luis Miguel.

Dice Salado Álvarez de don Juan de Dios que "a su bella y romántica figura unía el prestigio de sus desgracias". Y se pregunta: "¿Por qué un hombre tan bueno y tan inteligente fue tan desdichado cuando todo lo indicaba para la celebridad y el goce de las cosas sanas y nobles de la vida?".

Celebridad tuvo de sobra Peza, lo dije ya. Pero ciertamente no gozó nunca de completa ventura. Salado Álvarez habla del prestigio de las desgracias del poeta. Una de ellas, y no la menor, fue que Juan de Dios Peza, *el Cantor del Hogar*, el autor del bello poema familiar *Fusiles y muñecas*, el bardo que cantaba los sencillos placeres de la vida hogareña, llevaba la frente adornada no sólo por los lauros de la gloria, sino también por los grandes apéndices córneos que le ponía su mujer. Cuando el poeta se enteró de los desvíos de su cónyuge, sufrió una pena tan grande que, dicen, lo llevó a la tumba.

## *El otro Díaz*

Salvador Díaz Mirón imponía con su figura leonina y porque era bien conocido su carácter violento. Sin embargo fue político muy consecuente con el porfiriato, y cuando éste cayó, el feroz poeta veracruzano dio su apoyo a Victoriano Huerta. Cosa es ésa de humanos, por más que sean poetas.

El año de 1901, en pleno apogeo del porfiriato, Salvador Díaz Mirón publicó su precioso libro *Lascas*, una de las cumbres de la poesía mexicana. Había llegado ya el poeta a la plenitud de su expresión: en ese libro vienen algunos de los más bellos poemas salidos de su estro.

Todos sus admiradores, por eso, se asombraron al leer al final de la obra unas líneas en que Díaz Mirón se disculpaba por sus audacias literarias. No era hombre él que acostumbrara disculparse. A más de un prójimo había balaceado sin decirle siquiera: "Usted dispense". Era famoso el vate por su carácter atrabiliario e iracundo, de modo que aquellas frases tímidas causaron sorpresa general. En ellas pedía perdón por haber usado en sus versos algunos neologismos o palabras de uso dudoso: *lampo*, *entumir*, *emperar*. Terminaba diciendo: "La reverencia que debo y guardo al lenguaje, así como a la docta Corporación que lo expurga y abrillanta, me ha dictado las presentes líneas".

¡Había aparecido el peine! El tremendo don Salvador Díaz Mirón, ejemplo de rebeldía, deseaba ser miembro de número en la Academia Mexicana de la Lengua, correspondiente de la Real Española, y por eso adulaba a "la docta Corporación".

Después de preparar así el terreno, se presentó Díaz Mirón ante el secretario de la Academia, y sin más ni más le dijo que deseaba ingresar a la Academia. El secretario era un amabilísimo viejito, don José María Vigil, ejemplo de caballerosidad, todo discreción él, todo morigeración.

—Yo, señor Díaz —le contestó muy cortés a Mirón—, no soy la Academia. Corresponde a sus socios decidir en pleno lo tocante a la admisión de un nuevo académico.

—Pues tenga usted por presentada mi solicitud —insistió irritado el poeta de Veracruz—. Volveré luego a informarme sobre el curso que haya tomado mi demanda.

—Haga usted como quiera —replicó don José María sin dejar el tono cortés que siempre usaba—. Debo advertirle, sin embargo, que en caso de que la Academia considere su solicitud de ingreso, mi voto será en contra.

—¿Por qué, señor mío, si puedo saberlo? —preguntó con enojo Díaz Mirón.

—Sí lo puede usted saber —le respondió Vigil—, y se lo voy a decir ahora mismo para evitar equívocos. El reglamento de la Academia ordena que se haga una averiguación *ex vita et moribus* de quien eventualmente podría ser admitido en su seno. La vida de usted no es recomendable, y sus costumbres no son ciertamente merecedoras de alabanza. Y ahora, señor Díaz, con su permiso me retiro, pues tengo trabajo en la secretaría y lo debo despachar.

Y así diciendo despachó el viejito Vigil a Díaz Mirón, que ni siquiera acertó a fulminarlo con una de aquellas leoninas miradas con que hacía polvo a sus enemigos.

Años después, por cierto, Díaz Mirón ingresó a la Academia, pero sólo después de que sus estatutos cambiaron y dejó de pedirse aquella investigación *ex vita et moribus,* sobre la vida y costumbres de los académicos. Para entonces don José María había muerto ya.

## *Un santo muy liberal*

En injusto olvido se tiene a don José María Vigil, seguramente uno de los hombres más sabios —y más buenos— que ha habido en este país. Para recordarlo está dedicado este capítulo.

El señor don José María Vigil era un amable viejecito. Moreno de rostro, contrastaba con el color de su tez la blancura de su cabello y de su barba. Llevaba siempre unos anteojos de vidrios muy oscuros, pues padeció cataratas una vez y la operación que los médicos le hicieron lo dejó aún peor. Usaba también por eso un bastón que le ayudaba a guiar sus pasos, vacilantes, como de ciego.

Nació en Guadalajara don José María Vigil. El año de 1829 marcó su entrada al mundo. Estudió latines y filosofías en el seminario, y algo de leyes en la universidad, pero su vocación era la de las bellas letras, y a conocerlas se aplicó con deleite.

Fue profesor: lo mismo enseñaba Ética en el Liceo de Varones que Gramática Elemental en una escuelita para niñas. Se propuso cursar una carrera en los Estados Unidos. Ahí se hallaba cuando estalló la guerra de 1847. En la prensa norteamericana publicó vehementes artículos en defensa de la causa de México.

De regreso al país fue designado director de la Biblioteca Nacional. La integró con todos los libros sacados de las bibliotecas de los conventos que fueron clausurados por las

Leyes de Reforma. Durante 30 años desempeñó tal cargo don José María. En ese tiempo se dedicó a escribir con profusión. Fue, con don Vicente Riva Palacio, uno de los autores de la monumental obra *México a través de los siglos*; hizo incontables traducciones: del latín (Marcial), del italiano (Petrarca), del alemán (Schiller) y del francés (Ronsard); escribió dramones muy de la época con nombres muy de la época también: *La hija del carpintero*; *El demonio del corazón*. Era muy liberal don José María, pero jamás aceptó ser positivista. Propugnó la validez de la Metafísica y de la Teología frente a las áridas prédicas de quienes no veían más allá de la materia que podían tocar (o por lo menos oler).

Duros quebrantos le deparó la vida a don José María. Un infiel empleado de la biblioteca robó los fondos de una partida que don Porfirio entregó al señor Vigil, destinada a la reparación del edificio. Apresado el ladrón echó la culpa a don José María: dijo que el director lo había inducido a apoderarse de los fondos, y que con él compartió el fruto del latrocinio. Mentira, gravísima calumnia, falso testimonio temerario. La propia familia del sinvergüenza exculpó a don Chema, y al final se supo cómo y dónde había gastado el ladrón —un tal Ignacio Gómez— lo que se había robado. Fue a dar a la cárcel el maldito, pero don Porfirio, inflexible, tachó a don José María de negligencia e hizo que cubriera de su peculio el monto de lo robado. No habría podido hacerlo el señor Vigil sin la generosa ayuda de todos sus amigos, que aportaron diversas sumas para el pago. El episodio llenó de vergüenza a don José María, que no volvió a ser el mismo nunca más.

En 1909 murió el señor Vigil, anciano, enfermo, pobre. De su muerte, que es cosa muy triste, me propongo hablar, pues esa muerte fue también cosa muy santa.

Don José María era un hombre muy sabio. Pero era también un hombre muy ingenuo. Con mucha frecuencia esas dos cualidades andan juntas. Una de sus hijas andaba de novia con el joven licenciado Maximiliano Baz. El noviazgo, autorizado por el señor Vigil, se desarrollaba en la casa de la novia, pues así se usaba en aquellos años, y siempre bajo la estricta vigilancia de don Chema y de su esposa doña Asunción, *Chonita*.

El alcahuete o propicio tercero de los novios fue nada menos que el *Diccionario de la Academia*. En el curso de la charla solía presentarse con frecuencia —o si no cualquiera de los enamorados la provocaba— alguna duda en torno del significado de tal o cual palabra.

—Voy a consultar el "tumbaburros" —ofrecía el señor Vigil.

—No te molestes, papá —se apresuraba la muchacha—. Nosotros vamos.

Y allá van los novios, a la biblioteca. Ahí, dice don Victoriano Salado, "los billetes de amor y los 'te quiero' se cambiaban a la luz de la lámpara de petróleo, teniendo por galeote al diccionario de la Academia, que presidía como numen familiar [...] bella y original forma de comunicación que probablemente ignoraba Vigil".

Amaba don Chema la vida del hogar, el modesto pasar que tenía en su casa. Hombre de hábitos, sufría lo indecible a causa de las veleidades de su mujer, que no estaba a gusto en ninguna parte y por eso cambiaba de casa como cambiar de refajo. Apenas acababan de mudarse a un nuevo domicilio, cuando ya la señora había encontrado otro mejor y más conveniente. Y vuelta a cambiarse, y a los tres o cuatro meses vámonos otra vez a una nueva casa que la buena mujer había encontrado en otro rumbo. Cuando el gobierno habilitó una casa especial para el director de la Biblioteca, doña Chonita murió de tristeza —hablo en sentido recto, no figurado—, porque con eso se le acabaron aquellas continuas mudanzas que a ella tanto le gustaban.

Se hizo viejecito don José María Vigil. Uno de sus mayores placeres era recibir la visita de gente de Guadalajara. Mil preguntas hacía a sus paisanos acerca de la hermosa ciudad en donde había nacido. ¿Todavía era tan bello el paseo tal?

¿Existía aún aquella casa tan linda de la calle Fulana? El jardín aquel, ¿seguía siendo tan hermoso?

Le preguntaban los visitantes:

—Y ¿por qué no va usted a Guadalajara, señor Vigil?

—¿Para qué? —respondía con honda tristeza el viejecito—. Todas mis tarjetas de visita tendría que dejarlas en el cementerio.

Le llegó el día de la muerte a don José María Vigil. En el lecho de su agonía, uno de sus mejores amigos, Federico Gamboa, le preguntó si quería confesarse, comulgar y recibir los santos óleos. Se lo preguntó con cautela, y aun con cierto temor, pues el señor Vigil había sido ferviente liberal.

—Sí quiero —aceptó él—. Pero con dos condiciones: que el sacerdote que venga sea mexicano, y que no sea jesuita.

## *El paraíso perdido*

Aquella "íntima tristeza reaccionaria" que sintió López Velarde tras la caída del porfiriato, la sintieron también muchos otros mexicanos. Todavía oí a mis abuelos rememorar, nostálgicos, "los tiempos de don Porfirio". En otra forma lo dijo don Victoriano Salado Álvarez: "Quien no saboreó el antiguo régimen no supo lo que era la dulzura de vivir". Claro, no para todos fue el porfiriato pura vida y dulzura.

Don Porfirio Díaz era un dictador benévolo. Ciertamente gobernó con despotismo: de todos exigía absoluta incondicionalidad. El gran poeta Manuel Gutiérrez Nájera, que era travieso y decidor, solía afirmar que los diputados porfiristas no votaban las iniciativas de don Porfirio diciendo simplemente: "Sí". Las votaban diciendo cada uno: "¡Pues claro que sí! ¡Desde luego que sí! ¡Naturalmente que sí! ¡Con muchísimo gusto! ¡Sí, sí, sí!".

Tan sumisos eran los diputados de don Porfirio, que uno le dijo:

—Señor: yo voto siempre a favor de las iniciativas que usted manda al Congreso. Si alguna de ellas atenta contra el bien o la moral ya responderá usted por la salvación de mi alma ante el tribunal del Altísimo.

Cierto señor de aquel tiempo se alarmó mucho porque un orador partidario de don Porfirio habló en un discurso sobre "la política ferrocarrilera".

—Tenga usted cuidado, por favor, amigo mío —lo amonestó con gran solicitud muy preocupado—. Recuerde que el señor presidente quiere poca política y mucha administración.

Había ingenio y gracia en los señores del porfiriato. Don Francisco Bulnes fue uno de ellos. En cierta ocasión, un político al que había ridiculizado en alguno de sus artículos periodísticos, se le encaró y le preguntó violentamente:

—¿Es usted el hijo de p... de Francisco Bulnes?

—No, señor —le contestó don Pancho con gran tranquilidad.

El otro, lleno de confusión, balbuceó una torpe disculpa y se retiró.

—¿Le tuviste miedo? —le preguntó alguien a Bulnes.

—De ninguna manera —replicó don Francisco—. Pero como me preguntó si yo era hijo de prostituta, y no lo soy, eso le respondí. Si me hubiera preguntado si era yo Francisco Bulnes el escritor, el profesor de Economía, el redactor de *El Imparcial*, entonces le habría dicho que sí, que sí era yo.

Hombres muy dignos tuvo también el porfiriato. Uno de ellos, don Ignacio Mariscal. Cuando se iba a realizar la entrevista Díaz-Taft, don Ignacio fue invitado. Declinó acompañar a don Porfirio, pues era gran malqueriente de los yanquis, pero cuando supo que había el peligro de que anarquistas norteamericanos arrojaran bombas al tren de don Porfirio, solicitó ir a su lado en el vagón presidencial. Nobleza obliga, otra vez.

## *Los obispos de don Porfirio*

Una de las actitudes de don Porfirio que más molestó a los norteamericanos fue que no continuara la feroz política anticatólica de Juárez, tan grata a los Estados Unidos. El general Díaz fue conciliador, pues sabía que la religión del pueblo mexicano era la católica, y él quería gobernar sin hacer injuria a algo que para el pueblo era sagrado.

Fue don Ignacio Montes de Oca y Obregón obispo grato al presidente Díaz. *Monsignor de Potosí*, le decían en Roma, pues era obispo de San Luis. Pocos talentos tan claros como el don Ignacio ha habido en este país. Hombre de letras, fue siempre devotísimo lector: su biblioteca llegó a ser una de las más valiosas de México, y quizá de toda América.

Mi ilustre paisano don Artemio de Valle Arizpe fue en cierta forma discípulo de Montes de Oca, y se hace lenguas acerca de su sabiduría y su elegancia. Parecía cardenal, decía de él. Pertenecía el señor obispo a familia muy rica, de Guanajuato. Estudió en Inglaterra; hablaba un inglés excelente. Igual dominio tenía del italiano: escribía tan bien en esa lengua que mereció el honor de formar parte de la Arcadia de Roma, donde recibió el peregrino nombre pastoril de Ipandro Acaico.

Tuvo el honor el señor Montes de Oca de que Maximiliano lo nombrara su capellán. Los dos sostenían inacabables conversaciones acerca de artes y letras. Después del canallesco fusilamiento del emperador, renunció don Ignacio a toda dignidad, y fue a servir de humilde cura párroco en Guanajuato, su ciudad natal. Ahí se aplicó a la tarea que más le deleitaba, la de las bellas letras. Supereminente conocedor del griego, trasladó al castellano la obra de Píndaro, Teócrito, Apolonio y Bión. Algunos críticos dijeron que las versiones del mexicano superaban a las mejores hechas en Europa.

En 1871 alcanzó la dignidad episcopal. Fue, sucesivamente, obispo de Tamaulipas, de Linares y de San Luis Potosí. Esta última ciudad le gustó para vivir, y también para descansar después de muerto: hizo labrar un hermoso monumento funerario, y todos los días revisaba la tarea del escultor. En esa marmórea tumba reposa ahora en la catedral de San Luis.

Don Ignacio Montes de Oca y Obregón no era obispo de misa y olla. Llegó a merecer que el Papa lo nombrara arzobispo de Cesarea del Ponto, por los grandes servicios que le prestó a la Iglesia. No se andaba con medias tintas don Ignacio cuando se trataba de conducir su grey con mano firme. En cierta ocasión unas señoras potosinas fueron a abogar por los jesuitas, a quienes el señor obispo había quitado el seminario para ponerlo en manos de sacerdotes diocesanos. Se asustaron las señoras al ver que don Ignacio las recibía vestido con todas las galas de su atavía episcopal, báculo en mano, mitra en cabeza, y rodeado de una corte de familiares y validos.

—El seminario es del obispo —les informó ceñudo antes de que pudieran decir una palabra—. A nadie más que a Dios daré cuenta de lo que me pertenece.

Atribuladas y sin chistar se salieron las señoras, con la colita entre las piernas. ¡Pobres!

## *Los obispos de don Porfirio (II)*

El señor obispo de San Luis Potosí está diciendo un sermón en la Basílica de Guadalupe, frente a la milagrosa tela que recogió la imagen de la Virgen Morena. Cada año los potosinos hacían una peregrinación al santuario de la Guadalupana. En esa ocasión los había acompañado el señor Montes de Oca, y estaba diciendo entonces el sermón.

Era muy culto el obispo de San Luis Potosí, lo dije ya. Había estado en Roma un largo tiempo, y ahí quizá se inficionó un poquito con el trato de los cardenales, que suelen tener los pies muy bien puestos en la tierra, y que a veces poseen un cierto espíritu racionalista que eventualmente puede chocar con lo que deben enseñar.

Quién sabe... El caso es que aquella vez dijo el señor Montes de Oca en la Basílica un sermón que escandalizó a algunos. Si no fue herético el sermón sí fue por lo menos inquietante, tanto que algunos feligreses se salieron haciéndose cruces por las audacias del señor obispo. Ahí sostuvo don Ignacio que la preciosa frase *Non fecit taliter omni nationi*, "No hizo igual con ninguna otra nación", sacada de uno de los salmos bíblicos, y que se usó como lema guadalupano, la había pronunciado en broma el papa Benedicto IV cuando oyó narrar las prodigiosas apariciones de la virgen mexicana y los milagros que obraba.

—Pues si eso sucedió tal como me lo cuentan —habría dicho traviesamente el Papa—, *Non fecit taliter omni nationi*.

Asentaba su afirmación el señor obispo Montes de Oca en el hecho de que Benedicto era amigo de donaires y dicacidades. En cierta ocasión, siendo él arzobispo, el Papa en turno le comunicó que lo había nombrado cardenal *in pectore*, es decir, en la reserva de un acuerdo papal que se mantendría sin darse a conocer por algún tiempo.

—Pues expectóreme pronto Vuestra Santidad —respondió con una sonrisa el futuro Benedicto IV.

A veces mostraba su carácter el señor obispo de San Luis. La Academia Mexicana de la Lengua no tenía edificio. Para conseguir que el gobierno la dotara de uno, ofreció el señor Montes de Oca que regalaría su extensa biblioteca a la Academia cuando ésta tuviera local propio. Limantour, que conocía las riquezas bibliográficas de Su Excelencia, se aplicó de inmediato a la tarea de conseguir una casa y comprarla para la Academia. Pero en el ínterin el tesorero de la Academia, don Joaquín Casasús, tuvo la malaventurada ocurrencia de escribir una carta a los académicos que no estaban al corriente en el pago de sus cuotas para pedirles que las cubrieran. Uno de los morosos era el señor Montes de Oca. Se enojó tanto por la cobranza que retiró el ofrecimiento de donar su biblioteca a la Academia.

## *Nobleza obliga*

Los señores ricos del porfiriato han sido descritos por la historia oficial como hombres insensibles a la pobreza del pueblo. De todo había, como en botica y como en los días de hoy, pero existía en aquella aristocracia una especie de sentimiento de orgullo que llevaba a aquellos señores, como regla general, a actuar con nobleza y dignidad.

Don Bernabé León de la Barra era hombre acomodado. Figura entre los fundadores de la Bolsa de Valores. Pero no siempre tuvo dinero: su juventud fue de carencias, y si llegó a formar caudal fue gracias a su trabajo. Así qué chiste, murmurarán algunos.

Una vez llegó a Taxco, pues trabajaba como pagador del ferrocarril, y en la plaza principal del pueblo vio un espectáculo que lo llenó de enojo y repugnancia. Los gendarmes de la policía municipal habían colgado por los dedos pulgares a un viejo indio a la rama de un árbol, y con un látigo le estaban golpeando las espaldas. De la boca del atormentado no salía ni un ay de dolor, pero bien se veía que estaba sufriendo lo indecible.

Se enfrentó don Bernabé a los torturadores, y el que los dirigía le manifestó que cumplían una orden del alcalde. A toda prisa se dirigió León de la Barra a la casa municipal, y luego de entrar sin aviso en la oficina del munícipe, le preguntó a qué se debía la bárbara tortura que había ordenado.

—Ese indio —le respondió el alcalde— sabe dónde está enterrado un tesoro de tiempos de la Colonia. Ese tesoro es del gobierno, pero el indio no quiere decirnos cómo hallarlo.

—Si eso dice —argumentó don Bernabé—, y si no habla ni aun con el tormento, debe usted dejarlo en paz. En caso contrario denunciaré ante el gobernador el infame proceder de usted.

El presidente municipal, intimidado por la amenaza de su visitante, salió junto con él y ordenó a los jenízaros que soltaran al indio. El pobre viejo pretendía besar la mano de León de la Barra, pero éste la retiró, y dándole una palmada afectuosa en el hombro dijo al infeliz que se fuera a su casa en paz, que ya nadie lo volvería a molestar.

Cuando al caer la tarde León de la Barra regresó a la fonda donde tenía su habitación, le pareció que alguien lo seguía. Se preocupó, pues llevaba consigo los dineros con que al día siguiente iba a pagar la raya de los trabajadores del ferrocarril, por eso aseguró muy bien la puerta de su cuarto y la ventana que a la calle daba.

Dormía ya esa noche don Bernabé cuando despertó al oír ruidos. Se enderezó en su cama, tomó la pistola y la amartilló. Se abrió la ventana y entró en el cuarto un hombre que se cubría el rostro con un sarape. León de la Barra levantó la pistola y le apuntó. El hombre hizo un ademán de paz y luego se puso un dedo en la boca, como pidiéndole que guardara silencio.

Se acercó el hombre y de entre el sarape sacó un pequeño costal. Lo puso a los pies de la cama. Luego dio una palmadita en el hombro a don Bernabé, que lo miraba con asombro, y pidiéndole otra vez silencio, dio la espalda y salió por donde había entrado. El señor León de la Barra encendió la vela que estaba sobre la mesilla de noche, levantó el costalito y lo abrió. Estaba lleno de monedas de oro.

## *Éstos eran dos hermanos*

Mientras iban transcurriendo en sosegada paz los años del porfiriato, empezaban a germinar las semillas de la futura insurrección. La vida es una trama que une hilos que al principio no tenían entre sí ninguna relación pero que luego quedan anudados por obra de la propia vida.

Hay en el sur de mi ciudad, Saltillo, un austero edificio hecho con materiales lugareños que impone por su severa traza y solidez. Actualmente ese recinto alberga al Museo de las Aves. Antes fue sede del Congreso local, tiempo durante el cual hubo también ahí algunos pájaros, pero de cuenta. Hasta antes de la violencia revolucionaria estuvo ahí el Colegio de San Juan Nepomuceno.

Institución de jesuitas, ese colegio fue durante muchos años el plantel de mayor prestigio en el norte del país. De muchas partes acudían alumnos a recibir las enseñanzas de los padres de Loyola. Creo recordar que don Eugenio Garza Sada, el gran empresario y filántropo de Monterrey, cursó estudios en ese colegio tan ilustre.

Ahí estuvieron también dos hermanos, pequeño el uno, poco mayor el otro. Pertenecían a una rica familia norteña que, según se afirmaba, tenía origen judío. El más pequeño era tímido, apocado. De pequeña estatura, desmedrado, casi no participaba en los juegos infantiles; extrañaba grandemente su hogar y su familia; estudiaba mucho y se entregaba con infantil misticismo a los ejercicios de devoción en que los padres hacían participar a los escolapios.

El otro hermano, en cambio, era desenvuelto, bullidor y enérgico. De buen cuerpo y aventajada estatura destacaba como jugador en todos los deportes que en el Colegio de San Juan se practicaban. No era tan buen estudiante como su hermano menor, ni tan devoto, pero a cambio tenía facilidad notable para hacer amigos y encantaba a sus maestros y a sus compañeros con sus historias y sus bromas.

Si algún defecto tenía ese muchacho es que gustaba de mostrar superioridad sobre su hermano menor. Lo hacía objeto de crueles travesuras, lo avasallaba, lo tenía rendido a su voluntad. Como si fuera un criado lo trataba; le daba órdenes, lo reprendía con acritud y en ocasiones le pegaba. Con mucha frecuencia los padres jesuitas se veían en la precisión de castigar al mocillo por lo mal que se portaba con su hermano. Enviaban cartas al papá del muchacho en las cuales le daban a conocer el reprensible comportamiento de su hijo. Y el papá le escribía, lo amonestaba con severidad, le pedía que fuera un hermano para su hermano en vez de ser un opresor.

El muchacho no era de mal natural, y se apenaba con los castigos y los regaños. Pero tampoco era de fuerte voluntad, y así a poco volvía otra vez a las andadas, y de nuevo molestaba y perseguía a su hermano pequeño.

Esos dos hermanos se apellidaban Madero. El mayor —el que oprimía al otro, el que lo escarnecía y maltrataba— se llamaba Gustavo. El otro, el menor, el tímido y apocado, el estudioso y místico, el avasallado por su hermano mayor, se llamaba Francisco... Francisco I. Madero.

## *La onda fría*

Esta nota que saqué de *El Mundo Ilustrado*, nos ilustra sobre los días del porfiriato.

"La baja de temperatura que se ha registrado en estos días, ha sido causa de que las clases humildes que viven casi en el arroyo, sientan las terribles consecuencias del frío, hasta el punto de haber fallecido en un solo día 12 infelices; unos, porque habiendo ingerido gran cantidad de alcohol, en busca de calor para sus ateridos miembros, perecieron al sobrevenir el enfriamiento natural del organismo, después de tanto abuso en la bebida; y otros, por carencia absoluta de vestido, de hogar y de alimento.

"¡Tristes cuadros los que la miseria produce!

"Si Gorki, el escritor de los bajos antros de la pobreza, viera los grupos de gente que han acudido a los patios de la Comisaría en busca de la fogata que calentase sus cuerpos, y del té que tonificase sus yertos estómagos, de seguro que hubiera encontrado motivo para sus brillantes descripciones.

"Allí en confuso hacinamiento de carne humana, multitud de hombres, de mujeres, de niños, todos desharrapados, todos tiritando, con la huella de la miseria en sus rostros arrugados, en sus cuerpos flacos, en su mirada triste, miran con cariño la flotante llama, que arroja negras espirales de humo como queriendo acariciar tanta miseria.

"Oportunas disposiciones gubernativas, enumeradas ya por la prensa diaria, han servido de alivio a la situación de los menesterosos, y al mismo tiempo la caridad no ha podido menos de acudir al llamamiento de los que sufren, de los que luchan con la muerte y con sus víctimas, pues casi todos los días han seguido encontrándose cadáveres de gente muerta por el frío en distintas calles.

"La distinguida Sra. doña María Cañas de Limantour ha puesto 400 frazadas a disposición del señor Gobernador, y este mismo compró de su peculio particular 1275 para repartirlas entre las diferentes demarcaciones.

"El Buen Tono, S.A., y la Fábrica de San Ildefonso han acudido igualmente con grandes recursos a remediar tanta desventura, pues si bien la onda fría tiende a disminuir, para los indigentes, para los necesitados, la situación es aún terrible y todo lo que se haga es poco en beneficio de los infelices desheredados de la fortuna.

"El reparto se ha hecho en las comisarías todo lo más equitativamente posible, procurando auxiliar, sobre todo a desgraciadas madres que se presentaban con sus pequeñuelos apenas cubiertos por míseros harapos.

"La onda fría es la gran educadora de la humanidad. Sin la intemperie, la inclemencia, el huracán que arrasa, la nieve que sepulta, la helada que congela, el granizo que devasta y la langosta que devora, el hombre no hubiera pasado de la categoría de un cerdo cebado, inerte, inútil e impotente.

"Pero, no cabe duda, y estudios de todos órdenes lo han evidenciado, el principal estimulante del progreso humano ha sido el frío.

"Contra el frío, el hombre ha multiplicado sus medios de defensa: las pieles en que envuelve su cuerpo, las chimeneas y caloríferos con que entibia su hogar, las grandes fogatas alrededor de las cuales pernocta la tribu, sin contar todos los refinamientos que el confort moderno ha acumulado para hacer tolerables las temperaturas glaciales. Contra el calor el hombre no ha discurrido otra cosa que la hamaca que adormece y el abanico que hipnotiza".

## *¡Muchas gracias, Tío Sam! Menudas gracias*

Don Ignacio Mariscal y Fagoaga era un hombre de mundo. Oaxaqueño como Juárez —y como don Porfirio, y como don Matías Romero, y como don José Vasconcelos— se graduó de abogado en el Instituto de Ciencias y Artes de su estado cuando ni siquiera había llegado a la mayoría de edad. Desde muy joven se nutrió de las ideas del liberalismo. Fue contrario a Santa Anna, quien lo hizo desterrar. Triunfante el Plan de Ayutla fungió como diputado; participó con notable asiduidad en los debates de los cuales surgió la Constitución de 1857.

Era hombre muy culto este señor don Ignacio Mariscal. Provenía de una distinguidísima familia oaxaqueña que le inculcó desde niño el amor a los libros. Tuvo un preceptor francés, y de él aprendió la lengua de Molière como la propia. El maestro era un extraño individuo que merecería tener biógrafo. Mathieu de Fossey era su nombre, y al paso de los años se vio envuelto en una misteriosa conspiración para envenenar a don Benito Juárez. Lo acusaba de estar entregando México a los americanos.

En el fondo Mariscal, igual que su maestro, no quería a los Estados Unidos. Le tocó presenciar el dolorosísimo momento en que los yanquis izaron el pabellón de las barras y las estrellas en el Palacio Nacional, cuando la guerra de 1847, y eso suscitó en él sentimientos de odio y tristeza que no dejó de abrigar nunca.

En cierta ocasión, don Ignacio estuvo a punto de morir. Contrajo en Veracruz la fiebre amarilla, terrible mal del cual nadie solía salvarse. Estuvo varias semanas solo y abandonado en un camastro, sin más alimento que unos sorbos de aceite de coco y algunos tragos de agua. Por fortuna sucedió que no había ningún médico en el puerto, ya que todos habían escapado a causa de la guerra que había entre Miramón y Juárez. Eso puso a don Ignacio al amparo de los letales tratamientos de aquel tiempo, que mataban con más seguridad aun que la fiebre.

Tan pronto se sintió con fuerzas, salió de su mal lecho el licenciado Mariscal, fue a bañarse al mar y luego se dirigió a la plaza principal, pues ahí había un famoso puesto de menudo. En él encontró a don Guillermo Prieto, que gustaba de toda suerte de condumios y fritangas y que estaba curándose los efectos de una tremenda cruda.

—Yo vi a Mariscal —relataría después Prieto— comerse uno tras otro cinco platos de menudo. Le dije que se iba a morir por aquel fenomenal hartazgo, pero no sólo no se murió, sino aun creo que aquella medicina que a sí mismo se administró le dio una salud de hierro que lo acompañó el resto de su vida.

## *Con tu permiso, papá*

A partir de la obtención del permiso paterno para lanzarse a la lucha, la vida de Madero toma derroteros muy distintos a los que antes había recorrido. Su vocación política se afirma y engrandece. Su capacidad de acción aumenta; su entusiasmo no conoce ya límite alguno.

Desde sus primeras actividades en la política local, Madero había mostrado dotes muy notables de organizador; sin embargo, su acción política había estado siempre en un segundo plano, postergada por sus ánimos de espiritista o por sus cotidianas tareas de administrador rural. Había sido, si no un indiferente, por lo menos un conformista más o menos despegado de las cuestiones públicas. A su íntimo amigo Rafael J. Ruiz, que vivía en Hermosillo, escribió en 1901: "Veo que están ustedes muy metidos en la política, nosotros por acá no nos preocupamos de nada, pues le dejamos al Gran Elector el cuidado de que piense por nosotros a ver quién nos conviene más para que venga a gobernar a ésta".

Sin embargo, su estancia y sus viajes por Europa habían dejado una profunda huella en Madero. Sus estudios rindieron fruto distinto del que sus padres desearon. Las familias pudientes del porfirismo, como símbolo de su estatus social, enviaban a sus hijos al extranjero. En Italia o Francia estudiaban arte; ciencias en Inglaterra o Alemania. París, "el cerebro del mundo", como decía Víctor Hugo, era todavía el centro de atracción principal, pero la pujanza de los Estados Unidos, con su naciente prestigio bélico e industrial, hacía que muchos jóvenes fuesen a aprender las nuevas técnicas, o a inscribirse en las academias militares.

Madero se aplicó al estudio con dedicación, tanto en Europa como en los Estados Unidos. Dos años estuvo en el Liceo de Versalles, y tres en la Escuela de Altos Estudios Comerciales de París. "En este último colegio son muy completos los cursos, pues no solamente se estudia contabilidad y taquigrafía, como en las escuelas similares de los Estados Unidos, sino que se hacen estudios muy interesantes sobre mercancías, el modo de fabricar cuanto objeto manufacturado existe, los aparatos y máquinas más modernas que se emplean, los lugares donde se encuentran las materias primas, los mercados para las manufacturas, los precios de costo y, en general, cuanto dato puede interesar a una persona que desee establecer algún negocio industrial o mercantil. Además, teníamos cursos muy completos de Economía Política, Geografía Comercial, Matemáticas en sus aplicaciones y todas las operaciones financieras; de Código Civil y Comercial; Legislación de Presupuestos; así es que los estudios en aquel plantel son muy importantes y hacen tener, a quienes salen de ahí, un espíritu amplio que les permite apreciar las cosas desde un punto de vista superior". (*Mis memorias*). Leamos párrafos de Sánchez Azcona y encontraremos algunos rasgos reveladores de este período de la vida de Madero. "Fue entonces [época de la permanencia de Madero en París] cuando le conocí y trabé con él la fraternal amistad que nos ligó hasta su trágica muerte. No fui precisamente su condiscípulo, pues yo revalidaba entonces mi licenciatura alemana en Ciencias Políticas y Sociales en la Universidad de la Sorbona, pero la corta diferencia de edad entre los dos, el hecho de encontrarnos ambos lejos de la patria y la similitud de nuestras avideces y goces juveniles en la gran Ciudad Luz, nos unió muy estrechamente al grado de ser inseparables en el ambiente en que vivíamos".

## *¡Cómo me gustaría darle un beso!*

Era un claro día de primavera en abril de 1904. En Coyoacán, la región más transparente del aire según dijo don Alfonso, se había montado una exposición de la fauna del Valle de México. La iba a inaugurar, claro, don Porfirio Díaz. Fue él quien inauguró la costumbre de inaugurarlo todo.

Una profusa comitiva acompañaba como siempre al gran caudillo. Sin embargo, en esa ocasión la cauda de cortesanos era aún mayor: se estaba preparando la sexta reelección de don Porfirio, y todos los políticos querían estar muy cerca de él, pues de su proximidad con el dueño del país dependía que pudieran seguir pegados a la ubérrima ubre del presupuesto nacional.

Nadie recordaba ya que el patriarca se había levantado en armas contra sus grandes enemigos, Juárez y Lerdo, al grito de "No reelección". Eso pertenecía al pasado. Nada importaba que no hubiera democracia en el país si a cambio había paz, estabilidad y seguridad para las personas y sus bienes.

Aquella mañana llegó el presidente Díaz en carruaje al sitio de la exposición. Iba vestido de civil, con frac y sombrero de copa. Llevaba bastón y lucía quirotecas armiñadas. Es decir, traía guantes blancos.

La banda de guerra rompió a tocar las sonoras notas de la marcha presidencial. A don Porfirio no le gustaba más música que la de las bandas de guerra. Detestaba la ópera, no entendía de música clásica, para las melodías de moda no tenía oído, pero se encantaba escuchando el estrépito de los clarines, las cornetas y los tambores. Esa música marcial le recordaba su antigua vida de cuartel.

Cuando hizo su entrada a la exposición por entre una valla formada por niños y niñas de las escuelas públicas, que agitaban banderitas mexicanas en su honor, don Porfirio se dirigió, hierático como siempre, a la mesa de honor. Entre el público se encontraba una dama joven y bella, una muchacha de la buena sociedad, en el esplendor de la juventud.

—¡Mire usted a don Porfirio! —exclamó la muchacha dirigiéndose a su vecino de asiento—. ¡Qué guapo es! ¡Qué hermoso señor! ¡Con qué ganas me plantaría a su lado y le daría un beso!

—Señorita —le respondió el señor divertido por el juvenil arrebato de la chica—. Me permito recordarle que el señor presidente tiene más de 70 años de edad. ¿Va usted a malgastar uno de sus preciosos besos en un viejo?

—Podrá usted decir lo que quiera —replicó la muchacha algo molesta—. A mí me entusiasma don Porfirio.

La anécdota la relata don José López Portillo y Rojas, abuelo de José López Portillo y gran porfirista. Su narración nos da una idea de los sentimientos que levantaba a su paso don Porfirio. "Nunca sonreía —nos dice un contemporáneo—; su adusto continente hacía que el pueblo lo viera como una especie de sumo sacerdote de la nación".

Más que un sumo sacerdote era don Porfirio una especie de semidiós. Por fortuna ni siquiera los semidioses son eternos.

## *Las raíces de míster Root*

Este míster Root era secretario de Estado del país que tenemos allende el Bravo. Allá por 1907, míster Root hizo contacto con el señor Creel, que era nuestro embajador en Washington, y le comunicó su deseo de hacer una visita oficial a México.

Don Porfirio no era muy partidario de mantener relaciones estrechas con los norteamericanos. Más de una vez se les había enfrentado, pues Washington siempre quiso tener en el presidente Díaz a un amigo tan obsequioso como fue en sus tiempos Juárez, pero don Porfirio guardaba en relación con los Estados Unidos una actitud totalmente distinta a la de don Benito.

Así, el señor Creel se hizo el desentendido, y daba largas una y otra vez al asunto de la solicitada visita del secretario Root. Mientras México le decidía, Root se dedicó a visitar otros países de América del Centro y del Sur. Fue a dar hasta Perú; visitó la Argentina; estuvo en Guatemala y Panamá. Se decía de él que era gran amigo de los pueblos latinoamericanos, los cuales encontrarían siempre en él a un esforzado campeón y protector.

A finales de aquel año, el señor Creel ya no pudo dejar de lado la petición de Root, y previo permiso de don Porfirio procedió a hacer los arreglos necesarios para su visita. Sin embargo, se las ingenió para conseguir que esa visita tuviera el carácter de informal, de tal manera que no comprometiera oficialmente al gobierno mexicano, y tampoco al presidente.

Vino, pues, a México el insistente míster Root. Se le agasajó con banquetes, bailes y otros festejos. Al tercer día de su estancia en la capital de la República, los agentes de don Porfirio le informaron que el distinguido visitante salía por la noche de sus habitaciones. Acompañado por un funcionario de la embajada norteamericana se dedicaba a andar por toda la ciudad viendo aquello que el gobierno había esperado que no viera: la pobreza, la triste vida que llevaban los habitantes de los barrios bajos, la suciedad y miserias de la gran ciudad.

Saber eso causó gran disgusto a don Porfirio, quien ya no quería ni despedirse del visitante. En los medios diplomáticos se comentó la extraña actitud de míster Root, más de espía que de buen vecino. Don Porfirio ordenó que no se correspondiera a la visita del secretario. El país que sí correspondió fue Guatemala: envió a Washington como representante del presidente Estrada Cabrera a un don Juan Barrios. Cuando éste se dirigía a la Casa Blanca a presentar sus respetos, el automóvil en que iba cayó en un pequeño barranco. En el alboroto que se hizo, el enviado guatemalteco perdió su cartera. El *Washington Times* dio la noticia al día siguiente: "El señor Barrios perdió 100 000 pesos guatemaltecos. Pero no hay que apurarse: esos 100 000 pesos equivalen a 1 dólar con 25 centavos".

Tres años después, en vísperas del estallido de la Revolución, los porfiristas se enteraron de que los revolucionarios habían recibido ofertas de apoyo por parte de aquel míster Root.

## *Ideas de un idealista*

Madero, nutrido en las ideas de la época, es decidido partidario de la paz y el orden públicos: le repugna la violencia, y sostiene el principio de que sólo dentro del marco constitucional, dentro de la legalidad, es posible que los países encuentren el camino que conducirá a la felicidad de sus ciudadanos. Los grandes conflictos bélicos de finales del XIX y principios del XX son para él resultado de las ambiciones torpes de los encumbrados, deseosos de gloria personal; no inquiere sobre sus causas económicas ni investiga toda la complejidad de los fenómenos que los originaron. Ve, en la deleznable naturaleza de los hombres, de cada hombre, el principio de todos los males sociales.

Su idea de la función del Estado es en lo general la del Estado abstencionista, propio del liberalismo: habrá de permitir el libre curso de la acción individual, y sólo intervendrá cuando entre los particulares surjan controversias o conflictos que por sí solos aquéllos no puedan dirimir.

A Madero no le preocupa tanto la justicia social como la democracia. Tiene la certeza de que todas las injusticias que se cometen contra los trabajadores, contra los campesinos, contra los indígenas, no son sino lógico resultado de la conculcación de los derechos políticos de los ciudadanos, de la perpetuación en el poder de un solo hombre, en suma, de la reelección. Está convencido de que restablecida la democracia, instaurada la regularidad de los procesos electorales, suprimido el poder absoluto de un único hombre, por sí solo vendrá el remedio a las desigualdades sociales. Conseguida la democracia, todo lo demás se dará por añadidura.

Márquez Sterling opina sobre Madero: "Desde su retorno a la patria, le han producido amargo sinsabor los abusos de la Dictadura, la ausencia de todas las libertades, la ruin condición de las clases inferiores, la miseria y la incultura del indio a precio de la paz 'porfiriana' que paraliza las energías cívicas y el progreso de la nación, francamente rodada a su decadencia sin pasar por las cumbres del apogeo. No pensó, entonces, que él salvaría, de la ruina, a sus conciudadanos, ni previó a cuánto alcanzarían sus ímpetus de liberal sensitivo, y creyó cumplir con una santa obligación, acorde a sus teorías, colaborando, desde su sitio de Coahuila, a la práctica de la democracia, persuadido, por cierto, de que la democracia es el más eficaz remedio para los achaques del sufrido pueblo".

Jesús Romero señala: "A este último período le doy el nombre de Revolución Democrática, por dos razones: que al iniciarse, hace 50 años, parecía no tener sino una finalidad, la meramente política: el Sufragio Efectivo y la No Reelección. Y digo parecía, porque [...] algunos de los hombres que en esa Revolución actuaron juzgaban que habiendo efectividad de sufragio y grupos de hombres distintos al frente de las funciones públicas, se podrían realizar todas las aspiraciones populares".

## *Pura política*

Todo en Madero es política: su libro, su revolución, su gobierno. Y ciertamente, tal perspectiva es explicable. El porfirismo había cerrado sistemáticamente todos los caminos de la acción política. Patrocinados por el centro, los gobernadores de los estados, los presidentes municipales, los caciques lugareños todos se ocupan de apagar desde su nacimiento la menor inquietud política. Poca política, mucha administración quería don Porfirio.

A Madero le parece que, adormecidos por el Gran Administrador, los mexicanos han olvidado sus deberes de ciudadanos, y han dejado en manos del Gran Elector la disposición de todos los asuntos políticos de la nación. Esa indiferencia es la raíz de todos los males que el país padece, por lo que sólo un resurgimiento de la vida política del país habrá de contribuir a hacer salir a los mexicanos de la deplorable condición en que los ha sumido su falta de virtudes cívicas.

Sánchez Azcona dice: "Al iniciarse la acción maderista, el problema capital, el que abarcaba a todos los demás, era de índole claramente política y político era también el principal obstáculo inmediato que urgía remover y que se llamaba *dictadura*. Por tal motivo, el lema del movimiento fue 'Sufragio Efectivo. No Reelección', porque condensaba el objetivo inmediato y básico de la acción renovadora, pero no porque el maderismo estimara contenidas en él todas las necesidades de la nueva reforma nacional, como con gran miopía, sincera o fingida, han asegurado algunos comentadores superficiales e indocumentados.

"Para convencerse de esto, basta conocer el programa de gobierno de la Convención del Tívoli del Elíseo en 1910, el discurso en que Madero delineó ante ella su programa personal y los señalamientos sintéticos del Plan de San Luis Potosí". Pese a esa declaración, es evidente que todo el ímpetu del movimiento renovador de Madero, toda su ideología, su programa de acción todo, quedaría sintetizado en el lema que tiene un puro contenido político: 'Sufragio Efectivo. No Reelección'.

En ese planteamiento, obviamente limitado, se ha querido encontrar el arranque de las graves diferencias que separarían a Madero de luchadores como Zapata y Villa, como Carranza mismo.

Ha sido acusado Madero de burgués: lo era. Su revolución, se dice, era una revolución de burgueses: ciertamente. No hay duda de que Madero, enemigo de la violencia, partidario definitivo de la legalidad, es un luchador distinto de los que vendrán después.

Es distinto a ellos desde muchos puntos de vista: su origen, su educación, su modo de ver las cosas del mundo y de la vida. Quizá sea temerario decir que Madero está más cerca de Díaz que de Zapata y Villa; reflexionemos que con el porfirismo estableció una fórmula de transición (transacción, dirían algunos), primero a través del interinato de León de la Barra, luego con la formación de un gabinete en que había una lucida representación de porfiristas. Con Zapata, en cambio, no hubo posibilidad de entendimiento: quien sólo quería Sufragio Efectivo, tenía que chocar con quien esperaba algo más: nada menos que "Tierra y libertad".

## *El pensamiento de Madero*

En *La sucesión presidencial* está comprendido el ideario de Madero; ahí explica la razón de su lucha y el destino de sus aspiraciones. Conviene, pues, ir a la fuente del pensamiento maderista. No son muchos los grandes hombres de México que han dejado una muestra tan vasta y reveladora de su pensamiento. Considerándola encontraremos datos que revelarán aspectos decisivos de la personalidad de Madero.

Madero es, en la época que sigue inmediatamente a su regreso del extranjero, un hombre en muchos aspectos igual a los que forman la burguesía mexicana. Preocupado sólo por la administración de sus bienes, no le inquietan los problemas de su sociedad ni de su tiempo, que apenas si observa. Se percata, es cierto, de los defectos de la administración pública, de los vicios políticos que imperan en el país, y advierte las rudas diferencias entre la circunstancia nacional y el estado de cosas que él ha conocido en los países cuyas condiciones políticas tuvo ocasión de observar durante sus viajes. Pero su actitud es la de los demás: si el régimen de Díaz es capaz de ofrecerles paz, seguridad, orden público, tranquilidad social, factores todos que les permitirán desarrollar sus trabajos de empresarios, poco se les da que a cambio de ello el Gran Elector tome en sus manos la totalidad de la vida nacional.

También los burgueses mexicanos quieren poca política y mucha administración. Ven al país como una empresa susceptible de ser manejada a la manera de las privadas, y al general Díaz como el administrador provisor y diligente que la conduce con prudencia y energía. Los gobernadores son agentes, los ciudadanos son trabajadores de esa vasta empresa.

Sobre todos ellos estará el benévolo cuidado del señor presidente, tan atento de la patria como de su casa y de sus hijos un buen padre de familia. En su obra, Madero describe tal estado de cosas:

"Ocho años de paz y la construcción de algunas vías férreas habían traído cierto bienestar a la Nación, por el dinero desparramado y por la nueva vida que sentían las industrias y el comercio. Se iniciaba con los ferrocarriles la nueva era de progreso material que ha invadido a todo el mundo civilizado. La Nación, cansada de tantas revueltas y habiendo empezado a sentir el bienestar que trae la paz, se adormeció con el ruido atronador de los ferrocarriles, las industrias y la actividad comercial; sintió que nueva savia recorría por sus venas y la dejó ejercer saludable influencia en su debilitado organismo. No volvió a ocuparse en la cosa pública, dejando todo el poder en manos de su caudillo, en cuyas promesas confiaba".

Pero hay en Madero algunos rasgos que no se encuentran en sus contemporáneos, ni en quienes con él comparten condiciones de origen, de clase, de educación o de fortuna. Madero no es un fruto de la educación positivista de su tiempo. En varias de sus cartas se refiere insistentemente al "inmoral materialismo".

## *El orgullo mexicano*

En tiempos de don Porfirio surgió de nueva cuenta, vigoroso, el orgullo de ser mexicano. Nuestro país volvió a cobrar el prestigio que perdió después del fusilamiento de Maximiliano, ordenado por don Benito Juárez según el interés de Washington y de su política de "América para los americanos", es decir, para los norteamericanos. La anécdota que enseguida se narra ilustra ese nuevo orgullo mexicano.

En 1892, el conocido escritor Ángel de Campo, Micrós, hizo un viaje a los Estados Unidos. Formaba parte de una comisión nombrada por don Porfirio para asistir a la Exposición Universal de Chicago. Lucimiento muy especial tendría la ocasión, pues con ella se celebraba el cuarto centenario del descubrimiento de América.

Entre los miembros de la comitiva mexicana iba Francisco Iturria, afamado charro de la ciudad de México. Hombre de muy alta estatura era este Pancho, y poseía una fuerza excepcional. De él se decía que mataba las terneras propinándoles un puñetazo en el testuz. Era cumplidísimo jinete que dominaba todas las difíciles suertes de la charrería, sobre todo aquellas en que se requería más fuerza física.

Sin embargo, ésos no eran los mayores orgullos de Francisco Iturria. De lo que más orgulloso estaba era de sus apéndices capilares: su bruna cabellera que casi le llegaba hasta los hombros; su bigotazo igualmente negro y su vellida barba, también del color del ébano.

Ya en Chicago salieron un día Micrós y Pancho Iturria a pasear por las calles. El charro no hablaba inglés, pero el escritor sí. Al pasar por una elegante barbería, salió apresuradamente uno de los peluqueros, seguramente el dueño, y tomando por el brazo a Iturria empezó a decirle algo que éste no entendió.

—¿Qué dice? —preguntó a Micrós.

—Dice que tienes el mejor cabello, la mejor barba y el mejor bigote que ha visto en hombre alguno. Te ofrece 10 dólares diarios si aceptas exhibirte en su peluquería como anuncio de un tónico para el cabello que está por patentar.

Al escuchar aquello, Pancho Iturria montó en cólera. Levantó por las solapas al espantado fígaro y lo arrojó contra la pared. Luego lo llenó de bofetadas y mojicones. Salieron a todo correr de la barbería los otros "maistros", con los negros que barrían y limpiaban el calzado de los clientes, y se lanzaron contra el mexicano. Éste se defendió de la turba como un gigante en medio de pigmeos. Vino la policía y todos fueron a dar a la cárcel. Se les llevó ante un juez, que naturalmente absolvió de culpa al peluquero y condenó a Pancho a tres días de cárcel y 100 dólares de multa.

—No importa —dijo Iturria al juez con altanero gesto—. Les he enseñado que un gringo no puede comprar a un mexicano.

No cabe duda: habían cambiado los tiempos en que los americanos podían tratar con México cuestiones como aquella del tratado MacLane-Ocampo.

## *Las coronas de Corona*

Don Ramón Corona es uno de los personajes más interesantes del siglo XIX mexicano. Su vida parece de novela: con ella podría hacerse una película. Pocos hombres habrá habido en México con tantas prendas —lo mismo físicas que espirituales— como él. Nació en Jalisco en 1837, a las orillas del lago de

Chapala. A pesar de que su padre quiso dedicarlo a tareas del comercio, él sintió la vocación de las armas y a ella se entregó con decidido afán.

Destacó pronto tanto por su valentía como por su caballerosidad. Era amigo de sus amigos. Y más aún de sus amigas, pues era muy guapo y tenía gentil porte. Además leía mucho, y por eso podía hablarles a las mujeres con labia y seducción. Dice de él Salado Álvarez: "Varias pruebas dejó de su acometividad, y puede decirse que sólo el santo matrimonio le hizo sentar la cabeza de hombre favorito de las damas".

Ganó merecida fama por su pundonor y su caballerosidad. Cuando Maximiliano tuvo que rendirse en Querétaro, a nadie más que al general Corona quiso entregar su espada.

Ya dije que era hombre muy guapo don Ramón. Fue embajador de México en España. Ahí llegó a decirse que había tenido amores con una altísima dama de la realeza (la más alta) y que de esos amores nació un hijo que luego subió al trono. Chismes de malévolos cortesanos, seguramente, pero a eso y más daban origen la apostura y gallardía de Corona.

El México de su tiempo, particularmente Jalisco, y más aún Guadalajara, le debieron mucho a don Ramón Corona. Fue él quien con una tropa muy inferior en número, pero excelentemente dirigida por su general, venció a Manuel Lozada, el feroz Tigre de Álica, quien llevaba consigo una turbamulta formada por 15 000 hombres.

De haber vencido aquel Tigre a Corona, seguramente Guadalajara habría sido arrasada por la furia del guerrillero. Por eso los jaliscienses veneraban a Corona como a su salvador.

En marzo de 1887, don Ramón Corona fue electo gobernador de su estado. Dice un travieso historiador que su elección ha sido la única en la historia de Jalisco en que no hubo necesidad de fabricar votos para dar el triunfo al candidato oficial. El pueblo acudió a las urnas en masa y espontáneamente para elegir al general.

Fue Corona un excelente gobernante. Creía en la democracia; estaba convencido de la necesidad de mantener sin reservas la división de poderes. A los pocos días de haber llegado al poder don Ramón, se presentó en su despacho el presidente del Tribunal de Justicia.

—Señor gobernador —le dijo—. Vengo porque debo decidir sobre algunos procesos muy importantes. En ellos están envueltas personas de mucha consideración.

—¿Y en qué le puedo yo servir, licenciado? —preguntó Corona.

—Señor —farfulló el otro—. Quiero que me dé las respectivas consignas que necesito para resolver cada caso.

—No necesita usted que yo le dé consignas —respondió con severidad el general Corona—. Todas las aplicables al caso las encontrará en la ley. Ahí búsquelas, y no me dé a mí el trabajo de decírselas.

¿Cuántos gobernadores como él tenemos ahora en México?

## *El abanico de la Generala*

La gala mayor de don Ramón Corona era su esposa. Hay que decir la verdad: en su juventud fue el general un gran seductor. Si se hiciera una relación de las damas que se le rindieron, quizá no se formaría un directorio telefónico, pero sí una nutrida nómina que ya la quisiera para sí cualquier galanteador actual.

El matrimonio hizo que sentara cabeza —más o menos— el general Corona. Su esposa no era mexicana: venía de los Estados Unidos y, al parecer, tenía ascendencia escocesa. Se llamaba Mary; estuvo casada con un americano, un tal Bowman que sirvió como intermediario entre el gobierno de Washington y el de Juárez para proveer con los fusiles más modernos al ejército juarista. Gracias a ese armamento y al equipo y recursos que los Estados Unidos brindaron generosamente a don Benito, pudo éste vencer por fin a Maximiliano.

La señora Corona era muy bella. Aunque andaba ya en los 50 años cuando su esposo llegó a gobernar Jalisco, conservaba todavía restos de su espléndida belleza, y lucía en los salones lo mismo que una reina. Se ganó de inmediato la voluntad de todos, a pesar de su calidad de extranjera, pues se preocupó por aprender perfectamente el español, que hablaba sin acento y aun con el castizo dejo de Guadalajara. Cuando un pintor se ofreció a hacerle su retrato, ella posó luciendo el traje de china poblana, sombrero jarano y un precioso sarape que mostraba los colores de la enseña nacional.

Recio carácter y majestuoso porte caracterizaban a la esposa del general Corona. Hizo época una anécdota suya. En el tiempo en que don Ramón Corona era embajador de México en España, los reyes ofrecieron un baile en el Palacio Real. La esposa del general se presentó llevando un riquísimo abanico bordado con hilos de oro y plata y lleno de piedras preciosas.

Era dama de la reina una mujer de lengua viperina llamada Francisca Albornoz. Por hacer burla de la esposa del embajador, le dijo frente a un nutrido grupo de señoras y de caballeros:

—Generala: esos abanicos no se usan aquí.

—Tiene usted razón, señora: en ninguna parte los usan las que no pueden comprarlos.

Quedó corrida la tal Paca, y más porque todos celebraron la altiva y claridosa respuesta que le dio la esposa del embajador de México.

Llegó a sentirse entrañablemente mexicana la señora Corona. En una ocasión fue invitada por la esposa del ministro norteamericano a una fiesta para celebrar el 4 de julio, día de la independencia de los Estados Unidos. Brindó la señora Foster por el gobierno de su país, e invitó a la señora Corona a levantar su copa.

—No puedo hacerlo, señora —respondió ella—. Soy mexicana, esposa de un general mexicano, y no puedo brindar por un gobierno para mí extranjero.

## *Un Primitivo asesino*

Se representaba en el Teatro Degollado el drama de don José Echegaray *Sic vos non vobis*. A media función un gendarme entró apresuradamente y se dirigió al palco en que estaba un regidor del ayuntamiento.

—Señor —le dijo en voz baja—. El gobernador acaba de ser herido por un hombre que lo atacó con un puñal. Se le pide a usted que vaya de inmediato al Palacio de Gobierno. Ahí están reunidas ya todas las autoridades.

Asustado, el que recibió la noticia la comunicó a sus vecinos de asiento, y ellos hicieron lo propio. En unos minutos todo el público se había enterado ya del suceso. Pronto el teatro se vació, pues la gente quiso saber con exactitud qué había pasado.

El general Corona iba por la calle con su esposa y su pequeño hijo Carlos cuando un hombre llamado Primitivo Ron se lanzó contra él y le clavó en repetidas ocasiones un puñal. La señora Mary y el niño trataron de defender al general, y el criminal les lanzó también puñaladas que alcanzaron a herirlos levemente. Después de eso, Ron retrocedió unos pasos y, ante la espantada mirada de todos, se atravesó el corazón con el mismo puñal y cayó muerto a los pies de Corona.

Después se averiguó que el asesino era aprendiz de tipógrafo, un desequilibrado mental con humos de anarquista. En la bolsa interior de su saco se encontraron unos papeles que parecían escritos por un loco. En ellos había planes para asesinar también al arzobispo, planes que Ron nunca pudo consumar porque Su Excelencia jamás salía del palacio episcopal. Ni siquiera a las ventanas se asomaba. Vivía en su palacio como en una cárcel.

Las heridas que recibió el general Corona fueron mortales. El asesino le clavó el puñal primero en el cuello y luego dos o tres veces en el vientre, partiéndole los intestinos. Don Ramón sólo pudo resistir algunas horas. Caminó de regreso al Palacio Nacional apoyado en el brazo de dos de sus amigos, con los que iba platicando tranquilamente, como si nada hubiera sucedido. En sus habitaciones recibió a los médicos, que después de examinarlo comunicaron a su esposa la irremediable verdad: el general Corona moriría irremisiblemente. Y murió, a las siete, con absoluta serenidad y perdonando a quien le había arrebatado la existencia.

Cuando sobrevino el fallecimiento, la ciudad de Guadalajara se llenó de pesadumbre y dolor. Había muerto el insigne héroe de la República, el gobernante honrado y capaz que dio lustre y brillo a su ciudad y a su estado. Una de las más importantes calles de Guadalajara lleva hoy su nombre, y los historiadores jaliscienses lo recuerdan como uno de los hombres más queridos en toda la historia de Jalisco.

## *Ésos eran hombres*

Los hijos del Heroico Colegio Militar han hecho siempre honor a su plantel, tal y como se muestra en este relato.

El año de 1892 murió don Carlos Fuero. Una calle en mi ciudad lleva su nombre. Ese homenaje y más merece por el hecho que ahora voy a narrar.

A la caída de Querétaro quedó prisionero de los juaristas el general don Severo del Castillo, jefe del Estado Mayor de Maximiliano. Fue condenado a muerte, y su custodia se encomendó al coronel Carlos Fuero. La víspera de la ejecución dormía el coronel cuando su asistente lo despertó. El general Del Castillo, le dijo, deseaba hablar con él. Se vistió deprisa Fuero y acudió de inmediato a la celda del condenado a muerte. No olvidaba que don Severo había sido amigo de su padre.

—Carlos —le dijo el general—, perdona que te haya hecho despertar. Como tú sabes me quedan unas cuantas horas de vida, y necesito que me hagas un favor. Quiero confesarme y hacer mi testamento. Por favor manda llamar al padre Montes y al licenciado José María Vázquez.

—Mi general —respondió Fuero—, no creo que sea necesario que vengan esos señores.

—¿Cómo? —se irritó el general Del Castillo—. Te estoy diciendo que deseo arreglar las cosas de mi alma y de mi familia, ¿y me dices que no es necesario que vengan el sacerdote y el notario?

—En efecto, mi general —repitió el coronel republicano—. No hay necesidad de mandarlos llamar. Usted irá personalmente a arreglar sus asuntos y yo me quedaré en su lugar hasta que usted regrese.

Don Severo se quedó estupefacto. La muestra de confianza que le daba el joven coronel era extraordinaria.

—Pero, Carlos —le respondió emocionado—. ¿Qué garantía tienes de que regresaré para enfrentarme al pelotón de fusilamiento?

—Su palabra de honor, mi general —contestó Fuero.

—Ya la tienes —dijo don Severo abrazando al joven coronel.

Salieron los dos y dijo Fuero al encargado de la guardia:

—El señor general Del Castillo va a su casa a arreglar unos asuntos. Yo quedo en su lugar como prisionero. Cuando él regrese me manda usted despertar.

A la mañana siguiente, cuando llegó al cuartel el superior de Fuero, general Sóstenes Rocha, el encargado de la guardia le comunicó lo sucedido. Corriendo fue Rocha a la celda en donde estaba Fuero y lo encontró durmiendo tranquilamente. Lo despertó moviéndolo.

—¿Qué hiciste, Carlos? ¿Por qué dejaste ir al general?

—Ya volverá —le contestó Fuero—. Si no, entonces me fusilas a mí y asunto arreglado.

En ese preciso momento se escucharon pasos en la acera.

—¿Quién vive? —gritó el centinela.

—¡México! —respondió la vibrante voz del general Del Castillo—. Y un prisionero de guerra.

Cumpliendo su palabra de honor volvía don Severo para ser fusilado. El final de esta historia es muy feliz. El general Del Castillo no fue pasado por las armas. Rocha le contó a don Mariano Escobedo lo que había pasado, y éste a don Benito Juárez. El Benemérito, conmovido por la magnanimidad de los dos militares, indultó al general y ordenó la suspensión de cualquier procedimiento contra Fuero. Ambos eran hijos del Colegio Militar; ambos hicieron honor a la gloriosa institución.

## *Hasta que el cuerpo aguante*

¿Qué fue lo que causó la descomposición del régimen encabezado por don Porfirio Díaz? La historia oficial ha dicho que la pobreza del pueblo fue el origen de la Revolución. La verdad es que el movimiento que inició el señor Madero no tuvo su base principalmente en causas económicas, sino políticas.

En efecto, pese a la visión que la historia oficialista nos ha dado del porfiriato, lo cierto es que en general el pueblo de México no sufría hambre. No arriesgaría mucho quien dijera que actualmente hay más necesidad en el pueblo pobre mexicano que la que existía en tiempos de don Porfirio. Había pobreza, ciertamente, y abusos de propietarios inmorales lo mismo en el campo que en la ciudad, pero las condiciones del país bastaban para ofrecer a toda la población los mínimos satisfactores.

Un grave problema había, sin embargo: la prolongación del régimen encabezado por don Porfirio empezó a ser causa de irritación. La avanzada edad del presidente, sus continuadas reelecciones, hicieron sentir temor a muchos por lo que podría suceder después de su muerte. Digo de su muerte porque todos estaban convencidos de que sólo muerto dejaría la presidencia don Porfirio.

Pocos saben que antes de postularse como candidato a la presidencia, don Francisco I. Madero hizo gestiones personales ante don Porfirio para convencerlo de tomar medidas tendientes a asegurar una transición pacífica. Don Porfirio, que tenía una idea muy pobre de Madero, se burló de sus admoniciones, hizo bromas acerca de sus advertencias y terminó ofendiéndolo al compararlo con don Nicolás de Zúñiga y Miranda, un pintoresco personaje que en cada elección se presentaba como candidato opositor.

No hay que culpar demasiado a don Porfirio por el poco caso que hizo de Madero. La verdad, hay que decirlo, es que el Apóstol de la Democracia no gozaba de mucha consideración entre sus contemporáneos. En su misma familia, entre sus propios amigos, no se hacía mucho aprecio de sus dotes. Don Victoriano Salado Álvarez cuenta en sus sabrosísimas memorias que una vez asistió a una reunión de la familia Madero en la que estuvo presente don Francisco. De continuo los circunstantes se veían en la precisión de explicarle a Panchito el sentido de algún chiste que se había contado o de la frase feliz que alguien había dicho, pues él no los había entendido bien a bien.

Pero ése es otro cantar. El que ahora nos ocupa tiene diferente letra: cada año que pasaba crecía más el malestar de algunos en contra del régimen que se prolongaba. El porfirismo, con todos sus logros, no podía durar toda la eternidad.

## *No era el león...*

La historia oficial nos describe a don Porfirio Díaz como un odioso déspota, un crudelísimo tirano, un dictador. La descripción es por completo falsa. Tampoco es cierta la versión según la cual, en víspera del estallido de la Revolución, el país ardía en rabia contra don Porfirio. La situación es muy distinta, y conviene describirla tal como la veían los contemporáneos del general Díaz. En verdad, tratándose de don Porfirio, no es el león como lo pintan.

¿Qué pensaría un escolar de nuestro tiempo si alguien le contara que don Venustiano Carranza, *el Varón de Cuatrociénegas*, el revolucionario integérrimo, durante 16 años fue senador porfirista, y que en todo ese largo tiempo jamás votó en contra de una sola de las iniciativas presentadas por don Porfirio Díaz?

¿Qué pensaría ese mismo escolapio si alguien le dijera que don Francisco I. Madero estaba de acuerdo en que el anciano presidente continuara en su puesto hasta su muerte, y que lo único que pedía es que los ciudadanos pudieran elegir al vicepresidente?

De seguro ese estudiante pensaría que quien le decía aquellas cosas estaba mintiendo, que calumniaba a aquellos grandes héroes revolucionarios y democratizadores.

Sin embargo, las dos afirmaciones son verdaderas. Tanto don Venustiano como Madero fueron en su momento tan porfiristas como cualquiera de los mexicanos grandes y pequeños que formaban parte del sistema creado por el general Díaz. Revolucionarios radicales fueron, sí, y desde siempre, los Flores Magón. Madero y Carranza eran burgueses acomodados. Don Francisco tenía el ideal de la democracia. Carranza obró a favor del viento de las circunstancias, pero ninguno de los dos fue antiporfirista, y menos aún don Venustiano, que todavía en 1909 fue el candidato oficial del gobierno —es decir, de don Porfirio— a la gubernatura de Coahuila.

Los primeros gérmenes del movimiento popular que luego desencadenó el señor Madero no se mostraron contra el presidente Díaz, sino contra la figura de don Ramón Corral, hombre excelentísimo a quien don Porfirio sostuvo contra viento y marea para que llegara a la vicepresidencia. El pueblo quería a don Bernardo Reyes. Pero fuera de unos cuantos exaltados nadie odiaba a don Porfirio. Más aún: bien puede decirse que la inmensa mayoría del pueblo lo respetaba, lo admiraba y —si se me apura un poco— hasta lo quería. Muchos lloraron cuando don Porfirio salió al destierro. Aun en medio de los vientos de la Revolución, en muchos hogares mexicanos se mantuvo el retrato del presidente en el exilio. Nadie olvidó jamás que el general Díaz sacó a México de un largo período de luchas civiles para ponerlo en "el concierto de las naciones civilizadas".

Así pues es una gran injusticia que se siga considerando a don Porfirio un villano de la Historia. Injusticia todavía mayor es que sus restos mortales no descansen en México.

*Quinta parte*

# *El principio del fin*

## *La asfixia de los años*

El 1° de enero de 1910 podía hacerse este cuadro para relacionar a los principales funcionarios públicos con el tiempo que habían durado en sus respectivos cargos de gobierno:

| NOMBRE | CARGO | DURACIÓN |
|---|---|---|
| Porfirio Díaz | Presidente de la República | 33 años |
| Ignacio Mariscal | Secretario de Relaciones | 26 " |
| M. González Cosío | Secretario de Guerra | 19 " |
| José Y. Limantour | Secretario de Hacienda | 17 " |
| Francisco Cosío | Gobernador de Querétaro | 26 " |
| Próspero Cahuantzi | Gobernador de Tlaxcala | 26 " |
| Aristeo Mercado | Gobernador de Michoacán | 24 " |
| Abraham Bandala | Gobernador de Tabasco | 22 " |
| Teodoro Dehesa | Gobernador de Veracruz | 18 " |
| Esteban Fernández | Gobernador de Durango | 16 " |

Ahora bien: ¿qué edad tenían los más prominentes señores del gobierno en aquel año de 1910? Don Porfirio, 79 años; don Ignacio Mariscal y el general González Cosío, 83; el señor gobernador de Tlaxcala, 80; el de Tabasco, 78; el de Michoacán, 77, y así.

Aquél era un anciano gobierno hecho de ancianos. Don Félix Romero, presidente de la Suprema Corte de Justicia, tenía 83 años; en la Cámara de Diputados había varios que pasaban de los 90. El Senado era, en términos que usó un contemporáneo, "una colección de momias sin pensamiento y en permanente estado comatoso".

El país no se sentía mal en manos de aquel consejo de veteranos. En aquel tiempo los ancianos eran objeto de gran respeto. A sostener ese sentimiento contribuyeron de seguro los poemas de don Juan de Dios Peza, así como en nuestros tiempos las películas de doña Sara García contribuyeron a formar la imagen de la madrecita mexicana, doliente, sufridora y abnegada. Mis tíos me contaban que se sorprendían mucho al leer en los libros de la escuela primaria aquello de "Niño, respeta las canas de tu anciano padre", pues resulta que en ese tiempo mi abuelo, es decir, el papá de ellos, era todavía un hombre joven que lucía bruna cabellera color de azabache o ébano.

El problema es que los ancianos del porfiriato hicieron que el país envejeciera con ellos. Envejeció México, en efecto, en un mundo que se renovaba. El siglo XX trajo aires novísimos que se anunciaron ya desde finales de la pasada centuria. Nuestro país, adormecido en el letargo porfirista, no cambió al ritmo de esas transformaciones, y el resultado fue la tremenda conflagración que estalló el 20 de noviembre de 1910.

En ese entonces don Porfirio y su gente ya tenían, como dije, 33 años en el poder.

## *Ideas e ideales*

Madero no se siente arrastrado a creer, como sus contemporáneos, que los prodigios de la ciencia y de la técnica, que con tanta brillantez clausuraron el siglo XIX y que inauguraban el XX con magníficos auspicios, bastarían para acabar con los problemas que habían aquejado al hombre desde el principio de su historia, labrando para él un porvenir lleno de promesas.

Madero es espiritualista y supone que sólo en cuanto el hombre sea capaz de dar un sentido trascendente a su acción, podrá conseguir su propia superación. Los bienes de que dispone el hombre, sean de la clase que fueren, no son exclusivamente para su satisfacción; le corresponde el deber de aplicarlos al servicio de sus semejantes, posponiendo su interés. Está convencido de que "la luz hay que ponerla sobre el celemín" (Carta a Antonio Gurza).

Poco a poco, a partir de su ideario filosófico y de su formación espiritista, Madero va sustituyendo el estudio y las prácticas espíritas por la acción política, factor que considera determinante para alcanzar los cambios sociales que él cree inaplazables. Es fuerza hacer notar que la actividad política de Madero es consecuencia de sus actividades anteriores, que no hay divorcio ni oposición entre una y otras. Prueba de eso es que nunca abandonará del todo sus actividades espiritistas, ni los hábitos que eran consecuencia de sus creencias. "Mi esposo, al ir una vez a visitar a Madero por negocios en el Castillo de Chapultepec, lo halló con calentura, en su cama, junto a la cual, sobre una mesita de noche, había una plaquita de madera oscura y muchos pedacitos de papel" (Edith O'Shaughnessy). Hasta el mismo día de su aprehensión, Madero mantuvo su dieta vegetariana.

El primer indicio importante que tenemos de que Madero decide postergar sus actividades de catequesis espiritista para dar absoluta primacía a sus tareas políticas, lo encontramos en la contestación que da al escrito en que don Paulino González, uno de los más destacados difusores del espiritismo en México, le ofrece la presidencia de la Junta Central Permanente, órgano máximo de la organización espírita mexicana (29 de octubre de 1907): "Le platiqué a Ud. algo de las peripecias de la última campaña electoral que tuvimos en este Estado, hace cerca de tres años. Pues bien, la política como todas las cosas en que tomamos participación con fe y resolución, es como un engrane poderoso que una vez de haber metido una mano, tiene que ir atrayendo todo el cuerpo. Con este motivo he adquirido compromisos, que con mucho gusto he contraído porque cuadran con mis ideales, y tendré que dedicarles mis energías en la próxima campaña que será bastante pronto. En el estado que se encuentra actualmente la cosa política en nuestro país, Ud. comprenderá que no me será posible atender a la vez a la Junta Central Permanente y a los compromisos que necesariamente tengo que cumplir en la próxima campaña".

## *Ideas e ideales (II)*

Juzgaba Madero, o al menos así lo manifestaba a sus correligionarios, que su quehacer político era "el espiritismo puesto en marcha". "Entiendo que los conocimientos que adquiramos en el estudio de esa ciencia, imponen sobre nosotros una carga pesada consistente en trabajar por cuantos medios están a nuestro alcance por el progreso de la humanidad. Esta cuestión a que me refiero, demanda de mí fuertes gastos, una correspondencia muy activa, y estudios que estoy haciendo, porque estoy escribiendo un libro sobre la situación política del país, cuya publicación me va a costar buen dinero. Con este motivo no puedo dedicar a la propaganda espírita sino una atención secundaria en el sentido financiero, pues en el sentido intelectual no puedo dedicarle ni un momento porque todo mi tiempo está absorbido con las ocupaciones que le he referido. Por supuesto que esto no será eterno y espero que, en un porvenir no lejano, podré dedicar todas mis energías a nuestra causa querida del espiritismo, la cual nunca pierdo de vista en todos mis trabajos; pero voy al mismo fin por otros caminos, que aunque parezcan extraviados, quizá me hagan llegar más pronto al fin que persigo". (Carta a Antonio B. Castro, octubre de 1908).

A don Pedro Flores, de Nuevo Laredo, que le escribe en febrero de 1909 en solicitud de fondos para dedicarlos a la propaganda espiritista, Madero contesta: "Viendo que nuestra patria pasa actualmente por una situación muy angustiosa, que de prolongarse puede hundirla en un abismo sin fondo, lo cual atrasaría considerablemente el progreso moral de nuestros conciudadanos, he resuelto luchar en el terreno de la política por la regeneración de la patria, y esa lucha que va a acercarse a su período agudo, embarga todo mi tiempo y todos mis elementos, así es que no me será posible ayudarlo a Ud. en la obra eminentemente noble y que Ud. quiere empeñar. Quizá será mejor que Ud. aprovechando esta época de agitaciones políticas, secundara mis miras, pues una vez terminado esto y dando un sesgo distinto a las aspiraciones nacionales más en armonía con los ideales espíritas, entonces, digo, será oportuno que Ud. se dedique a los trabajos de propaganda. Además, actualmente van entrar todos los ánimos en una efervescencia política que embargará todos sus sentidos y que no pensará en ninguna otra cosa; así es, que como le digo, me parece oportuno dedicarse más a los trabajos políticos que espíritas. Para principiar esta campaña he escrito un libro que ha causado profunda sensación en todas partes, llamado *La sucesión presidencial en 1910. El Partido Nacional Democrático*, del cual remitiré a Ud. un ejemplar tan pronto como me avise cuál es su dirección exacta, pues desearía que no fuera a extraviarse. Por este motivo no puedo ayudarle en ninguna forma para la propaganda que usted desea".

## *Naranjo dulce...*

La vida de los hombres se va entretejiendo con los hilos de la historia. La llegada al mundo de un niño coincidió con la llegada de un famoso personaje al pueblo donde vivían sus papás.

Hay agitación y alborozo en Lampazos, un pequeño poblado del norte de Nuevo León. Se ha recibido la noticia de que ese día llegará en el tren el general Porfirio Díaz.

Ocupa la presidencia de la República el general Manuel González, a quien don Porfirio dejó en la silla para que se la cuidara hasta su regreso. Es secretario de Guerra don Francisco Naranjo, originario precisamente de Lampazos. No ignora él que quien manda en México es don Porfirio, y al saber que pasará por su pueblo pone un telegrama urgente al alcalde, a fin de que organice una adecuada recepción al viajero, que de seguro será el próximo presidente del país.

El alcalde dispone todo lo necesario. Envía un telegrama al alcalde de Nuevo Laredo para pedirle que tan pronto don Porfirio —quien viajaba por los Estados Unidos—, atraviese la línea divisoria, le avise que el tren ya va camino de Monterrey.

Así lo hace el presidente municipal de la ciudad tamaulipeca. Tan pronto recibe el aviso, el alcalde de Lampazos hace que todo el pueblo se reúna en la estación. Van los niños de las escuelas llevando banderitas; va la banda de música; van todos los notables, incluidos el cura, el boticario, el peluquero. Hay resonar de músicas marciales y estrépito jubiloso de cohetes.

Antes había llegado otro tren especial proveniente del sur. En él venían los generales Francisco Naranjo y Jerónimo Treviño. Los dos quieren estar presentes en la bienvenida que Lampazos dará al ilustre viajero. Todos están ya en la estación, esperando la llegada de don Porfirio, cuando un muchacho se acerca al alcalde y le musita algunas palabras al oído. Le dice que su esposa, encinta de nueve meses, ha empezado ya el trance del alumbramiento.

—Señores —dice el alcalde a los generales y a toda la comitiva—. Me van a perdonar ustedes, pero debo ir a mi casa. Mi esposa está a punto de dar a luz.

—Pero, señor alcalde —le responde don Francisco Naranjo—, el tren del general Díaz no tarda ya en llegar. Debe usted estar aquí para recibirlo.

—Sé que don Porfirio es una persona muy importante —replica el presidente municipal—, pero para mí es más importante la persona que va a llegar a mi casa. Prefiero estar ahí para darle la bienvenida.

Y haciendo caso omiso de las instancias de quienes le pedían que se quedara en la estación, el alcalde de Lampazos se dirigió apresuradamente a su casa y estuvo en el alumbramiento de su esposa, que dio a luz un robusto bebé. Tan rápido y feliz fue el parto que el señor alcalde pudo volver a la estación a tiempo para recibir a don Porfirio.

—Le tengo una queja de nuestro alcalde —dijo bromeando el general Naranjo al ilustre recién llegado—. A pesar de que usted ya iba a llegar, se fue a su casa porque su esposa iba a dar a luz. Dijo que el niño era más importante que usted.

—Y tiene razón —contestó muy serio don Porfirio—. La mujer y los hijos siempre han de ser primero.

Ese niño que nació en Lampazos el día de la visita del general Díaz, fue bautizado unos días después con el nombre de Nemesio García Naranjo.

## La sucesión presidencial

Pocos libros han sido tan importantes en la historia de México como *La sucesión presidencial* de don Francisco I. Madero. Conozcamos ese libro.

Madero consideraba que la práctica del espiritismo lo había conducido a la política. Es bien conocida la versión según la cual, consultando la ouija, a Madero le había sido pronosticado su futuro acceso a la presidencia de la República. *La sucesión presidencial*, por otro lado, habría sido resultado de las facultades de vidente de su autor: he aquí otros reveladores párrafos de la carta que a su padre escribió el 20 de enero de 1909, de la que ya hemos citado algunos fragmentos: "Papacito querido: aunque espírita convencido, nunca te has dedicado a estudiarlo más profundamente a fin de descubrir las misteriosas leyes que nos revela, o que podemos describir por medio de él. Pues bien: es bueno que sepas que entre los espíritus que pueblan el espacio existe una porción que se preocupa grandemente por la evolución de la humanidad, por su progreso, y cada vez que se prepara algún acontecimiento de importancia en cualquier parte del globo, encarna gran número de ellos, a fin de llevarlo adelante, a fin de salvar tal o cual pueblo del yugo de la tiranía, del fanatismo, y darle la libertad, que es el medio más poderoso de que los pueblos progresen.

Pues bien, México está amenazado de un peligro inmenso, pues si dejamos las cosas como van, el poder absoluto se perpetuará en nuestro país; la corrupción será aún mayor, y en vez de que nuestra patria pueda seguir los designios de la Presidencia, sirviendo de madre a generaciones de hombres virtuosos, tendrá que sucumbir, víctima de la debilidad y de la corrupción de sus hijos. Esta idea demuestro con argumentos irrefutables en mi libro. Quiero que todos abran los ojos, que los hombres de corazón que aún subsisten, hagan un poderoso esfuerzo, y que todos ellos, y yo en su compañía, nos arrojemos resueltamente a la lucha para salvar a la patria, para cumplir con nuestra misión; pues es indudable que desde que nos encontrábamos en el espacio, preveníamos esta lucha y hemos encarnado con el objeto de iniciarla y sostenerla. Todo está listo ya; por medio de una paciente labor he logrado desarrollar las fuerzas de mi espíritu a fin de no flaquear en el momento supremo. Entre otras, he desarrollado la facilidad de recibir la inspiración por medio de la mediumnidad. Gracias a esto he logrado escribir un libro que hará aliarse a mí, a todos los que hayan venido a este mundo con la idea preconcebida de lucha, a todos los valientes soldados de la libertad que dejan su quieta mansión en el espacio, por venir a este mundo a impulsarlo, a libertar a millares de seres, a facilitar su evolución, a cumplir en esto con los designios Providenciales, a obrar de acuerdo con el Plan Divino. El libro está ya escrito; todos están alerta; la lucha se inicia por todas partes, pues en Saltillo, en Oaxaca, en Morelia y en esa Capital se han iniciado movimientos de importancia".

## La sucesión presidencial *(II)*

Digamos, a manera de divertida aclaración, que las incorrecciones o inexactitudes, así como las faltas ortográficas del libro, resultan explicables si se entiende lo que previamente había escrito Madero sobre sus facultades de médium: "Personalmente tengo la mediumnidad de escribiente semimecánico, pero sólo me sirve para cuestiones filosóficas y de ninguna manera para hacer investigaciones precisas". (Carta a don Eufemio Sánchez, 8 de enero de 1909).

A la ayuda de las potencias espirituales en la elaboración de *La sucesión presidencial* se refiere seguramente Madero cuando agradece a su hermano Evaristo su comentario elogioso sobre la obra: "Tienes razón al imaginarte la clase de ayuda que he recibido, pues siempre que uno se dedica a obras de interés general, es ayudado de esa manera más o menos directamente, según la facilidad que uno presenta para esa influencia".

Alfonso Taracena puso alguna vez un brillante prólogo a una de las ediciones de *La sucesión presidencial*. Después de destacar tres libros (la obra de Madero; *El verdadero Juárez*, de Bulnes, y el *Ulises criollo*, de Vasconcelos) como "los únicos grandes éxitos editoriales en México", hace una afirmación rotunda: "*La sucesión presidencial en 1910* [...] fue para la Revolución Mexicana lo que *El contrato social* de Juan Jacobo Rousseau para la Revolución Francesa".

Parece implicar Taracena que la Revolución habría sido consecuencia de la publicación del libro de Madero, o por lo menos que su aparición sería el detonador que hizo estallar el gran movimiento reivindicador de 1910.

Ningún libro ha provocado jamás, directamente, una revolución. No hay escritor que con justicia pueda decir ante una dictadura derrocada: "Mi pluma la mató". Es cierto que Madero concedía importancia capital a la publicación de su libro, en el que tenía depositadas grandes esperanzas. Cuidó personalmente su edición, y no dudó en pagar un precio muy alto por la impresión a cambio de tener la oportunidad de corregir personalmente las pruebas de galera y de "hacer mil pequeñas modificaciones que sólo puede hacer uno con la facilidad cuando ya está el trabajo impreso". Mucho trabajo debe de haberle costado concluir la obra, ya que no era particularmente diestro en el manejo de la pluma. Sin embargo, escribió totalmente el libro de su puño y letra. Las páginas originales están llenas de correcciones y tachaduras. Hojas enteras eran suprimidas y sustituidas por otras compuestas con posterioridad. "Comenzó a confeccionar la obra en cuadernos escolares, empastados, adquiridos dos de ellos, el quinto y el sexto en la Mercería del Norte, de San Pedro, Coah.; y los cuatro primeros en Las Amazonas, gran almacén de papelería propiedad de Enrique D. Sada. Las primeras líneas de *La sucesión presidencial en 1910* dicen: 'Causas que me determinan'. Pero estas palabras no fueron del gusto del autor y las sustituyó así: 'Por qué escribo', y como tampoco le agradaron éstas, las tachó nerviosamente y asentó: 'Móviles que me guiaron para escribir este libro'. Y puso móviles con b". (Taracena).

## La sucesión presidencial *(III)*

Pese al considerable esfuerzo que Madero aplicó a la preparación de su libro, y al entusiasmo con que lo difundió entre sus amigos y correligionarios, la obra no tuvo el efecto de convocar en torno de su autor a las fuerzas antiporfiristas de México. Sería la actividad personal de Madero, sus viajes, sus campañas, su trabajo de organizador, sus discursos, su enfrentamiento con la dictadura, lo que produciría el efecto por él deseado: despertar a vastos sectores del país de la apatía en que dormían y unirlos en la lucha contra un estado de cosas que no podía durar más.

Los antecedentes de Madero no hacían suponer que fuera capaz de concebir y de dar cima a la ardua tarea que significaba escribir un libro como *La sucesión presidencial*. Madero no tenía reputación de intelectual, y como escritor era conocido solamente por sus artículos sobre cuestiones espíritas o teosóficas. Tanto así, que se atribuyó la paternidad de *La sucesión presidencial* por lo menos a tres autores diferentes: Rafael Hernández, Roque Estrada y el periodista Santíes. El propio don Evaristo Madero, su abuelo, quien debe de haberlo conocido bien, compartía la opinión de quienes no creían que Francisco fuese el autor verdadero del trabajo: "He leído algunos capítulos de tu libro, y aunque todo me parece muy bien escrito, no creo que fuera prudente su publicación, porque han de creer que son inspiraciones mías y de tu papá, aunque, te diré la verdad, yo no te considero capaz para escribir un libro semejante y deseo saber quién te ayudó a escribirlo y si todas son producciones tuyas, porque encierran una recopilación de datos que yo que soy más viejo, no los tendría presentes".

Madero se ve en la necesidad de disipar las dudas de su abuelo: "Absolutamente nadie me ha ayudado a escribir mi libro, y son raros los párrafos que he llegado a reformar por indicación de algún amigo mío. En cuanto a los datos, hace mucho tiempo que los he estado recogiendo, y las conversaciones que he tenido con usted, con mi tío Bibiano, con el Gral. Treviño y con los demás conocidos que vivieron aquellas épocas, me han servido de mucho para poderme formar un criterio exacto de aquellos acontecimientos".

No poco aumentaron las dudas sobre Madero como verdadero autor de *La sucesión presidencial* sus declaraciones en el sentido de que le había sido dable escribir la obra gracias a sus facultades de "médium mecánico escribiente" y contando con la ayuda de los espíritus, de quienes había recibido inspiración directa.

Es absurdo, desde luego, negar a Madero la paternidad de su obra. Está presente en ella, y en sus páginas recoge todas sus reflexiones, que conocemos a través de su correspondencia privada. Más que un análisis objetivo de la situación nacional, *La sucesión presidencial* es el retrato mismo de Madero.

## *Un acontecimiento doloroso*

Un suceso doloroso conmovió a Madero. Éste es el relato.

En Monterrey, los opositores de Bernardo Reyes habían organizado una manifestación para el día 2 de abril de 1903. Supuestamente se trataba de rendir homenaje a Díaz, pero en el fondo se pretendía atacar al gobierno reyista. Madero narra lo sucedido: "El General Reyes estaba irritadísimo por el auge del partido de oposición, y había resuelto acabar con él por medio de un golpe audaz que sembraría el pánico en las filas de sus enemigos. Los manifestantes, según su programa, se detendrían en uno de los ángulos de la Plaza de Zaragoza, frente al Palacio del Ayuntamiento. Pues bien, allí les esperaba una emboscada, pues apenas hubieron llegado las manifestaciones al lugar indicado, cuando fueron saludados por una lluvia de balas. ¿El pretexto para tan inicuo atentado? Un policía que disparó un tiro en medio de los manifestantes. ¿Por qué motivo? ¿Era consigna o fue causal? Ignoramos quién pueda contestar esa pregunta. Lo que sí sabemos es que las Cámaras reunidas en Gran Jurado absolvieron al General Reyes de la acusación contra él presentada, de haber cometido tan horrendo crimen. ¿Quién se atreverá a dudar de la rectitud del fallo de tan augusta asamblea? ¿Quién pone en duda la sinceridad de las protestas, la legalidad de los títulos, la independencia de acción de los padres de la Patria?...

"El resultado de esa emboscada fue un considerable número de manifestantes heridos o muertos por las balas; otros reducidos a prisión, y los restantes que pudieron escapar, abandonaron su Estado natal, cambiando su residencia a otros puntos de la República donde encontraron las garantías necesarias para vivir tranquilos".

Se refiere después Madero a los peligros que aguardan a los países en donde se ha entronizado un gobierno absoluto, y da a conocer el propósito fundamental de su obra: convocar a los mexicanos conscientes a fin de que, abandonando su apatía, se organicen en un partido que represente las aspiraciones nacionales y que dé forma a la lucha de los ciudadanos para acabar con el poder omnímodo de Díaz, estableciendo en su lugar la práctica de la democracia, de donde saldrá el remedio a los males de que es víctima el país: "Los que llevan una vida regalada, tranquila, indiferente, entregados a las mil diversiones que proporcionan las bagatelas que acompañan a nuestra civilización; los que sólo se preocupan por su bienestar material, encontrarán sin duda, que soy un espíritu pesimista, que veo todo con colores demasiado sombríos. Pero que esas personas se tomen la molestia de hojear la historia, y verán la suerte que han corrido los pueblos que se han dejado dominar, que han abdicado de todas sus libertades en manos de un solo hombre; que han sacrificado la idea de patriotismo, sinónimo de abnegación, a la del más ruin de los egoísmos; que han dejado de preocuparse de la cosa pública, para ocuparse exclusivamente de asuntos privados. Pues bien ésta es la situación por que atraviesa actualmente la República; yo me esforzaré en hacer su pintura con colores tan vivos, que logre comunicar mi zozobra e inquietud a todos mis compatriotas, con el objeto de que hagamos todos unidos un vigoroso esfuerzo para detener a nuestra patria en la pendiente fatal por donde la impulsan los partidarios del actual régimen de cosas".

## *Un derecho a veces chueco*

"Todos los males del mundo comenzaron —dijo Juan Jacobo Rousseau— el día en que un hombre fue lo suficientemente imbécil para decir: 'Esto es mío', y todos los demás hombres fueron lo suficientemente imbéciles para creérselo". No obstante esa crítica, lo cierto es que el derecho de propiedad fue una de las bases fundamentales del liberalismo económico. Sin conocer quizá esa doctrina, don Porfirio Díaz sintió siempre un respeto casi sagrado por la propiedad. Lo vemos en la anécdota que enseguida narro.

En 1854, Porfirio Díaz era joven y vivía en Oaxaca. Estalló el movimiento de Ayutla contra Santa Anna, entonces dueño de México, y Porfirio se puso del lado de la revolución. Perseguido por el gobierno se vio en la necesidad de escapar de su ciudad.

Tenía un amigo cercano de nombre Esteban Aragón, que compartía con él su odio hacia Santa Anna. Porfirio lo invitó a acompañarlo para unirse ambos a las fuerzas de don Juan Álvarez. Aragón le respondió que con mucho gusto iría con él, pero desgraciadamente no tenía espada ni caballo.

—Espada yo puedo prestarte una —le contestó Díaz—, pues tengo dos; pero caballo nada más el mío tengo.

—Dame la espada —le respondió Esteban.

Con ella en la mano se dirigió Aragón a un arroyo cercano en el cual los mozos de las familias ricas acostumbraban bañar los caballos de sus amos. Escogió el mejor animal y amagando con la espada al criado lo montó en pelo y a todo galope fue a unirse con su amigo. Juntos los dos salían ya de la ciudad cuando fueron atacados por unos gendarmes a quienes el mozo denunció el robo del caballo. Se defendieron Porfirio y Esteban con sus espadas, pusieron en fuga a los asustados policías y así pudieron escapar.

Se unieron ambos a don Juan Álvarez, lucharon a su lado y al triunfo de la rebelión empezaron a cobrar los exiguos haberes de oficiales que les correspondían. Porfirio los ahorró, y cuando por primera vez se vio junto con su amigo Esteban en territorio oaxaqueño, buscó en Ejutla a un señor a quien conocía, de nombre Pablo Lanza, que había sido amigo de su padre.

—Don Pablo —le dijo—. Vengo a darle una molestia. Cuando salimos de Oaxaca nos robamos un caballo de don

Fulano. Aquí está el animal (don Porfirio se refería al caballo, no a don Fulano). Le ruego que se lo mande junto con este dinero que equivale al monto de su alquiler. También le pido que le ofrezca nuestras disculpas por el atropello y le diga que no somos ladrones: si cometimos ese robo fue sólo movidos por la necesidad. Cuando vayamos a Oaxaca lo primero que haremos será disculparnos con él en forma personal.

El incidente, con todo lo que tiene de anecdótico, es interesante, pues muestra un rasgo de honestidad juvenil de don Porfirio y da idea del respeto que sentía por la propiedad de los demás. En los actos de su gobierno quedará patente ese respeto, que no viene de una actitud política sino de una convicción firmemente arraigada en el general Díaz desde los primeros años de su juventud.

## *Todos coludos; muy pocos rabones*

El triunfo es como el bautizo: borra todos los pecados. La historia oficial hizo del adjetivo *porfirista* una especie de insulto, pero algunos distinguidos señores de nuestra historia fueron grandes partidarios de don Porfirio Díaz, tildado ahora de villano por la mentirosa historia oficialista.

Al comenzar el año de 1892 se lanzó de nueva cuenta la candidatura de don Porfirio para un nuevo período presidencial. Entre los personajes de la vida mexicana que integraron la Junta Central Porfirista podemos mencionar a los siguientes:

General Mariano Escobedo, soldado de la República y vencedor de Maximiliano —merced a una traición— en Querétaro.

Benito Juárez Maza, hijo de su señor padre y de doña Margarita.

Sóstenes Rocha, otro militar juarista, famoso por sus ebriedades y su crueldad.

Francisco Bulnes, notable intelectual de su tiempo, insigne escritor y periodista.

General Ignacio Alatorre, soldado de la República.

La presencia de esos señores en la junta reeleccionista y el decidido apoyo que daban al general Díaz son muestra de que el porfiriato había echado ya hondas raíces. Conviene destacar que don Mariano Escobedo fue extremado juarista. En Veracruz conspiró para derribar el primer gobierno de don Porfirio. Juárez Maza fue hijo de don Benito, el más formidable enemigo de don Porfirio. El hombre de Guelatao, hay que recordarlo, pagó con ingratitud los señalados servicios que hizo el general Díaz a la causa republicana. Ni siquiera lo felicitó por su grandiosa victoria sobre los franceses en la batalla del 2 de abril, y no lo invitó a ir a su lado en el desfile que generosamente le organizó don Porfirio después de ganar para él la ciudad de México, triunfo que significó el aniquilamiento definitivo del Imperio. Ahora, el hijo de don Benito se unía a las huestes porfirianas.

Igual puede decirse del general Alatorre: antiguo enemigo del presidente Díaz —luchó contra él en Tecoac—, llegó a ser uno de sus más encendidos partidarios. Y Bulnes, que había sido furioso crítico del porfiriato, se unió también a él.

Eso muestra que don Porfirio estaba gobernando con la conformidad no sólo del pueblo mexicano, sino también de quienes alguna vez fueron sus adversarios. Explicar eso con la política elemental de "Pan o palo" resulta muy simplista. El general Díaz no sólo devolvió a México la paz que había perdido desde 1810: lo puso además en el camino del progreso. En aquel año de 1892, México gozaba ya de crédito internacional, lo que quiere decir que gozaba de prestigio.

La juventud mexicana estaba también con don Porfirio. En 1892, un grupo de estudiantes publicó en los periódicos un manifiesto clamoroso que terminaba así: "Excitamos a los entusiastas jóvenes republicanos a que pongan sus esperanzas en el ciudadano Porfirio Díaz, coadyuvando con nuestras energías a la gran obra de democratizar al pueblo".

Es fácil ahora deturpar a don Porfirio; lo difícil es reconocer que siempre gozó del respeto, la confianza, y aun del afecto del pueblo mexicano.

## *El libro de Madero*

El primer capítulo de *La sucesión presidencial* es un estudio del militarismo, "causa directa de la situación en que nos encontramos". Al triunfo de las revoluciones, los caudillos suelen cobrar muy caros sus servicios a la nación, no sólo haciéndose pagar con largueza sus sacrificios y esfuerzos, sino constituyéndose en dictadores absolutos que, después de ensangrentar al país, dan rienda suelta a sus instintos más perversos. Interesa a Madero destacar, como hecho fundamental, que "el militarismo ha sido siempre el enemigo de la libertad y el principal obstáculo para el funcionamiento de la democracia". Explicando la traición de Comonfort a la Constitución que había jurado obedecer, afirma: "El acostumbrado a mandar, no puede obedecer, y menos un militar que, como él, había conquistado tan frecuentemente las palmas de la victoria, no podía verse subordinado a una asamblea de particulares, de hombres que no sabían ni manejar el sable".

Ahora bien: el acceso al poder no debe conseguirse por medios violentos. "Desde que un hombre, militar o no, toma el funesto camino de las revoluciones para escalar el poder, deben sernos sospechosos todos sus actos y debemos desconfiar de sus promesas, por más halagadoras que nos parezcan". Las guerras civiles han arruinado al país. De ellas han derivado todos los males que México padece. "Por eso debemos felicitarnos de que 30 años de paz y la política conciliadora del general Díaz hayan acabado con esos profundos rencores que nos tenían constantemente divididos. Esa política de conciliación, tan frecuentemente vituperada, la juzgamos como uno de los timbres de gloria más legítimos del General Díaz".

Madero, sin embargo, piensa que se adula demasiado a don Porfirio, a quien se llega a comparar con Napoleón y Washington, y reputándosele superior a Bolívar. Quienes tal hacen "deducen que la Nación tiene para él una deuda que nunca le podrá pagar, y precisamente por ese motivo queremos aquilatar sus méritos, para saber igualmente cuánto le debe aún la patria". Es fácil advertir aquí una ironía de Madero, quien páginas antes se refiere a lo gravosa que resulta para el país "la pesada carga de sus salvadores".

Terminado el extensísimo capítulo sobre el militarismo, Madero emprende el análisis de la personalidad del general Díaz, y describe "sus ambiciones, su política y medios de que se ha valido para permanecer en el poder". Dice sobre esta parte de *La sucesión presidencial* el embajador Márquez Sterling: "Del libro se destaca la persona del Dictador como una obsesión que ha de acompañar a Madero hasta el término de su vida; y por una candorosa incongruencia, que es el sello, y más tarde el escudo, y por último la definición de su inmortalidad, aborrece y admira, en desproporcionado turno, al déspota, y juntas guarda la cuchilla con que ha de herirlo y el bálsamo restañador".

## *El libro de Madero (II)*

Gabriel Ferrer, biógrafo de Madero, propone esta explicación sobre tal incongruencia: "Como se ve, Madero pugnaba por una lucha pacifista ante todo, no por la lucha armada que podría traer como consecuencia la resurrección de los cuartelazos. Con estos propósitos, el autor tuvo necesidad de escribir algunas cosas blandas respecto del General Díaz, que le permitiesen intentar uno de sus objetivos: impresionarlo para llegar a una transacción con él, que a la postre evitase un movimiento revolucionario armado".

Por eso el libro elogia en unos párrafos a Díaz y en otros lo deturpa.

El general Díaz goza de la fama de ser austero republicano: su vida privada, intachable, no desmiente tal prestigio. Como administrador, su integridad no admite discusión, desde que entregó a Juárez 300 000 pesos que le habían sobrado de los gastos del ejército. Se le debe principalmente un largo período de paz que añadido a los progresos de la ciencia ha servido para propiciar el avance material del país. A cambio de eso, Porfirio Díaz ha cometido la grave falta de perpetuarse en el poder, violando sus pronunciamientos originales contrarios a la idea de que cualquier ciudadano se perpetuase en el poder, según había manifestado en el Plan de la Noria. Recuérdese la frase, rotunda y lapidaria, con que Madero condena las sucesivas elecciones de don Porfirio y sus asociados: "Se han perpetuado en el poder tanto el general Díaz, como la inmensa mayoría de los gobernadores. Raros han sido los cambios entre estos últimos. Casi el único factor que los ha determinado, es la muerte, único elemento antirreeleccionista que subsiste en la República [...] Para mantener su dominación, Díaz ha recurrido a los medios más extremos; el amordazamiento de la prensa, la persecución de sus opositores, la centralización total del poder".

El capítulo tercero de la obra consiste en un análisis del poder absoluto, de sus perniciosos efectos sobre la vida de un país y de sus habitantes. Recoge Madero ejemplos antiguos y modernos de absolutismo, y hace la crónica de las funestas consecuencias que provoca ahí donde se ejerce. Egipto y la India, países sujetos a la esclavitud del poder absoluto desde épocas remotas, son ahora pueblos gobernados por un puñado de europeos. Los japoneses, "que conscientemente defendían su vida como Nación", vencen a los rusos, que peleaban "contra su voluntad en defensa de un amo a quien odiaban [...] Este ejemplo es por demás ilustrativo, y nos revela cómo un coloso de la talla de Rusia, debilitado por el absolutismo, no puede resistir el empuje de un pueblo pequeño, fortalecido por las prácticas democráticas".

## *Cómo salvar un país*

En febrero de 1893 entró a desempeñar la cartera de Hacienda un señor de mucha nota que se llamaba José Yves Limantour. Hay quienes consideran que este Pepe ha sido el mejor secretario de Hacienda que ha tenido México. El peor quizá —sin contar los de los tiempos modernos— fue don Guillermo Prieto, que siendo poeta fue a parar en financiero por azares de la política del tiempo, con resultados desastrosos para el país, según opiniones de sus contemporáneos. Yo estimo como literato a don Guillermo, pues tenía pluma ágil y sabrosa, pero no es muy de mis simpatías, porque fue él quien le llevó a Rosario el chisme de que mi infortunado paisano, Manuel Acuña, tenía amores con una criada. Eso era cierto, pero mal hizo el autor de la *Musa popular* en andar de chismoso y cotillero. Contribuyó a que Rosario despidiera en fea forma a Acuña, y fue por tanto una de las causas que llevaron al saltillense a quitarse la vida.

Pero eso es punto y aparte. Lo que sí es punto y seguido es que Limantour fue una especie de genio de las finanzas públicas. De alguien como él necesitamos ahora que la deuda externa —de la cual ya nadie habla— ha alcanzado alturas de estratósfera.

José Yves Limantour y Marquet, nacido en la ciudad de México en 1854, fue un niño muy enfermizo. Su papá, de origen francés, hombre muy acomodado, decidió llevarlo a Europa, pues creía firmemente en las virtudes curativas de las aguas de ciertos balnearios en Francia y Alemania. Dio buen resultado el viajecito, pues ya sea por las famosas aguas, ya sea por la distracción, el niño Limantour retornó a México con la salud restablecida, tanto que cursó con mucho provecho la carrera de abogado.

Como para entonces ya se expresaba con mucha corrección en francés, italiano e inglés, fue enviado por el gobierno a Europa en el desempeño de diversas encomiendas oficiales. Eso, y el trato con diplomáticos europeos, hicieron nacer en él una especie de aversión a los Estados Unidos, sentimiento que compartiría después con don Porfirio Díaz. Éste, quizá para alejarse del vitando ejemplo de Juárez, sintió más simpatía por los franceses, sus antiguos enemigos, que por los americanos. Supo lo mismo que había sabido aquel magnífico hombre a quien no dudo en calificar como un excelente mexicano, Maximiliano: para México podían venir más peligros de los Estados Unidos que de cualquier país de Europa. En ese mismo tenor, cuando en 1877 el gobierno le pidió a Limantour su opinión sobre la conveniencia de firmar una especie de Tratado de Libre Comercio con los Estados Unidos, don José se opuso terminantemente.

## *Cómo salvar un país (II)*

José Yves Limantour, ministro de Hacienda de don Porfirio, consumó el milagro de sacar a México del caos económico en que se hallaba. Muy grave era la situación hacendaria del país antes de que este hombre lo pusiera en el camino de la recuperación.

Limantour aplicó una receta que encontró en la copiosísima correspondencia de don Matías Romero, representante de México en los Estados Unidos en tiempos de don Benito Juárez:

"Hay que administrar en vez de dejar que las cosas sigan su libre curso; hay que cobrar en lugar de permitir que los poderosos dejen de pagar; sobre todo, hay que ser honrados y no robar ni permitir que nadie robe".

La corrupción había sido gran lacra del país. Eso de "la honradez republicana" es un mito: en tiempos de Lerdo de

Tejada, y aun de Juárez, hubo ejemplos de corrupción que fueron bien conocidos por la opinión pública. Y no se diga en la época de don Manuel González, el compadre a quien don Porfirio sentó en la silla presidencial para que se la cuidara. La corrupción en que incurrió el compadre sólo ha sido igualada por algunos ex presidentes mexicanos de nuestra época.

Lo primero que hizo Limantour al tomar la cartera de Hacienda, fue reducir los gastos. Entendía la elemental lección de economía: si un país, lo mismo que un individuo, gasta más de lo que gana, en poco tiempo irá a la ruina. Los ingresos tenían que ser mayores que los egresos, y así don José aplicó drásticas reducciones que hicieron bajar el presupuesto en casi 3 millones de pesos, cantidad enorme tomando en cuenta el reducido monto del presupuesto federal.

¿En dónde hizo Limantour la mayor parte de esos cortes? En la nómina del ejército. Soldados era difícil encontrar en México, pero generales había uno abajo de cada piedra. Limantour hizo una cuidadosa investigación en la nómina, y consiguió que don Porfirio diera de baja a un elevado número de militares que no hacían otra cosa más que cobrar.

Sin temor a indisponerse con el presidente, el ministro de Hacienda suprimió del presupuesto una partida considerable que se aplicaba bajo el rubro de "gastos autorizados al Ejecutivo". El presidente a nadie daba cuenta de esos gastos, pues la ley no lo obligaba a justificarlos.

En seguida Limantour gravó algunos conceptos que por indebidas influencias de hombres poderosos estaban exentos de toda contribución. Los productores de café y los ricos señores del henequén yucateco, tuvieron que plegarse, aun a regañadientes, a las exigencias de aquel implacable hacendista, Limantour.

Pese a todas esas medidas, todavía tuvo don José un déficit de 3 millones de pesos en el primer año de su administración. Sus enemigos dijeron pestes de él, pero el hábil ministro consiguió que don Porfirio le entregara toda su confianza y un año después, en 1894, por primera vez desde las guerras de Independencia el país tuvo un superávit: 19 000 pesos. Al siguiente año ese sobrante fue de dos millones de pesos. Así siguieron las cosas hasta que llegó un año en que don José recaudó 100 millones de pesos y gastó únicamente 20.

## *No era cualquier Pepe*

A más del mejor ministro de Hacienda, don José Yves Limantour fue también un buen mexicano.

Limantour, ya lo dije también, era hijo de padre francés. Llegó a la mayoría de edad estando en Europa, y conforme a las normas del derecho internacional sus familiares le dieron a escoger entre la nacionalidad francesa y la mexicana. Sin dudar, José Yves Limantour escogió ser mexicano.

Casó con mujer de México don Pepe, y aunque dominaba tres o cuatro idiomas se nutrió en asiduas lecturas de los clásicos castellanos. Gustaba mucho de todo lo mexicano, particularmente de nuestra artesanía y de las que entonces se llamaban "antigüedades indígenas", es decir, restos arqueológicos precortesianos.

Su educación fue mexicana, quiero decir que abrevó en las fuentes del positivismo a la manera de Gabino Barreda y don Porfirio Parra. Sin embargo, siempre hizo pública profesión de fe católica. Aunque militaba en las filas liberales, no se escondió para ir en su carruaje por un sacerdote para que impartiera los últimos auxilios espirituales a su cuñado, que estaba en el lecho de muerte. No sólo eso: cuando el ilustre prelado don Pelagio Antonio Labastida cumplió 50 años de vida sacerdotal Limantour encabezó una de las comisiones encargadas de organizar los festejos de esas bodas de oro.

No es bueno entrar en especulaciones, pero quizá podría pensarse que don José Yves fue una de las más influyentes voces que escuchó don Porfirio y que lo hicieron cambiar la rabiosa política anticlerical de Juárez y Lerdo por una actitud de conciliación que dio fin a las irritantes tensiones entre la Iglesia y el Estado en México. Ya vimos cómo el general Díaz llegó con los jerarcas religiosos a un sano entendimiento de "yo no me meto contigo, y tú no te metas conmigo".

No suprimió nunca don Porfirio la legislación emanada del triunfo liberal. Eso habría molestado mucho a los juaristas y a los lerdistas. Hizo algo más sabio: puso entre paréntesis todas esas leyes jacobinas. No las derogó, pero no castigó su incumplimiento. Así, se llegó a un pacífico *statu quo* que mantuvo en calma chicha las relaciones de la Iglesia con el gobierno. Esa calma perduró hasta la década de 1920, cuando estalló el doloroso conflicto que se conoce en la moderna historia mexicana con el nombre de Guerra de Cristeros o Cristíada.

Sea como fuere, el caso es que Limantour no sólo fue un hábil hombre de finanzas, sino un político muy diestro. Casi toda la gente pensaba que sería el lógico sucesor de don Porfirio cuando éste dejara la silla presidencial, si es que algún día la dejaba. Hay bases para pensar que Limantour también alentó secretamente el deseo de ser algún día presidente. Pero su habilidad lo hizo no revelar jamás a nadie —y menos aun a don Porfirio— esa aspiración. Por eso pudo acompañarlo hasta el final en su gobierno; por eso se libró de muchos males en que cayeron algunos que no tuvieron semejante discreción.

## *Chayote a la Imparcial*

Cuando algún periodista criticaba a don Porfirio Díaz, cuando algún diputado lo censuraba en la tribuna, cuando algún líder agitaba las quietas aguas laborales, don Porfirio pronunciaba socarrón su dicho preferido: "Ese pollo quiere *máis*".

Ya hemos mencionado que eso significaba que con una dádiva o soborno podían acallarse las voces disidentes.

El periódico más famoso del porfiriato fue *El Imparcial.* Nada imparcial era, pues por abajo del agua recibía fuertes subsidios del gobierno, al que apoyaba sin reservas desde su posición supuestamente libre. Rafael Reyes Spíndola fue el fundador y director de ese periódico, que gozaba de la mayor parte de los 8000 pesos mensuales que el régimen destinaba a pagar una prensa favorable.

Don Rafael Reyes Spíndola era oaxaqueño, igual que Juárez, don Porfirio, Matías Romero, Vasconcelos y el mezcal de gusano. Hizo estudios de sacerdocio en el seminario de la Antigua Antequera, y estuvo a punto de ordenarse. Incluso fue familiar y valido del obispo Márquez, quien pensaba que el joven Rafael llegaría a ser una lumbrera de la Iglesia.

No lo fue. Tenía humos de artista este señor Reyes Spíndola: le gustaban la poesía y la música. Rimaba versos apreciables; tocaba en el piano con singular maestría danzas, canciones y valses compuestos por él mismo. Empezó a darse a conocer como escritor en los pequeños periódicos que entonces había en su ciudad natal, y luego fundó uno con el nombre de *Don Manuel.* Juntó algún dinero, y ayudado por varios políticos estableció en la ciudad de México *El Universal*, que fracasó estrepitosamente. Para salvarse de la ruina total, vendió lo que quedó de ese naufragio a otro editor, con el compromiso firmado de no volver a publicar ningún otro periódico en la capital.

No pasó mucho tiempo, sin embargo, sin que abriera otro. Dijo que la promesa que había firmado era un grave atentado contra la libertad de prensa, institución sacratísima que está por encima de todo compromiso personal. Publicó entonces *El Imparcial*, el primer periódico moderno de México. Su éxito fue tan sonoro que llegó a tener en 1905 una circulación de 75 000 ejemplares.

Don Rafael solía rodearse de los mejores talentos: tuvo entre sus escritores a Carlos Pereyra, mi ilustrísimo paisano saltillense, tan injustamente tratado en su tiempo por la burocracia dueña del país; a don Victoriano Salado Álvarez; a Carlos Díaz Dufoo; a Rafael Delgado; a Ángel del Campo, el popular Micrós. A todos sus colaboradores les imbuía este principio: como el lector es el que paga, hay que darle lo que quiere. Si alguien escribía algo que se apartara de ese lema, algo con humos literarios, a lo escrito le llamaba don Rafael *delicuescencias*.

## *Aquí sí, pero allá no*

Rafael Reyes Spíndola, fundador de *El Imparcial*, ha de ser considerado el creador del moderno periodismo mexicano. En este capítulo narro una anécdota que ilustra su modo de ser.

En cierta ocasión don Rafael Reyes Spíndola fue a los Estados Unidos. Iba invitado a la ceremonia de inauguración de una de aquellas ferias que cada año se hacían en alguna ciudad norteamericana para difundir los progresos de la nación del Tío Sam.

Al entrar en el vagón que le correspondía, se topó Reyes Spíndola con una ingrata sorpresa: en el tren iba también don Emilio Rabasa, invitado igualmente a la feria. Rabasa y don Rafael eran grandes enemigos, y no se dirigían la palabra desde hacía mucho tiempo.

Así, ignorándose el uno al otro, permanecieron todo el trayecto desde la capital hasta la frontera. Pero en el momento mismo en que el tren iba atravesando por el puente sobre el río Bravo, don Rafael se levantó de su asiento y se dirigió a donde estaba Rabasa.

—Emilio —le espetó de buenas a primeras—. ¿No cree usted que es una vergüenza que dos mexicanos entren en tierra extranjera peleados entre sí? Estar fuera de nuestra patria nos debe unir y hacer amigos. ¿Le parece si restablecemos nuestras relaciones durante el tiempo que dure nuestra permanencia en los Estados Unidos?

Don Emilio aceptó con una sonrisa y un apretón de manos la peregrina —y patriótica— propuesta del periodista. Y, en efecto, mientras los dos anduvieron en la feria, y luego en el viaje de regreso a México, se trataron con gran cordialidad, como si fueran los mayores amigos. Rabasa pensó que su enemistad con Reyes Spíndola había terminado. Se equivocó de medio a medio: en el instante mismo en que el tren volvió a ingresar en territorio mexicano, don Rafael, que en ese momento sostenía animadísima conversación con Rabasa, se levantó sin decir palabra y le dio la espalda. A partir de ese momento volvió a ser su archienemigo.

Además de Rabasa, otros destacados personajes del porfiriato sufrieron la malquerencia del ilustre periodista. Don Juan de Dios Peza fue uno de los infortunados que tuvo la desdicha de estar en una de las famosas "listas negras" en donde Reyes Spíndola inscribía el nombre de sus enemigos. Don Rafael prohibía que éstos fueran mencionados en su periódico. Si por fuerza había que mencionarlos debían aparecer con otro nombre. Todo eso debió sufrir el popularísimo poeta. En alguna velada recitaba su último poema, en el que tenía puesto gran orgullo, y al día siguiente *El Imparcial* publicaba: "A continuación alguien leyó unos versos". Se le nombraba presidente de la Cámara de Diputados, y la crónica del periódico decía: "Se designó presidente al diputado Juan Díaz Pérez". Hay quienes dicen que los sinsabores que le acarreaba la enemistad con Reyes Spíndola aceleraron la muerte de Juan de Dios Peza, que ya de por sí andaba todo quebrantado desde que supo que su señora esposa le estaba adornando la cabeza con una magnífica cornamenta.

## *Barruntos de tormenta*

La obra de Madero fue obra de apóstol. *La sucesión presidencial* muy bien podría llamarse *Epístola de Madero a los mexicanos.*

*La sucesión presidencial* circuló extensamente entre los interesados en la situación política del país. La prensa de la oposición se ocupó con amplitud del libro, reproduciendo fragmentos de la obra y comentándola. Al parecer, pese a la farragosa información contenida en el volumen y a la falta de un plan coherente de exposición, Madero había conseguido proponer un esquema básico de ideas: el militarismo es fuente de grandes males para el país que lo sufre; el general Díaz es un fruto directo del militarismo; el poder absoluto acarrea males graves que acaban por determinar la ruina de cualquier nación y de sus habitantes; Díaz ha establecido en México un poder absoluto que buscará perpetuarse por cuantos medios, legítimos o no, tenga a su alcance; urge, por lo tanto, acabar con el poder absoluto de Porfirio Díaz. Esa tarea no debe conseguirse por medios violentos, ya que de una revolución emergerían otra vez militares triunfadores que volverían a precipitar al país en el militarismo, iniciándose de nuevo el ciclo que había querido destruirse. La única manera de acabar con el gobierno absolutista del general Díaz es procurar el establecimiento de la democracia; esto se conseguirá mediante la formación de un partido antirreeleccionista y por el ejercicio consciente del sufragio; de fracasar ese esfuerzo, por no permitirlo la dictadura, entonces vendrá la revolución.

*La sucesión presidencial* no causó los efectos que Madero había esperado. Aunque una segunda edición fue puesta en venta, y por más que Madero recibió comentarios elogiosos de distinguidos personajes tanto del ámbito político como del periodístico, el libro no cumplió cabalmente su propósito. Madero sabía —y lo expresa en su obra— que no podía otorgarse a un libro, por importante que fuese, la tarea de sacudir la conciencia nacional provocando la lucha contra la dictadura. Por otra parte, muchos tacharon de utópico al autor. Por eso, el mismo Madero se percató de inmediato de la necesidad de efectuar una labor personal directa que resumiera a las fuerzas de la oposición dispersas en el país y llevara a los grupos populares el mensaje democrático que en su obra había expuesto. Una acción vigorosa emprendió Madero para conseguir esos propósitos. Después de instalar clubes antirreeleccionistas en varias ciudades de Coahuila, escribió una vehemente carta al general Díaz; en ella le solicitaba con energía que hiciera un pronunciamiento sobre sus proyectos presidenciales. En la ciudad de México instaló el Centro Antirreeleccionista, cuyo órgano oficial empezó a aparecer bajo la dirección de José Vasconcelos.

## *El trato y el retrato*

—¡Hasta de figura ha conseguido cambiar este maldito!

Así se expresaba un enemigo de don Porfirio Díaz. No le faltaba la razón. Dos factores hicieron cambiar al oaxaqueño: la silla presidencial y una mujer. El ejercicio del poder hizo de don Porfirio un hombre diestro en el manejo de sus emociones. La mujer, su joven y linda segunda esposa, Carmelita Romero Rubio, hizo el milagro de convertir en elegante *gentleman* al rudo soldado de la República.

Se ha dicho que hasta de color de piel cambió don Porfirio. En sus retratos del tiempo de la Reforma y de la lucha contra el Imperio, el general Díaz parece un chinaco: su cuerpo es cenceño; morena su tez; duros como púas los cabellos. En sus retratos de fines de siglo aparece con tez blanca, y hasta sonrosada; su cuerpo es firme y robusto; sus cabellos canos se ven lacios y bien peinados. No es que los pintores hayan tratado de adularlo: así se ve también en las fotografías. El poder y la mujer cambiaron a aquel hombre monolítico. Uno y otra tienen enorme fuerza para hacer que cambie cualquier hombre.

Don Porfirio era alto. Medía quizá 1.80. La aureola de su personalidad lo hacía verse aún más elevado. Cuando iba a caballo —lo dije antes— gustaba de montar animales de gran alzada, con lo que se miraba todavía más imponente. Sus enemigos le atribuían ciertas malas artes: decían que cuando concedía audiencia a alguien que no tenía su confianza, se colocaba en un rincón oscuro, para que el visitante no pudiera verle bien la cara, y en cambio hacía que el otro quedara de frente a la luz a fin de que ninguno de sus gestos se le escapara.

Era muy común comparar a don Porfirio con un oso. Pero vestía muy bien el presidente —Carmelita cuidaba más la presentación de su marido que la suya propia—, y se daba un pequeño lujo que a nadie pasaba inadvertido: invariablemente lucía una joya de gran precio en la corbata.

¿Cómo hablaba don Porfirio? Jamás perdió el acento de su tierra. La *ll* y la *y* las marcaba como se pronuncia la *j* en francés. Usaba frecuentemente giros populares, expresiones vernáculas, refranes de cuartel y charrería. Hablaba pausadamente, como pensando cada palabra que decía. Rara vez cometió algún desliz verbal, y si lo cometió se apresuró a enmendarlo. Cuando visitó Monterrey en tiempos del gobernador Bernardo Reyes, éste le mostró el progreso conseguido bajo su administración.

—¡Así se gobierna, general! —exclamó don Porfirio en un extraño rasgo de entusiasmo.

Al día siguiente todo el país especulaba: se pensó que las palabras de don Porfirio, que siempre cuidaba lo que decía, equivalían al "destape" del general Reyes como su sucesor.

Sin embargo, después del desfile en que participaron en masa los obreros regiomontanos, don Porfirio corrigió su desliz del día anterior:

—Debe de ser fácil gobernar un pueblo como éste.

Con eso los entusiasmos de los reyistas se apagaron.

## *Este majadero...*

Todo México se preguntaba quién sería el sucesor de don Porfirio Díaz cuando éste muriera. Digo *muriera* porque no les cabía en la cabeza a los mexicanos la idea de que el general pudiera renunciar a la presidencia. Al despuntar el siglo XX, la pregunta se hizo más acuciosa aún por la provecta edad del gran caudillo.

En aquella visita que don Porfirio Díaz hizo a Monterrey, el general Bernardo Reyes, gobernador de Nuevo León, le mostró los admirables progresos hechos en su administración. Ese despliegue terminó con un desfile lucidísimo en el curso del cual más de 10000 regiomontanos desfilaron ante el presidente.

El general Díaz vio pasar a todos aquellos hombres y mujeres. Ellos y ellas se veían muy bien; se adivinaba en su porte que pertenecían a una clase media digna y bien acomodada.

—Muy bonito el desfile —le dijo don Porfirio al general Reyes—. Pero por ningún lado veo al pueblo.

—Los que desfilaron son el pueblo —replicó el gobernador neoleonés.

Dijo a don Porfirio que quienes acababan de pasar frente a ellos eran los obreros y las obreras de Monterrey. Los salarios que ganaban les permitían llevar una vida modesta pero decorosa. Por eso más parecían gente de la clase media burguesa que trabajadores proletarios.

Estaba cerca el general Francisco Naranjo, uno de los hombres fuertes de Nuevo León. En viejos tiempos el general Díaz le había tenido miedo, y puso en Lampazos, el pueblo del general Naranjo, un regimiento encargado de vigilarlo y reprimirlo en caso de que pretendiera levantarse contra él. Pero de eso hacía muchos años. Ahora don Francisco era casi nadie y don Porfirio era todo. Pero no dejaba el general Naranjo de interesarse en la política y de aplicarle su sabiduría de viejo zorro. Cuando oyó al general Díaz decirle a don Bernardo eso de "¡Así se gobierna!", el hombre de Lampazos le susurró al oído a un paisano que tenía a su lado:

—Este majadero se va a clavar.

Se refería al general Reyes. Vaticinaba don Francisco que el gobernador de Nuevo León iba a tomar aquel elogio del presidente como una indicación cierta de que el general Díaz lo había escogido ya como sucesor.

Se equivocaba don Bernardo. Jamás don Porfirio Díaz designó sucesor. Tuvo el mismo apego al poder que mostró Juárez, pero con una virtud que don Benito jamás conoció: la capacidad de renunciar a él cuando su ejercicio pudiera traer daño al país. En 1911 el general Díaz tuvo la certidumbre de que los norteamericanos intervendrían tarde o temprano en apoyo de la revolución que había iniciado, pienso que contra su voluntad, don Francisco I. Madero. La participación de los Estados Unidos traería un baño de sangre para México. Por puro patriotismo, cuando muy bien hubiese podido resistir, y aun triunfar sobre la Revolución, don Porfirio renunció a la presidencia y se fue al destierro. Nadie se lo ha reconocido. Yo espero que algún día le llegue ese reconocimiento.

## *La ciencia de los* científicos

Se habla mucho de los *científicos*, conspicuos personajes del porfiriato, pero ese nombre es casi una abstracción que en nadie toma cuerpo. ¿Quiénes eran, en vivo y en persona, esos tales *científicos*?

*Científicos* los llamaba el pueblo en forma chocarrera. Podría decirse que ese grupo, el de los científicos, tiene fecha exacta de nacimiento: el 2 de diciembre de 1888. Un par de meses antes, la comisión dictaminadora del Congreso había rendido su informe sobre la elección presidencial: 16 709 ciudadanos votaron; de ellos, 16 662 lo hicieron por don Porfirio Díaz. Ni el PRI en sus mejores tiempos obtuvo tal grado de unanimidad.

El 1° de diciembre, don Porfirio tomó otra vez posesión de la presidencia. Con tal motivo hubo un banquete nocturno en el recinto de la Aduana. La asistencia estuvo formada en su mayoría por antiguos compañeros de armas del presidente, veteranos de las guerras mexicanas desde hacía 40 años. Corrió con abundancia el pulque, bebida favorita de la mayor parte de esos rudos militares que ostentaban elevados cargos en el escalafón pero que en el fondo seguían siendo soldados. A la una de la mañana, el banquete se convirtió en baile, y a las cinco, en batalla campal: hizo su efecto el pulque; los señores mílites se armaron con jarras, botellas, candeleros y sillas y se empeñaron en una batalla campal que dejó en jira campestre a la de Tecoac.

Tal fue la simbólica despedida de la antigua clase a la que perteneció Porfirio Díaz. Después de tomar posesión de la presidencia por tercera vez, cuando seguramente ya tenía firme la idea de conservar el poder mientras tuviera vida, el hombre de Oaxaca prescindió de sus viejos amigos de cuartel y empezó a rodearse de una nueva clase de hombres cultos, elegantes y refinados. Como estaba de moda el cientificismo positivista, la gente empezó a llamar burlonamente *científicos* a los estirados señores que formaron el nuevo círculo del presidente.

¿Quiénes eran los científicos? Su número no pasó nunca de 50. De ellos los principales eran 20, y de éstos los más influyentes fueron: José Yves Limantour, Francisco Bulnes, Alfredo Chavero, José López Portillo y Rojas, Enrique Creel, Guillermo de Landa y Escandón, Manuel Romero Rubio, Emilio Rabasa, Pablo Macedo y Justo Sierra. A ellos se unieron —y en cierta forma también formaron parte del grupo— intelectuales como Porfirio Parra y Justo Sierra; periodistas como Victoriano Salado Álvarez y Rafael Reyes Spíndola; poetas como Salvador Díaz Mirón y Manuel Gutiérrez Nájera, artistas como el pintor José María Velasco, y hasta eclesiásticos: los obispos Ignacio Montes de Oca y Eulogio Gillow. Con frecuencia estos jerarcas actuaron como consejeros de don Porfirio, sobre todo en asuntos que atañían al trato con Roma.

Sin excepción, todos los científicos eran hombres cultos. Se habla de la generación de la República como la de los espíritus selectos: Altamirano, Ramírez, Prieto. No ceden en calidad los del porfiriato con nombres como los de Gutiérrez Nájera, Rabasa, Sierra, Montes de Oca, López Portillo y Salvador Díaz Mirón.

## *Espada de honor*

Los hombres del porfiriato, a fuer de mexicanos del siglo XIX, tenían un concepto muy estricto del honor. En muchos de ellos observamos rasgos de caballerosidad que ciertamente son para narrarse como ejemplos del modo de ser de aquellos personajes, tan deturpados por la historia oficialista.

Don Luis Terrazas, señor y dueño de Chihuahua durante muchos años, vivió vida larguísima: murió de 94 años. Es muy conocida la frase que afirma que don Luis Terrazas no era de Chihuahua, sino que Chihuahua era de don Luis Terrazas.

Muy joven este recio señor se dio a conocer por su arrojo en las guerras continuas contra los apaches, que tenían odio jurado al hombre blanco y que causaban muerte y destrucción en sus violentas incursiones. Fue liberal de ideas Luis Terrazas, y combatió con empecinada obstinación a los conservadores de su estado. En 1861 llegó a gobernador. Con ese cargo hizo aportaciones de mucho valor a la guerra contra los franceses: empleó fondos del gobierno, y otros que sacó de su propio peculio, para comprar en los Estados Unidos armas y equipo que envió al centro del país para apoyar a las tropas juaristas. Formó además un brillante cuerpo de ejército que combatió en Puebla con el nombre de Batallón Primero de Chihuahua. Ésta es una prueba más de que no fue un ejército nacional, sino las tropas llegadas de los estados, quienes forjaron el triunfo de los republicanos.

Juárez, por desgracia, no era buen pagador. Dígalo si no don Porfirio Díaz, que ganó la ciudad de México para el hombre de Guelatao y éste ni siquiera lo invitó a acompañarlo en el desfile del triunfo. Lo mismo le pasó a don Luis Terrazas:

Juárez, lejos de agradecerle sus valiosas aportaciones, y quizá celoso de su popularidad y de su fuerza, impuso en Chihuahua a otro gobernador. Don Luis se retiró a su casa a pesar de que Maximiliano le ofreció un altísimo cargo en el Imperio.

Al triunfo de la República, don Luis se puso otra vez a las órdenes de Juárez y se hizo su leal partidario, tanto que combatió a don Porfirio cuando éste se levantó contra don Benito. Relataba don Enrique Creel que en la ocasión en que Terrazas venció a las fuerzas de Díaz en Chihuahua, se comprometió don Porfirio a no volver a pisar territorio chihuahuense sin autorización del general vencedor. Como prenda de honor le entregó su espada.

Pasaron los años, pasaron muchos años, y don Porfirio llegó a la presidencia. Se iba a celebrar el 16 de octubre de 1908 la entrevista del general Díaz con el presidente de los Estados Unidos, William Taft. El encuentro iba a tener lugar en Ciudad Juárez. Fiel a su palabra, don Porfirio, a pesar de que era presidente de la República, se dirigió a su antiguo adversario para solicitarle el permiso convenido. Don Luis esperó al general Díaz en los linderos de Chihuahua y ahí le devolvió su espada y le dio un abrazo. "Miles de personas —relata don Enrique— vimos no sólo la devolución de una espada y un abrazo efusivo, sino también la grandeza de alma de dos hombres: uno que perdonó una vida; otro que jamás olvidó su palabra".

## *Una extraña muerte*

Gran personaje del porfiriato fue don Federico Gamboa, el autor de la celebrada novela *Santa*. Aquí se narra un extraño episodio de su vida. Más bien, de su muerte.

Don Federico Gamboa era un hombre muy bueno. Sin embargo, no era católico devoto. Confesaba su fe, vivía en buenos términos con su religión, pero no asistía a los oficios de la Iglesia. Así tenía que ser. Don Federico pertenecía a la generación que abrevó en las fuentes del positivismo; era un hombre de su siglo, el XIX.

Cuando enviudó don Federico Gamboa, una prima de su esposa, dama muy religiosa, se preocupó por él. Esta pía señora, llamada doña Luz Torres Sagaseta, casada ella, daba consejos al escritor. Lo exhortaba a que se volviera a casar; a que no anduviera por ahí de viejo calavera; sobre todo, le suplicaba con vivas instancias que volviera al seno de la Santa Madre Iglesia.

Don Federico, travieso y burlador, respondía que jamás había dejado el regazo de esa buena madre.

—No tengas preocupación por mí, Lucha —le decía—. Créeme que cumplo los 10 mandamientos de la Ley de Dios y los cinco de la Iglesia. De vez en cuando rezo por las noches, y a veces, cuando paso por un templo y están rezando el rosario, yo entro y añado mi oración a la de las buenas gentes que ahí rezan.

—Federico —insistía la buena señora—. Temo por la salud de tu alma. Si te pierdes, ¿qué cuentas voy a rendirle a tu mujer, mi prima, que de seguro ya está en el Cielo, como espero estar algún día yo también?

—Ya te digo que no tengas cuidado —repetía don Federico sin dejar de sonreír—. Es más: debes saber (y no te vayas a enojar) que siempre le estoy pidiendo a Dios que tú mueras primero que yo.

—¡Ay, Federico! —protestó doña Lucita—. ¡Qué malo eres! ¿Por qué le pides eso?

—Porque sé que te vas a ir derechito al Cielo —respondió Gamboa—, y yo me voy a agarrar de tus enaguas para subir junto contigo. Así tú, que tienes muy buenas influencias allá arriba, me meterás en el Paraíso.

Sucedió que don Federico Gamboa enfermó una vez de gravedad. Doña Lucita, que gozaba de perfecta salud y nunca había estado enferma, le llevó en la tarde de su agonía un sacerdote para que le impartiera los últimos auxilios espirituales. Don Federico, aunque guardaba ya pocos alientos de vida, pudo confesarse y comulgar con devoción.

—¿Cómo te sientes, Federico? —le preguntó angustiada doña Luz en un momento en que el escritor abrió los ojos.

—No muy bien —respondió Gamboa intentando una débil sonrisa—. Pero no te apures: estoy bien dispuesto para el viaje. Y no se te olvide que voy a entrar en la Gloria cogido de tus enaguas.

Fue lo último que dijo el gran autor de *Santa*. A las 10 de la noche entró en agonía. Doña Luz se fue a su casa después de dar instrucciones para que se le avisara en el momento mismo en que don Federico pasara a mejor vida. A las dos de la mañana doña Luz se sintió mal. Se enderezó en su cama y cayó muerta de un síncope cardíaco. Una hora después murió don Federico.

## "*Éramos los* mesmos..."

No sólo *científicos* había en México en tiempos del porfiriato. La entraña popular bullía. De ella habrían de surgir personajes como el que nos ocupa en este capítulo.

Tierras de Michoacán conocieron las andanzas del general Irineo Rauda, pintoresco hombre de la Revolución. A él se debe la famosa frase que sintetizó en modo magistral el sentido de las luchas entre las diversas facciones revolucionarias: maderistas, zapatistas, carrancistas, villistas, orozquistas, obregonistas, callistas, delahuertistas, escobaristas, cedillistas y todas las demás. Dijo a ese propósito el general Irineo Rauda:

—Éramos los *mesmos*, nomás que andábanos un poco *devididos*.

Don Irineo era gárrulo y decidor. Sus anécdotas podrían llenar un tomo y un lomo. Presumía de ser "muy léido y escrebido", pues gustaba de lecturas —eran sus ídolos Antonio Plaza y José María Vargas Vila—, y se afanaba en cubrir su rudeza de ranchero y soldado con exquisiteces que encontraba en libros y que apuntaba trabajosamente en un cuaderno escolar para aprenderlas y aplicarlas luego en la conversación.

Por desgracia se le enredaban los conceptos, y entonces le salían de la boca graciosos despropósitos. En cierta ocasión se hablaba de hazañas de gula y se discutía quién entre los presentes había comido más de tal o cual cosa.

—*Pos* una vez —se jactó el general Rauda—, en la Piedad de Cabadas, me comí yo solo 10 pesos de mampostería.

Quiso decir de repostería.

A una señora que le ofreció su casa para que viviera ahí durante algunos días, le dijo don Irineo al despedirse:

—Le agradezco su honorabilidad.

Su hospitalidad es lo que quiso agradecer.

Presumía de culto y refinado este general Irineo Rauda, y exornaba su expresión con giros que a él le parecían muy elegantes. Al rendirle a un superior el parte del día, le dijo pomposo y campanudo:

—Mi general: en este día que hoy fina no hubo ninguna novedad que altere vuestro semblante.

A un periodista que le preguntó si podría llegar por automóvil de un lugar a otro, le contestó solemne:

—La *verdá* no sé, hijo. Como ha llovido mucho a lo mejor los caminos están abnegados y se ponen intransigentes.

En otra ocasión fue a la ciudad de México a arreglar ciertos asuntos del escalafón. Al bajar del tren en la estación de Buenavista, lo reconoció el reportero de un periódico, y lo quiso entrevistar.

—No se va a poder, muchacho —se negó categórico el general—. Vengo de inepto.

Quería decir que iba de incógnito.

Un día algún periodista zumbón le preguntó si le gustaría que le hicieran una estatua.

—*Pos pa* qué digo que no si sí —respondió don Irineo.

—¿Ecuestre? —continuó la burleta el periodista.

La pensó un poco el general y luego respondió:

—No tan ecuestre. Nomás regular.

Los científicos fueron hombres sapientísimos, educados casi todos en Europa. Entre ellos había filósofos, escritores, poetas, historiadores, sociólogos. Ah, y economistas. Muchos economistas. Sin embargo, al final de cuentas fueron hombres ignorantes, como Irineo Rauda, los que dieron nuevo rumbo a la nación. Quizá el error de los científicos fue haber esperado demasiado tiempo antes de convencerse de que no se puede gobernar sin el pueblo.

## *Un Lucio muy lucido*

Hombre del pueblo fue el general Lucio Dávila. Coahuilense, de la sierra de Arteaga, don Lucio fue fidelísimo partidario de Venustiano Carranza. Hombre sencillo y sin humos de vanidad, a todos trataba el general Dávila con su naturalidad de serrano.

El general Lucio Dávila era hombre de la mayor confianza de don Venustiano. Le sirvió como una especie de asistente o ayudante personal durante el tiempo que el Varón de Cuatrociénegas ocupó la máxima magistratura.

En una acción de guerra murió un compadre de don Lucio, el coronel Cepeda. Su familia le mandó hacer una preciosa tumba en el Panteón de Santiago, de mi ciudad, Saltillo. El monumento es obra del escultor Ponzanelli, que puso en su trabajo no sólo acabada técnica de artífice, sino gran emoción para expresar el dolor de los deudos del desaparecido. Aparece el coronel Cepeda tal como era, apuesto y bien plantado. A su lado, una bellísima doncella llora con aflicción su muerte. La doncella representa a la patria, dolorida por la pérdida de quien había sido fuerte adalid de la Revolución.

Alguien invitó al general Lucio Dávila a que viera la tumba de su compadre. La vio él con gran detenimiento, le dio una vuelta al monumento, lo miró y remiró muy despacito, y luego emitió su juicio contundente.

—Mi compadre está muy bien. Nomás le falta hablar. La que no se parece es Cuca.

¡Creyó el general Dávila que la estatua de la doncella con que Ponzanelli representó a la Patria era la efigie de su comadre Cuca, la viuda del coronel difunto!

Hombres como don Lucio Dávila fueron los que se levantaron y anduvieron en "la bola". Esa "bola" la echó a rodar en un principio don Francisco I. Madero. Será difícil encontrar en la historia de México alguien tan bueno como él. Quizá nada más Maximiliano —a quien en justicia deberíamos considerar mexicano, y mexicano excelente— haya tenido semejantes cualidades de bondad. El señor Madero levantó una voz política para advertir al caduco régimen de don Porfirio sobre los riesgos que entrañaba su voluntad de eternizarse. A esa voz, que en un principio fue conciliatoria, respondió el gobierno con hostigamiento y represión. Y don Panchito, que no era un revolucionario, sino un reformador, se vio arrastrado a la violencia. En ella acabó por naufragar. Don Porfirio dejó la presidencia no por la fuerza de las armas, sino por patriotismo: supo que los Estados Unidos, que no lo querían bien, intervendrían en los acontecimientos, y que eso provocaría una lucha civil de grandes proporciones. Para evitarla renunció el general Díaz, que bien habría podido mantenerse en el poder.

## *Luces en la sombra*

La historia oficial niega todo mérito a don Porfirio Díaz. Le basta con llamarlo el Dictador y arrumbarlo luego al panteón de los villanos. Sin embargo, don Porfirio ha sido uno de los mejores presidentes que México ha tenido, y quizá el mejor administrador.

Terminado el año fiscal de 1895 el ministro de Hacienda hizo una revelación extraordinaria. ¡Por primera vez en la historia de México la Hacienda Pública tenía un gran superávit! Es decir, el gobierno había gastado menos de lo que había entrado en las arcas públicas. Ingresaron algo así como 44 millones de pesos y se gastaron poco más de 41. Quedaba un remanente superior a los 2 millones y medio de pesos. Aquello no tenía precedente. Los mejores cálculos de don José Yves Limantour habían sido superados.

Comenzó así una era de prosperidad extraordinaria para la nación mexicana, prosperidad que se plasmó en obras de mucha consideración en toda la República. Hay que decir que el progreso no se dio nada más en la capital: los gobernadores trataban de emular a don Porfirio, pues sabían que el presidente esperaba de ellos lo mismo que él daba al país: entrega total, paz y seguridad y, sobre todo, "poca política y mucha administración".

Al comenzar el siglo XX —en 1901, no en 1900—, el régimen porfirista llegó a su cenit. Ese año se dispuso de 10 millones de pesos, cifra enorme, para la realización de obras de grandes proporciones: un millón y medio para la edificación del Palacio de Justicia; un millón para la construcción del bellísimo edificio de Correos en la antigua calle de San Juan de Letrán; otros recintos para albergar las administraciones postales en Puebla y Veracruz; 800 000 pesos para iniciar los trabajos de construcción del gran Teatro Nacional, que es hoy el Palacio de Bellas Artes. En toda la República se hacían trabajos de consideración. Sólo en un año —1889— se tendieron 8000 kilómetros de vías férreas. Se emprendieron trabajos para convertir Salina Cruz en el primer puerto mexicano del Pacífico.

El prestigio de don Porfirio brillaba en todo su esplendor. Nadie habría podido concebir la vida mexicana sin el general Díaz.

Hombre del siglo XIX, el marino mexicano Adolfo Bassó murió en 1913. Entre las muertes más bellas que recuerdo por mis lecturas de la historia mexicana, figura la de este valeroso campechano.

Adolfo Bassó nació en Campeche. Baste ese dato para explicar por qué se hizo marino. El mar de Campeche es uno de los más bellos del mundo, y los campechanos son gente naturalmente marinera. Herencia de grandes capitanes y de feroz piratería tienen los habitantes de aquella noble ciudad amurallada, una de las más bellas poblaciones de México.

Bassó estudió la ciencia y el arte de la navegación en su suelo —o en su mar— natal. Luego fue a Veracruz a perfeccionar sus estudios. Ahí se interesó en cosas de política. Sus ideas eran antirreeleccionistas, y por eso se unió al movimiento que inició con su Plan de San Luis don Francisco I. Madero.

Triunfante la Revolución —no por fuerza de los revolucionarios, sino por renuncia patriótica de don Porfirio—, Adolfo Bassó ocupó en la capital del país el cargo de intendente de las Residencias Presidenciales. Gozaba de la confianza y el afecto de don Francisco I. Madero; era una de las personas que más cercanía guardaban con aquel héroe de la democracia.

Cuando estalló la sangrienta rebelión que se conoció con el nombre de la Decena Trágica, cayó Adolfo Bassó prisionero de los insurrectos. Gente feroz y bárbara, hombres llenos de oscuros odios, eran los enemigos de Madero. Su hermano Gustavo, aprisionado por los sayones de la conspiración, sufrió terrible muerte en La Ciudadela. Sus asesinos hicieron burla de él: ebrios, jugaron con el ojo de vidrio que usaba don Gustavo; lo torturaron sacándole el otro con una bayoneta. Luego lo arrastraron por el polvo, lo patearon, lo hicieron víctima de toda suerte de agravios antes de matarlo a balazos.

Con él había caído preso el marino Adolfo Bassó. Lo aprehendió un capitán huertista llamado Luis Fuentes. Lástima de apellido. Conducido a La Ciudadela, se le invitó a unirse a la rebelión contra el señor Madero. El campechano se negó. Por la noche se le sacó a la misma plaza de La Ciudadela para fusilarlo. Al salir vio tirado en un charco sanguinolento el cadáver de Gustavo Madero.

—No murió como un valiente —le dijo aquel mal Fuentes.

—Jamás podrá usted decir eso de mí —le replicó sereno Adolfo.

Lo pusieron de espaldas contra el muro. Alzó la vista al cielo y no encontró algo que buscaba.

—Capitán —dijo al que lo iba a fusilar—. Entiendo que tengo derecho a que se me conceda un último deseo.

—Usted dirá cuál es —preguntó el capitán.

—Mire —le contestó Bassó apuntando al cielo—. Aquélla es la Osa Mayor. Quiero morir viendo la estrella que me guiaba en mis navegaciones.

Y añadió con una sonrisa:

—También en este viaje quiero que me guíe.

El capitán no tuvo inconveniente en permitir a Bassó que se colocara de modo de poder contemplar la estrella. Fijó en ella la mirada el condenado a muerte y no quitó la vista de su lejano resplandor mientras se oían las órdenes de la ejecución.

—Preparen... Apunten... ¡Fuego!

Sonó la descarga y cayó sin vida aquel valiente. En sus ojos, abiertos a los misterios de la noche, parecía brillar el resplandor del astro cuya luz buscó para morir.

## *La muerta viva*

Una de las señoras más ricas del porfiriato fue doña Josefa Adalid. Su vida estuvo aureolada por un suceso extraordinario. Aquí lo narro.

Doña Josefa Adalid era dueña de Ometusco, una de las más grandes haciendas pulqueras del país, y seguramente la más bella. Poseía además doña Josefa la hacienda de Goycochea, que medía 50 000 hectáreas. Dentro de sus límites estaba comprendido el caserío de San Ángel y el lugar conocido como La Castañeda, que luego dio nombre al manicomio de triste recordación que estuvo en ese sitio.

Cerca de San Ángel, la orden carmelitana había levantado un hermoso convento que pasó a manos de particulares cuando la feroz persecución que Juárez y Lerdo desataron contra la Iglesia católica. Vendido a vil precio, por lo menos aquel convento carmelita quedó en manos mexicanas, a diferencia de otras valiosas fincas de la Iglesia, que casi fueron regaladas a norteamericanos.

La familia Adalid compró de trasmano aquel convento y lo convirtió en una elegante casa de descanso. Ahí los Adalid criaron los caballos, tanto de carrera como de tiro, que les dieron fama de ser los mejores caballistas de México. En los desfiles alegóricos los carros de la familia Adalid, tirados por magníficos animales, eran admiración y pasmo de la muchedumbre.

Pues bien: doña Josefa sufrió en plena juventud un síncope que le quitó el sentido y la dejó inerte. Un medicastro llevado con urgencia a la hacienda dictaminó, nervioso, que la muchacha ya no tenía vida. Sus familiares, llenos de dolor, la velaron en la iglesia de Santa Brígida, y los dolientes pudieron ver en el abierto ataúd, el cuerpo vestido de blanco de la gentil doncella.

También lo vio el sacristán del templo, y vio igualmente la rica sortija de oro con un brillante solitario que esplendía en un dedo de la joven. Luego de que el ataúd fue depositado en la cripta del templo, y tan pronto los dolientes se retiraron, a la luz incierta de una vela el perverso sacristán quitó la piedra de la cripta, abrió la caja y trató de despojar del anillo a la que creía muerta. No pudo hacerlo: el dedo estaba hinchado. Sacó entonces su navaja y empezó a cortarle el dedo a la muchacha. La sangre fluyó, caliente, y Josefa abrió los ojos. Espantado, el sacristán retrocedió. Ella se puso en pie. Creyó el maldito que la blanca figura que tenía enfrente era el fantasma de la muerta que venía a castigarlo por su crimen. Seguramente lo llevaría al infierno. Se dispuso a huir.

En ese momento Josefa se percató de lo que estaba sucediendo. Sus familiares la creyeron muerta y la habían llevado a sepultar. Miró el ataúd, la cripta abierta, el resto de coronas y ramos a sus pies. Luego sintió dolor en la mano, se la vio y supo la horrible realidad: aquel hombre le iba a cortar el dedo para poder sacar el anillo. El sacristán la miraba con los ojos desorbitados por el espanto.

Pero al advertir que Josefa lloraba desconsoladamente, se dio cuenta de que la muchacha había sido enterrada viva. Si la dejaba viva lo iba a denunciar, y de seguro sería fusilado por la dura justicia de don Porfirio Díaz.

Así, no le cabía más remedio que matar a la joven. Al fin y al cabo nadie se enteraría nunca de su crimen, pues pondría otra vez en el ataúd a quien todos suponían muerta.

Con la navaja en la mano fue hacia Josefa. Ella alzó los brazos, espantada.

—¡Por favor, no me mate!

El hombre asió por los sueltos cabellos a la muchacha y le echó la cabeza hacia atrás. Iba a degollarla.

—¡No! —gimió ella.

—Tengo que matarla —dijo con ronca voz el sacristán, que temblaba igual que Josefa—. No me queda otro remedio. Si la dejo viva, usted me denunciará, y el muerto seré yo.

—¡Le juro que no lo denunciaré! —clamó Josefa.

—Es inútil, señorita —repitió el malvado—. Perdóneme, pero la voy a matar.

Levantó la navaja el sacristán. Como por súbita inspiración Josefa recordó que el primer móvil del crimen había sido la joya que portaba.

—¡Tenga el anillo! —dijo—. ¡Y si no me mata le prometo que le daré dinero! ¡Todo el que quiera!

Trabajosamente se sacó el anillo del dedo herido y lo entregó al sacristán. Lo tomó el hombre y lo miró con ojos codiciosos. Luego levantó la vista y puso una mirada de sospecha en Josefa.

—¿Y no me denunciará?

—¡Le juro que no! —ofreció la muchacha, que por primera vez advirtió un rayo de esperanza—. ¡Al contrario, diré que fue usted quien me sacó de aquí! ¡Diré que la herida en el dedo me la hice al tratar de abrir el ataúd, y el anillo y el dinero que le voy a dar diré que son el premio por haberme salvado!

—Quiero una talega llena de oro —dijo entre dientes el sacristán agachando la cabeza.

—La tendrá —respondió ya dueña de sí y serena la muchacha—. Ahora, vamos a salir de aquí. Usted mismo me llevará a mi casa.

Es de imaginarse —así dicen los novelistas— la tremenda sorpresa, y luego la alegría, de los familiares de la joven cuando volvió a su casa. Ella cumplió la palabra empeñada con el criminal: hizo que su familia pagara la recompensa, y a nadie reveló nunca el espanto de aquella noche en que a punto estuvo de morir de veras. Años después Josefa casó con don Agustín Torres y Guzmán. Tal es el origen de la importante familia Torres Adalid. Poco antes de morir, aquella dama del porfiriato narró por primera vez la dramática historia de su falsa muerte y de su verdadera salvación.

## *Rey de Reyes*

Don Bernardo Reyes era algo así como un rey en Nuevo León. Pero el rey de México —y el de Reyes también— era don Porfirio. Empiezo aquí un imperfecto retrato, hecho con pinceladas rápidas, de aquel general a quien se debió el progreso que ahora disfruta Nuevo León.

Don Alberto Santa Fe, coronel republicano, fue brazo fuerte de Juan Zuazua, uno de los grandes soldados que aportó Nuevo León a la causa liberal. Hombre ocurrente, sabía decir entre gracejadas cosas de gran peso.

Allá por 1903 tuvo el coronel Santa Fe una ocurrencia que fue motivo de sonrisas, pero que era una verdad de tomo y lomo. Propuso que en la plaza principal de Monterrey se levantaran dos estatuas para honrar a los dos autores del progreso industrial de la ciudad. Una, la del menos importancia, sería pequeña y de modesta traza, quizá fundida en bronce. La otra sería enorme, más grande aún que de tamaño heroico, tallada en finísimo mármol de Carrara. En letras de oro aparecería inscrito en el pedestal el nombre del principal autor de la grandeza económica de la Sultana del Norte. El menos importante de los dos personajes era el general Bernardo Reyes, gobernador de Nuevo León. El merecedor de gratitud eterna por parte de los neoleoneses, era el gobernador de Coahuila, coronel José María Garza Galán.

Luego explicaba don Alberto su proposición. Cuando empezaron a llegar al noreste de México los primeros inversionistas norteamericanos, su intención inicial fue establecer sus empresas en Saltillo, ciudad de clima agradable, con abundancia de agua y buenas comunicaciones tanto hacia el norte como hacia el sur, y favorable por la colindancia de Coahuila con los Estados Unidos. Pero sucedió que Garza Galán, torpe y prepotente, se negó a otorgar a los inversionistas las facilidades que necesitaban para instalar sus fábricas. No les ofreció terrenos, ni servicios, ni exenciones fiscales, ni franquicias o permisos especiales, ni ayuda de ningún orden.

Era cierto lo que decía Santa Fe. Un coronel Robertson, viendo las grandes ganancias que estaban obteniendo los creadores de la Fundidora de Monterrey, pensó establecer una en Saltillo. Habló con Garza Galán. Éste se puso los moños y negó todo respaldo a aquel gran proyecto industrial. Los empresarios volvieron entonces sus ojos a Monterrey, y el gobernador de Nuevo León, don Bernardo, les dio toda suerte de apoyos, como los había brindado ya a los inversionistas locales. A ese caso siguieron otros. Pronto Monterrey fue un emporio y Saltillo, mi amadísima ciudad, quedó durante mucho tiempo en calidad de recoleta ciudad, rica sólo en recuerdos coloniales. Concluía don Alberto Santa Fe:

—Gracias a Garza Galán es Monterrey la gran ciudad que ahora es. De no haber sido por él la Sultana del Norte sería Saltillo. Por eso digo que el gobernador de Coahuila debe tener una estatua en Monterrey.

Y reía con grandes carcajadas el viejo luchador republicano, y todos celebraban su donaire. Yo, la verdad, no lo celebro tanto.

## *El chaparro Bernardo*

Era de corta estatura don Bernardo Reyes. No tanto como don Celedonio Junco de la Vega, poeta y periodista, su contemporáneo, que escribió en tono festivo este epigrama:

*Dos cosas por desventura*
*me salieron del demonio:*
*el ser corto de estatura*
*y el llamarme Celedonio.*

Pero también era de cuerpo más bien chico don Bernardo Reyes, tanto que siempre andaba vestido elegantemente como pretexto para poder usar el alto sombrero de copa que lo hacía verse menos bajo. Siempre que podía se presentaba a caballo, pues como jinete era magnífico y de ese modo disimulaba aún más su corta alzada. A pesar de eso, sus malquerientes le decían —a sus espaldas, claro— *el Chaparro Reyes*.

Y rasgos de tal tenía don Bernardo. Gustaba de hacer ostentación de su autoridad. Cuando hablaba erguía su desmedrada estatura, para lo cual se empinaba sobre las puntas de los pies. Se expresaba con rimbombante solemnidad; aun las cosas más banales las decía con grandilocuencia campanuda. Trataba a sus funcionarios con descortesía. A veces llegaba a ser francamente grosero.

Don Miguel F. Martínez fue un notable educador neoleonés. La prestigiosa Escuela Normal de Nuevo León lleva su nombre. Cada vez que paso por el boulevard Constitución, y veo ese plantel, recuerdo con afecto la figura de aquel gran maestro formador de grandes maestros, pues don Miguel F. Martínez modeló a hombres como Pablo Livas, Aurelio Villarreal, Fortunato Lozano, Plinio Ordóñez y otros.

Don Miguel era un hombre bueno, bonísimo. Tenía mansedumbres de franciscano. Nació para ser maestro, aunque al principio erró su vocación, pues se recibió de ingeniero. Por su notable calidad de pedagogo mereció el honor de que don Justo Sierra se lo llevara a México a trabajar con él en la recién creada Secretaría de Educación, allá por 1901.

No obstante sus muchos méritos, cuando aún estaba en Monterrey y era titular de la Dirección General de Educación Primaria, el gobernador Reyes lo trataba con descortesía. Como que quería exaltarse a sí mismo sobajando a aquel hombre tan sabio y tan bueno. En una ocasión hizo detener su carruaje frente a las oficinas de aquella Dirección. La de don Miguel daba a la calle, y el maestro trabajaba con la ventana abierta, por el calor. Asomó el gobernador Reyes la cabeza por la ventanilla del carruaje y gritó con destemplada voz:

—¡Miguel!

Escuchó éste el grito de don Bernardo y salió de su oficina a todo correr, como el mozo que escucha la voz de su señor. Para nada lo quería don Bernardo, nada más para ejercer sobre él su vanidad. Los vecinos que vieron aquella escena se condolieron por la humillación de que el soberbio gobernante había hecho objeto al modesto educador.

Pero así era don Bernardo: muy soberbio. Esa soberbia le costaría la vida: arrogante, sintiéndose dueño de la ciudad de México, llegó en su caballo blanco ante las puertas del Palacio Nacional pidiendo que se lo entregaran. Se había rebelado contra don Francisco I. Madero. Sus palabras fueron contestadas por una ráfaga de ametralladora, y cayó muerto el general Bernardo Reyes.

## *Don Bernardo Reyes, poeta*

Don Alfonso Reyes cultivó la poesía. Lo que pocos saben es que el papá de don Alfonso, el general Bernardo Reyes, tuvo también humos de poeta. Eso de la poesía era mal muy generalizado en aquel tiempo: todo mundo escribía versos. El problema es que don Bernardo pensaba que era gran poeta, y con gesto y tono de magíster criticaba a los poetas regiomontanos de su tiempo, entre los cuales había muchos y muy buenos. Don Celedonio Junco de la Vega, diminuto señor, era uno de ellos. Veguita —así le decían con cariño sus contemporáneos, por su corta estatura— solía contar una curiosa anécdota que nos habla de cómo el hombre de espíritu tiene que sujetarse muchas veces al capricho del hombre de poder.

Don Juan B. Delgado, poeta que entonces vivía en Monterrey, llegó un día todo angustiado con don Celedonio.

—¡Veguita! —le dijo con voz transida de aflicción—. ¡Me sucede algo terrible! ¡Le ruego que me ayude!

Don Celedonio se alarmó. Pensó que al poeta Delgado le había acontecido una desgracia familiar, o que algún político de baja estofa lo habría desafiado a duelo por alguno de los artículos que publicaba en los periódicos locales. Pero el problema era de muy distinta índole.

—Cometí la imprudencia de pedirle al gobernador Reyes su opinión sobre un soneto que escribí. Don Bernardo me pidió el original y ahí mismo se puso dizque a corregírmelo. ¡Mire usted nada más cómo lo dejó!

Don Celedonio leyó el soneto de Delgado con las correcciones que le había hecho el gobernador. ¡Qué correcciones! Con ellas don Bernardo mandaba al demonio aquel soneto. Con sus adiciones y modificaciones el breve poema quedaba hecho un bodrio lamentable: los versos cojos o desmesurados; ripios aquí y allá; adjetivos sin ton ni son... Una desgracia.

—¿Qué hago, Veguita? —clamaba todo afligido el infeliz poeta—. ¡Dígame por piedad! ¿Qué hago?

—Usted tuvo la culpa de esto que le pasa —le contestó don Celedonio—. El que consulta está obligado a seguir las indicaciones de su consejero. No debió ir con el gobernador. Quiso adularlo pidiéndole su opinión sobre algo que él no conoce, y ahora tiene el compromiso de dejar su soneto tal como se lo dejó Reyes.

—¿Y qué voy a hacer ahora? Si publico así el soneto todo mundo se va a reír de mí, y si no lo publico el gobernador se va a enojar. ¿Qué debo hacer, don Celedonio?

El señor Junco de la Vega no halló mejor consejo que dar a su amigo que recomendarle que se fuera de Monterrey por algún tiempo. Así lo hizo el poeta. ¡Caro pagó su adulación a don Bernardo Reyes, que tenía poder hasta para corregir sonetos!

## *Libertad: cuántos crímenes...*

Madero en la prisión fue para el gobierno de Díaz un problema aún mayor que Madero libre. Por eso la dictadura se apresuró a aprovechar la oportunidad que tuvo para dejarlo salir sin dar la impresión de debilidad.

Un príncipe de las letras, si no de la Iglesia, era el obispo de San Luis, don Ignacio Montes de Oca y Obregón. Gozaba de respeto en los más altos círculos intelectuales no sólo de México, sino también de Europa, donde era bien conocido por sus preciosos sonetos, trabajados con la delicadeza de un orífice.

El señor obispo de San Luis gozaba de la amistad de don Porfirio. Éste lo había hecho objeto de muchas distinciones, y en cada cumpleaños le enviaba algún precioso regalo. Más de una vez recurrió a sus buenos oficios para arreglar algún asunto delicado, y con frecuencia requería su consejo. El señor Montes de Oca era hombre sabio y tenía mucha prudencia, don que, según la Iglesia, el Espíritu Santo inspira a todos los obispos. O al menos a bastantes.

Don Ignacio estimaba verdaderamente a don Porfirio. Supo que mantener a Madero en prisión sería más perjudicial que benéfico para el anciano presidente. Así, interpuso sus buenos oficios para conseguir la libertad del preso. El régimen vio en aquella intercesión una buena oportunidad para soltar a Madero: se obsequiaba la petición de un alto jerarca de la Iglesia, que era además un personaje bien querido. Existía, sin embargo, un requisito que cumplir: se había fijado al coahuilense una fianza de 10 000 pesos para poder quedar libre. Un rico industrial potosino, don Pedro Barrenechea, depositó en efectivo la cantidad. No sabemos si actuó como intermediario de la familia Madero, como oficioso colaborador del régimen, o como simpatizante de la causa maderista.

Sea como fuere, el 19 de julio de aquel 1910, el señor Madero salió libre. Pero el juez le fijó la ciudad por cárcel. Eso quería decir que don Francisco no podía salir de San Luis Potosí, pues seguía sujeto a proceso.

Mientras eso sucedía el país ardía en indignación. La prisión de Madero fue señal clara de que el gobierno le temía. El hecho de que el candidato opositor fuera obligado a permanecer en San Luis confirmaba ese temor. Hubo manifestaciones de inconformidad en la capital y en varias ciudades de provincia. La prensa antirreeleccionista tronaba contra “el dictador” a pesar de los riesgos que eso traía consigo.

Madero se fue a vivir con Sarita, su esposa, a casa de don Federico Meade, ferviente partidario de la causa. Se convirtió el domicilio de Meade en una especie de centro de conjura. Los conspiradores ya ni siquiera se cuidaban de esconderse de la policía, cuyos agentes vigilaban día y noche el lugar de residencia de Madero, a quien seguían por todas partes. En una de esas reuniones secretas que tanto público tenían, don Federico Meade hizo uso de la palabra:

—Señores —dijo en presencia de Madero—, debemos estar preparados. El gobierno impedirá que la gente vaya a votar o alterará el resultado de las elecciones. En ambos casos debemos prepararnos: esto no se va a resolver por las buenas.

## *La razón de la sinrazón*

Va siendo tiempo ya, en el relato de esta historia, de narrar el acabamiento del porfiriato. Antes, empero, es necesario determinar algunos puntos de referencia —parámetros, dirían los sabihondos— para fijar el cauce de las interpretaciones —lecturas, dirían esos mismos— que me propongo hacer.

Creo, en primer lugar, que si bien sectores muy importantes de la población se habían puesto ya contra don Porfirio, la verdad monda y lironda es que el viejo gobernante seguía contando con la aprobación, y aun con la estima, de la mayor parte de la población de México.

El problema no era el general Díaz, sino la figura del vicepresidente, que se consideraba sería su sucesor. A la persona del oaxaqueño no la impugnaba casi nadie, salvo algunos como los hermanos Flores Magón, que aun en estos tiempos serían calificados de extremistas radicales. La alta burguesía, los intelectuales, la desmedrada clase media, el clero, todos estaban con don Porfirio, para no citar al vastísimo proletariado, que veía en el viejo gobernante a una especie de fenómeno de la naturaleza que no se podía cambiar, como no se podían mover de su sitio las montañas.

¿Por qué, entonces, prendió tanto la mecha que encendió Madero? La incapacidad de don Porfirio para atender las demandas populares en torno de la vicepresidencia hizo saber al pueblo que la antigua lucidez del régimen no existía ya. Aun así, la malquerencia general no se dirigió contra el presidente, sino contra el grupo que lo rodeaba, los *científicos*. Quizá ahí está el germen de una perniciosa actitud que duró hasta nuestros días: el presidente de la República no tenía jamás culpa de nada. Los malos eran sus colaboradores.

Nadie habría podido imaginar que don Porfirio caería tan rápidamente. La revolución maderista duró apenas unos cuantos meses, y don Porfirio renunció después de la caída de Ciudad Juárez, que en aquellos años era un villorrio. Algunos se desconciertan: ¿por qué el régimen, que contaba con un ejército fuerte, disciplinado, con buen equipo y organización, no hizo frente y exterminó a las bandas de rancheros que en forma bastante despistada se levantaron contra el gobierno aquel célebre 20 de noviembre de 1910?

La respuesta habrá que encontrarla descubriendo otra vez el hilo negro. Recuérdese que el *hilo negro* de nuestra historia es la perpetua intervención de los Estados Unidos. La participación de los norteamericanos en los asuntos de México nos dará otra vez la clave de esa historia que, quizá, el país del norte ha contribuido a hacer en mayor medida que el propio pueblo mexicano.

## *Los conspiradores*

El movimiento comenzó a vivir entonces días de complot. Alojado Madero en la casa de Federico Meade, recibía a muchos de sus correligionarios, quienes le urgían la necesidad de prepararse para afrontar el nuevo estado de cosas. Prevalecía en los más de ellos la idea de que los porfiristas, atentos a la creciente popularidad del movimiento opositor, prepararían un fraude electoral o evitarían de plano la participación del pueblo en los comicios.

Llegado el día de las elecciones, la previsión se cumplió. Los agentes del gobierno porfirista anduvieron diligentes en la tarea de impedir que los simpatizadores del antirreeleccionismo manifestaran libremente su voluntad por medio del sufragio. Sólo en la ciudad de México se consiguió que las casillas funcionaran con cierta regularidad. Ahí no podía obrar de otra manera la administración. La capital era la sede de las representaciones diplomáticas y de los corresponsales de la prensa extranjera. Unos y otros estarían atentos al desarrollo del proceso electoral, y no era conveniente hostilizar abiertamente a los contrarios.

Nunca en la historia de México el pueblo había asistido a las urnas en forma tan copiosa como lo hizo entonces. La misma prensa porfirista hubo de reseñar al día siguiente, con entusiasmo, la participación popular: "Queremos ser los primeros en tributar un caluroso elogio a ese partido [el antirreeleccionista] que [...] se ha mostrado a la altura de los pueblos más cultos [...] la más exigente imparcialidad obliga a reconocerlo así, y nosotros lo consignamos para honra de nuestra raza y prestigio de nuestro pueblo; él, de un solo salto, sin esas preparaciones seculares que han exigido otros pueblos, se ha colocado en una línea de alto civismo que nada envidiaría por su elevación a los más famosos [...] y esto es tanto más notable cuanto que vastísima porción de ese partido corresponde al pueblo llano, carente de instrucción [...] Ésta ha sido realmente la primera vez que el pueblo acude a votar".

Vasconcelos escribe: "se verificaron las elecciones y la gente fue a votar, fiel a la consigna maderista. El gobierno tuvo necesidad de cometer atropellos. Ya no era el caso de antes, cuando nadie acudía a las urnas. Ahora fue patente que de no destruir el gobierno las cédulas, una gruesa votación haría barrido del poder al porfirismo. Ésta era la base del movimiento armado".

El 1º de septiembre, Federico González Garza presentó una enérgica denuncia ante el Congreso, en la que daba cuenta detallada de las irregularidades cometidas en los comicios a lo largo del país. Pruebas ciertas acompañaban al escrito. El Colegio Electoral no sólo desestimó la protesta declarando improcedente la demanda de nulidad de las elecciones, sino que dio una diputación a Juan Orcí, de quien se había valido el régimen para acusar a Madero en San Luis Potosí y en Monterrey. El pueblo salió a las calles a protestar por las burlas al sufragio. Reprimido con violencia por la policía, lanzó piedras contra la casa del presidente Díaz. Se celebraban las fiestas del Centenario.

## *El maderismo*

El 4 de octubre se dio a conocer oficialmente el triunfo electoral de don Porfirio. En la madrugada del día 6, Madero abandonó San Luis disfrazado de ferrocarrilero. En el carro de equipajes del tren ordinario, que abordó en Escalón, fue a Monterrey. De ahí, en un vagón de tercera clase, salió hacia la frontera. El día 7 se encontraba en los Estados Unidos.

Ambiente muy propicio para el maderismo había en ese país. Buenos frutos conseguirían en sus gestiones diplomáticas algunos miembros destacados del movimiento revolucionario: Sánchez Azcona y Vasconcelos. La prensa se ocupaba con generosidad y largueza en dar a conocer los ideales maderistas, que se basaban, igual que los que sustentaban el país de Washington, Jefferson y Lincoln, en la democracia y el culto de la libertad.

No era Madero un anarquista, sino un demócrata que luchaba contra un régimen tiránico que los Estados Unidos, campeón de todas la causas libertarias, no podían apoyar.

En *La sucesión presidencial* Madero había alabado "la noble actitud de los Estados Unidos hacia los países que luchaban por sacudirse cadenas de opresión o dictadura". Confiaba en recibir apoyo para su obra. En verdad, el terreno estaba ya bien abonado. Las relaciones del régimen de Díaz con Norteamérica eran tensas. Había negado a los Estados Unidos la firma de un contrato que les permitiría usar la bahía de la Magdalena para las prácticas navales de su flota. En Washington se pensaba que el general Díaz simpatizaba con Japón. Igualmente, el porfirismo había dado muestras muy alarmantes de querer oponer los intereses petroleros británicos a los muy cuantiosos que Norteamérica tenía en nuestro país. Florencio Barrera Fuentes da cuenta de la crónica de un reportero del *New York Herald*, quien después de un viaje por Chihuahua informaba a sus lectores que el estado era magonista y opositor de Díaz. Bastaba a cualquier mexicano aducir su calidad de refugiado para que se le viese con simpatía y recibiera ayuda en sus empresas.

En San Antonio, Madero se reunió con sus colaboradores, que lo recibieron jubilosos. "Y nuestro regocijo fue todavía mayor, cuando desde el primer momento advertimos que nuestro líder llegaba no en calidad de un preso evadido que halla seguridad al fin, sino pletórico de energías, de optimismo y de voluntad para consumar la obra emprendida. No había estado ocioso durante su cautiverio y venía satisfecho de la creciente ramificación de la propaganda revolucionaria". En San Antonio, en la casa de Ernesto Fernández Arteaga, compañero que había sido de Madero en sus días de París, se dio definitiva forma al Plan de San Luis, que Madero había ya esbozado desde los días de su prisión en esa ciudad. Participaron en su redacción final el propio Madero, Sánchez Azcona, Federico Gonzáles Garza, Enrique Bordes Mangel y Roque Estrada, quien había llegado a San Antonio un día después que don Francisco.

El Plan de San Luis aparece fechado en San Luis Potosí el 5 de octubre de 1910, y comenzó a circular el día 25. En él se expresaba que había llegado el momento de hacer un sacrificio por la libertad y la justicia.

El plan denunciaba los intolerables abusos de la dictadura y llamaba a las armas para derrocarla. Se declaraban nulas las elecciones celebradas en junio y julio, y al desconocerse el gobierno del general Díaz, Madero asumía el carácter de presidente provisional. La Revolución debía estallar el día 20 de noviembre a las seis de la tarde. "Si en el ánimo del General Díaz hubiesen pesado más los intereses de la patria que los sórdidos intereses de él y de sus consejeros, hubiera evitado esta revolución, haciendo algunas concesiones al pueblo; pero ya no lo hizo [...] ¡tanto mejor!; el cambio será más rápido y más radical".

He aquí algunas interesantes consideraciones de Sánchez Azcona, quien tuvo parte muy destacada en la elaboración del documento: "El Plan de San Luis Potosí ha sido apreciado, en efecto, de diferentes maneras; ha habido quien lo tilde de impreciso y deficiente en cuanto a la concreción de las reformas por efectuarse, mientras otros lo tachaban de conceptuoso, extenso y en exceso prometedor, poniéndolo en parangón con el conciso y escueto Plan de Guadalupe. Pero hay que explicar que el momento exigía señalar sólo finalidades medulares, confiando a los legales órganos institucionales la elaboración detallada y concreta de los preceptos legislativos destinados a alcanzar la realización de aquellas finalidades y la correspondiente reglamentación para la aplicación práctica de dichos preceptos, y que el Plan de San Luis no fue excesivamente prometedor desde el momento en que los ulteriores gobiernos del régimen revolucionario han creído conveniente, en la forma, ir aún más allá de aquellas promesas; también hay que señalar que entre los llamamientos a las armas, el de San

Luis y el de Guadalupe, tenía que haber una notable diferencia de extensión y de intensidad, en consonancia con los dos momentos políticos en que fueron redactados, pues el de San Luis tenía que enardecer ánimos para determinados actos nuevos y a la vez justificar dichos actos ante propios y extraños. De los cinco autores del Plan de San Luis Potosí, a los 25 años de lanzado, sólo han muerto Francisco I. Madero y, muy recientemente, Enrique Bordes Mangel; vivimos los otros tres, y no creo que ninguno de los supervivientes, omisión hecha de defectos secundarios de forma y de estilo, se arrepienta de lo que redactó, y, de ser así, como creo que es, ¡que la posteridad y la historia juzguen el documento como quieran!".

Casi al mismo tiempo que la publicación del plan, Madero formuló e hizo circular un manifiesto dirigido a la opinión pública norteamericana, en la que declaraba la razón de su lucha y pedía la ayuda del pueblo y el reconocimiento de su gobierno.

## *Otra vez la Historia*

El gran error de Porfirio Díaz fue haber dado demasiada importancia a la administración y ninguna a la política. Por cuidar las circunstancias se olvidó del hombre, del mismo modo que hoy, por cuidar la macroeconomía, los gobernantes se han olvidado de fincar condiciones para que los efectos de su acción beneficien a los mexicanos más pobres.

Octavio Paz establece una comparación: ni en la pintura de José María Velasco ni en el porfiriato aparece el hombre. En efecto, bien puede decirse que tanto aquel gran pintor como don Porfirio miraban las cosas desde el mismo punto de vista: desde arriba. El orden, la perfecta composición que aparece en las obras de Velasco, se advierte también en el gobierno del presidente Díaz. Y en ambos —el pintor y el gobernante— se puede observar la misma indiferencia hacia los asuntos humanos.

Don Porfirio, es obviedad decirlo, estaba alejado del pueblo. Era una especie de gran padre al que sus hijos no veían nunca. La población nacional era una masa amorfa que el gran señor no alcanzaba a ver. Para don Porfirio existía México, pero no los mexicanos.

Ni siquiera era el pueblo "la caballada". No se refería al pueblo don Porfirio cuando pronunciaba una de las frases que tan dado era a repetir:

—No me alboroten la caballada.

Esa famosa "caballada" la integraban los hombres que algo tenían que aportar a la vida nacional: los políticos, los periodistas, los intelectuales, el clero, los ricos. A ellos, que podían inquietarse y entrar en agitación, había que mantenerlos en orden. Los demás —el pueblo— no podían desordenarse.

¿Cómo adquirió don Porfirio la noción de que existía el pueblo? Quizá nunca llegó a tener ese conocimiento. Muy poco tiempo medió entre el estallido de la revolución de Madero y la renuncia y voluntario exilio del hombre fuerte. No es que don Porfirio pensara que el pueblo mexicano no estaba maduro para la democracia. Simplemente es que no pensaba en ese pueblo.

Cosa fácil sería decir que Madero representó al pueblo en el movimiento que inició. Eso, sin embargo, sería falsedad. Don Francisco pertenecía a la misma clase que don Porfirio. El ideal que abanderó, la democracia, no era ideal de pueblo, sino de alta burguesía. Don Francisco I. Madero no era un revolucionario: era un reformador. De haber seguido vivo, seguramente se habría espantado al ver la sucesión de hechos que desató con su Plan de San Luis y con su movimiento del 20 de noviembre de 1910.

A don Porfirio, entendámoslo bien, no lo derribó Madero. Don Porfirio no renunció a la presidencia por causa de la Revolución. ¿Por qué buscó Madero allegarse la buena voluntad y comprensión de los Estados Unidos? Porque sabía que el viejo presidente se había malquistado con el poderoso país del norte. No hubo necesidad de que la Casa Blanca interviniera en México: para impedir su intervención, que habría causado gravísimos daños a nuestro país, don Porfirio tuvo el supremo heroísmo de la renunciación.

## *Nosotros los buenos; ellos los vecinos*

La continua injerencia de los Estados Unidos en la vida de México ha alcanzado a veces las proporciones de lo absurdo.

Don Francisco León de la Barra era un hombre magnífico. De gallardo porte, educadísimo, dueño de una vasta cultura, fue nombrado por don Porfirio Díaz embajador de México en los Estados Unidos. Asumió el cargo a principios de 1909. Todo mundo estuvo acorde en señalar que en nadie mejor que en don Pancho podía haber depositado el presidente la representación de México ante el poderoso país que la geografía, cómplice de la fatalidad, nos puso de vecino.

Había estado encargado de los asuntos de la embajada en Washington don Victoriano Salado Álvarez. Con gran tino desempeñó su cometido, aunque en ocasiones debía faltar a las recepciones diplomáticas por fuer de unos molestos forúnculos que le salían de repente en el cuello y le impedían ponerse la camisa de ceremonias, indispensable cuando se debía llevar frac.

Era presidente de los Estados Unidos Teddy Roosevelt, el tremendo cazador, el *rough rider* de la colina de San Juan en Cuba. Este fuerte señor quería bien a México. Don Francisco León de la Barra se quedó turulato, patidifuso y alelado cuando pocos días después de haber sido recibido oficialmente por el presidente de los Estados Unidos, éste lo invitó a merendar, y en conversación informal le dijo nada menos y nada más que lo siguiente:

—Señor embajador: quiero decirle que siempre he creído que mi país se engrandeció injustamente a costa de México.

Tenemos Tejas, California y los demás estados del sur merced a un inicuo despojo. Pero ése es un hecho consumado, y sería locura pretender que les devolviéramos lo que les quitamos. Sin embargo quiero hacer esta proposición al señor presidente Díaz, por mediación de usted: que México recupere al sur lo que nosotros le quitamos al norte.

—No entiendo, señor presidente —dijo el señor León de la Barra, que necesitaba conocer con precisión el alcance de lo que le decía Roosevelt.

—Sí, mi querido embajador —replicó el mandatario norteamericano—. Lo que le estoy diciendo es que contarían ustedes con nuestra buena voluntad si se decidieran a tomar lo que quieran de Centroamérica, y aun de América del Sur. Pueden hacerlo. Ensanchen el dominio de México hacia el sur.

Don Francisco, que era todo mesura, todo discreción, no daba crédito a lo que estaba oyendo. A duras penas pudo contestar tan peregrina proposición.

—Señor —acertó a responder—. Le agradezco de todo corazón, en nombre de México y de su gobierno, la generosa proposición de usted. Me permito decirle, sin embargo, que México no anhela tomar para sí nada que no le corresponda en los términos del derecho internacional. Por otra parte, señor presidente, somos una nación pacífica que no cuenta con un ejército o una flota para fines de invasión.

—Eso no es problema —contestó Roosevelt—. Contarían ustedes con el apoyo armado de los Estados Unidos. Lo que yo quiero es acabar con esas nacioncillas del sur que no son sino fuente de problemas para mi país.

## *Don Pancho*

Don Francisco León de la Barra no ha sido bien estudiado. Su figura resalta con matices muy especiales entre todas las del porfiriato. Caballero en toda la extensión de la palabra, prestó servicios muy importantes a México en horas muy difíciles. La historia oficial ha oscurecido su personalidad.

Bastaba conocer al señor De la Barra no sólo para admirarlo, sino aun para quererlo. Dueño de una atractiva figura, poseía además clarísimo talento y vasta erudición. Hablaba con singular corrección varios idiomas y no había intríngulis diplomático que no conociera.

Cuando densos nubarrones empezaron a oscurecer las relaciones entre México y los Estados Unidos, el presidente Díaz designó a don Pancho embajador en Washington, pues pensaba que su habilidad, su fino trato y las excelentes relaciones que tenía en los Estados Unidos podrían servir para aliviar las crecientes tensiones entre su gobierno y el de la Casa Blanca.

Don Francisco León de la Barra era un hombre de bien. No siempre fue rico, aunque llegó a ser dueño de gran fortuna: en Querétaro, ciudad de su nacimiento en 1863, hubo de empezar a trabajar a los 14 años de edad a fin de tener con qué pagarse sus estudios y los de sus hermanos. Dice uno de sus contemporáneos que lo conoció de joven: "Cuando todos pensábamos en divertirnos, él trabajaba. Estaba consciente de que no podía malgastar su tiempo, ni un peso que necesitaba para ayudar a hacer de sus hermanos hombres de provecho. Si me hubieran preguntado por quién metería la mano en la lumbre, habría dicho que sólo por Pancho".

Al comenzar el siglo XX, don Francisco vivía en una preciosa residencia —porfiriana, naturalmente— en la esquina de las calles de Hamburgo y Dinamarca. Uno de sus mayores placeres, que le aliviaban el peso de sus trabajos como ministro de Relaciones Exteriores, era merendar él solo con toda la chiquillería de la familia. Sentaba a los niños en la gran mesa del comedor, cuya cabecera él ocupaba, y una vez que se servía el chocolate o los refrescos, les preguntaba con tono de abuelo bonachón:

—A ver, chicos: ¿de qué quieren que se platique hoy?

Los muchachillos le pedían que les hablara de las cacerías que había hecho en África, que les narrara el argumento de alguna novela de Julio Verne, que les contara anécdotas de sus viajes por el mundo. Y hablaba don Pancho, hablaba con prestancia de actor ante exigente público, y los pequeños seguían alelados sus palabras, que sorbían con la fruición con que se chupa un caramelo.

Era afable y decidor don Pancho León de la Barra, pero siempre vagaba por sus ojos una cierta sombra de tristeza. Se había casado, muy joven y muy enamorado, con una linda muchacha de nombre María Elena Barneque. En viaje por Europa, la joven esposa contrajo una súbita tuberculosis y murió en la flor de la edad tras muchos sufrimientos. Después de algún tiempo, don Francisco contrajo nuevo matrimonio con una hermana de María Elena. La segunda esposa del señor De la Barra, Refugio, era viuda de Lucas Alamán, y tenía tres hijos cuando casó con Pancho. Tuvieron un hijo, Carlos, y fueron muy felices en su matrimonio.

## *Penas de la vida*

¡Qué guapo hombre era don Francisco León de la Barra! Tengo una fotografía suya, la oficial que le fue tomada en la silla presidencial. Ahí aparece como un elegante caballero de buen porte, apuesto y aún gallardo a pesar de los años, con su profuso bigote blanco ya, el entrecano cabello peinado hacia atrás, los ojos brillantes e inteligentes tras de los espejuelos, en la mano los guantes y en el pecho la banda presidencial, que en él se ve más como una condecoración nobiliaria que como un símbolo de poder republicano.

Nada, ni los afanes de la vida pública ni las alturas del poder, pudo quitar nunca de la mirada de don Pancho un cierto velo de tristeza. Dije que perdió a una esposa amada en plena juventud: María Elena, su primera mujer, murió de tuberculosis. Pero no acabaron ahí los sufrimientos del señor De la Barra. Al parecer los dos hijos que tuvo con ella quedaron propensos a aquella terrible enfermedad, entonces incurable. Pasaron muchos años, crecieron aquellos niños y se convirtieron en jóvenes tan bien plantados como su padre y tan finos de trato como su madre.

Uno de ellos, el mayor, llamado también Francisco, conoció en París a *mademoiselle* Lenzbourg, muchacha de la más rancia nobleza gala, hija de los condes de ese nombre. La cortejó y fue correspondido por ella. Don Pancho pidió a los condes la mano de la chica, y ellos accedieron gustosos a la boda. Se fijó la fecha para los desposorios, que tendrían lugar en la iglesia de San Agustín, en uno de los mejores barrios de París.

Pues bien: poco tiempo antes de la boda, el joven novio experimentó los primeros síntomas del mal que había llevado a su madre a la tumba. Su angustia fue tan grande que la tuberculosis se desarrolló con rapidez fulmínea. Y sucedió que el día y la hora en que la boda debía celebrarse, se llevaron a cabo en el templo de San Agustín los funerales por la muerte del infeliz muchacho.

El segundo hijo de don Francisco, Julio, corrió la misma suerte. Tiempo después de la muerte de su hermano cayó abatido por la tisis. El señor De la Barra lloraba como un niño al pie del lecho donde yacía su hijo.

—No llore usted, padre —lo consolaba Julio—. ¿Le parece mala una muerte que me permite irme poco a poco, de modo de poder acostumbrarnos a la separación?

Las penas de la vida dieron a don Francisco León de la Barra elevación de alma y ánimo sereno. Cuando las circunstancias de la política lo llevaron a la máxima magistratura del país, lo gobernó con tino singular a pesar de que le tocó ser presidente en los meses difíciles que siguieron a la caída de don Porfirio y antes de la toma del poder por Madero. Cuando el Apóstol tomó posesión de la presidencia, dijo al señor De la Barra estas palabras: "En nombre de la Patria os digo que habéis cumplido vuestro deber y os habéis hecho acreedor al título más apreciado en una República: sois un buen ciudadano".

## *Estamos platicando*

El 24 de junio de 1910 —la Revolución tocaba ya a las puertas— tuvo lugar en el Castillo de Chapultepec una conversación muy importante.

Don Francisco Vázquez Gómez estudió en el Ateneo Fuente de mi ciudad, Saltillo. Con eso empiezo a enumerar sus méritos. Nacido en Tula de Tamaulipas, don Francisco era médico. Tan gran prestigio alcanzó en su profesión que el general Díaz lo nombró su médico de cabecera, y el de su familia.

En tal carácter llegó el doctor Vázquez Gómez a gozar de la privanza del viejo presidente. Éste tenía una alta idea no sólo de los conocimientos científicos de su doctor, sino también de su clara inteligencia, su recio sentido común y su buen conocimiento de los asuntos públicos. Con frecuencia después de alguna consulta de estricta índole médica, don Porfirio se ponía a platicar con el médico y le pedía su opinión sobre la marcha de los asuntos nacionales.

La mañana del 24 de junio de 1910, el doctor Vázquez Gómez hizo una visita a don Porfirio en sus habitaciones del Castillo de Chapultepec. Le practicó un examen de rutina y lo encontró —como de costumbre— sano y fuerte como un roble (obligada comparación). Don Porfirio había oído decir que el doctor Vázquez, su médico y amigo, ya no compartía algunos de sus puntos de vista, y que en círculo de amigos había hecho críticas a ciertas medidas del gobierno.

—Doctor Vázquez Gómez —le preguntó de pronto—. ¿Cómo ve usted la situación del país?

—No muy bien, general —respondió con franqueza el médico—. Hay mucha inquietud en el pueblo. La gente no está contenta con los manejos del señor Limantour.

Don Porfirio pareció molestarse. Empezó a defender la política económica de su ministro; puso por las nubes la obra de aquel destacado personaje.

—Señor presidente —replicó el doctor Vázquez Gómez—, a don José Yves Limantour le interesan los grandes movimientos financieros [entonces no se decía *macroeconomía*], pero no le preocupa la situación del pueblo, ni el bien del país. De esa actitud nada bueno podemos esperar. Todo se nos ha vuelto especulaciones, dependencia de los inversionistas extranjeros. Nuestros propios recursos los descuidamos; la agricultura está por completo abandonada. Usted pensaba antes que debemos atender nuestros propios recursos.

—Lo mismo pienso ahora —confirmó don Porfirio—, pero Limantour sabe más de esas cosas que yo, y como su gestión ha dado muy buenos resultados debo tener confianza en él. De hecho estoy intranquilo porque Limantour me dijo hace unos días que si Corral no es electo vicepresidente se separará del gobierno. ¿Qué voy a hacer yo sin Limantour?

El doctor Vázquez Gómez no quiso ya abundar en sus críticas, pues bien se daba cuenta del tremendo influjo que el señor Limantour había llegado a tener sobre don Porfirio. Cuando salió del alcázar, su ánimo estaba ensombrecido. Si no se hacía una limpieza general en el gabinete presidencial, pensó lleno de preocupación, si no se atendían las demandas del pueblo, de seguro estallaría una revolución.

## *Al baile vamos*

Quienes conocían a don Francisco I. Madero se asombraron de que se hiciera revolucionario. La verdad es que tenía apariencia de todo, menos de eso. Las circunstancias —y el empecinamiento de un régimen que no supo advertir el cambio de los tiempos— hicieron de aquel hombre tímido y pacífico un apóstol social.

Don Francisco I. Madero estudió en el Colegio de San Juan Nepomuceno de mi ciudad, Saltillo. Su paso por el plantel, hay que decirlo, no dejó recuerdo grato. La culpa no fue de él, sino de su hermano Gustavo: trataba muy mal a Panchito, lo hacía objeto de toda suerte de abusos que traían siempre lloroso y afligido al pequeñuelo. Aunque la disciplina de los padres jesuitas era muy severa, nadie pudo nunca evitar que Gustavo maltratara de modo tan cruel a su hermanito. El padre Spina, maestro del colegio, recordaba que cuando los dos Madero abandonaron la institución, fue un día de júbilo para los profesores.

La juventud de Francisco fue más alegre que su niñez. Le gustaba la música: tocaba la flauta, y fue un extraordinario bailarín. Aunque era muy chaparrito todas las muchachas querían bailar con él, porque lo hacía magistralmente. No había danza que Pancho no dominara. Todavía alcancé a conocer señores —y señoras— que vieron bailar a Madero en la recepción que se le ofreció en el Casino de Saltillo: me dijeron que la gente hizo corro para ver bailar a don Francisco.

Hay que decir, aunque sea de pasadita, que muchos grandes héroes de la historia de México han sido consumados bailarines. Don Miguel Hidalgo escandalizó a la sociedad de Guadalajara cuando a pesar de su condición de sacerdote abrió cierto baile con una linda tapatía. Don Benito Juárez, si bien no era un Fred Astaire, bailaba muy bien; lo hacía con republicana circunspección, como mirando a la eternidad, pero jamás equivocaba el paso. Me habría gustado ver bailar a aquella estatua.

Otro a quien le gustaba mucho el baile era don Lázaro Cárdenas. De militar, y luego también de presidente, lo primero que ordenaba cuando llegaba en gira a un pueblo es que le organizaran un baile, y que llevaran a él a las muchachas más lindas. Igual que Juárez, don Lázaro bailaba con expresión histórica.

Otras cosas a más del baile le gustaban a don Francisco I. Madero, aunque esto no me comprometo a asegurarlo. Una vez hizo un viaje a los Estados Unidos, y hay una carta de su abuelo, don Evaristo, en que le pide que tenga mucho cuidado "para que no vayas a regresar caminando con las patas abiertas". Así era el andar de quienes adquirían una enfermedad venérea.

Don Panchito era tan bueno que pecaba de ingenuo. Cuando en su presencia se contaban chistes colorados —entonces se llamaban verdes— él no los entendía, y alguien tenía que explicárselos. En sus viajes a la capital sus primos lo llevaban al Jockey Club. Ahí, los burladores chicos bien lo agarraban de "puerquito"; le hacían bromas, lo albureaban, y don Francisco, muy sonriente, en Babia. Algunos de sus familiares decían que la I. del nombre de Panchito no era de Ignacio sino de Inocencio.

## *Madero era medio médium*

Además de espiritista, don Francisco I. Madero también era vegetariano y homeópata. Hay algunos que con poco tino lo han tildado de tonto, o al menos de excéntrico por aquella afición al espiritismo. Corregirían su opinión si tomaran en cuenta que a principios del siglo XX las doctrinas espíritas eran aceptadas como científicas, y fueron profesadas por algunos de los hombres más cultos e inteligentes de aquel tiempo.

Pocos turistas visitan uno de los sitios más bellos de París: el cementerio del Père Lachaise. Recorrer sus avenidas sombreadas por añosos árboles es una experiencia deleitosa. En ese panteón, seguramente uno de los más bellos del mundo, están los restos de personajes tan ilustres como Abelardo y Eloísa, aquellos infortunados amantes medievales; Chopin, cuya tumba está siempre cubierta por violetas de Parma, la flor favorita del poeta del piano; Rossini, el célebre músico italiano; Gay-Lussac, el hombre de ciencia que nos enseñó a medir el contenido alcohólico de las bebidas espirituosas que tomamos.

Hay dos tumbas, empero, que reclaman quizá más atención que aquéllas. Una es la de cierto periodista parisino de apellido Duval, sujeto que sería totalmente desconocido si no es por la extraña circunstancia que voy a relatar. *Monsieur* Duval murió en un duelo. Sobre su tumba está la efigie yacente del difunto. El escultor puso en la entrepierna de la estatua un abultamiento mayor de lo normal, tanto que llama mucho la atención. Pues bien: entre las jóvenes esposas parisinas hay una leyenda curiosísima, según la cual si frotan su "parte" —aunque sea por encima de la ropa— con la abultada parte de Duval, su matrimonio va a ser fértil y fecundo en hijos. Es divertido andar cerca de la tumba de ese *monsieur* y advertir que de pronto llega presurosa una muchacha, vuelve la vista a todos lados a ver si nadie está observando y luego se echa encima del señor Duval, frota lo suyo con lo de él y luego se retira con la misma premura, feliz por haber cumplido el rito de fertilidad.

La otra tumba que siempre tiene visitantes es la de Allan Kardec, el gran maestro del espiritismo. Escribió varios libros que todavía en nuestros tiempos son la Biblia de los que creen en la comunicación con los espíritus de los difuntos.

Ahora el espiritismo puede parecernos tontería. Un sacerdote jesuita, el padre José María de Heredia, dedicó casi toda su vida a la peregrina actividad de desacreditar a los espiritistas. Disfrazado asistía a sus sesiones y les descubría los trucos de que se valían para simular las apariciones de los muertos. Pero a finales del siglo XIX y principios del XX, los adeptos a las doctrinas de Kardec se contaban por millones en todo el mundo. Formaban una especie de religión. Grandes intelectuales de la época fueron espiritistas fervorosos, entre ellos Arthur Conan Doyle, el famoso creador de Sherlock Holmes. Víctor Hugo fue en su tiempo notorio espiritista. ¿Extrañará entonces que Madero lo haya sido también?

En sus memorias, Madero escribió que las enseñanzas de los padres jesuitas, con quienes se educó en la infancia, se le grabaron indeleblemente, pero que de ellos recibió una religión sombría y fincada sólo en el dogma, con abandono total de la razón. Fue quizá esa actitud lo que llevó a Madero a abandonar la práctica del catolicismo. Al parecer se hizo masón, y luego se afilió de plano al espiritismo. Adoptó esa fe en el curso de un viaje que hizo a Europa con motivo de celebrarse en París, en 1889, la Exposición Universal, aquélla en que se inauguró la Torre Eiffel. Fue en Francia —y luego en Bélgica y Alemania— donde tuvo ocasión de oír hablar del espiritismo, de asistir a sesiones espíritas, de escuchar conferencias sobre las comunicaciones con los muertos y de adquirir una gran cantidad de libros sobre el tema.

A su regreso a México ya venía convencido. Empezó a aportar fondos para la difusión del credo espiritista; sostenía copiosísima correspondencia en toda la República con otros creyentes en las doctrinas de Kardec. Pronto se le llegó a considerar una especie de gran maestro espírita.

Su texto de cabecera era *El libro de los espíritus* de Allan Kardec. En él halló dos cosas: una frase que lo impresionó y una afirmación que le pareció aplicable a él. La frase: "Nacer, morir, renacer, progresar incesantemente; ésa es la ley". La afirmación era aquella en la que Kardec sostenía que todos los hombres —y más aún las mujeres— tienen capacidad para convertirse en médium, es decir, en instrumento a través del cual los muertos pueden comunicarse con los vivos.

Don Francisco descubrió que tenía dotes de "médium escribiente". Eso quiere decir que si se ponía en trance un espíritu le tomaría la mano y lo haría escribir mensajes. Después de mucho experimentar —cuenta en sus memorias— un día logró entrar en el anhelado trance. Cuando volvió en sí halló que había escrito estas palabras: "Ama a Dios sobre todas las cosas, y a tu prójimo como a ti mismo".

Esa experiencia llenó de regocijo a Madero, que desde entonces se entregó asiduamente a escribir mensajes que —pensaba él— provenían del más allá. Llegó a decir que escribió

*La sucesión presidencial* con mano movida por espíritus ultraterrenos.

## *El espíritu de Madero*

Las ideas filosóficas de don Francisco I. Madero son sorprendentemente aplicables a la actual situación de nuestro país. Conviene por eso conocerlas.

El espiritismo llevó a Madero al espiritualismo. El problema principal de México, decía, era la clase gobernante, que actuaba con frío pragmatismo sin sujetar ninguno de sus actos a valoraciones de orden axiológico.

Creo que lo mismo se puede afirmar de quienes nos gobiernan hoy. En ellos también se advierte esa falta de ideas y de ideales que Madero encontraba en los porfiristas; tampoco ellos tienen más idea que el poder, y si algo bueno hacen por el pueblo es sólo en la medida en que eso les sirva para seguir en el poder.

La actitud de Madero era distinta. Para él la política no debe ser un ejercicio de poder, sino un ejercicio de bien. La tenencia del poder alcanza sentido solamente cuando éste se vuelve ocasión e instrumento para servir a los demás. En un cuaderno escribió con grandes caracteres una de las frases capitales del gran maestro del espiritismo, Allan Kardec: "Fuera de la caridad no hay salvación".

La palabra *caridad* viene del latín *caritas* (se pronuncia cáritas, con acento en la primera a), que no significa caridad en el sentido en que generalmente se entiende, de limosna ("Una caridad por el amor de Dios"), sino que quiere decir amor, activo amor que se dedica a hacer el bien.

En Europa aprendió Madero el espiritismo. Y en los Estados Unidos, que los impulsos morales se podían aplicar al servicio público. Cuando volvió a su tierra natal a administrar una de las haciendas familiares, lo primero que hizo el joven

Panchito fue —relata el padre Schlarman— "construir viviendas para las familias de los trabajadores e interesarse por el estado de su salud, dándoles escuela para sus hijos. Era un hacendado progresista; la gente lo quería porque se veía bien tratada por su patrón".

A todos llamaba la atención el modo de vivir de aquel joven hacendado. Era muy rico: en un par de años su intenso trabajo le permitió hacerse de una fortuna personal considerable. Sin embargo su vida era sobria, y aun austera: vestía sin lujos, no se entregaba a ninguna de las dilapidaciones corrientes entre los de su edad y condición.

Después de cumplir sus labores de administrador, Madero realizaba una notable labor social. Era médico y profesor: a caballo o en un pequeño carruaje iba de casa en casa administrando sus medicamentos homeopáticos a los enfermos. Junto a su casa estableció un comedor al que asistían diariamente 60 niños a quienes daba pequeñas conferencias sobre temas muy diversos.

Las noches las reservaba para sí: no dejaba que nada ni nadie se las distrajera. Y es que por la noche realizaba Madero sus experimentos espiritistas. Su mayor anhelo era establecer comunicación con su hermano Raulito, que falleció a los cuatro años de edad cuando se le cayó encima una lámpara de petróleo. Después de varios días de dolorosísima agonía, Raulito murió a causa de las quemaduras.

## *El sufragio efectivo de Vasconcelos*

Madero corría con fama de inocente, de hombre ingenuo. En su modo de ser, tímido, apocado, no se echaban de ver las muchas cualidades que tenía: idealista, aspiraba a mejorar las condiciones de la gente; poseía entereza y carácter; era emprendedor. En el joven hacendado de San Pedro de las Colonias empezaba a gestarse el apóstol que pondría a México en un nuevo camino.

La verdad es que Madero no pretendió al principio derrocar a don Porfirio Díaz. Su intención era que éste nombrara un vicepresidente acorde con el anhelo de más libertad y mayor democracia. Así, cuando el viejo presidente faltara por muerte o por incapacidad, el país podría pasar sin dificultad a una nueva etapa. Pero don Porfirio desoyó todas las voces e impuso su propio candidato.

Entonces los hechos se precipitaron. El 15 de abril de 1910 se instaló en el Tívoli del Elíseo, centro social de la ciudad de México, la gran Convención Nacional Independiente, cuyos miembros, todos, se oponían a una nueva reelección de Díaz. Presididos los trabajos por don José María Pino Suárez, de la convención salió la candidatura presidencial de Madero. Éste propuso como lema de campaña la frase "Sufragio libre". Su propuesta fue discutida, y surgió de la asamblea este otro lema: "Efectividad del sufragio y no reelección". Un joven abogado pidió la palabra y sugirió una nueva expresión para esa idea: "Sufragio Efectivo. No reelección". La propuesta de José Vasconcelos —así se llamaba ese abogado— fue aprobada por unanimidad.

Un día antes de rendir su protesta como candidato, Madero se entrevistó con don Porfirio Díaz a fin de pedirle garantías para su campaña. Sólo por comentarios aislados de don Francisco sabemos lo que en esa entrevista se trató. Al parecer el general Díaz trató de disuadirlo de su intención de lanzarse como candidato a la presidencia. Cuando conoció la firme intención de Madero de competir con él, don Porfirio, burlón, insinuó una comparación del candidato antirreeleccionista con don Nicolás de Zúñiga y Mirando, un individuo estrafalario, considerado loco por muchos, que siempre se registraba como candidato contra don Porfirio.

Madero sintió herida su dignidad por esa burda comparación. Cortésmente, pero con energía, protestó por esa falta de respeto. Don Porfirio pareció turbarse, pero no pidió disculpa. El encuentro terminó acremente.

—Nos veremos en los comicios —parece que se despidió Madero.

Al regresar don Francisco a su casa comentó vagamente el desastroso resultado de su entrevista con el presidente, y por primera vez insinuó la necesidad de recurrir a las armas para acabar con el gobierno del caudillo. Hasta entonces el coahuilense se había resistido firmemente a la idea de una revolución.

—Podemos empezarla —decía a sus partidarios—. Pero después, ¿quién la acaba?

Uno de los más convencidos de que sólo con una revolución sería posible cambiar el *statu quo* era precisamente Vasconcelos. Cuando Madero rechazó su idea de revolución, Vasconcelos amenazó con dejar el partido maderista. Estaba desesperado por la opresión del porfiriato. Tenía un hijo recién nacido, y cuando lo veía en la cuna decía en su interior:

—Si esto no cambia será mejor que se muera.

## *Madero no era revolucionario*

En una ocasión, al hablar de don Francisco I. Madero, el presidente Adolfo López Mateos dijo estas palabras: "No se manchó las manos ni con oro ni con sangre". En efecto, el Apóstol de la Democracia es uno de los pocos héroes inmaculados que tenemos en la historia de México. Acostumbrados al cinismo, crueldad y ansia desorbitada de poder de los gobernantes revolucionarios en la época convulsa de las luchas por el poder, no hemos entendido cabalmente el idealismo ético de Madero.

Madero no tenía vocación de revolucionario. Su anhelo era el de un reformador. Quería transformar la vida de México sin que corriera sangre. Sostuvo agrias discusiones con Vasconcelos, quien vio con tino de profeta que el régimen porfirista, que había obtenido el poder por medio de las balas, sólo lo entregaría por el mismo medio.

Madero se negaba a aceptar que el fin del caduco régimen encabezado por Porfirio Díaz tuviera que darse necesariamente por vías violentas. A causa de eso, los hermanos Flores Magón se burlaban de él y lo consideraban un burguesito inofensivo. "Don Panchito —decía Ricardo— cree en los votos. Nosotros creemos en las balas".

Es condenada en la historiografía un error de concepción que recibe el curioso nombre de *la nariz de Cleopatra*. Consiste tal error en especular acerca de lo que en la historia habría sucedido... "si la nariz de Cleopatra hubiese sido una nariz común...". Quizá Marco Antonio no se habría fijado en la reina, y la historia de Egipto y de Roma habría sido muy distinta. Sin embargo cabe preguntar —porque la pregunta tiene validez hoy— cómo se habría podido evitar la Revolución de 1910, con la cual se alborotó una caballada —frase ésta de don Porfirio— que no se aquietaría hasta después de muchos años.

Si don Porfirio hubiese hecho las concesiones democráticas que el pueblo demandaba ni siquiera habría tenido que abandonar el poder: le hubiese bastado compartirlo con las nuevas corrientes que se manifestaban. Caso más extremo: si se hubiese reconocido el triunfo de Madero en las urnas, la Revolución se habría evitado, y don Porfirio, al entregar pacíficamente el poder, gozaría hoy condición de héroe.

Ninguna de las dos cosas —compartir el poder o entregarlo— hizo don Porfirio. Vino entonces la Revolución.

## *El fantasma de Raulito*

En su casa de San Pedro de las Colonias, Coahuila, empezó a reunir el joven Panchito a familiares y amigos que eran, como él, espiritistas fervorosos. Juntos empezaron a invocar a las almas de gente que habían conocido, o de personajes ilustres. Un día los visitó el espíritu del general Mariano Escobedo y les hizo interesantes revelaciones acerca del sitio y toma de Querétaro y de la prisión y muerte de Maximiliano. Por desgracia les pidió que guardaran el secreto de lo que les había dicho, de modo que no será posible iluminar ese confuso episodio de nuestra historia con las declaraciones *post mortem* del hombre de Galeana.

En otra ocasión al círculo de Madero llegaron los espíritus de dos tías suyas muertas hacía algunos años. Todo el tiempo que duró la reunión se lo pasaron las señoras regañando a los presentes, que se arrepintieron grandemente de haber dado a sus parientas la ocasión de regresar al mundo.

El acontecimiento máximo, sin embargo, sobrevino la noche del año 1901. En medio de una de aquellas sesiones misteriosas se oyó de pronto la feble voz de un niño. ¡Era Raulito! Anunció su propósito de ser huésped permanente de las reuniones. Sería amigo y consejero de todos, pero muy especialmente de Pancho, a fin de ayudarle a conseguir el dominio de la materia para que privaran en él las cosas del espíritu. Ese mensaje inicial causó tan honda impresión en el espíritu de Madero que —se dice—, en cumplimiento del mandato de poner el alma sobre el cuerpo, hizo voto de perpetua castidad, y lo cumplió aun después de haberse casado con Sarita Pérez. No es posible tener la comprobación de esa versión, que corrió mucho en vida de Madero.

El espíritu de Raulito era muy cristiano. Al principio daba consejos abstractos: hacer el bien, ayudar a los pobres, ser bueno. Pero de pronto el consejo del angelito —ese nombre recibían los niños muertos— empezó a tomar un rumbo muy distinto.

## *El profeta don Miguel*

Las actividades de Madero, espiritista y homeópata, trascendieron rápidamente el ámbito familiar y empezaron a llamar la atención de quienes manejaban la cosa pública. Desde el punto de vista político, la labor de Madero causó alarma y preocupación.

Don Miguel Cárdenas fue un buen gobernador porfirista. A pesar de ser leal al poder del centro, atemperó con prudencia, buen juicio y espíritu de conciliación algunas determinaciones de don Porfirio que habrían podido ser motivo de descontento en el estado que gobernaba, Coahuila.

Hay una leyenda en la familia de don Miguel, y yo la he oído. Según esto tuvo un hijo muy religioso y una hija de carácter alegre, y hasta frívolo. El muchacho sintió la vocación del sacerdocio y llegó a ser padre jesuita. En cambio la chica, sin apartarse del decoro propio de su sexo, su condición y su época, gozaba su juventud y no dejaba de participar en las fiestas y regocijos que podían disfrutarse en la pequeña ciudad que era entonces Saltillo.

El hermano sacerdote iba de vacaciones a la casa paterna, y veía con tristeza las efusiones de su hermana, que él consideraba ligerezas, cosas mundanas que la apartaban del bien y hacían peligrar la salvación de su alma. Una vez, con el lápiz que usaba la muchacha para pintarse los labios, le escribió en el espejo de su tocador las palabras del Eclesiastés: *Vanitas vanitatum, et omnia vanitas*. "Vanidad de vanidades, y todo vanidad". Ella vio la leyenda y no la entendió, pero el jesuita se la explicó de modo tal que la muchacha quedó vivamente impresionada. Empezó a cambiar su modo de ser; poco a poco abandonó la superficial vida que llevaba, y un buen día dejó estupefactos a su papá el gobernador y a su mamá al anunciarles su decisión de profesar en un convento. Fue a Europa e ingresó en una orden caritativa. Llevó vida de santidad y murió también santamente a consecuencia de un mal que contrajo cuando atendía enfermos de infecciones. Eso fue en los años de la Primera Guerra Mundial.

Pero me estoy apartando de la línea de mi relato, que tiene que ver con la política. Ésta no es del Cielo; es asunto de tejas abajo. Muy abajo. Al gobernador Cárdenas le empezaron a llegar rumores de lo que en San Pedro de las Colonias hacía Panchito Madero, el hijo de don Francisco y nieto de don Evaristo. Panchito, le decían sus informantes al gobernador, había sido hasta entonces (1905) un personaje inofensivo. Andaba entre la gente pero como chochero, es decir, haciendo curaciones homeopáticas. La Iglesia no lo veía con buenos ojos, pues no practicaba la religión de sus mayores y se había vuelto espiritista. Pero aparte de esas extravagancias, que hacían que muchos tuvieran a Madero por loco, lo cierto es que Panchito con nadie se había metido nunca.

Ahora, sin embargo, andaba haciendo prédicas morales que más bien parecían arengas políticas. Uno de sus agentes le enseñó al gobernador Cárdenas una hoja en la que Madero había escrito un mensaje que, según dijo, le hizo llegar el espíritu de su difunto hermano Raulito: "Haz bien a tus conciudadanos trabajando por un ideal que los saque del fanatismo, la esclavitud y la opresión".

Así, llegó un momento en que las "chifladuras" de Madero empezaron a preocupar al régimen.

Al parecer, los espíritus que lo aconsejaban eran muy democráticos. Incluso en cosas de detalle daban muestras de democracia igualitaria. En cierta ocasión en que don Francisco iba a hacer un viaje de recreo a Monterrey, los espíritus le mandaron que les pagara a sus trabajadores los sueldos por adelantado, pues no era justo que tuvieran que esperar hasta su regreso para cobrar el dinero que ya habían devengado y que necesitaban para el sustento de sus familias.

## *Un recuerdo de Rubén Darío*

Rubén Darío recibió el encargo de representar a Nicaragua en las fiestas que se celebrarían en México con motivo del Centenario de la Independencia. El poeta, que se hallaba en España a la sazón, tomó en La Coruña un barco para hacer el viaje a Veracruz.

Casi todo el navío iba ocupado por diplomáticos que asistirían a las fiestas. En La Habana embarcó la legación de Cuba. Ahí se encontró Darío con una noticia que ya desde España esperaba recibir: el gobierno que lo nombró su representante había caído. Nervioso, el poeta consultó el caso con sus compañeros de viaje. ¿Qué debería hacer? ¿Seguir adelante en su misión o quedarse en La Habana y esperar el primer vapor que lo llevara de regreso a España? ¿O era mejor ir a los Estados Unidos en calidad de asilado político?

Todos los diplomáticos a quienes el aturrullado poeta pidió su opinión dieron la misma: la misión que llevaba era una representación simbólica. No ostentaba Darío categoría de embajador; era un poeta, no un político, y por tanto debía seguir con su encomienda. Seguramente los mexicanos lo recibirían según sus propios méritos, como el gran hombre de letras que era, y no como enviado de un gobierno que no gobernaba ya.

Tranquilizado, aunque no del todo, por las opiniones de los sesudos señores a quienes pidió consejo, Darío se embarcó de nuevo cuando el navío levó anclas hacia su destino final en Veracruz. En ese puerto fue recibido nada menos y nada más que por el poeta mexicano de más nombre: Amado Nervo. El nayarita llenó de atenciones a Rubén, le comunicó que el gobierno de don Porfirio había acordado nombrarlo huésped de honor de la República y luego lo hospedó en el mejor cuarto del mejor hotel. Ahí le dio otra noticia: no se podría mover de Veracruz.

—¿Cómo? —se sorprendió Darío, que no acertó de pronto a entender cómo un país lo podía nombrar huésped de honor y enseguida prohibirle que entrara en su territorio.

—Mire usted —le explicó Nervo—, hay problemas entre el gobierno mexicano y el de Washington a propósito del reconocimiento del nuevo régimen de Nicaragua. Por mi conducto el señor don Justo Sierra, su amigo, le pide que permanezca en este puerto y no vaya a la capital sino hasta recibir una nueva comunicación del señor ministro de Instrucción Pública.

Darío se consternó. Estaba impedido de recurrir a su gobierno, pues ya no era gobierno, y no podía reclamar ningún trato diplomático, pues su representación estaba en el aire. ¿Qué hacer?

—Podemos pasear un poco —sugirió con buen tino Amado Nervo.

Darío, a quien le encantaba eso de pasear, aceptó la invitación. Los dos poetas fueron a Jalapa, punto el más interior al que se permitiría que Darío llegara. Al gran poeta se le llenaron de lágrimas los ojos cuando al entrar en un pequeño pueblo fue recibido por un cortejo de niñitas indias que a su paso iban esparciendo pétalos de flores de exótica belleza.

—Señor poeta —le habló una criolla de altiva belleza—. Me dicen que escribe usted cosas hermosas. Yo no sé escribir, pero en las flores que cultivo en mi huerto también hay hermosura. Le traigo este ramo. Es lo único que puedo ofrecerle.

Escribió Darío:

"En Veracruz se celebró en mi honor una velada, en donde hablaron fogosos oradores y se cantaron himnos. Y mientras esto sucedía, en la Capital, al saber que no se me dejaba llegar a la gran ciudad, los estudiantes en masa, e hirviente suma de pueblo, recorrían las calles en manifestación imponente contra los Estados Unidos. Por la primera vez, después de treinta y tres años de dominio absoluto, se apoderó de la casa del viejo César que había imperado. Y allí se vio, se puede decir, el primer relámpago de la revolución que trajera el destronamiento".

## *El concierto de las naciones*

La noticia de que en México había estallado una revolución contra Porfirio Díaz causó estupor en todo el mundo. ¿Cómo podía haber revuelta civil en un país tan sabiamente gobernado por un caudillo cuyo prestigio lo ponía a la altura de los gobernantes más ilustres del mundo?

Las fiestas del Centenario de la Independencia fueron muy lucidas. Cerca de 40 representaciones diplomáticas asistieron a la celebración, hecha con bombo y platillo con la deliberada intención de mostrar, como en un escaparate, el progreso de México y los éxitos del gobierno porfirista.

Eso fue en septiembre de 1910. A finales de noviembre empezaron a llegar a los periódicos europeos las primeras informaciones acerca del levantamiento maderista. En un principio se pensó que las noticias eran falsas: todo mundo conocía la solidez del gobierno mexicano, la fuerza del ejército nacional. No podía ser, pensaban los enterados, que una gavilla de revoltosos pudiera derrocar aquel fuerte gobierno.

Quienes primero advirtieron que la insurrección iba en serio fueron los mexicanos residentes en los Estados Unidos. Se habían establecido casi todos en ciudades fronterizas con México, o cercanas a la frontera, y sabían bien que el régimen de don Porfirio estaba apolillado, que su fuerza era más aparente que real.

Empezaron a surgir en esos puntos publicaciones editadas por mexicanos que expresaban su apoyo a Madero y criticaban fuertemente los vicios del gobierno de Díaz. *Regeneración*, el periódico de los Flores Magón, elogió la rebelión, por más que los anarquistas consideraban a Madero un burgués al que había que ver con suspicacia. *El Monitor Republicano* se unió a esa labor, y lo mismo hicieron otras hojas, como *Los Bribones*.

Sucedió entonces algo que debería ser objeto de mayor atención por los historiadores: los Estados Unidos no dieron apoyo al gobierno de Díaz. Aunque oficialmente se hicieron trámites para obtener, por ejemplo, la extradición de agentes que trabajaban por el movimiento maderista en territorio americano, Washington desestimó esas gestiones y no les hizo el menor caso. Tuvo don Porfirio que enviar a un representante, don Joaquín Casasús, a fin de que hablara con el presidente William Taft y le informara lo que estaba sucediendo en México.

Taft recibió a regañadientes al enviado, lo escuchó con forzada cortesía y luego se lavó las manos. Los Estados Unidos, le dijo, no podían intervenir de ninguna manera en el conflicto. Además los ciudadanos mexicanos acusados de actividades subversivas no habían violado ninguna ley norteamericana. ¿La compra de armas para los revolucionarios? Hay libertad de comercio. ¿Los artículos en los periódicos que vituperaban a Díaz y lo llamaban déspota, tirano y dictador? Hay libertad de prensa. ¿Por qué no iba a Tejas el señor Casasús y hablaba con el gobernador? Quizá localmente se podría hacer algo. Fue Casasús —igual podía haber ido con el preste Juan de las Indias— y el gobernador le dijo que como americano él era neutral, que nada podía hacer para obsequiar las demandas de don Porfirio. Se devolvió a México el señor Casasús con los mismos honores.

## La escuelita

El sacudimiento de la Revolución fue el acabose en la vida de muchos que habían gozado la bella época del porfiriato. No para todos, sin embargo, fue aquélla una época tan hermosa.

En Coyoacán estaba la escuelita del padre Lira. El padre llamaba *colegio* a su establecimiento, pero en verdad era un pequeño plantel al que acudían los hijos de las familias más acomodadas de aquel hermoso pueblo que es ahora parte de la gran ciudad de México.

En la escuelita del padre Lira estudiaban los niños Elguero, los León de la Barra, los Carral, los Osio, los Algara. Al colegio iba también un chiquitillo de clase media, flacucho, morenito y desgarbado, a quien sus compañeros hacían bromas porque toda la ropa que le ponía su mamá le quedaba grande. Aquel niño se llamaba Agustín Lara.

Al salir de clases, los muchachos mayorcitos se iban en bicicleta al Colegio Francés, en San Cosme. Ahí estudiaban las chicas de sociedad. La gente común le decía a ese colegio Las Yeguas Finas.

Muy buenos profesores enseñaban a aquellos niños. Además los más ricos tenían también preceptores que en sus casas les ayudaban a hacer las tareas y les daban conocimientos que en el colegio no les eran impartidos: urbanidad, lenguas extranjeras, apreciación del arte. Uno de esos preceptores fue un tal míster Griffin, inglés de nacimiento, quien enseñó a sus discípulos un extraño deporte llamado *football soccer*, que se jugaba con los pies.

En esos tiempos el automóvil hacía furor entre los ricos. A algunos los hacía enfurecerse. Don Manuel Bush compró en los Estados Unidos un flamantísimo —y carísimo— Rambler, y a gran costo logró que se lo llevaran hasta la capital. Era aficionado a la mecánica este señor Bush, arreglaba con cierta habilidad las toscas máquinas de la hacienda familiar, y le vino en gana desarmar el motor del automóvil a fin de averiguar cómo funcionaba el artilugio. Con pasmosa habilidad lo desarmó, en efecto, pero cuando quiso volver a armarlo ya no pudo. La endiablada maquinaria se le volvió un rompecabezas demoníaco sin pies ni cabeza. Jamás pudo reconstruir el motor; ya nunca pudo echar a andar el automóvil. El poderoso Rambler quedó arrumbado en las caballerizas junto a los carricoches ya sin uso.

Manuel León de la Barra, hijo de don Francisco, tenía 17 años. Sacó a escondidas el automóvil de su padre y fue a la calle donde vivían las muchachas Escalante, preciosas chicas a quienes quería impresionar. Un pequeño callejón desembocaba en la casa de la familia. Desde lejos hizo sonar el claxon y las muchachas salieron a ver a su galán y al automóvil. Manuelito las saludó orgulloso, pero con el orgullo se le olvidó aplicar el freno. El recorrido terminó en el zaguán de la casa, pues el gran auto hizo astillas la puerta, y como ésta era recia, de mezquite, la carrocería del coche quedó igualmente arruinada. Acudió con premura don Manuel Escalante, el dueño de la casa.

—Mañana le mando arreglar la puerta —balbució todo confuso Manuelito.

—Por mi puerta no te apures —le respondió el señor—. Preocúpate por tu papá.

El papá de Manuelito sería el presidente de la República a la caída de don Porfirio.

## *La ancianidad política*

Era ya viejo don Porfirio en 1910. Pero su vejez no era tanto la del cuerpo como la de su régimen.

La administración de don Porfirio había llegado a ser una gerontocracia, es decir, un gobierno de ancianos. El más joven en el gabinete del general Díaz era Limantour: tenía 56 años, pero ciertamente parecía de más edad, pues había que parecer de más edad para no desentonar con el cuerpo de colaboradores de don Porfirio, en el cual había varios ministros —y el presidente de la Suprema Corte de Justicia— que superaban los 80 años.

Se habla de la paz porfiriana. Y existía ciertamente, pero más que paz era un letargo social, una especie de sopor en la nación. Todos los cronistas de la época —Salado Álvarez, don Federico Gamboa, Azuela, Urbina— coinciden en señalar que todo mundo se aburría en paz. Lo único que en México pasaba es que en México no pasaba nunca nada.

Mucho tenía que pasar. La Bella Época había ya agotado sus efluvios, y en el mundo soplaban vientos de cambio. Don Porfirio no los percibió. Sus declaraciones a Creelman en marzo de 1908 fueron, quizá, como las declaraciones que hacen a los periodistas extranjeros los presidentes mexicanos de hoy. En esas entrevistas nuestros mandatarios se muestran candil de la calle y oscuridad de su casa: citan de palabra lo que reniegan de obra.

Don Porfirio no quería que le alborotaran la caballada, pero él mismo la alborotó con la entrevista que dio a aquel periodista yanqui. El problema que tuvo el general Díaz es que sus palabras fueron tomadas en serio. Dijo que el pueblo mexicano ya estaba maduro para la democracia, y muchos, en efecto, se sintieron maduros para la democracia, y autorizados por el patriarca a ejercitarla.

La verdad es que el general Díaz estaba fuerte. Fuerte en su cuerpo y fuerte en su gobierno. Su debilidad fue el largo tiempo de esa fortaleza.

La del general Díaz se mostraba en la superficie de las cosas. Las fiestas del Centenario fueron aparador para mostrarla. Se inauguraron la Columna de la Independencia y el Hemiciclo a Juárez; las representaciones diplomáticas se encantaron con tanto y tanto festejo: desfiles de carros alegóricos, combates florales, bailes y saraos. Pero ésa era la superficie: en la entraña de México bullía ya el volcán.

## *El Jockey Club de la Casa de los Azulejos*

A la una de la tarde, los señores ricos se juntaban en el Jockey Club, después de haber dedicado la mañana a la atención de sus negocios, tan buenos que no necesitaban mucha.

En el lado poniente, contigua al callejón de La Condesa, estaba la gran cantina del club. A éste, sin embargo, se ingresaba por la puerta principal, en la calle de San Francisco, ahora Madero. Daba acceso a la casona un zaguán grande que conducía al patio central, donde luego se pondrían las mesas del restaurante Sanborns. La noble escalinata —en su remate pintó Orozco un mural que a mí siempre me pareció muy feo, indigno del enorme genio del autor del *Prometeo en llamas*—, la escalinata, digo, conducía al salón de juego. Ahí se arriesgaban grandes fortunas en la ruleta, en los dados, y hasta en uno que otro plebeyo albur.

Al otro lado estaba la biblioteca, a la que acudían solamente los ancianos que no gustaban ya de los espíritus del vino ni de los lances de Birján. En el tranquilo recogimiento de la sala de lectura se informaban por los periódicos de lo que en el mundo acontecía, y en el país, ese país que México era entonces, en el que nunca sucedía nada.

Tomaban la copa los señores y conversaban hasta que se llegaba la hora de comer. Generalmente la comida en la capital de la República se hacía tarde, a eso de las tres. En las ciudades de provincia, y en los pueblos, se comía al mediodía.

A las seis, los señores volvían al club, pero no entraban: se sentaban en las sillas que el propio establecimiento disponía en las aceras de San Francisco. En ellas se acomodaban a efecto de ver pasar los carruajes en que las damas hacían "el rodeo", que así se llamaba el desfile de lucidas carrozas tiradas por hermosos caballos. El tal desfile partía del Teatro Nacional —actual Palacio de Bellas Artes— y terminaba en el Zócalo, donde los carruajes daban vuelta para hacer el recorrido en sentido inverso. Muchas de esas carrozas ostentaban los colores que en sus carruajes puso de moda el káiser de Alemania: azul la caja, anaranjadas las ruedas. Todavía hoy se miran en el campo carretas pintadas de esos colores, azul y anaranjado. La combinación se repite mucho, y se ve en otros vehículos. En los carruajes del káiser está quizá la explicación.

El Jockey Club fue centro de la vida social de la clase alta capitalina. Gutiérrez Nájera le cantó en sus celebrados versos de *La duquesa Job*. Todos deseamos que vuelva a lucir como antes la famosa Casa de los Azulejos que sirvió de recinto a ese club y que tantos recuerdos de tanta gente guarda.

¿Qué fue lo que hizo que muchos intelectuales de la época porfiriana, sobre todo los jóvenes, se unieran a Madero? La respuesta podemos encontrarla en la actitud de José Vasconcelos, gran pensador.

Como Juárez, como Porfirio Díaz, don José Vasconcelos es oaxaqueño de nacimiento. Durante su niñez, sin embargo, hubo de acompañar a sus padres en una peregrinación que llevó a la familia de uno a otro extremo de la República: de Sásabe, en Sonora, a Tapachula, en Chiapas; de ahí a Piedras Negras, Coahuila, y luego a Campeche y Toluca, hasta parar en la ciudad de México.

Su condición de alumno mexicano en una escuela norteamericana —Vasconcelos cursó estudios primarios en Eagle Pass, Tejas— lo hizo adquirir un temprano nacionalismo que acendró en la lectura de *México a través de los siglos* y de las narraciones de Antonio García Cubas sobre la Guerra de Intervención americana. Sintió infantil coraje cuando supo que México había sido una vez la nación más extensa del continente americano, y que después la incapacidad de sus gobernantes y la ambición expansionista de los Estados Unidos lo redujeron a su tamaño actual.

En la Escuela Nacional Preparatoria, al hacer su bachillerato, Vasconcelos se inficionó con los virus de Comte y Spencer, inevitables por entonces. Lo deslumbraron las lecciones y los discursos de Justo Sierra; sintió efímera admiración por Juárez, pues su espíritu juvenil se conmovió en las "tenidas blancas" que los masones celebraban cada año en el aniversario luctuoso del Benemérito, fecha en que se efectuaba una solemnísima ceremonia con marchas fúnebres, elegías y magnílocuos discursos ante la tumba del hombre de Guelatao en el Panteón de San Fernando.

Escogió Vasconcelos la carrera de Leyes "porque era fácil y lucrativa", nos cuenta él mismo en una de sus copiosas autobiografías. Su descubrimiento de la filosofía de Schopenhauer hizo de él un epicúreo que llegó a pensar que todo era bueno, hasta lo malo si solamente a él le hacía mal. Por sus lecturas, por las discusiones que sostenía con otros jóvenes pensadores de su edad, llegó a una convicción: el liberalismo mexicano, copia de copias, era pobre en ideología y paupérrimo en aportaciones a la verdad de México y al bienestar de los mexicanos.

Toda su familia profesaba la doctrina liberal. Sus mayores habían servido a Juárez, y servían ahora a don Porfirio. Pero el joven Vasconcelos advirtió la podredumbre del régimen y se rebeló en el pensamiento contra él. Cuando surgió Madero se rebeló en la acción también.

Vasconcelos fue un verdadero revolucionario. Lo fue contra Díaz, Huerta, Carranza, Villa, Calles, Ortiz Rubio y Cárdenas. Por esa actitud de rebeldía sufrió destierros incontables. Fue, en cambio, uno de los más fervientes partidarios de Madero. No incondicional, sino crítico. Más de una vez sostuvo con él fuertes polémicas. Pero cuando alguien le preguntó una vez por qué apoyaba a don Francisco, respondió Vasconcelos con laconismo elocuentísimo:

—Porque es bueno.

## *Hambre de libertad*

Se ha dicho que la causa principal de la Revolución fue el hambre del pueblo mexicano. Falsa afirmación. La pura verdad es que ahora hay más pobreza en México que en tiempos de don Porfirio. Los mexicanos tenían hambre en 1910, pero de libertad.

En los últimos días del porfiriato, el país disfrutaba de una época de gran prosperidad. El bienestar había llegado a todas las capas de la población. Se veían abusos, ciertamente, en las grandes ciudades y en las regiones apartadas del campo, pero en general la gente podía alcanzar los satisfactores necesarios para cubrir sus necesidades.

Pueden haberse dado casos de hacendados perversos, semejantes a los que describe la historia oficialista, pero tales eran excepciones a la regla general de un hacendado benevolente que se consideraba patriarca de sus peones y que los trataba como si fueran su familia. Don Francisco I. Madero, que puso escuelas para los hijos de sus trabajadores, que se preocupaba por su salud, que les daba consejos y los asistía en sus necesidades no es de ninguna manera un caso único.

El pueblo de México tenía pan, efectivamente, pero no tenía libertad. La opresión se observaba en todas las instancias de la vida política. El gobierno nacional y los locales eran una especie de Olimpo donde reinaba, indiscutido e indiscutible como Zeus, el presidente Díaz. Era él vértice de una pirámide que se extendía en los gobernadores, continuaba en los alcaldes y llegaba a una extensa base de pequeños jefecillos políticos aldeanos. Pero todos formaban parte del mismo aparato de gobierno: el jefe de policía de un villorrio representaba la fuerza y la autoridad del Gran Señor que mandaba desde la capital.

Contra ese aparato de fuerza se levantó Madero. Por eso la gente respondió a su llamado: todos en mayor o menor medida se sentían oprimidos por el *statu quo*. Los jóvenes y los intelectuales reconocían que a don Porfirio le debía el país bienes muy grandes: la paz, la prosperidad, el buen crédito nacional ante los países extranjeros. A cambio de esos dones, sin embargo, don Porfirio se había convertido en dueño de toda la nación.

Aun así no había odio en Madero y en quienes lo siguieron. No eran anarquistas que quisieran derribar del todo el edificio del Estado. Eran buenos mexicanos que deseaban que el servicio público fuera tarea de hombres honrados y no oficio de chambistas que medraban con el presupuesto público.

En Madero encarnó la fe de los mexicanos en valores superiores. Lo siguieron porque la larga dictadura no alcanzó a apagar en ellos el ansia de verdad. Al principio don Porfirio no se preocupó ante Madero, pues sus peroraciones iniciales eran abstractas: el jefe de la oposición hablaba de democracia, de libre sufragio, de libertad. Pero de pronto las prédicas maderistas se enderezaron contra la figura del presidente: por primera vez don Porfirio vio manifestaciones en las calles contra su persona; por vez primera supo que el pueblo lo llamaba *dictador*.

## *Carranza al acecho*

Los hilos de la historia, de mucha historia, se empezaban a tejer. Madero había emprendido su apostólica cruzada contra la corrupción del régimen. Su obra era la obra del bien y la verdad. No ambicionaba poder para él, pero cerca de él había muchos ambiciosos.

Madero pidió a los antirreeleccionistas que escogieran a un personaje de nota para postularlo como candidato a la presidencia. No quería ser él mismo ese candidato. Vendió casi todas las propiedades que había adquirido con su trabajo, no las que pertenecían a su familia, y de su venta sacó un caudal de 75 000 pesos, que entonces era mucho dinero. Todo lo puso al servicio de la causa.

Se llevó a cabo la convención de los oposicionistas y en forma unánime los asistentes designaron candidato a Madero. En los siguientes días toda la prensa oficialista, controlada en forma personal por don Porfirio, desató una feroz campaña no sólo contra Madero, sino contra todos los miembros de su familia. El viejo presidente pensó que la postulación de "aquel chiflado" era una deslealtad, cuando no una tortuosa maniobra, del clan encabezado por don Evaristo, a quien siempre había creído adicto suyo. Se cumplían los temores del patriarca en el sentido de que cualquier cosa que hiciera Panchito le sería atribuida a él.

Venustiano Carranza era por ese tiempo senador. Abrigaba la idea de postularse como candidato a gobernador de Coahuila, y para eso contaba con el apoyo del presidente Díaz. Así, se mantuvo del lado del régimen cuando Madero inició su lucha. En ningún momento, ni remotamente, debe de haber pensado en sumarse al bando de los adversarios del gobierno. Era un político que se había beneficiado con los procedimientos del régimen, y se mantuvo en él. Carranza, hay que decirlo, se mostró decidido porfirista. Después se haría revolucionario, es cierto, y como tal entró en el panteón oficial. Fue revolucionario contra Huerta, pero creo que sólo las circunstancias lo salvaron de haberlo sido contra Madero. Hay evidencias claras que así lo hacen pensar.

El gran filósofo de la época, don Antonio Caso, ponderó el futuro, y sintió miedo. Desaconsejó a sus discípulos entrar en el torbellino a que conduciría el desarrollo de los acontecimientos. Don Porfirio, les decía, era el mal menor. México no estaba maduro para la democracia. Lo mejor era mantener el *statu quo*.

Madero había empezado a recorrer el país. A su paso se encendían las muchedumbres. No era orador el coahuilense, pero sus palabras tenían el enorme peso que tiene la verdad. Su proposición era sencilla: había que acabar con el monopolio del poder, con la dictadura crónica de una camarilla, y hacer de México un país democrático. Urgía una renovación del sistema y de los hombres.

## *¿Libertad? Ni hablar*

Don Porfirio Díaz celebró con fasto el Centenario del Grito de la Independencia. No sabía que la mesa del banquete estaba sobre un volcán que pronto estallaría.

Noche del 15 de septiembre de 1910. Ante la muchedumbre congregada en el Zócalo de la ciudad de México, apareció el presidente Díaz en el balcón central del Palacio Nacional.

—¡Vivan los héroes que nos dieron Patria! —gritó con estentórea voz de general.

—¡Vivan! —respondió con entusiasmo el pueblo.

—¡Viva la libertad! —volvió a gritar el presidente.

Mucha gente hizo coro a ese grito, pero se oyeron también risas de burla.

Don Porfirio gustaba mucho de la celebración del 15 de septiembre. Los murmuradores decían que le gustaba porque era la víspera de la fiesta de su santo: las celebraciones del 16 se habían convertido en la fiesta de cumpleaños del presidente. Así, en aquella ocasión, se organizó un gran baile en el Palacio Nacional en honor del caudillo. Lo presidió con aspecto de reina Carmelita, quien apareció luciendo un espléndido atavío del brazo del marqués de Polavieja, embajador de España.

Unas señoras de la alta sociedad se dirigían al sarao cuando vieron entre la gente a un joven abogado al que conocían.

—¿No viene usted al baile, licenciado Vasconcelos? —le preguntaron.

—No, señoras. Me desagrada mucho el anfitrión. Pero el próximo año seremos nosotros quienes estaremos aquí. La siguiente invitación para el baile de la Independencia la recibirán ustedes firmada por el señor Madero como presidente de la República.

—¡Ja, ja! —se burlaron amistosamente las damas—. Eso es imposible, licenciado. Déjese de locuras. Ya hablaremos después, y nos explicará usted por qué no quiere al viejo.

No era José Vasconcelos el único que ya no quería al viejo. Por esos días Madero estaba en la prisión, víctima de un proceso viciado de notoria ilegalidad. El encarcelamiento del líder de la oposición, lejos de apagar la disidencia, pareció encenderla más. La familia de don Francisco, que tan reacia se había mostrado en un principio a autorizar la actividad política de

Panchito, se había sumado con entusiasmo a su cruzada. Se decía que los padres de Madero habían puesto a la disposición del movimiento toda su fortuna, y que incluso estaban viviendo con ciertas privaciones con tal de que no faltaran recursos a la campaña que hacía su hijo contra la reelección.

Al día siguiente, en la tertulia que semanalmente hacía don Antonio Caso, alguien trató de disuadir a Vasconcelos de seguir en la arriesgada empresa de oponerse al gobierno.

—No nos empeñemos más en tratar de hacer que cambie —decretó el gran filósofo—. Ni él mismo podría ya dar marcha atrás, aunque quisiera. Cuando se siente el soplo del destino lo único que se puede hacer es seguirlo.

En efecto: Vasconcelos, con aquella gran intuición que tenía, había sentido el soplo del destino. Pero no era el soplo de su destino personal: eran los aires de aquella tempestad que cambiaría de raíz el destino de México.

## *Don Venus, Rey*

A Venustiano Carranza se le venera como a héroe. Quizá sólo las circunstancias lo salvaron de figurar en la historia como villano.

Al comenzar el siglo XX, los senadores y diputados eran designados por el presidente de la República.

Enrique Krauze recoge una carta firmada en 1904 por el entonces gobernador de Coahuila, don Miguel Cárdenas. La carta estaba dirigida a don Porfirio Díaz, presidente de la República, y en ella el gobernador coahuilense le presentaba una recomendación: "Los antecedentes de mi recomendado, su amor al orden y demás cualidades que posee, así como ser un adicto y sincero partidario de la administración de usted, constituyen una garantía segura de su adhesión".

Aquel a quien el gobernador Cárdenas recomendaba, era un norteño de nombre Venustiano Carranza.

Astuto señor era éste. Consumado político, se inclinaba a favor del viento que soplaba más. Cuando brilló la estrella de Bernardo Reyes, tuvo este general en Carranza a un ferviente adepto; cuando la estrella se hundió en el ocaso, don Venustiano se apartó del gran señor de Nuevo León.

Y si de cartas se habla, he aquí otra de la misma fuente. La escribió Carranza al presidente Díaz en 1909, ya en vísperas de la revolución iniciada por el señor Madero: "En la importante cuestión que por ahora se ventila sobre el reparto de las aguas del río Nazas, y estando vivamente interesado en que este delicado asunto no venga a interponer alguna dificultad entre el gobierno a su digno cargo y los interesados [...] he arreglado con el sindicato de ribereños se retire la representación que en él tiene el señor Francisco I. Madero, quien pudiera aprovechar esta circunstancia para agregar un nuevo elemento a la campaña que contra el gobierno de usted tiene emprendida y que se ha hecho pública en su libro titulado *La sucesión presidencial.* Espero que esta labor será de la respetable aprobación de usted, a la vez que servirá de prueba de mi invariable adhesión a la buena marcha de su gobierno, hoy criticada por [esta] persona de ninguna significación política".

No duraría mucho la "invariable adhesión" de Carranza, porfirista cuando le convino, enemigo de don Porfirio cuando las circunstancias así lo demandaron. Quiso el Varón de Cuatrociénegas ser gobernador, y le pidió la chamba a don Porfirio. Éste, que conocía bien a las personas y tenía sobradas razones para sospechar de la fidelidad de Venustiano, le dijo que sí, pero no le dijo cuándo. Cuando llegó ese cuándo, don Porfirio ungió como gobernador de Coahuila al licenciado don Jesús de Valle. Esto sucedió en diciembre de 1909. A partir de entonces Carranza se convirtió en furioso enemigo de don Porfirio, a quien antes había servido y adulado. Quizá por eso dicen los historiadores oficiales que Carranza era un gran político. Lo era, sí, en el sentido en que decimos que Fulano de Tal es "muy político" para advertir a los demás contra su astucia y su doblez.

## *Madero, un libro; Carranza, una libreta*

Pocos temperamentos tan distintos como el de Madero y Carranza. Don Francisco era un idealista; don Venustiano —con eso lo digo todo— era un político.

En sus *Memorias de campaña* relata don Francisco L. Urquizo una vivencia que conservó de los días en que anduvo con Carranza por los desiertos del norte de Coahuila, ya en la lucha contra Huerta. Estaba don Venustiano en Piedras Negras, acompañado sólo por una reducida comitiva. Solían todos tomar sus alimentos en una pequeña fonda propiedad de una señora de origen español. "Comíamos en sana paz como si fuéramos una familia; pagaba don Venustiano el consumo que se hacía, echando mano a su cartera y extrayendo de ella un billete cuidadosamente doblado; recibía el dinero sobrante y apuntaba con todo cuidado en un librito el gasto hecho".

En eso sólo se parecieron Madero y Carranza: ambos eran austeros, honrados hasta rayar en el puritanismo. Madero llevaba la cuenta exacta de lo que recibía para su campaña, e informaba a quienes le habían hecho llegar esas sumas de cómo y en qué las había empleado. Cuando Carranza cayó asesinado por quienes son ahora héroes del sistema, dejó a su familia un escasísimo caudal. Y eso que había sido presidente de la República.

En enero de 1911 la cosa estaba ya que ardía. Los jóvenes maderistas esperaban que Carranza se uniera a la Revolución. "Llevados de nuestro entusiasmo y de nuestra juvenil benevolencia —relata Vasconcelos— ni siquiera nos dábamos cuenta de que el ladino se hallaba marcando tiempos, espiando la dirección del éxito, mientras los revolucionarios peleaban en Chihuahua o arriesgaban la vida en las conspiraciones de toda la República".

—Señor Carranza —le preguntaba Juan Sánchez Azcona— ¿cuándo se unirá usted al movimiento?

—En su momento, Azcona, en su momento —le respondía con flema don Venustiano.

—Señor —exclamó un día Sánchez, ya desesperado—. Si sigue con esa indecisión la historia dirá de usted que iba a entrar en la Revolución.

Preparaba un manifiesto don Venustiano en el que explicaba a los coahuilenses por qué había decidido unirse a la rebelión maderista. Toda la mañana se la pasaba escribiendo el dichoso manifiesto y toda la tarde la empleaba en borrar y corregir lo que por la mañana había escrito. Iba menos aprisa la tal proclama que la tela de Penélope.

Un día los dos colaboradores más cercanos de Carranza, el ya dicho Sánchez Azcona y don Eugenio Aguirre Benavides, llegaron jubilosos a la pensión donde vivían los maderistas.

—¡Por fin nos vamos a la bola! —les anunciaron jubilosos—. ¡A la noche salimos!

Todos los felicitaron, les dieron sus abrazos y les desearon suerte. Al día siguiente los dos cayeron otra vez en la pensión. Llevaban sus velices.

—No se decidió otra vez don Venustiano —dijeron un poco avergonzados—. Considera que todavía no es tiempo.

Y no lo era. Carranza esperaba su tiempo, el suyo, no el de Madero ni el de México.

# *Contenido*



## *Primera parte*
## ***Anochece Juárez y amanece Díaz***



## *Segunda parte*
## ***El fin del principio***

## *Tercera parte*
## ***Los tiempos de don Porfirio***

## *Cuarta parte*
## ***El hombre fuerte***

## *Quinta parte*
## ***El principio del fin***

*Continúa*

**La otra historia de México**
**Díaz y Madero: *La espada y el espíritu***

*Sexta parte*
El Apóstol que llega

*Séptima parte*
El martirio

*Octava parte*
Carranza: El hombre y el destino

*Novena parte*
Cuentas y cuentos

*Décima parte*
Cuentos y cuentas